Paul Dahlke
Buddhismus als Religion und Moral

Herausgegeben und mit einem Vorwort versehen von Christiane Beetz

Reihe ReligioSus, Band IV

Dahlke, Paul: Buddhismus als Religion und Moral.
Hamburg, SEVERUS Verlag 2011.
Nachdruck der Originalausgabe, Leipzig 1923.

Reihe ReligioSus: Band IV,
Herausgegeben von Christiane Beetz

ISBN: 978-3-86347-014-2
Druck: SEVERUS Verlag, Hamburg, 2011

Der SEVERUS Verlag ist ein Imprint der Diplomica Verlag GmbH.

Bibliografische Information der Deutschen Nationalbibliothek:
Die Deutsche Nationalbibliothek verzeichnet diese Publikation in der Deutschen Nationalbibliografie; detaillierte bibliografische Daten sind im Internet über http://dnb.d-nb.de abrufbar.

© **SEVERUS Verlag**
http://www.severus-verlag.de, Hamburg 2011
Printed in Germany
Alle Rechte vorbehalten.

Der SEVERUS Verlag übernimmt keine juristische Verantwortung oder irgendeine Haftung für evtl. fehlerhafte Angaben und deren Folgen.

Vorwort der Herausgeberin zur Reihe ReligioSus

Die Suche nach Antworten auf die Fragen ‚Wo komme ich her? Wo gehe ich hin? Warum gibt es mich?' sind elementarer Bestandteil unseres menschlichen Daseins. Religionen haben Menschen in jedem Zeitalter dabei geholfen, diese Fragen zu ergründen. Jede Religion hat dabei im Laufe der Jahrhunderte einen eigenen Weg gefunden, dem Sinn des Lebens nachzuspüren. Die monotheistischen Religionen Christentum, Islam und Judentum mit dem unsichtbaren, allgegenwärtigen Gott erklären die Erfüllung jeglicher Existenz mit der Anbetung des einen Gottes. Andere Religionen wie der Buddhismus oder der Konfuzianismus lehren ein Leben nach ethischen Grundsätzen, die weniger auf einem Glauben an einen einzigen Gott als auf philosophischen, humanistischen Ideen beruhen.

Religionen sind ein Spiegelbild der Menschheit in der Welt. Mit ihren jeweils ganz unterschiedlichen Ansätzen prägen Religionen die Kulturen, in denen sie gelebt werden. Sie beeinflussen das menschliche Handeln, Denken und Fühlen mit ihren Gottesvorstellungen oder Weltanschauungen. Oft genug gaben religiöse Auslegungen den Anlaß für kriegerische Auseinandersetzungen. Sie sind aber auch immer wieder ein Leitfaden für einen toleranten, menschenwürdigen Umgang mit dem Nächsten.
Frauen und Männer haben sich zu allen Zeiten mit den verschiedenen Glaubenslehren beschäftigt. Oft waren es tief gläubige Menschen, die ihre Erfahrungen mit dem Außergewöhnlichen aufgeschrieben haben. Aber auch kritische Auseinandersetzungen mit den Mißständen der Religionen gehören zur jeweiligen Epoche. Die Bücher all dieser Menschen sind Dokumente ihrer Zeit, sie geben Aufschluß über die Geschichte und Geschichten der Religionen.

Die Reihe „ReligioSus" hat es sich zur Aufgabe gemacht, längst vergessene Dokumente einem breiteren Publikum wieder zugänglich zu machen. Unabhängig von Religion und Einstellung zu derselben bieten die Bücher dieser Reihe einen generellen Einblick in die Welt der Religionen. „ReligioSus" vereint Werke, die sich auf unterschiedlichste Weise mit dem Phänomen Religion und deren Beeinflussung unserer Wertvorstellungen beschäftigen. Auf diese Weise soll mit „ReligioSus" die Vielfalt religiöser Dokumente, die die jeweiligen Fragen und Auseinandersetzungen ihrer Zeit aufgenommen haben, aufgezeigt werden.
Soweit möglich erfolgt ein originalgetreuer Nachdruck. Wo es notwendig erscheint, werden die Texte in das heutige Schriftbild übertragen. Eine inhaltliche Veränderung findet nicht statt.

Christiane Beetz, Herausgeberin

Christiane Beetz, geb. 1965 in Hamburg, studierte Germanistik, Religionswissenschaft und Alte Geschichte. Nach einigen Jahren im Buchhandel arbeitet sie jetzt als Lektorin. Außerdem ist sie ausgebildete Prädikantin und schreibt freiberuflich für die „Evangelische Zeitung".

Vorwort zum Buch

Der Buddhismus ist eine Lehrtradition, die vor ungefähr 2500 Jahren in Indien aus dem Hinduismus entstanden ist. Sie ist die viertgrößte Religion der Welt und beruft sich auf Siddharta Gautama, der im 6. vorchristlichen Jahrhundert lebte. Als Prinz geboren, lebte er als Mönch und Asket und später als „Erleuchteter Buddha". Der Buddhismus ist nicht geprägt von dem Glauben an einen Schöpfergott wie beispielsweise das Judentum. Und er bedarf auch keiner Erlöserfigur wie Jesus Christus im Christentum. Jeder Mensch kann sich selbst erlösen, indem er der Lehre Buddhas folgt: Ziel des Buddhismus ist die Befreiung vom Leiden sowie das Erreichen des Nirwana und die damit verbundene Erlösung aus dem Kreislauf der Wiedergeburten.

Der Arzt und Schriftsteller Paul Dahlke war ein Wegbereiter des Buddhismus in Deutschland. Er wurde 1865 in Osterode (Ostpreußen) als ältestes von fünf Kindern geboren. 1883 absolvierte er das Abitur und studierte danach Medizin. Nach seiner Promotion mit einer Arbeit „Über den Hitzschlag" übernahm er eine homöopathische Praxis in Berlin, die er mit großem Erfolg bis 1898 führte. In diesem Jahr unternahm er eine einjährige Weltreise, die ihn in die Südsee, aber auch nach Ceylon führte. Dort kam er in Kontakt mit dem Buddhismus und reiste 1900 noch einmal dorthin, um von einheimischen Gelehrten zu lernen. Seine sieben oder acht Reisen führten ihn vor allem nach Ceylon, Indien, China, Japan, Burma, Siam und Indonesien. Nach dem Ersten Weltkrieg begann er in Berlin-Frohnau 1923 mit dem Bau des Buddhistischen Hauses, eine Art Kloster, und zog dort 1924 ein. In den Jahren bis zu seinem Tod unternahm Dahlke viele Vortragsreisen und publizierte mehrere Bücher und Aufsätze. Im Jahr 1927 erlitt er eine schwere Grippe, von der er sich nicht wieder erholte. Er starb 1928 in Berlin.

Paul Dahlke veröffentlichte zahlreiche Bücher sowohl über medizinische Themen als auch über den Buddhismus. Im Rahmen seiner homöopathischen Tätigkeit schrieb er 200 Aufsätze, die sich mit homöopathischer Arzneimittellehre befassen. Aber es war der Buddhismus, den er vor allem in Ceylon kennen gelernt hatte, der ihn faszinierte. Er schrieb 22 Bücher, über 150 Aufsätze und 100 Rezensionen, die sich mit Fragen beschäftigen wie „Buddhismus als Weltanschauung", „Die Bedeutung des Buddhismus für unsere Zeit" oder „Was ist der Buddhismus und was will er?". Zusätzlich übersetzte er Teile des Pali-Kanon und weitere buddhistische Schriften. Ab 1917 war er Herausgeber der „Neubuddhistischen Zeitschrift" und später der „Brockensammlung", die noch bis 1938 erschien. Diese Zeitschriften enthielten ausschließlich Texte von Dahlke.

Im Jahr 1914 veröffentlichte Dahlke das hier vorliegende Werk „Buddhismus als Religion und Moral". Er behandelt darin drei grundlegende Fragen – „Was bin ich?", „Woher komme ich, wohin gehe ich?" und „Wie muß ich mich verhalten während dieses meines Daseins?" – in Bezug auf den Buddhismus. Nach Dahlke ist die Welt in zwei Extreme zerfallen: die sinnlich-darstellbare und die transzendente Welt. Für ihn beschäftigt sich die Wissenschaft nur mit den real wahrnehmbaren Dingen, während vor allem der christliche Glaube die Transzendenz eines Jenseitsglaubens verstärkt. Nur der Buddhismus sei nach Dahlke in der Lage, diese Extreme zu vereinen: durch die Religion des Denkens, die das Leben als Ganzes zu begreifen versucht und die die drei Grundfragen beantwortet. „Buddhismus ist im letzten Grunde nichts als Wirklichkeitslehre", schreibt Dahlke im Vorwort des Buches. Doch stellt er fast ernüchtert fest, dass es „den echten Buddhismus" kaum noch gibt. Zu stark sind vor allem in Ländern wie China und Japan die buddhistischen Lehren mit Volkstraditionen verwoben. Zudem hat das Christentum mit seiner Vorstellung eines Jenseits und der Lehre der Nächstenliebe dazu geführt, dass sich das Bodhisattvatum im Buddhismus entwickelte, das die Vorstellung vertritt, dass letztendlich jeder Mensch erlöst werden kann. Dies stellt Dahlke aber in Frage. Für ihn ist der Buddhismus eine „Religion des Individuums und der Auswahl" und keine Religion, „mit der man die Welt en bloc beglücken kann". Dahlke beschreibt die *Vier edlen Wahrheiten* – Leiden, Entstehung des Leidens, Vernichtung des Leidens und der dorthin führende Weg -, auf denen die buddhistische Lehre beruht. Daran anschließend erläutert er den *Achtgliedrigen Pfad*, der den Weg, die vierte edle Wahrheit, beschreibt. Außerdem befasst sich Dahlke mit einem Vergleich des christlichen und buddhistischen Gottes- und Kirchenbegriffes sowie der ausführlichen Definition der buddhistischen Moralvorstellung.

Paul Dahlkes Buch ist eine spannende Einführung in den Buddhismus, der noch nicht den westlichen Einflüssen unserer modernen Gesellschaft unterliegt – geschrieben in einer Zeit, in der der Buddhismus in Deutschland kaum bekannt war, in der er um die Abgrenzung der „echten" Lehre zu anderen Religionen kämpfte. Im Buddhismus sieht Dahlke den einzig möglichen Weg zur wirklichen Erlösung. „Hoffentlich ist die Zeit nicht allzu fern, in welcher man anfängt, einzusehen, daß nicht derjenige größter Wohltäter der Menschheit ist, der den Einzelnen von sich selber abwendig macht, indem er ihn in den Strudel immer neuer Ideale und Bedürfnisse reißt, sondern derjenige, der ihm hilft, wieder zu sich selber zu kommen".

Christiane Beetz, Hamburg im Januar 2011

Vorwort

Dieses Buch fußt auf dem im Jahre 1912 im gleichen Verlage erschienenen Werk „Buddhismus als Weltanschauung". Da aber geistiges Leben, ebenso wie physisches, ein Wachstumsprozeß ist, so fußt es auf ihm nicht in dogmatischer Weise, sondern insofern, als es eine Entwickelungsstufe desselben darstellt. Das mag man bedenken, wenn man hier und dort Betrachtungen und Gedanken findet, die sich zu widersprechen scheinen. Im übrigen habe ich mich bemüht, diesen zweiten Band möglichst unabhängig vom ersten zu halten und zu einem in sich abgeschlossenen Ganzen auszuarbeiten.

Ebenso wie es bei meinem ersten Werk über den Buddhismus, den „Aufsätzen zum Verständnis des Buddhismus" der Fall war, so hat man auch dem „Buddhismus als Weltanschauung" Wiederholungen vorgeworfen. Da ich weiß, daß das gleiche bei diesem neuen Werke der Fall sein wird, so halte ich es für geraten, hier gleich vorzubeugen.

Es ist ja ein anderes Ding, über eine Sache geistreich zu reden, ein anderes, sie zu lehren. Wem es nur auf ersteres ankommt, der braucht sich freilich nicht zu wiederholen. Aber dem Buddhismus gegenüber kommt es mir nicht so sehr darauf an, geistreich, als vielmehr wahr zu sein; es kommt mir nicht so sehr darauf an, zu unterhalten, als zu belehren, und belehren ohne Wiederholungen, das ist nicht möglich.

Man wirft ein: „Hat denn der Buddhismus eine Bedeutung für uns, die es rechtfertigt, ihn zum Lehrgegenstand zu machen?"

Ich antworte: Buddhismus ist im letzten Grunde nichts als Wirklichkeitslehre. Was aber der Welt am meisten not tut, das ist ein Denken, das sich streng in der Wirklichkeit hält, ebenso fern von künstlichem Materialismus wie von ungesundem Idealismus. Als Wirklichkeitslehre erhebt der Buddhismus Anspruch, zum Lehrgegenstand des modernen Menschen zu werden, und als diese soll er im folgenden gegeben und gelehrt werden.

Wenningstedt (Sylt).

Paul Dahlke.

Inhalt

	Seite
Vorwort	V
Zur Einleitung	1
Was ist Religion?	6
Glaube und Religion	12
Der Kulturwert der Glaubensreligionen	29
Muß der Mensch glauben?	45
Die ursprüngliche Buddha-Lehre	58
Das religiöse Moment des Buddhismus	82
Nibbana und Parinibbana	109
Das Leiden im Buddhismus	138
Buddhismus als Erfahrungsreligion	157
Der Gottbegriff im Buddhismus	180
Die Kirche im Buddhismus	195
Mönchtum und Opfer	203
Buddhismus als Moral	239
Einige Vorzüge buddhistischer Moral	263
Einzelne Kapitel aus der buddhistischen Moral	282
Das Problem der Willensfreiheit	300
Gebet und Wunder	318
Die Zukunft des Buddhismus	329

Zur Einleitung

Drei Fragen gibt es, welche das geistige Leben der Menschheit, soweit es über Nahrung und Notdurft hinausgeht, ausfüllen: Die Frage „Was bin ich?"; die Frage „Woher komme ich, wohin gehe ich?"; die Frage „Wie muß ich mich verhalten während dieses meines Daseins?".

Von diesen drei großen Fragen entspricht die erste einer Weltanschauung, die zweite einer Religion, die dritte einer Moral. Aber alle drei sind nicht als gleichwertig nebeneinander geordnet zu betrachten, sondern die zweite und dritte Frage steht sozusagen im Verhältnis einer Funktion zur ersten. Diese erste Frage „Was bin ich?" ist die ursprünglichste aller großen Fragen; sie ist der eigentliche Gegenstand alles wirklichen Erkennens, und die beiden anderen erhalten Sinn und Bedeutung erst aus der Art und Weise, wie sie gelöst worden ist. So stellen alle drei sozusagen eine geistige Symphonie dar, in welcher die Frage des „Was" den Generalbaß spielt.

Nun ist es ein Charakteristikum, ja vielleicht das tiefste Charakteristikum des modernen Lebens, daß in ihm diese drei Stimmen nicht mehr in harmonischer Abhängigkeit voneinander stehen, sondern daß jede ihren eigenen Weg geht. Die große Dreiheit ist zerfallen. Wir treiben heutzutage Weltanschauung für sich, wir treiben Religion für sich, wir treiben Moral für sich, und jede der drei Stimmen macht Musik auf eigene Faust, so gut es eben geht. Daher die wunderliche und beschämende Tatsache, daß hier die Schöpfung der Welt in sieben Tagen und Adams Zeitalter gelehrt wird, während vielleicht im anstoßenden Lehrraume, nur durch eine Tür getrennt, vom Uran und den Millionen-Jahren, die sein Wachstumsprozeß in Anspruch nimmt, gesprochen wird. So gleicht unser ganzes geistiges Leben von heute einem schlecht ausbalanzierten System, das, wie jedes derartige System, sich schließlich in seinen eigenen inneren Erschütterungen zerreiben muß. Unseren Wissensdisziplinen fehlt es gewiß nicht an rastlosem Vorwärtsschreiten. Mangel daran ist das letzte, was man ihnen vorwerfen könnte. Da aber dieser Fortschritt nicht stattfindet in organischem Zusammenhang mit dem Ganzen, so gleicht er mehr einer krankhaften Wucherung als einem gesunden Wachstum.

Dieser Zerfahrenheit in den Forschungsergebnissen entspricht es, daß der natürliche Zentral- und Ausgangspunkt alles wirklichen Denkens — das eigene Ich — in unserer heutigen Welt in Gefahr ist, ganz und gar seine Bedeutung zu verlieren.

Ich halte es nicht für unwahrscheinlich, daß dieser Verschiebungsvorgang mit dem jungen Christentum eingesetzt hat. Mit seiner wohlgemeinten, aber heftigen und einseitigen Forderung, alles in den Glauben zu legen, das ganze Herz bedingungslos Gott zu geben, in Gott zu ruhen, entfremdete es das menschliche Denken sich selber. Denn ich nenne es eine Entfremdung, wenn das Denken, das seinen naturgemäßen Schwerpunkt stets da haben muß, wo Denken selber stattfindet, nämlich im eigenen Ich, nun plötzlich in ein Transzendentes verlegt werden soll, dessen Beziehungen zum Menschen, zur Wirklichkeit erst künstlich festgelegt werden müssen.

Im alten Indien war dieser natürliche Schwerpunkt wirklichen Denkens — das eigene Ich — nie aus seiner führenden Stellung gedrängt worden trotz der spekulativen Verirrungen, an denen es gerade hier nie gefehlt hat. Weltanschauung, Religion und Moral bildeten hier eine Einheit, welche beweist, wie große kulturelle Rückschritte die Menschheit im Westen gemacht hat trotz ihrer ungeheuren zivilisatorischen Fortschritte. In der Antike wiederum herrschte eine zu natürliche, freudige Lebensbejahung, um es notwendig zu machen, das Ich nun auch begrifflich als Mittelpunkt geistigen Lebens festzulegen. Man lebte es als diesen Mittelpunkt, so brauchte man es nicht als solchen zu lehren. Hieran dürften auch die abstraktesten und abstrusesten Philosophen der Griechen nichts geändert haben. Man konnte sich derartiges ohne Gefahr leisten. Man fühlte zu gesund menschlich.

Das alles mußte anders werden mit dem Moment, wo dieses Leben in der Vorstellung der Menschen zu einem Jammertal wurde, zu einem Übergangsstadium, zu einer bloßen Vorbereitung für ein jenseitiges Leben. Damit mußten notwendigerweise Verschiebungen im innersten geistigen Leben der Menschheit einsetzen, die nur ganz allmählich, eben weil sie aus dieser innersten Tiefe kommen, ihre Symptome auswerfen konnten. Erst heute, nach fast zwei Jahrtausenden, ist es möglich, von einem Ergebnis dieses Verschiebungsvorganges zu reden. Es ist der Zerfall des geistigen Lebens in jene beiden einander entgegengesetzten Richtungen, die wir meist mit den Schlagworten „Glaube" und „Wissenschaft" bezeichnen, wobei ich von vornherein bemerke, daß in diesem Zusammenhang Wissenschaft nichts bedeutet als die mechanisch-materialistische Auffassung des Weltgeschehens, wie sie für die moderne Physik und alle ihr verwandten Wissenschaften bezeichnend ist.

Diese beiden Grundrichtungen des modernen Geisteslebens unterscheiden sich darin, daß beim Glauben der geistige Schwerpunkt völlig in einem Transzendenten liegt, während er bei der Wissenschaft völlig im Sinnlichen liegt, d. h. im Weltgeschehen, soweit es sich in irgendeiner Hinsicht sinnlich darstellt oder darstellen läßt. Nun ist das innere Leben des Menschen, sein Denken und Wollen etwas, das weder transzendent noch sinnlich ist. Damit ergeben sich die großen Gefahren, die einem Zeitalter erwachsen müssen, wenn sein geistiges Leben sich in zwei derartige Extreme spaltet. Von vornherein kommt dieser wichtigste Faktor des Weltgeschehens — das innere Leben des Menschen — weder auf die Seite des Glaubens ins rein Transzendente, noch auf die Seite der Wissenschaft ins rein Sinnliche zu liegen. Die Folge ist, daß dasjenige, was seinem Wesen nach bestimmt ist, die Achse und den Ruhepunkt geistigen Lebens zu bilden, zu einem Streitobjekt zwischen Glaube und Wissenschaft wird. In diesem Streite sucht der Glaube die transzendente Natur des Denkens zu verfechten, dasselbe zum Ausdruck einer Seele zu machen, während die Wissenschaft nicht eher ruhen kann, als bis sie das Denken auf physische Vorbedingungen zurückgeführt, d. h. zu einer Funktion der Materie gemacht hat. Das ist der unwürdige und unglückliche Zustand, unter welchem wir heute leiden, und der seine Folgen in allen sozialen Verhältnissen fühlbar macht. Der moderne Mensch hat keine wirkliche Religion, er hat keine wirkliche Moral. Und weshalb nicht? Weil er keine wirkliche Weltanschauung hat. Denn man kann unmöglich von einer Weltanschauung reden, wenn man bezüglich desjenigen, was dem ganzen Weltgeschehen überhaupt erst Sinn und Bedeutung gibt — das Denken — von einer Erkenntnis so fern ist, daß man nicht einmal weiß, ob es in das Gebiet des Glaubens oder in das Gebiet der Wissenschaft zu liegen kommt.

Einziger Beweis für die Wirklichkeit einer Weltanschauung ist dieses, daß sie eine wirkliche Religion und eine wirkliche Moral ergibt. Umgekehrt ausgedrückt: Religion wie Moral, sollen sie wirklich sein, müssen in innerer Abhängigkeit von der Weltanschauung stehen. Zu sagen: „In Bezug auf Weltanschauung werden die Menschen nie übereinstimmen; das Einigende liegt nur in der Ethik", das ist eine irrige Vorstellung. Eine Ethik, die ihre Wurzeln nicht in einer Weltanschauung hat, ist wertlos. Grundwert alles Menschtums ist das Denken. Wahrhaft gehören tut dem Menschen nur, was er erkannt hat. Ich kann mir darin nicht die Höhe des Menschtums vorstellen, wenn ich mir eine Weltanschauung mit Hilfe von Arbeitshypothesen erdenke, wenn ich eine Religion glaube, und wenn ich eine Moral fühle. Es muß durchaus das Bestreben jedes Denkenden sein, sich eine Weltanschauung zu verschaffen, die ihm gleichzeitig zur Religion und Moral wird.

An anderer Stelle habe ich mich bemüht, klarzulegen, daß im Buddha-Gedanken eine derartige Weltanschauung gegeben wird. Buddhismus, rein erkenntnis-theoretisch betrachtet, ist nichts als die Antwort auf die Frage: „Was bin ich?" Im weiteren Verlauf dieses Buches werden wir Gelegenheit haben, noch einmal in Kürze auf die Antwort einzugehen, welche der Buddha hier gibt. An dieser Stelle mag nur darauf hingewiesen werden, daß im letzten Grunde der ganze Buddhismus nichts ist als die milde, aber ernsthafte und in tausend Wendungen sich wiederholende Mahnung an den Menschen, sich in seinen geistigen Nöten an sich selber zu halten und hier unmittelbar das zu erleben, was jeder, der ernsthaft sucht, erleben kann.

Nun ist es freilich in unseren Zeiten ständig fortschreitender äußerlicher wie innerlicher Uniformierung ein mißliches Ding, an das selbständige Denken Ansprüche zu erheben. Man wird damit wenig Anklang finden. Der Mensch begnügt sich gemeinhin mit der wissenschaftlich festgestellten Tatsache, daß er zur Gattung „Homo sapiens" gehört und läßt im übrigen die Arbeit des selbständigen Denkens von einigen Wenigen besorgen. Und doch darf er, richtig betrachtet, diese Arbeit anderen ebensowenig überlassen wie das Essen. Denken ist Form der Ernährung. Eine Zeit, in welcher der Einzelne es nicht für nötig hält, die Begriffswelt, innerhalb welcher er lebt, selbständig zu durchdenken, muß schließlich verkümmern. Tut man aber den großen Schritt, entschließt man sich zu selbständigem Denken, so wird man bald merken, daß in den dürren Baum dieser Begriffswelt neues Leben kommt, daß da, wo bisher ein Nebeneinander von toten Teilen bestanden hat, jetzt eine Gliederung sich ergibt, in welcher ein Glied zum anderen in lebendiger Abhängigkeit steht.

Bei einem Baume, wenn er schlecht ernährt wird, verkümmern am ersten seine zartesten Teile, die Blüten. Ebenso verkümmern im Leben der Völker am ersten die geistigen Werte. Der durchgeistigtste aller geistigen Werte ist die Religion. Gerade sie ist im heutigen Leben ganz verkümmert, zu einem dürren Begriff geworden, dem selbst die schärfsten Ätzmittel gedanklicher Analyse kaum noch eine Reaktion entlocken können. Der Grund ist, wie schon oben angedeutet wurde, die Abtrennung von der tiefsten Wurzel alles Menschtums — dem Denken. Soll Religion wieder Leben bekommen, muß sie zu einer Form des Denkens werden. Damit das geschehen kann, muß der Begriff der Religion anders gefaßt werden, als es bisher geschehen ist.

Damit stehen wir vor der Frage: Was ist Religion?

Was ist Religion?

Auf diese Frage gibt es sehr viele Antworten, die aber meines Erachtens alle miteinander das gemeinsam haben, daß sie den Denkenden nicht befriedigen. Ich beschränke mich hier auf jene zwei Antworten, welche sozusagen die beiden möglichen Grenzfälle darstellen.

Die meisten Menschen, wenn gefragt „Was ist Religion?" werden antworten: „Der Glaube an Gott" oder „Das Verhältnis des Menschen zu Gott". Diese Antwort aber ist zu eng. Sie ähnelt etwa der Antwort eines Kindes, das auf die Frage „Was ist Farbe?" z. B. antwortet: „Rot!" Wie Rot nur eine Farbe unter vielen anderen ist, so ist der Gottglaube nur eine der Formen, allerdings die bei weitem allgemeinste Form, in welcher das religiöse Bedürfnis des Menschen sich äußert.

Das ist der eine Grenzfall. Der andere ist gegeben mit der Schleiermacherschen Definition der Religion als dem Abhängigkeitsgefühl des Menschen schlechthin. Ist mit dieser Definition nur die Abhängigkeit von einem Gott-Schöpfer gemeint, so fällt sie mit der obigen Definition zusammen. Dann ist aber auch die ganze Ausdrucksform überflüssig. Ist aber mit ihr wirklich das gemeint, was die Worte sagen, so ist sie zu weit, indem sie dann das Kausalbedürfnis in jeder Form mit umfaßt, auch soweit es das sinnlich sich darstellende Weltgeschehen betrifft. Schleiermachers Antwort gleicht dann der Antwort eines Gelehrten, der auf die Frage „Was ist Farbe?" antwortet: „Eine Ätherschwingung". Nicht nur Farbe, sondern Licht, auch als farbloses, ist Ätherschwingung.

Aus diesen beiden Grenzfällen, dem zu beschränkten einerseits, dem zu weiten anderseits, komme ich zu jener Definition, wie sie sich aus einer wirklichen Weltanschauung ergibt.

Das Wesen alles geistigen Lebens besteht in dem Verlangen, zu begreifen; anders ausgedrückt: im Kausalbedürfnis. Die Befriedigung dieses Bedürfnisses ist erstes aller geistigen Bedürfnisse. Je nach der Form, in welcher man dieses Kausalbedürfnis zu befriedigen sucht, ergeben sich jene beiden

Grundrichtungen des geistigen Lebens, nämlich Glaube und Wissenschaft. Letztere (als mechanisch-materialistische) sucht das Kausalbedürfnis des Menschen dadurch zu stillen, daß sie eine Lebenserscheinung möglichst vollständig auf eine andere zurückzuführen sich bemüht, wobei sie natürlich diese letztere wieder auf eine andere zurückführen muß, und so weiter rückwärts in einer Reihe, an welcher irgendein Einsatzpunkt nicht zu erkennen ist, ausgenommen da, wo er künstlich in Form einer Theorie oder Arbeitshypothese gesetzt wird.

Die beiden letzten möglichen Enden, in welche die Kausalreihen der Wissenschaft auslaufen, sind Kraft einerseits, Stoff anderseits, von welchen beiden aber der Physiker nur weiß, daß sie da sind. Daß er nichts darüber weiß, was sie sind, geht am besten daraus hervor, daß die neueste Physik fleißig an der Arbeit ist, eines als Form des anderen darzustellen.

So befriedigt die Wissenschaft das Kausalbedürfnis nur in bedingter Weise. Aber das ist nicht einmal das Hauptsächlichste, was an der Methode der Wissenschaft auszusetzen ist.

Wirklich begreifen läßt sich ein Vorgang nur, wenn man die Kraft begreift, auf Grund deren er da ist. Nun ist die Wissenschaft ihrem ganzen Wesen nach auf das Sinnliche beschränkt. Man kann nur Wissenschaft treiben, wo man vergleichen kann, und vergleichen kann man nur, wo Sinnliches ist. Kraft aber kann nie und nimmer sinnlich sich darstellen; denn alles, was in irgendeiner Hinsicht sich sinnlich darstellt, ist ja nicht Kraft, sondern Ausdrucksform einer Kraft, und mag es selbst die allerfeinste Ätherschwingung sein. Somit zwingt der Standpunkt, welchen die exakte Wissenschaft dem Weltgeschehen gegenüber einnimmt — daß sie nur Sinnliches gelten läßt — das Problem eines wirklichen Begreifens der Dinge überhaupt zu umgehen. Begreifen heißt Kräfte begreifen. Kräfte können nie sinnlich sein, folglich nie in das Bereich der Wissenschaft fallen. Daher ist die moderne Physik nur folgerichtig vorgegangen, wenn sie in einem langen und schwierigen Entwickelungsprozeß sich selber den Begriff „Kraft" so ausgebildet hat, wie sie es tatsächlich getan hat. Sie hat ihm alles Metaphysische abgestreift und ihn zu einem rein sinnlichen Etwas gemacht, ja streng genommen zu dem einzigen rein sinnlichen Ding der ganzen Welt, nämlich Arbeit (im physikalischen Sinne), ein Wert, der ganz und gar zahlenmäßig dargestellt werden kann. Dem modernen Physiker ist Kraft dasjenige, was er am allerbesten kennt, weil er darunter nichts versteht als das, was er sich selber daraus zurecht gemacht hat: geleistete Arbeit.

Nun will ich damit durchaus nicht sagen, daß dieser Standpunkt der modernen Physik, dieses Umgehen des eigentlichen Punktes, auf welchen es dem Wahrheitssucher ankommt, ein an sich falscher ist. Er ist richtig an seinem Platz, d. h. da, wo es auf Technik ankommt. Er ist falsch oder doch nutzlos da, wo es auf wirkliches Begreifen ankommt. Hier bietet dieser Standpunkt keine Nahrung mehr, trotz der so imponierenden Exaktheit, welche sich eben durch diese resolute Abweisung alles Nichtsinnlichen erzielen läßt. Der Standpunkt der modernen Wissenschaft ist der einer reinen Ratio, das ist wahr. Aber diese Reinheit ist schwer erkauft. Sie ist erkauft mit dem Aufgeben jenes Momentes, auf welches es dem suchenden Geiste allein ankommt: die innere, die eigene, die wirkliche Kraft, auf Grund deren ein Ding, ein Vorgang da ist und sich abspielt. Daß jedes Ding, jeder Vorgang bis zu gewissem Grade von äußeren Vorgängen beeinflußt wird, ist ja kein Zweifel, aber das eigentliche, ausschlaggebende Moment liegt in ihm selber. Wenn ich in einem Menschengedränge hin und her geschoben werde, so liegt der Grund für die Zickzacklinie, die ich beschreibe, in den Außendingen; aber die Tatsache, daß ich mich bewege, die hat ihren Grund in mir selber, und sie ist das entscheidende. Danach muß man den Wert wissenschaftlicher Betrachtungsweise bemessen.

Dieses Spiel gegenseitiger Beziehungen in immer weiterem, feinerem Maße zahlenmäßig darzulegen, ist sicher für viele Köpfe sehr interessant und auch technisch wichtig, aber das ist es gar nicht, was der suchende Geist verlangt. Dem genügt es nicht, die Abhängigkeit einer Lebenserscheinung von der anderen zu verstehen — er will Leben selber verstehen. Es ist ja das instinktive Bedürfnis jedes Denkenden, Leben nicht nur in seinen sinnlichen Teilerscheinungen, sondern als Ganzes auf ein Höheres zu beziehen. Nur so kann ja diese sonst unbegreifliche Tatsache „Leben" erst Sinn und Bedeutung bekommen. Jeder Denkende fühlt mit einer Bestimmtheit, die eines Beweises gar nicht bedarf, daß es nicht wahrer Zweck des Lebens sein kann, ein Weib zu nehmen, Kinder zu zeugen, Geld zu häufen, Titel und Orden zu erjagen, eine Flugmaschine zu erfinden, den Nord- oder Südpol zu entdecken, über gelehrte Bücher andere noch gelehrtere zu schreiben und dann zu sterben. In stiller Stunde fühlt er immer wieder, daß dieses alles keine wirkliche Deutung für die unerhörte Tatsache „Leben" ist. So drängt es ihn mit unwiderstehlicher Gewalt über dieses Leben hinaus zu sehen und aus einem anderen heraus seinen Sinn und seine Bedeutung zu begreifen.

Soweit ein Mensch dieses Bedürfnis fühlt, ist er religiös veranlagt. Religion und Wissenschaft fallen darin zusammen, daß beide Ausdruck des allgemein menschlichen Kausalbedürfnisses sind. Während aber der wissenschaftlich arbeitende Geist dieses Kausalbedürfnis lediglich innerhalb des sinnlich sich Darstellenden sozusagen ratenweise zu befriedigen sucht, sieht der religiöse Geist das Unvollkommene solcher Versuche ein. Mit einem Schritt geht er über sie alle hinaus, indem er Leben als Ganzes auf ein anderes zu beziehen sucht. Damit ergibt sich unsere Definition:

Religion ist das Kausalbedürfnis, soweit es nicht die einzelnen Lebenserscheinungen, sondern Leben als Ganzes betrifft.

Erst in dieser Auffassung von Religion versteht man die Allgemeinheit des religiösen Bedürfnisses. Diese Allgemeinheit ist nicht, wie man wohl gern angibt, ein direkter Beweis für das Dasein einer transzendenten Welt, sondern sie beruht darauf, daß Religion eben nichts weiter ist als ein Spezialfall des allgemein menschlichen Kausalbedürfnisses. Ob es notwendig und richtig ist, dieses Kausalbedürfnis durch die Annahme einer transzendenten Welt zu beschwichtigen, das werden wir im folgenden zu untersuchen haben.

Dieser ganze Gedankengang ließe sich in der Sprache der Wissenschaft auch anders fassen:

Sobald der Mensch anfängt zu denken, d. h. sein Kausalbedürfnis zu erleiden, merkt er, daß er sich innerhalb eines Systems befindet, dessen Grenzen er weder extensiv, noch intensiv erreichen kann. Er kommt auf Grund der Erfahrungstatsachen zur Vorstellung einer Unbegrenztheit in Zeit und Raum. Jeder gedankliche Einsatz, wo immer, wann immer, wie immer er stattfinden mag, eröffnet ihm unendliche Reihen, in denen sein Geist zu ertrinken droht, und deren er sich instinktiv zu erwehren sucht, entweder durch einen gedanklichen Gewaltakt oder gütlich. Alle Gewaltakte auf diesem Gebiet laufen im letzten Grunde auf die Knabenweisheit im Goetheschen Gedicht hinaus: „Und woher hat's der Großpapa?" — „Der hat's genommen!" Alle gütlichen Versuche laufen auf einen Anpassungsvorgang hinaus. Wissenschaftlich gesprochen ist jedes Begreifen ein Anpassungsvorgang des Denkens an die Tatsachen. Und man könnte von diesem Standpunkte aus Wissenschaft und Religion dahin unterscheiden, daß erstere ein Anpassungsvorgang des Denkens an die Tatsachen innerhalb des Endlichen ist, während Religion ein Anpassungsvorgang des Denkens an das Unendliche ist, oder besser an das, was sich nicht in Zeit und Raum darstellt.

Nun ist das einzige innerhalb des Weltgeschehens, was sich nicht in Zeit und Raum darstellt, die Kraft, auf Grund deren die Vorgänge und Wesen da sind. Jede Regung der Wirklichkeit sagt immer wieder das eine: daß Kraft da ist, aber nicht, was sie ist. So ist die Wirklichkeit für den Denkenden ein steter Anreiz des wirklichen Kausalbedürfnisses, welches letztere stets auf Leben als Ganzes gerichtet ist und sich um die Beziehungen der Lebenserscheinungen zueinander weniger kümmert. Dem Denkenden zeigt und verhüllt die Wirklichkeit immer nur das eine große Geheimnis: Kraft, und ist ihm so ein unerschöpflicher Quell religiöser Gefühle. Die größten Dichter aller Zeiten liefern den Beweis hierfür.

Es ist somit von vornherein klar, daß eine wirkliche Religion an der Lösung des Problems der Kraft hängt. Solange dieses Problem nicht gelöst ist, läßt sich streng genommen gar nicht von Religion, sondern nur von Religionsversuchen reden. Denn, noch einmal: Leben als Ganzes kann ich nur in der Kraft begreifen, auf Grund deren etwas Lebendes da ist. Erst wenn diese Kraft begriffen ist, wäre die Möglichkeit da, Leben als

Ganzes auf ein anderes zu beziehen, über dieses Leben hinauszusehen.

Daß die Methode der Wissenschaft, die Induktion, hier nicht faßt, geht zur Genüge aus dem, was oben über das Wesen der Wissenschaft gesagt ist, hervor. Das Bereich der Wissenschaft ist das Sinnliche. Nur hier ist die Methode der Induktion anwendbar. Die deduktive Methode hat Berechtigung als Methode nur, soweit sie Reaktion des induktiv erarbeiteten Tatsachen-Materials ist. Ist sie dieses nicht, so ist sie praktisch vom Glauben nicht unterschieden. So formuliert sich unsere Schlußfrage dahin:

Ist es möglich, Kraft zu begreifen, oder sind wir dieser Grundtatsache gegenüber stets zu einem Glaubensakt genötigt? Anders ausgedrückt: Muß eine Religion stets Glaubensreligion sein? Oder ist auch eine Religion des Denkens, des Verstehens möglich? Gibt es Religion als Erfahrungstatsache?

Glaube und Religion

Es ist ein Beweis für unsere Oberflächlichkeit im Denken, daß wir, ich meine, wir hier im Westen der Erdkugel, stets geneigt sind, Religion und Glaubensreligion als an sich gleichbedeutend anzusehen. Erklärlich wird diese Tatsache daraus, daß unser westlicher Kulturkreis seit den urältesten Zeiten allein durch Glaubensreligionen gespeist worden ist, im Gegensatz zum Osten, der allein schon durch seine reichere und tiefere religiöse Gliederung sein gedankliches Übergewicht beweist.

Als glaubensfreie Religionen des Ostens kommen in Betracht Konfutsianismus, Vedanta und Buddhismus. Aber der erste ist reine Morallehre und streng genommen überhaupt nicht Religion zu nennen. Der zweite ist eine eigenartige Verquickung von Glauben und Verstehen. So bleibt nur der Buddhismus übrig. Er hat auf das Denken der ganzen Osthälfte unserer Erdkugel eine tiefe Einwirkung ausgeübt, selbst da, wo er nicht verstanden worden ist, und tatsächlich ist er allein es, der dem religiösen Leben des Ostens seine Eigenart gibt.

Was Religion ist, darüber sind wir uns in obigem klar geworden. Wir haben uns jetzt darüber klar zu werden, was Glaube ist. Erst danach werden wir ein Urteil darüber abgeben können, ob Religion notwendig einen Glaubensakt verlangt.

Was ist Glaube?

Die schulgemäße Definition, wie Paulus sie gibt, ist bekannt. Sie läuft im letzten Grunde auf die Annahme eines Transzendenten hinaus. Tatsächlich liegt die Wurzel, das innerste Wesen alles Glaubens in dieser wunderbaren Fähigkeit, ein „Jenseits aller Wirklichkeit" anzuerkennen.

Es ist ohne weiteres klar, daß dieses „Jenseits aller Wirklichkeit" eine Kraft einerseits, ein Universelles anderseits sein muß. Aber so lange es nur dieses bleibt, ist es bloßes Glauben und keine Glaubensreligion. Letztere verlangt durchaus, daß die Welt nun auch in irgendein Abhängigkeitsverhältnis zu dieser universellen Kraft gebracht wird, und damit steht jede Glaubensreligion urplötzlich vor einem Problem, welches seine Unlösbarkeit in sich selber trägt.

Dieses Problem lautet kurz formuliert folgendermaßen: Eine transzendente Kraft, meist Gott genannt, als „Ursache an sich", soll mit der Welt als „Wirkung an sich" in einen Kausalzusammenhang gebracht werden. Nun zeigt die Wirklichkeit nie und nirgends eine „Ursache an sich", nie und nirgends eine „Wirkung an sich". In der Wirklichkeit ist jede Ursache auch Wirkung einer anderen Ursache gegenüber, jede Wirkung auch Ursache einer anderen Wirkung gegenüber. Das gilt ausnahmslos. Denn Wirklichkeit hat nicht dieses Verhältnis als Eigenschaft, sondern ist dieses Verhältnis zwischen Ursache und Wirkung selber. Wirklichkeit ist Wirken, und Wirken heißt, in jedem Moment ebensowohl Ursache, wie Wirkung sein. In der Wirklichkeit hat es daher keine Not, von der Ursache zur Wirkung zu kommen. Denn Wirklichkeit ist ja dieser Übergang selber. Vergißt man das, setzt man eine Ursache für sich, eine Wirkung für sich, so ist natürlich die Not da, zu begreifen, wie es je von der Ursache zur Wirkung kommen kann. Die ganze ungeheuerliche Masse von Gelehrsamkeit, welche durch die Rätsel des Kausalproblems in tiefsinnigen Köpfen ausgelöst ist, verdankt dieser falschen Auffassung vom Wesen der Wirklichkeit ihre Entstehung. Man sieht in jedem Augenblick, daß die Natur wirkt und wirkt und wirkt, und doch kann der tiefste Tiefsinn nicht entdecken, wie dieses Wirken zustande kommt. „Wir sind so klug, und dennoch spukt's in Tegel." Aber mag der Philosoph sich noch so sehr in der Sackgasse des Kausalproblems verrennen, der Physiker öffnet diese Sackgasse immer wieder, indem er zeigt, daß dieser Übergang von Ursache zur Wirkung notwendig eintritt, ja daß alle Wissenschaft auf diesem selbsttätigen Übergang von der Ursache zur Wirkung beruht, wodurch beide notwendig in ihrem relativen Charakter klar werden müssen. Die Vorstellung einer Ursache für sich, einer Wirkung für sich, ist von der Naturwissenschaft endgültig ausgestoßen. Wirklichkeit ist Wirken, nichts als Wirken in jedem Moment, und Wirken gleicht dem altrömischen Janus: es sieht nach rück- und vorwärts. Es ist Ursache in einem Sinne, Wirkung im anderen Sinne.

Diese ausgleichende Wirkung, welche die praktische Wissenschaft gegenüber den Verirrungen der Philosophie ausübt, fällt ganz fort im Glauben. Regungs- und bewegungslos steht er vor seinem Problem, eine „Ursache an sich", den Gott, mit einer „Wirkung an sich", der Welt, in kausalen Zusammenhang zu bringen. Anders ausgedrückt: Man steht vor der Aufgabe, die Welt, die Wirklichkeit nach einem Etwas zu deuten, welches, mag es im übrigen sein, was es will, jedenfalls eines nicht ist: wirklich. Denn transzendent hat ja keinen anderen Sinn, als den eines „Jenseits aller Wirklichkeit". Als solches aber hat es sein Dasein lediglich im Denken des Gläubigen. Da nun jene transzendente Kraft dasjenige ist, aus welchem heraus das ganze Weltgeschehen erst Sinn und Bedeutung bekommen soll, so stehen wir hier vor der wunderlichen Tatsache, daß die Wirklichkeit sich nach dem Denken richten soll, was etwa soviel Sinn hat, als wenn der Wind sich nach der Wetterfahne richten soll.

Gerade in diesem Punkt formuliert sich der Gegensatz zwischen Glaube und Wissenschaft am schärfsten. Denken im wissenschaftlichen Sinne ist ein bewußtes Sich-Anpassen an die Tatsachen der Wirklichkeit. Denken ist hier als reine Ratio zu einer beweglichen Größe geworden, die zu jedem Kompromiß bereit ist, so sehr, daß es, scherzhaft gesprochen, sogar bereit ist, sich selber zu kompromittieren, indem es sich selber gleichfalls als einen bloßen Anpassungsprozeß zu begreifen sucht. Umgekehrt setzt der Glaube dem Weltgeschehen gegenüber mit einer Vorstellung ein, die ihn zwingt, die Wirklichkeit nach dem Denken sich richten zu lassen. Die Wirklichkeit muß so gedeutet werden, daß die gedankliche Voraussetzung „Es ist eine universelle Kraft da, von der aus das Weltgeschehen bestimmt wird" stets möglich bleibt.

Eine derartige Anwendung des Denkens, wie es das Denkvermögen von sich selber im Glauben macht, nenne ich rückläufig oder paradox.

Grundwert des Menschtums ist das Denken. Der Wert jedes Gedankens richtet sich nach seinem Wirklichkeitsgehalt. Letzterer beweist sich dadurch, inwieweit ein Gedanke der Wirklichkeit gegenüber sich ohne Stützen halten kann. Je mehr Hypothesen ein gedanklicher Wert nötig hat, um den Tatsachen der Wirklichkeit gegenüber sich halten zu können, desto geringer sein Wirklichkeitsgehalt, desto geringer auch seine Brauchbarkeit. Denn in seiner Anwendung werden sich dann ständige Reibungen mit der Wirklichkeit ergeben, die immer neue Erschütterungen des Systems, innerhalb dessen dieser gedankliche Wert zur Anwendung kommt, nach sich ziehen müssen. Auch das gedankliche Leben arbeitet nach dem Gesetz der kleinsten Wirkung. Jede Vernachlässigung dieses Gesetzes rächt auch hier sich notwendig. Gilt irgendwo der Satz „An ihren Früchten sollt ihr sie erkennen", so ist es im gedanklichen Leben. Es fragt sich: Wie besteht der gedankliche Ansatz des Glaubens — die Anerkennung eines Transzendenten — die Probe auf ihren Wirklichkeitsgehalt?

Darauf ist zu erwidern, daß kein Gedanke der Welt ein so ausgebildetes System von Stützen verlangt, wie diese Annahme eines Transzendenten. Wie schon oben gesagt, steht mit dieser Annahme der Glaube vor der Aufgabe, nun einen Kausal-Zusammenhang zu schaffen zwischen dem Jenseits und dem Diesseits, zwischen einer Ursache an sich und einer Wirkung an sich.

Es ist von vornherein klar, daß eine Lösung dieses Problems unmöglich ist. Zwischen „Ursache an sich" und „Wirkung an sich" kann nur eine Beziehung bestehen: die Beziehung der Beziehungslosigkeit — eine paradoxe Beziehung entsprechend der Paradoxie des Ansatzes — und alle Versuche, Beziehungen herzustellen, müssen notwendigerweise gleichfalls paradoxer Natur sein. Solche Versuche nennen wir Dogmen.

Unter Dogma verstehe ich jeden Versuch, den Kausal-Zusammenhang zwischen „Ursache an sich" und „Wirkung an sich", anders ausgedrückt: das Verhältnis zwischen Gott und Welt, in irgendeiner Weise zu formulieren und so dieser „Beziehung der Beziehungslosigkeit" den Tatsachen der Wirklichkeit gegenüber eine Stütze zu geben.

Je nach der Intensität, mit welcher dieses Stützbedürfnis gefühlt wird, kann man eine Art Skala der Glaubensreligionen aufstellen, aufwärts von jenen primitiven Formen ab, für welche das ganze Problem überhaupt noch nicht existiert, die also auch kein Bedürfnis haben, es im Dogma zu stützen, bis zu jener letzten Entwickelungsstufe, in welcher das Individuum die volle Schwierigkeit dieses Problems fühlt und versucht, es gedanklich zu meistern.

Es hat keinen Wert für uns, hier diesbezügliche Tatsachen aus den Naturreligionen anzuführen. Sie alle sind gekennzeichnet durch die völlige Unbekümmertheit um eine Motivierung ihres Glaubens. Das kausale Problem, das jeder Glaube mit sich bringt, ist für sie nicht da; sie stehen noch vor dem intellektuellen Sündenfall. Halten wir uns hier nur an die höher entwickelten und uns nahestehenden Religionen.

In der dreigliedrigen Gruppe der monotheistischen Religionen scheint jedes Glied einen eigenen Entwicklungszustand darzustellen. Der Jehova-Kult primitiv; Gott mehr seiner Tätigkeit, als seinem Wesen nach definiert. Er ist jener eifrige Gott, der da rächt und lohnt. Der Abschluß des Menschenlebens stellt sich mehr in schwankenden Hoffnungen und Befürchtungen dar, als in ausgebildeten Dogmen. Alles in allem: das Kausalproblem und seine intellektuellen Nöte werden wenig oder gar nicht gefühlt.

In gewissem Sinne seine Weiterbildung ist der Islam. In der unerhörten Rücksichtslosigkeit, mit welcher er gegenüber allen Forderungen des gesunden Denkens seine Eingott-Idee ausbildet, ist er ein ganzer Kerl, der, wenn auch nicht gerade Sympathie, so doch sicher Achtung verdient. Er weiß, was er will, und erfaßt sein Ziel rücksichtslos. Jeder Kompromiß mit der Ratio liegt ihm fern. Er spottet, wenn auch nicht absichtlich, so doch unabsichtlich, aller Versuche, das Kausalbedürfnis zu befriedigen. Ein solches Bedürfnis existiert für ihn gar nicht. In bezug auf Reinheit der Ausarbeitung des monotheistischen Momentes stellt er die Krone der ganzen Gruppe dar. Auch der Jehova-Kult freilich ist rein eingottig, aber es ist hier nicht das Eingottige in unserem Sinne, als einiges, einziges universelles Prinzip — im Gegenteil: im Jehova-Kult ist das Eingottige ein streng lokales. Andere Götter existieren neben diesem Jehova in Fülle, aber sie sind minderwertig; nur er, der Stammgott dieses wunderlichen Völkchens, er ist der einzig wahre Gott. Aber er gehört zu seinem Volk, wie sein Volk zu ihm. Beide haben einen Bund gemacht, zwischen beiden besteht, scherzhaft gesprochen, so etwas wie eine geschäftliche Beziehung, eine Art Sonderabkommen. Nichts liegt daher ferner, als diesen Partner in einer Propaganda der ganzen Welt mitteilen zu wollen — im Gegenteil: er wird eifrig behütet als eine Art nationalen Eigentums. Man spricht gern davon, daß das Christentum in seiner innersten Tendenz jüdisch, mosaisch ist. Das scheint mir durchaus nicht der Fall zu sein. Es ist wahr, beide Religionen fallen in gewissen Schlagworten zusammen, aber ihre Tendenzen sind grundverschieden. Diese Tendenz, sich über den ganzen Erdball auszudehnen, die dem Christentum eigen ist, sein universeller Charakter, sind dem Judentum ganz fremd. Die Tendenz des letzteren ist ausgesprochen lokal, national, wenn auch nicht abgestritten werden soll, daß schon zu Jesu Zeiten sich freiere Richtungen, universelle Strömungen bemerkbar machten.

Die beiden Religionen, in welchen der gedankliche Gehalt am höchsten entwickelt ist, sind der Pantheismus, besonders in seiner indischen Form als Vedanta, und das Christentum. Beide haben, wenn man so sagen will, den intellektuellen Sündenfall getan; beide gehen auf das ungeheure Wagnis hinaus, ihren Glauben zu rechtfertigen. Beide sind für uns insofern besonders interessant, als sie das Problem, um welches es sich hier handelt — zwischen Gott als der „Ursache an sich" und Welt als der „Wirkung an sich" eine Kausalbeziehung herzustellen — in ganz verschiedenartiger Weise gelöst resp. zu lösen versucht haben.

Der indische Vedanta, der persische Sufismus, der westliche Mysticismus, und was es noch für Formen des Pantheismus geben mag, alle lösen sie unser Problem sozusagen durch einen genialen Coup: man macht die Welt zu einer Ausdrucksform des Göttlichen selber. So löst man das Problem nicht dadurch, daß man es beantwortet, sondern dadurch, daß man es als auf falscher Fragestellung beruhend zeigt. Zwischen Gott und Welt besteht hier in Wahrheit überhaupt kein Kausalverhältnis, sondern beide sind identisch, und das ganze Problem als solches ist möglich nur, solange man diese Identität nicht erkennt. In der Erkenntnis dieser Identität tritt die Befriedigung ein. Das endlose Fragen des Menschengeistes, das endlose Sehnen des Menschenherzens — alles stillt sich in diesem großen, einzigen Erkennen: „Ich bin Gott!" Daher heißt es in den Upanishads: „Gott wissend wird er Gott". Das ist das große Wissen, neben dem alles andere Wissen zur Wesenlosigkeit verblaßt. Die Frage freilich: „Wenn ich selber Gott bin, woher dann mein ungöttliches Nichtwissen über diese meine Gott-Wesenheit?", diese Frage wird nirgends beantwortet, oder doch in so verschiedenartiger Weise, wie es eben bei Dingen, die man nicht begreift, stets der Fall ist.

Entsprechend dieser seiner Stellung gegenüber dem Kausalverhältnis zwischen Gott und Welt kann der Vedanta bezüglich der Eigenschaften des Göttlichen sich mit seinem berühmten „neti, neti" (Es ist nicht so, Es ist nicht so!") begnügen. Es geht hier alles in dem tiefen Gefühl der Alleinheit auf, das bestimmter Worte oder Definitionen nicht mehr bedarf.

Anders im Monotheismus. Hier soll ein wirkliches Kausalverhältnis bestehen zwischen Gott (als Ursache an sich) und der Welt (als Wirkung an sich). Fällt eine solche Lehre unter Völker oder Rassen, deren Kausalbedürfnis genügend scharf entwickelt ist, so heißt es diesem Bedürfnis auf irgendeine Weise gerecht werden und doch die Absolutheit des Gottes retten.

Es ist von vornherein klar, daß der Menschengeist hier nicht frei arbeiten darf; denn jeder Versuch, ein Kausalverhältnis herzustellen, müßte dem Gott seine Absolutheit entziehen. Soll hier überhaupt gedacht werden, so muß es unter Kautelen oder, wie ich oben sagte, in paradoxer Form geschehen — als Dogma.

Aus der Aufgabe, die das Dogma zu erfüllen hat — der Ratio genug zu tun und doch jedes wirkliche Walten einer Ratio auszuschließen — geht sein paradoxer Charakter hervor.

Jeder Einblick in die Kirchengeschichte zeigt, daß das Dogma nicht eher als abgeschlossen gelten kann, als bis es beim erbarmungslosen „Credo quia absurdum" angelangt ist. Daher muß bei der Schöpfung durchaus die Lehre von einem Gott gelten, der die Welt aus nichts heraus, lediglich durch seinen Entschluß geschaffen hat. Jede andere Möglichkeit würde seine Allmacht in Gefahr bringen. Gäbe man ihm irgendeine Urmaterie in die Hand, deren Former, Demiurg er wäre, so würde damit ein Dualismus eröffnet, der die ganze Gott-Idee zu Falle bringen könnte. Ebenso: Beim Abendmahl muß die Lehre von der Transsubstantiation gelten, trotz der peinlichen Konsequenzen, die sich damit ergeben, an die wir heute freilich nicht mehr denken, die aber den Geistern des Mittelalters so viel zu schaffen machten. Jede andere Auffassung würde pantheistische Tendenzen begünstigen und ist folglich durch Dogma auszuschließen. Ebenso: Bei der Auferstehung muß die Lehre von der Identität der beiden Körper, des auferweckten und des anderen, gelten. Jede andere Vorstellung würde aus der Auferstehung einen Entwicklungsprozeß machen, der doch durchaus mit dem „Ewigen Leben" unvereinbar ist.

Diese Beispiele ließen sich vermehren; sie mögen hier genügen, da wir über das großartigste Beispiel der Dogmabildung im folgenden zu reden haben werden. Aber schon diese wenigen Beispiele zeigen dem unvoreingenommenen Denker das Dogma als einen methodischen, in sich selber streng logisch fortschreitenden Irrationalisierungsprozeß des Weltgeschehens. Der Unkundige könnte denken, daß die Kirche mutwilligerweise den Fuß auf den Nacken der gesunden Vernunft und des Wirklichkeitssinnes setzt. Aber es ist durchaus nicht Mutwille, der sie zu solchen unerhörten Anforderungen zwingt — es ist Selbsterhaltungstrieb. Solange noch die leiseste Möglichkeit für die Betätigung eines natürlichen Wirklichkeitssinnes geblieben ist, ist der ganze transzendente Aufbau in Gefahr.

Es erscheint mir als eines der wesentlichsten Momente am Christentum, daß es diese Systematisierung des Transzendenten, diese Wissenschaft vom Transzendenten als einen gewichtigen Faktor in das Geistesleben der Menschheit eingeführt hat, oder besser gesagt: daß es ihm in jahrhundertelangen Bemühungen gelungen ist, diesen Faktor einzuführen. Den Glaubensreligionen vor ihm war solche Wissenschaft vom Transzendenten unbekannt. Sie blieben entweder Sache des Gefühls, oder gingen in Symptomen auf, entsprechend der Tatsache, daß sie meist Staatskulte waren. Man könnte symptomatisch das Christentum am kürzesten charakterisieren als Religion der Dogmen; und tatsächlich beruht sein ganzes Wesen, das, wodurch es sich von anderen Glaubensreligionen unterscheidet, auf dem ungeheuersten Dogma, das je formuliert worden ist: dem Dogma von der Menschwerdung Christi. Dieses sein spezifisches Moment stammt gar nicht vom Stifter selber, sondern ist das Endergebnis eines langsamen, dogmatischen Entwickelungsprozesses, den die Verhältnisse, in welche das Christentum hineinwuchs, mit sich brachten.

Damit aber schiebt sich ein neuer Faktor in unsere Betrachtung.

Es ist von hoher Bedeutung für die Beurteilung der verschiedenartigen Veranlagung der Rassen, daß das Problem der Kausalbeziehung zwischen Gott und Welt in seiner vollen Wucht zum Bewußtsein kam erst dann, als der monotheistische Gedanke in der Form des Christentums zu den Mittelmeer-Völkern vordrang. Der semitische Stamm scheint nie diesen tiefen, unwiderstehlichen Drang einer Rationalisierung dieses Verhältnisses gespürt zu haben. Erst den Völkern arischer Abstammung war es vorbehalten, jenen gedanklichen Prozeß einzuleiten, der nach jahrhundertelangen Kämpfen und Wirren zu einem Abschluß kam, welcher vom wirklichen Denken ein Maß von Entsagungsfähigkeit forderte, wie es nie, weder vorher, noch nachher, gefordert worden ist — ich meine die Lehre von der Menschwerdung Gottes in der Person Christi. In dieser Lehre erreicht die dogmatische Tendenz eine Höhe, welche schlechterdings nicht mehr überboten werden kann: das Wunder ist geschehen, das Dogma, dieser abstrakteste aller Werte, ist konkret geworden.

Ich glaube nicht, daß auch der eifrigste Gläubige es rechtfertigen könnte, zu behaupten, daß die ersten Ansätze für dieses Dogma schon in den Aussprüchen Jesu selber liegen, soweit sie sich auf sein Verhältnis zu Gott beziehen. Das ganze Leben dieses merkwürdigen Mannes war sozusagen durchduftet von einem tiefen, innigen Zusammengehörigkeitsgefühl mit Gott, seinem Vater. Dieses Gefühl war ihm ein natürliches, und nichts lag ihm ferner, als es gedanklich zu formulieren. Wie die ganze Person, das ganze Leben Jesu in Gefühlswerten aufgeht, so auch sein Verhältnis zum Göttlichen. Will man gedankliche Werte unterschieben, so dürften sie in pantheistischer Richtung gehen, wie überhaupt die Evangelien wenigstens bei mir immer den Eindruck hervorrufen, als ob Jesus, wenn es ihm vergönnt gewesen wäre, ein hohes Alter zu erreichen, der Begründer eines neuen, durchgeistigten Pantheismus geworden wäre. Anderseits will ich aber nicht abstreiten, daß seine Lehre und Predigt indirekt einen Anlaß für das spätere Dogma von der Menschwerdung gegeben haben. Denn was diese Lehre von allen früheren unterschied und sie so anziehend machte, das war ja gerade die Idee einer unablässig tätigen Mitwirkung des Göttlichen hier in der Welt. Insofern war seine Lehre der gerade Gegensatz zu den Göttern des Epikur. Immerhin kann dieses nur ein indirekter Anlaß gewesen sein. Der Hauptanlaß lag auf anderem Gebiet.

Wie die Grundwerte des Menschtums gedankliche sind, so sind auch seine Grundnöte gedanklicher Natur. Es war das religiöse Kausalbedürfnis des Gläubigen, das gestillt werden mußte. Jesus, wie die geschichtlichen Tatsachen ihn zeigen, ist in erster Linie Vertreter einer mächtigen Verinnerlichung der Gott-Idee und der hieraus sich ergebenden moralischen Werte. „Das Reich Gottes ist in euch." Kürzer und stärker kann man sich nicht gegen alles Theoretisieren, Spekulieren, Dogmatisieren aussprechen. Die von der Kirche allmählich aus ihm geschaffene Christus-Gestalt dagegen hat ganz anderen Wert. Ihre innerste Bedeutung liegt auf intellektuellem Gebiet. In dieser Gestalt wird der großartige und ungeheuerliche Versuch unternommen, die Mitteilung zwischen Gott, der Ursache an sich, und Welt, der Wirkung an sich, nicht nur in Gedankengespinsten zu überbrücken, sondern zu einer lebenden, wirklichen Erfahrungstatsache zu machen. Und das ist meiner Ansicht nach das, was das Christentum vor allen anderen Glaubensreligionen auszeichnet und ihm seinen Vorrang vor ihnen allen zu sichern scheint: Als einzigste aller Glaubensreligionen hat es den Mut gehabt, das bis dahin unerhörte Element der Erfahrung aufzunehmen. Die lautere Person Jesu wurde dabei freilich geopfert. Wie er vor Pontius Pilatus dem Judentum geopfert wurde, so wurde er von den Konzilien den intellektuellen Bedürfnissen des Menschtums geopfert. Und mich dünkt, das ist sein eigentliches Golgatha.

An sich war ja der Gedanke einer persönlichen Mittelung zwischen Gott und Welt nicht gerade originell christlich. Er lebte seit uralten Zeiten in den indischen Avataras und führte in die grandiose Formlosigkeit dieser Götterwelten ein reizvolles persönliches Element ein, was gerade ihrer weiten Formlosigkeit gegenüber um so reizvoller wirken mußte. Es ist sicher nicht unbegründet, wenn gerade dieses Motiv unseren größten Dichter zu einem seiner schönsten Gedichte begeistert hat. Eine Modifikation dieses Gedankens entwickelte sich später im Bodhisattvatum des nördlichen Buddhismus. Aber in den indischen Religionen war die Idee der persönlichen Mittelung schmückendes Beiwerk. Im Christentum ist sie wesenhafter Bestandteil — ja mehr als das. Mag eine moderne Richtung sich noch so sehr dagegen sträuben: praktisch ist das Christentum gar nicht die Lehre Jesu, sondern diese Mittelungsidee, mit welcher Jesus selber gar nichts zu tun hatte. Erst hieraus versteht es sich, daß das Christentum nun auch allen Ernstes versuchte, von dieser Mittelungs-Idee aus das ganze soziale Leben zu beeinflussen, ja zu gestalten, von Grund aus umzugestalten. Etwas derartiges konnte sich nie aus den indischen Avataras ergeben. Etwas derartiges mußte sich aus der Christus-Idee ergeben, wollte das Christentum sich nicht selber die Daseinsberechtigung nehmen; denn es war ja nichts, als diese Idee. Christentum als historisches Phänomen ist nichts, als der Versuch, sämtliche intellektuellen, religiösen, moralischen, sozialen Werte von dieser Idee aus zu meistern.

Während einer Reihe von Jahrhunderten hatte es fast den Anschein, als ob dieser grandiose Vergewaltigungsversuch gelingen sollte. Aber, um die obige Ausdrucksweise zu gebrauchen, das ganze System arbeitete zu wenig nach dem Gesetz der kleinsten Wirkung. Es waren zu viele Hypothesen, d. h. Dogmen nötig, um seinen Gedanken gegenüber den Tatsachen der Wirklichkeit zu schützen, und damit ergaben sich zu viel Reibungen und innere Erschütterungen, die dem ganzen Mechanismus verderblich werden mußten. Diese zerstörenden Reibungen gingen einerseits von den logischen Konsequenzen aus, die mit der Mittelungs-Idee gegeben waren, anderseits hingen sie mit der persönlichen Natur dieser Mittelung zusammen.

Mit der Christus-Idee war die ewig quälende Frage suchender und grübelnder Geister, ob Gott überhaupt in irgend einer Beziehung zur Welt stehe, stehen könne, für immer erledigt; sie war sozusagen ad oculos demonstriert worden. Mit dieser Idee aber wurde nun ein ganzes Gebäude neuer Dogmen notwendig, deren jedes für sich eines langen Wachstumsprozesses bedurfte, um sich zu dem zu schließen, als was sie heute von der katholischen oder beiden Kirchen formuliert werden.

Da war in erster Linie das Problem der heiligen Dreieinigkeit, welches das Kausalverhältnis zwischen Vater, Sohn und Heiligem Geist zu bestimmen sucht, kurz gesagt eine Gleichung mit drei Unbekannten. Wenn man die geistigen und wirklichen Kämpfe bedenkt, welche wegen dieses tiefsinnigen Dogmas gekämpft worden sind, so fragt der moderne Mensch sich ganz erstaunt, was Menschen für ein Interesse daran haben können, anderen Menschen Dinge aufzuzwingen, über welche sie selber durchaus nichts wissen, auch nie etwas wissen können? Aber das hieße die Sache einseitig beurteilen. Die Neigung der Geister ging damals in dieser Richtung; man lag im Banne derartiger Ideen, und deswegen wurden sie geboten. Von jeher haben geheime Wechselbeziehungen bestanden zwischen Angebot und Nachfrage, auf sozialem wie auf geistigem Gebiet. Daß auf einem der beiden Gebiete je ein ganz und durchaus einseitiges Angebot erfolgt wäre, ist zum mindesten sehr unwahrscheinlich.

Da ergab sich als zweites Dogma das der Erbsünde. Schickte Gott seinen eigenen Sohn herab in Menschgestalt, so mußte für diese Mission ein Anlaß da sein, der die ganze Menschheit gleichmäßig betraf. Dieser Anlaß wurde formuliert in der Lehre von der Erbsünde. Durch den Abfall Adams war die Sünde über die ganze Menschheit gekommen, gleich einer Art unwiderstehlicher Infektion. Diese Erbsünde mußte getilgt werden, sollte sich überhaupt die Möglichkeit einer Vereinigung des Menschen mit Gott eröffnen. Sie zu tilgen war der Gottmensch nötig.

Mit der Lehre von der Erbsünde war als Korrelat die Gnadenlehre mitgegeben. Besonders bei ihr zeigt sich die Gefahr, in welche der Glaube sich begibt, wenn er wagt, auszudenken. Er verfällt unweigerlich dem Ungeheuer Prädestination. Daher hieß es hier mit besonderer Vorsicht am schicklichen Platze abzubrechen und zur „Complexio oppositorum", der eigentlichen Domäne des Glaubens, seine Zuflucht zu nehmen. Das Ergebnis war: Prädestination bis zu gewissem Grade und daneben freier Wille bis zu gewissem Grade.

Da ergab sich ferner ein anderes Dogma, wichtiger als die bisher genannten, weil wir seine Wirkungen auch heute immer noch verspüren: die Lehre vom Abendmahl. Sie wurde notwendig, um den großen Akt der Entsühnung aus einem einmaligen Ereignis zu einem andauerndern Prozeß zu machen. Gerade hier bei dieser Lehre nahm der Dogmatisierungs-Prozeß einen Abschluß, von dem vor allem gilt, was ich oben vom Dogma im allgemeinen sagte: Es scheint, als ob die Kirche mutwilligerweise der gesunden Vernunft den Fuß auf den Nacken setzte. Man verlangte vom menschlichen Verstande, sich vorzustellen, daß man im Brot den wahren Leib Christi, im Wein sein wahres Blut trinke. Man mag lange gezaudert haben, ehe man sich bei diesem Dogma zu solch einem Abschluß verstand; aber war der gedankliche Ansatz erst einmal als solcher anerkannt, so blieb gar keine andere Möglichkeit übrig. Nirgends arbeitet Logik strenger, als im Prozeß der Dogmatisierung. Der kirchlich Gläubige, besonders der Katholik, stützt sich gern hierauf, indem er dem Weltmann und Wissenschaftler entgegenhält: „Ihr braucht nicht zu denken, daß wir im Schoße unserer Religion von gedanklicher Entwickelung abgeschnitten sind. Jedes unserer Dogmen ist ein ausgebildeter gedanklicher Entwickelungsprozeß." Das ist den Tatsachen nach völlig richtig, nur kommt bei einem solchen gedanklichen Entwickelungsprozeß alles auf den Einsatzpunkt an, ob dieser wirklich ist oder nicht. Ist letzteres der Fall, so tut das einer strengen Logik nicht nur keinen Abbruch, sondern macht sie überhaupt erst möglich. Wie reine Geometrie nirgends in der Wirklichkeit, sondern nur mit Euklidschen Größen möglich ist, so ist reine, ungemilderte Logik nirgends in der Wirklichkeit möglich, sondern nur da, wo man sich die gedanklichen Werkstücke, die man logisch verarbeiten will, selber zugeschnitten hat. Wäre in der Abendmahlslehre der Dogmatisierungsprozeß bei der bloß geistigen Anwesenheit Christi im Abendmahl stehen geblieben, so wären erstens, wie oben schon gesagt, pantheistische Tendenzen begünstigt worden, zweitens aber wäre der Kirche ihre Vermittler-Rolle und damit ihre Unentbehrlichkeit genommen worden. Denn Christum im Geist kann ich wohl auch in anderer Form genießen, als in der grobsinnlichen Allegorie des Abendmahls. Bei dem gedanklichen Ansatz, mit dem man eingesetzt hatte, war es eine innere Notwendigkeit, daß man bei diesem Endglied landen mußte, bei dem man tatsächlich gelandet ist, und das, fast mehr noch, als jedes andere Dogma, gleich einem weltfremden Anachronismus im Getriebe des modernen Lebens dasteht.

Es ist ja klar, daß der moderne Mensch eine derartige Enklave in seinem geistigen Leben nicht dulden darf. Er muß sie ausstoßen mit der gleichen vegetativen Gewalt, mit welcher das lebende Glied ein totes Knochenstück ausstößt. Die moderne Menschheit kann überhaupt keine transzendente Wissenschaft dulden. Für den wirklichen Denker gibt es nur eine Sünde wider den heiligen Geist, das ist die Sünde wider den heiligen Geist des Denkens. Eine transzendente Wissenschaft ist diese Sünde. Aber man darf nicht denken, daß hier etwas getan ist mit einem Anrennen gegen die Symptome. Hier ist die Kirche stets gedeckt, sich selber und der Welt gegenüber, indem sie auf die strenge Logik ihrer Folgerungen hinweist — nein: auf eine kühle, unvoreingenommene Prüfung des Einsatzpunktes kommt es an, und der erste Einsatzpunkt aller Dogmen, ausnahmslos, ist, wie gesagt, die Statuierung eines Transzendenten an sich. An diesem Punkte ist die Sonde des Verstandes anzulegen. Geht man über ihn in einer Art gefühlsmäßiger Scheu hinweg, so hat man auch kein Recht, sich gegen die Früchte, welche dieser Einsatzpunkt zeitigt, zu empören, weder in Form von Spott, noch in Form von Gewalttätigkeiten.

Damit kommen wir auf den Beginn dieser Abhandlung zurück:

Der Wert jedes Gedankens richtet sich nach seinem Wirklichkeitsgehalt. Der letztere beweist sich darin, inwiefern ein Gedanke den Tatsachen der Wirklichkeit gegenüber ohne Hypothesen stehen kann. Und hier besteht der große Glaubensakt — dei Statuierung eines Transzendenten an sich — die Probe aufs denkbar schlechteste. Jede leiseste Gedankenregung, die sich aus diesem Ansatz ergibt, muß sofort durch Hypothesen gestützt, d. h. dogmatisiert werden, soll sie nicht von der Flut der Wirklichkeit weggeschwemmt werden. Gibt es ein gedankliches System, welches nicht nach dem Prinzip der kleinsten Wirkung arbeitet, so ist es der Glaube, d. h. der Glaube, daß diese Welt, diese Wirklichkeit aus einem Transzendenten heraus erst Sinn und Bedeutung bekommt, und von ihm bestimmt und geleitet wird. Es ist zu hoffen, daß der moderne Mensch in seinem steigenden Wirklichkeitssinn allmählich aus dieser Vorstellung herauswachsen wird, aber es muß ihm immer wieder gesagt werden, daß er nicht herauswachsen kann durch ein blindes Ankämpfen gegen Symptome, sondern durch ein klares Prüfen des gedanklichen Einsatzpunktes, aus welchem alle diese Symptome hervorgehen. Diesen gedanklichen Einsatzpunkt hat er auf seinen Wirklichkeitsgehalt hin zu prüfen und sich dabei an die wissenschaftlichen Erfahrungen zu halten.

Von zwei Vorstellungskreisen ist stets derjenige der überlegene, d. h. wahrere, der weniger Hypothesen nötig macht. Ich gebe ein Beispiel. Die Welt hat lange Zeit bezüglich ihres astronomischen Weltbildes nach Ptolemäischem System gedacht. Es ist wahr, sie hat dabei auch leben können; aber dieses System machte einen großen und höchst schwerfälligen Apparat von Arbeitshypothesen notwendig, um seine Vorstellungen mit den Tatsachen der Wirklichkeit in Einklang zu bringen. Dann kam die kopernikanisch-keplersche Theorie, und sie hat den Sieg errungen eben auf Grund ihres größeren Wirklichkeitsgehaltes, welch letzterer wiederum sich in der Tatsache beweist, daß hier sehr viel weniger Hypothesen nötig sind, als beim ptolemäischen System. Natürlich weiß jeder denkende Physiker, daß auch das kopernikanisch-keplersche System nur eine Anpassung des Denkens an die Tatsachen ist, daß später vielleicht noch bessere Anpassungen gefunden werden, die sich als solche dadurch beweisen werden, daß sie noch weniger Hypothesen nötig machen; aber vorläufig ist es die beste Lösung, weil die wenigsten künstlichen Stützen benötigend, und aus diesem Grunde hat es seinen Einzug in das Denken der Menschheit gehalten.

Nach diesem Beispiel mag der Denkende auch der Vorstellung eines Transzendenten an sich gegenübertreten. Ob es ein solches gibt, ob es ein solches nicht gibt, er kann es nicht sagen; denn die ganze Frage ist ja, mathematisch gesprochen, nur Funktion der Frage: Ist Kraft begreifbar? Ist das Etwas begreifbar, auf Grund dessen die Lebensvorgänge sich abspielen? Solange man dieses nicht begreift, ist die Annahme eines Transzendenten, aus dem diese Kräfte sich herleiten, und mit dem sie korrespondieren, eine der Möglichkeiten, und er kann vorläufig, ehe er nicht bessere Belehrung bekommen hat, nichts tun als diese Annahme auf ihre Zweckmäßigkeit hin prüfen. Und dabei muß er dann, wenn er halbwegs unvoreingenommen an seine Aufgabe geht, bald finden, daß diese Annahme so unzweckmäßig wie nur möglich arbeitet; daß sie auf Grund ihrer ständigen Reibung an der Wirklichkeit mit einer Verschwendung an gedanklichen Werten arbeitet, die jeden Nutzen von vornherein auszuschließen scheint — kurz: der Wahrscheinlichkeitsbeweis spricht durchaus gegen die Berechtigung der Annahme eines Transzendenten.

Nun ist es ja freilich wahr, daß es in der Welt nicht immer allein auf die Kleinheit der Wirkung, auf den möglichst vollständigen Ausschluß der Reibung, physischer wie gedanklicher, ankommt. Z. B. der Photograph folgt in seiner Tätigkeit dem Gesetz der kleinsten Wirkung viel besser als der frei schaffende Künstler, der oft vom gedanklich-technischen Standpunkt aus mit ungeheurer Kraftverschwendung arbeitet und doch im geistigen Leben der Menschheit eine unersetzliche Rolle spielt. So könnte es ja auch vielleicht sein, daß der Glaube, indem er sein Problem — Stillung des Kausalbedürfnisses in diesem Besonderfall — mit ungeheurer Kraftverschwendung löst, gerade dadurch seine Edelnatur gegenüber dem gedanklichen Mechanismus beweist. Um hierüber etwas sagen zu können, werden wir uns bemühen müssen, die Zweckmäßigkeit der Annahme eines Transzendenten praktisch zu prüfen, was dadurch geschieht, daß wir uns darüber klar zu werden versuchen, was die Glaubensreligionen für die Kultur der Menschheit geleistet haben? Welche kulturelle Werte sie geliefert haben? Das ist natürlich eine Frage, die ich hier nur streifen kann, weil sie ein eigenes Werk erfordert; immerhin aber liegt sie in der Gedankenlinie dieser Arbeit und muß daher kurz berührt werden. Abschließend hebe ich noch einmal hervor:

Wenn der Gläubige mit einer Art milder Verachtung dem rastlosen Denker vorwirft „Was sucht und grübelt ihr! Alle Probleme des Lebens lösen sich ja in Christo", so hat er von seinem Standpunkt aus durchaus recht. In einem derartigen Mittler löst sich jedes Problem ausnahmslos und wird sich jedes Problem lösen, was die fernste Zukunft etwa auswerfen könnte. Aber wenn der Gläubige so spricht, so übersieht er dabei, daß seine Lösung nur da gilt, wo der Menschengeist die gedanklichen Vorbedingungen, welche diese Lösung verlangt, anerkennen kann. Kann er das nicht, so ist sie für ihn nichtig. Er muß selber auf die Wahrheitssuche gehen.

Der Kulturwert der Glaubensreligionen

Im vorigen Aufsatz sagte ich, daß die zerstörenden Reibungen, denen das Christentum ausgesetzt ist, einerseits von den rein logischen Folgerungen der Mittelungs-Idee herrühren, anderseits aber mit der persönlichen Natur dieser Mittelung zusammenhängen. Es ist gerade der letztere Punkt, welcher im modernen Geistesleben eine wichtige Rolle zu spielen bestimmt scheint.

Gedanken nehmen keinen Raum ein, stoßen sich nicht aneinander. Solange die Mittelungs-Versuche zwischen Gott und Welt rein gedanklicher Natur bleiben, sind sie verhältnismäßig harmlos. Das wird anders, sobald diese Mittelung eine persönliche wird. Jetzt bietet sie sozusagen physische Reibflächen, aus welchen auf Grund zahlloser Anlässe Feuer ausbrechen kann.

Es unterliegt für mich, und ich hoffe, für jeden Denkenden, keinem Zweifel, daß eine Religion, mag sie theoretisch noch so erhaben sein, praktisch wertlos wird, wenn sie keine Toleranz bringt, wenn sie den Menschen nicht lehrt, den Menschen zu dulden, ihm mit Nachsicht und Rücksicht zu begegnen. Was auch immer Religion rein erkenntnis-theoretisch sein mag, praktisch verlangen wir von ihr, daß sie die sozialen Beziehungen der Menschheit bessern hilft.

Der Denkende fragt sich immer wieder, wie es möglich ist, daß eine Religion, die sich selber die Religion der Liebe nennt, durch ihre Taten so vollständig sich selber Lügen strafen konnte? Und hier ist es meines Bedünkens das unerhörte Wagnis, die Mittelung zwischen Gott und Welt zu einer persönlichen, sinnlichen zu machen, welche alle diese Reibungen hervorrief, die so oft einen so schrecklichen und blutigen Charakter angenommen haben und wahrscheinlich heute noch annehmen würden, wenn man die notwendigen sozialen Machtmittel besäße.

Mit seiner gedanklichen Basis, der Christus-Idee, war das Christentum die bei weitem verwundbarste aller Religionen geworden. Es ging ihr hier, wie es einem sehr verwundbaren Staatswesen, etwa dem heutigen englischen Weltreiche, geht: Seine Kriege, mögen sie noch so sehr den Anschein des Angriffskrieges tragen, sind in Wahrheit Verteidigungskriege. Das muß man stets bedenken, ehe man sich dazu entschließt, dem Christentum Grausamkeit und Blutdurst vorzuwerfen. Es liegt mir fern, daran zu zweifeln, daß es dem Christentum mit seinem Wahlspruch von der Religion der Liebe durchaus ernst war, aber sein gedankliches Rückgrat war zu verwundbar, als daß nicht ständig Schutzmaßregeln, evtl. gewaltsamer Natur, nötig gewesen wären, um es wirksam zu erhalten. Es ist wahr, der Islam mag nicht weniger Blut vergossen haben, als das Christentum; denn wo Glauben ist, da ist Sorgen um ihn; wo Sorgen ist, da ist Zürnen; wo Zürnen ist, da ist Wüten. Aber der Islam erscheint ehrlicher. Seine Priester predigen mit dem Schwerte in der Hand. Zerfleischt der Löwe, so sagt man: „Es ist Naturgebot!". Zerfleischt das Lamm, so ist der erste Gedanke der vom Wolf im Schafspelz; man denkt an Scheinheiligkeit und Heuchelei. Aber das ist durchaus nicht der Fall. Es hieße den Tatsachen ins Gesicht schlagen, wenn man dem Christentum wirklich gute und menschenfreundliche Absichten absprechen wollte. Seine Sünden sind nicht die der Heuchelei und Scheinheiligkeit. Sie liegen tiefer: es sind Gedankensünden, und sie sind zu heben nur im gründlichen, rücksichtslosen Umdenken des ganzen gedanklichen Ansatzes. Der Versuch einer persönlichen Mittelung zwischen Gott und Welt ist zu kühn, zu paradox, als daß er sich über die Zeiten des ersten Enthusiasmus hinaus lange lebensfähig halten könnte. Unsere Zeit fühlt, daß Abhilfe nötig ist.

Menschheitskultur und Weltfriede machen die Frage immer dringender, ob es nicht möglich wäre, zu einem höheren Entwickelungsstadium des Christentums zu gelangen, in welchem diese Anfechtbarkeit und Verwundbarkeit, die eine beständige Bedrohung des geistigen wie des sozialen Friedens sind, aufhören. Es ist ein unerträglicher Zustand, wenn man bedenkt, daß das wesenhafte Moment, auf welchem die größte aller Religionen der Neuzeit beruht — ihre Christusgestalt — von den Gnaden der Textkritik abhängig ist, und der Gedanke liegt nur zu nahe, fast peinlich nahe, daß das natürliche Hilfsmittel hier die Ausstoßung des Persönlichen wäre, unter entsprechender Vergeistigung der ganzen Idee.

Je nachdem dieses Bedürfnis der Vergeistigung mehr oder weniger lebhaft gefühlt wird, könnte man im heutigen Christentum drei verschiedene Entwickelungsstufen unterscheiden.

Die erste Stufe möchte ich die griechisch-katholische Kirche nennen. In ihr sind die Gefühlsmomente durchaus überwiegend. Inwieweit der slavische Rassencharakter hierbei in Frage kommt, ist nicht unsere Aufgabe zu untersuchen. Tatsache ist, daß Bilderdienst, Farben, Pracht und sonstige sinnliche Einwirkungen hier noch ausgesprochener sind, als im römisch-katholischen Kult. Religion ist hier Gefühl; das Verlangen, zu denken, rudimentär. Daß es hier wie überall Unter- und Seitenströmungen gibt, hier vielleicht mehr, als anderswo, brauche ich nicht ausdrücklich zu sagen. Ich rede nur im allgemeinen.

Die zweite Stufe möchte ich diejenige nennen, in welcher das Gefühlsmäßige in ausgesprochener Weise durch ein Verstandes-Moment durchsetzt wird, aber dieses letztere sich schließlich dann doch ganz den Ansprüchen des Gefühls unterordnet. Das ist die römisch-katholische Kirche mit dem weit verbreiteten Stützwerk ihrer Dogmen. Die Geister, welche dieser Richtung angehören, verlangen gedankliche Nahrung, aber gequält, verängstigt durch die scheinbare Aussichtslosigkeit dieses Verlangens, in der alles überwältigenden Sucht nach Ruhe überläßt man diese Beruhigung schließlich anderen, die man für maßgebender auf diesem Gebiet hält, als sich selbst.

Als dritte und letzte Stufe möchte ich den modernen Protestantismus erklären, bei welchem das Gefühlsmäßige durchaus vom Verstandesmäßigen beherrscht wird. Stellt, im allgemeinen gesprochen, die russische Kirche den Gefühlsmenschen dar, die römische den Dogmatiker, so stellt der moderne Protestantismus den Grübler und Kämpfer dar, der auf das ungeheure Wagnis ausgeht, sich seines Glaubens selber bewußt zu werden. Ist im römisch-katholischen Dogmatismus der Glaube ein Produkt, so ist er im modernen Protestantismus ein Prozeß, ein inneres Erlebnis und damit ein entwickelungsfähiges. Beide Richtungen, Katholizismus und Protestantismus, stehen sich gegenüber als die Grund-Gegensätze von Tradition und Erlebnis, Gegensätze, denen gegenüber ihr Zusammenfall im Namen „Christentum" durchaus nichtssagend wird. Es ist Menschtum in seinen Polaritäten, das sich hier gegenübersteht, und der Wert des modernen Partei-Schlagwortes von einer allgemeinen christlichen Weltanschauung, in welcher Katholizismus und Protestantismus zusammenfallen sollen, wird danach zu bemessen sein.

Ich muß hier ausdrücklich hervorheben, daß ich unter Protestantismus jene moderne Richtung verstehe, welche in einer jedem Denkenden so sympathischen Weise den Glauben zu einem inneren, wirklichen Erlebnis machen will. Die reine Luthersche Lehre hat mit dieser lebendigen Glaubensrichtung wenig oder wohl gar nichts zu tun. Im letzten Grunde tat Luther ja nichts, als daß er an Stelle der Autorität der Person ein Buch als Autorität setzte. In Bezug auf Starrheit des Dogmenglaubens gab er dem Katholizismus durchaus nichts nach; ja, dadurch, daß ihm die weltgewandte Geschmeidigkeit des letzteren abging, schien er ihn an Starrheit oft noch zu übertreffen. Hat je jemand seinem innersten Wesen nach echt katholisch-dogmatisch gedacht, so war es Luther. Daß er daneben einer der ersten war, bei denen das Nationalbewußtsein sich kräftig betätigte, das hat mit seiner religiösen Tätigkeit an sich nichts zu tun. Mag man diesen Mann mit Recht oder Unrecht preisen, wie immer man will — niemals sollte man sagen, daß er zur „Freiheit des Christenmenschen" etwas Wirkliches beigetragen hat. Meiner Ansicht nach ist er viel mehr National- als Religions-Held.

Bei seiner Ersetzung der persönlichen Autorität durch die Autorität des Buches darf man doch nicht vergessen, daß ja auch die katholische Kirche ursprünglich von der Autorität des Buches ausgegangen war, und daß sie sich einfach auf Grund praktischer Rücksichten, welche eine gereifte Lebenserfahrung ihr auferlegten, sich genötigt sah, diese Autorität vom Buch auf die Bischöfe, von diesen auf die Konzile zu übertragen, bis sie in einem notwendigen Entwickelungsgange sich schließlich entschloß, diesem Substitutionsprozeß endgültig ein Ende zu machen in der Unfehlbarkeitserklärung eines einzelnen Bischofs, des von Rom. Man fügte sich den Tatsachen und der menschlichen Natur und gab dadurch einerseits ein erstaunliches Beispiel von sozusagen immanenter Disziplin, anderseits aber erreichte man ein in sich geschlossenes System, das durch sein Gefüge, welches für die Ewigkeit berechnet scheint, dem Anhänger wie dem Widersacher imponiert. Wohingegen der Protestantismus in starrer Hartnäckigkeit bei seinem einmal eingenommenen Standpunkte — Unfehlbarkeit des Buches — beharrte und nun die Früchte dieser Starrheit kosten muß, indem ihm dieses Buch unter den Händen so zernagt und zerbröckelt wird, wie es bei den selbstgeschaffenen Glaubenswerten des Katholizismus nie der Fall sein kann. Wer das „Ich glaube" auf seine Fahne geschrieben hat, der muß ihm ganz und freudig folgen. Was der alte Bias mit seinem Spruche, daß die Hälfte mehr sei, als das Ganze, eigentlich wollte, darüber bin ich mir nie recht klar geworden; daß aber in Glaubenssachen die Hälfte nicht nur weniger als das halbe, sondern überhaupt nichts ist, das unterliegt für mich keinem Zweifel.

Erst im modernen Protestantismus mit seinem Anspruch, den Glauben zu einem unmittelbaren Erlebnis zu machen, ist eine Vergeistigung der Mittelungsidee denkbar. Man versucht, den Christus zurücktreten zu lassen gegenüber dem Menschen Jesus mit seiner hohen menschlichen Schönheit, seiner Hilfsbereitschaft, seiner Opferwilligkeit und sozusagen über ihn hinweg wieder rein geistige Bande zwischen Gott und Welt zu knüpfen.

So freudig derartige Versuche an sich zu begrüßen sind, so muß man sich doch von vornherein sagen: Wohin wird es führen? Was wird damit gewonnen werden? Und da sehe ich für mein Teil keinen anderen Ausgang als den, daß, sobald der „Mensch" Jesus wieder rein als solcher, entdogmatisiert dasteht, auch der transzendente Riß in all seiner unüberbrückbaren Schroffheit dastehen wird, und mit ihm wieder jene intellektuelle Not, welche die Welt des jungen Christentums unwiderstehlich zu diesem Wagnis der Mittelung drängte. Denn was soll der Mensch mit einem Gott, von dessen ständigem hilf- und liebreichem Mitwirken er nicht überzeugt ist? Diese bange Sorge war eben in der Christus-Idee gehoben, und das war das verführerisch menschliche an ihr. Ob eine zukünftige Zeit dann wieder den Mut haben wird, die Christus-Idee mit all ihren exorbitanten Opfern, die sie vom Denken fordert, zu beleben? Ob dieser Neubelebungsprozeß wieder jene ungeheuren sozialen Wehen gebären wird, wie die ursprüngliche Schaffung der Christus-Idee sie geboren hat? – Wer kann das wissen? Im übrigen ist es nicht unsere Aufgabe, hier diesem Gedanken weiter nachzugehen. Er wurde nur angedeutet, um an diesen immer dringlicher werdenden Versuchen, die persönliche Mittelung wieder auszustoßen, zu zeigen, wie schwer man unter dieser Idee leidet. Man leidet aber unter ihr, weil man fühlt, daß sie kulturwidrig ist. Denn Kultur besteht im letzten Grunde nur in einer Verinnerlichung des Einzelnen. Diese Verinnerlichung ist möglich nur da, wo der Einzelne Zugang zu sich selber findet. Den findet er nur im wirklichen Denken. Kein Dogma aber schließt wirkliches Denken so vollkommen aus, wie das Dogma der Mittelung. Da nun das Christentum seinem Wesen nach nichts ist, als dieses Dogma, so ist damit sein kultureller Gehalt von vornherein gekennzeichnet. Erscheint es, als ob die historischen Tatsachen diesem Urteil widersprächen, so bedenke man, daß sie alle nur sekundären Wert behalten gegenüber diesem primären Moment. Denn Grundwert des Menschtums ist nun einmal Denken. Ihm gegenüber wird alles andere zum Symptom.

Will man den Kulturwert des Christentums dartun, so stellt man es gern dem absterbenden Cäsarenreich gegenüber. In letzterem der schrecklichste moralische Tiefstand! Sklaverei in einem Umfange, der auch für das festgefügteste Staatswesen verhängnisvoll werden mußte. Gladiatorenkämpfe und die Spiele der Arena als Ersatz für Kunst. Rohe Vielweiberei und Knabenliebe als Ersatz für lautere Häuslichkeit. Und alles dieses jetzt geschwunden. Wodurch? Die nächstliegende Antwort ist: Durch den Einfluß des Christentums. Indessen diese Antwort dürfte doch nur in einem höchst bedingten Maße richtig sein. Nimmt man sie ohne weiteres als gültig an, so übersieht man, daß mit dem Hochkommen des Christentums als Weltreligion gleichzeitig die Kulturwelle sich nach Westen hin verschob. Statt der semitischen und romanischen Rasse wurde die germanische zum Kulturträger, und sie reagierte auf alle sozialen Probleme in einer anderen Weise. Ich halte es durchaus nicht für unmöglich, daß allein diese Verschiebung des Kulturzentrums nach Westen hin, d. h. das Eintreten des germanischen und gallischen Elementes in den römischen Kulturkreis, genügt hätte, eine Neubelebung des ganzen Organismus zustande zu bringen, ohne Zuhilfenahme der Idee des Monotheismus, ja vielleicht unter Beibehaltung des ursprünglichen römischen Staatskultus. Gemeinhin ist man nur zu sehr geneigt, die Bedeutung des Glaubens zu überschätzen, da man ihn für das höchste am Menschen hält. Aber wichtiger als das, was der Mensch glaubt, ist sein natürlicher Charakter. Und da dieser Charakter bei den germanischen und gallischen Rassen ein so durchaus verschiedener war vom Charakter des Menschenmaterials, welches bisher den Kulturträger gebildet hatte, so war damit allein schon eine gründliche Änderung gewährleistet. Es ist wahr, daß das junge Christentum sofort gegen die Pest der Gladiatorenspiele Front gemacht hat. Auch sein Verhalten der Vielweiberei und Knabenliebe gegenüber ist einwandfrei, womit freilich noch kein positives Zeugnis für die in ihm selber herrschende Moralität ausgestellt sein soll. Dahingegen seine Stellungnahme gegenüber der Sklaverei ist eine viele Bedenken erregende. Aber lassen wir dieses alles sein, wie es will — beobachten wir unvoreingenommen den Lauf der Ereignisse, so ergibt sich, daß, zeitlich ungefähr zusammenfallend mit dem Hochkommen des Christentums, eine andere Tendenz innerhalb der westlichen Menschheit einsetzte, welche erst nach vielen Jahrhunderten zu einer leidlichen Klärung und Formung kam, die aber noch bis in die neue, ja neueste und allerneueste Zeit weiterarbeitet: Der National-Gedanke.

Man wird kaum fehlgehen, wenn man seine Entstehung mit dem Eintritt jenes jungfräulichen Menschenmaterials in den alten Kulturkreis in Beziehung bringt. Er formte sich wohl zuerst in jenem Teil Europas, den wir heute Frankreich nennen, demnächst, und zum großen Teil gerade durch die langanhaltenden Kriege zwischen beiden Ländern, in England. Wie bekannt, hat er sich spät und schwer in Deutschland entwickelt. Ein noch moderneres Beispiel ist seine Bildung im japanischen Volk. Der Koloß China ringt zur Zeit mit ihm, und im Südosten unseres Erdteils ist er eben jetzt in beständiger Tätigkeit.

Je mächtiger eine Idee, um so langsamer ihre Entwickelung. Die National-Idee wächst seit nunmehr fast zwei Jahrtausenden, und hat immer noch nicht ihren Abschluß erreicht, trotzdem in ihren ältesten Teilen bereits bedenkliche Alterserscheinungen sich bemerkbar machen.

Mir scheint es, daß diese Tendenz, welche mit dem neuen Kulturmaterial einsetzte, es war, welche zur Abschaffung aller dieser schrecklichen sozialen Mißstände viel mehr beitrug, als das Christentum es je tun konnte. Die neue nationale Tendenz machte ein lebenskräftiges Volkstum und eine schnelle Vermehrung der Zahl wünschenswert, welcher letztere Faktor beim nicht-nationalen Staate überhaupt keine Rolle spielt. Daher die völlig verschiedene Auffassung vom Werte des Menschenlebens hier und dort. Weil mit der nationalen Idee die Frage des numerischen Übergewichts zu einer ausschlaggebenden wurde, daher lag geschlechtliche Sittenlosigkeit nicht mehr im Interesse des Staates. Im Interesse seiner Selbsterhaltung mußte der Staat dagegen ankämpfen, und er tat es mit Erfolg. Im Interesse des neuen Staates lag gleichfalls die Aufhebung der Gladiatorenspiele, wobei anderseits mit in Betracht kam, daß das neue Menschenmaterial des westlichen Kulturkreises seine neuen Vergnügens-Ideale hatte, die freilich mit den Lehren des Christentums wenig zu tun hatten, die aber glücklicherweise mit der Menschlichkeit besser in Einklang standen. An Stelle der Arena trat das Theater. Wie wenig diese Änderung mit einem etwaigen Einfluß des Christentums zusammenhängt, dafür ist bester Beweis der, daß die Epigonen der Gladiatorenkämpfe, die Stiergefechte, am hartnäckigsten sich im religiösesten der europäischen Länder halten, in Spanien. Auch die Abschaffung der Sklaverei lag auf dem Wege des National-Gedankens. Im übrigen aber hat hier eine reine Utilitäts-Rücksicht mit gewirkt. Man merkte schließlich, daß Sklavenarbeit sich teurer gestaltete, als freie Arbeit. Daß gerade die Abschaffung der Sklaverei wenig oder nichts mit dem Einfluß des Christentums zu tun hatte, das geht unwiderleglich aus der Tatsache hervor, daß dieses selbe

Christentum, als nach der Entdeckung Amerikas die Umstände es so mit sich brachten, im Negerhandel eine Form der Sklaverei hat entstehen lassen oder doch geduldet hat, die an Gehässigkeit sicherlich jede Form der antiken Haussklaverei übertrifft — ein Beweis für das, was ich oben sagte: daß alle diese Tatsachen nur symptomatischen Wert haben. In der mohammedanischen Welt, also gleichfalls im Gebiet des Monotheismus, herrscht Haussklaverei nach wie vor als selbstverständliche Einrichtung, die das religiöse Gefühl überhaupt nicht berührt.

Mancher geht nun vielleicht so weit, zu behaupten, daß die neue National-Idee sich unter dem Einfluß des Christentums mit entwickelt habe, aber das hieße doch wohl die Tatsachen vergewaltigen. Das umgekehrte dürfte eher stimmen, daß nämlich der nationale Staat sich trotz des nivellierenden Einflusses des Christentums gebildet hat, zum Beweis dafür, wie stark das Ferment war, das mit dem neuen Völker- und Rassen-Material in den westlichen Kulturkreis eingedrungen war. Seinem Wesen nach ist das Christentum, ebenso wie der Islam, durchaus antinational, hat sich auch als solches, vielleicht mit alleiniger Ausnahme der Lutherschen Richtung, stets betätigt. Der Papismus ist der lebende Beweis dafür.

Mit einer Art gutmütiger Scheu hat man sich bisher meist bereit gefunden, alles das, was an Gutem innerhalb der menschlichen Genossenschaft kreist, auf Rechnung der Religion zu setzen. Aber man sollte hier kritischer sein. Der Mensch kommt zur Welt mit einer bestimmten Tendenz, die sich im Laufe selbsttätiger Entwickelung und unter entsprechender Einwirkung der Außenwelt zu dem ausbildet, was man beim Erwachsenen Charakter nennt. Dieser Charakter ist Grundwert. Und es ist Erfahrungstatsache, daß es Menschen mit gutem sowohl, wie mit schlechtem Charakter gibt. Es ist dieser Charakter als Grundwert, auf den die religiösen Ideen einwirken, und der, als der stärkere, diesen religiösen Ideen ihre besondere Färbung gibt. Ein von Charakter guter Mensch wird die Lehren des Christentums wahrscheinlich sich selber und anderen zum Segen verarbeiten. Sie werden ihm helfen, Entsagung zu üben und sich aufrichtig liebreich dem anderen gegenüber zu benehmen. Einem von Charakter schlechten Menschen aber mögen dieselben Lehren vielleicht dazu dienen, sich mit gutem Gewissen in der grimmigsten Weise am anderen zu vergreifen. Es kann mich doch wirklich niemand der Parteinahme gegen das Christentum beschuldigen, wenn ich behaupte, daß ein Mörder und Bandit strenggläubiger Christ sein kann. Moral in allen ihren Formen und Entstellungen ist eben nur Symptom gegenüber dem Grundwert Denken.

Man wirft natürlich ein: „Das ist gerade der hohe Wert des Christentums, daß es den Charakter des Menschen ändert." Aber den Beweis für dieses Vermögen ist das Christentum der Menschheit schuldig geblieben, und wird ihn immer schuldig bleiben. Eine wirkliche innere Änderung kann nur vom Denken ausgehen, nicht vom Glauben. Doch kann ich diesen Gedanken hier nicht weiter verfolgen, weil wir beim Kapitel „Moral" auf ihn zurückzukommen haben.

Gerade das soziale Leben unserer Zeit gibt den besten Beweis dafür, wie überraschend wenig Anteil an den kulturellen Werten das Christentum hat. Weder unsere Laster, noch unsere Tugenden werden wesentlich durch dasselbe beeinflußt. Was die menschlichen Laster betrifft, so scheint mir, daß sie mehr durch die Polizei, als durch den Glauben in Schranken gehalten werden. Würde der Staat kein Interesse mehr daran haben, die antiken Laster zu verbieten, so würde der Glaube den modernen Menschen wohl kaum abhalten, sie wieder aufzunehmen. Nehmen wir das Hauptlaster unserer Zeit: die Sucht, Geld anzuhäufen. Der Staat hat keine Veranlassung, diese Sucht zu bekämpfen, ausgenommen in wenigen Auswüchsen. So gedeiht sie üppig, trotz aller Vorschriften der Evangelien. Ja, sie scheint nicht einmal mit dem Christentum zu kollidieren. Den Amerikaner hindert seine kirchliche Strenggläubigkeit durchaus nicht an einer skrupellosen Geldmacherei und umgekehrt, die skrupelloseste Geldmacherei hindert ihn durchaus nicht, ein aufrichtig frommer Mann zu sein, wie das Testament eines kürzlich verstorbenen Milliardärs in fast komischer Weise bezeugte. Das alles besagt nichts anderes, als daß die Werte, die hier verarbeitet werden, keine Grundwerte, sondern lediglich symptomatische Werte sind.

Umgekehrt sind aber auch die Tugenden des modernen

Menschen sehr wohl möglich ohne die christliche Religion. Die Sorge für den Nächsten, das Mitleid, die Menschenliebe, das Solidaritätsgefühl der ganzen Menschheit — der moderne Mensch übt das alles nicht, weil die Religion ihn innerlich dazu nötigt, sondern weil er fühlt, daß er dieses alles seiner Menschenwürde schuldig ist. Er übt das alles nicht als Kind Gottes, sondern als freier, selbstbewußter Mensch. Er hat gelernt, daß es höchstes Ideal des Menschen ist, Mensch zu sein, und diesem Ideal gegenüber muß das patriarchalische Ideal einer Gotteskindschaft verblassen.

Gehen wir auf einen der peinlichsten Punkte des modernen Lebens über: die ständige Kriegsgefahr, die ständige Kriegsbereitschaft, der bewaffnete Friede. Wollte man ernsthaft die Frage stellen, ob das Christentum hier irgendwelche Änderung zum Besseren hervorgerufen hat, man käme in Gefahr, sich allein durch solche Frage lächerlich zu machen. Im Gegenteil zeigen die Tatsachen, daß der christliche Glaube mit geradezu beschämender Leichtigkeit sich den entgegengesetzten Parteien und ihren Interessen anpaßt. Daß von zwei Parteien, die mit den Waffen übereinander herfallen, beide vor Gott gleich viel Recht haben sollten, ist schwer anzunehmen; daß aber erfahrungsgemäß stets alle beide fest überzeugt sind, das Recht allein auf ihrer Seite zu haben und folglich mit transzendenter Unterstützung ins Feld zu ziehen, das ist ein höchst bedenkliches Ding und wohl der stärkste Beweis für den rein symptomatischen Wert christlicher Moral. Das Christentum hat sicherlich oft Kriege veranlaßt, aber wohl nie sie verhindert. Welcher Herrscher, weltlicher oder geistlicher, hat wohl je gesagt „Gott mag strafen", wenn er die Macht hatte, es selber zu tun? Man begreift solchen Tatsachen gegenüber kaum, wie das Christentum immer noch den Mut haben kann, sein wahres Wesen von der Erfüllung der Forderung „Liebet eure Feinde" abhängig zu machen. Wenn es solche Anforderungen stellt, so möchte man ihm zurufen: „Fast zweitausend Jahre habt ihr Zeit gehabt, zu zeigen, was ihr vermögt, die Geister zu lenken, den Menschen zu ändern. Und was könnt ihr als Erfolg aufweisen? Die Weltgeschichte ruft euch ein erbarmungsloses Nichts! zu."

Man wirft ein: „Die Kriege sind menschlicher geworden

durch den Einfluß des Christentums." Aber auch das dürfte Täuschung sein. Die Kriege sind menschlicher geworden durch den eigentümlichen kontrollierenden Einfluß, den der Mensch auf den Menschen ausübt, und den er heute mit Hilfe des modernen Verkehrswesens besser ausüben kann, als früher. Daß das Christentum an sich hiermit nichts zu tun hat, geht daraus hervor, daß da, wo diese Kontrolle fehlt, der Krieg auch unter christlichen Nationen selbst heute noch mit ursprünglichster Grausamkeit wütet. Gerade die allerjüngsten Vorgänge geben hier Beweise, die jeden Menschenfreund mit Betrübnis erfüllen müssen. Anderseits hat der Japaner in seinem letzten Kriege mit Rußland gezeigt (wenn man den Berichten trauen darf), daß Menschlichkeit gegenüber dem verwundeten und besiegten Feinde durchaus nicht Zugehörigkeit zum Christentum voraussetzt. Überhaupt ist es ein wunderlicher Gedanke, daß der Mensch einen Gott nötig haben soll, um gut zu handeln. Die Götter der antiken Welt waren einfach Rächer der Missetaten, aber das Gute, das der Mensch vollbrachte, das gehörte ihm selber, ihm als Mensch, und war nicht die Frucht einer Gotteskindschaft. Es scheint mir einer der wesentlichsten Momente des modernen Menschtums zu sein, daß es sich dieser Auffassung wieder mehr genähert hat oder doch wenigstens auf dem Wege ist, sich ihr wieder zu nähern: Gutes tun aus Rücksicht auf seine Menschenwürde, nicht um einem Gott zu gefallen; Schlechtes lassen aus Rücksicht auf seine Menschenwürde, nicht aus Furcht vor einem Gott.

Die Menschheit ist allmählich sich darüber einig geworden, daß es ihre erste Pflicht ist, nicht den Ruhm Gottes auf Erden zu mehren, sondern ihre eigene Würde hochzuhalten. Würde aber kann nicht sein ohne Freiheit, und Freiheit kann nicht sein ohne Freiheit des Denkens. Denkfreiheit, das ist das stolze Ziel der Menschheit; nicht eine Freiheit, die durch ihre Zügellosigkeit die eigene Unreife beweist, sondern eine Denkfreiheit, die durch ihr gesichertes Maß ihre Meisterschaft beweist. Erst wenn eine derartige Freiheit erreicht ist, läßt sich von wirklicher Kultur reden. Sie kann aber nie erreicht werden, solange der Glaube die Richtung bestimmt.

Nun scheint aber diese abfällige Beurteilung des Christentums in bezug auf seinen Kulturwert Lügen gestraft zu werden durch eine unbestreitbare Tatsache: seine außerordentlich schnelle und umfassende Verbreitung. Wie ist das möglich bei einer Religion, die gegen so viele alte Kulturwerte anrennen mußte? Man sagt sich: Eine solche Religion muß doch notwendig ein kulturelles Element in sich getragen haben, was ihr die Oberhand über die alte Kultur gab.

Darauf ist zu erwidern, daß ein derartiges Element tatsächlich im Christentum ruhte. Aber nichts in der Welt ist das, was es ist, allein an sich. Alles wird mehr oder weniger beeinflußt durch seine Umgebung und wird das, was es ist, oft erst im Gegensatz zu dieser seiner Umgebung. So muß man den christlichen Gedanken nicht an sich betrachten, sondern im Gegensatz zum gedanklichen Leben der damaligen Zeit.

Die griechisch-römische Welt hatte sich in ihren Philosophien, moralischen und unmoralischen, matt und müde gedacht. Ihre Religion war reine Werkreligion geworden, im letzten Grunde Staatskult, der dem denkenden Geist keine Nahrung mehr bot und eine völlige Kongruenz mit dem Weltgeschehen voraussetzte, einen robusten, unangekränkelten, rein auf das Sinnliche eingestellten Lebenstrieb. Dieser war vielleicht mit der im Luxus verloren gegangenen körperlichen Gesundheit gleichfalls verloren gegangen. Man war in jenes Stadium intellektueller Not getreten, in dem man durchaus einen positiven, geistigen Wert verlangte. Die Sehnsucht nach einer positiven Religion war übermächtig geworden. Und jetzt tauchte plötzlich diese Idee eines Gottes auf, der für jeden einzelnen als Vater sorgt, in dessen Händen alles einbeschlossen liegt. Das Bewußtsein „Es ist jemand da, der für mich sorgt", war wie eine Erlösung, welcher diese ermatteten Herzen zufielen wie der totmatte Wandervogel dem frischen Wasser. Wie ein moderner Schriftsteller sagt: „Seit das Kreuz auf Golgatha aufgerichtet ist, ist die Schranke gefallen, welche die Menschheit von ihrem Schöpfer trennt. Gott neigte sich als liebender Vater zu seinen Kindern." Es war das Gefühl heimatloser Verlassenheit, was diese Menschen willfährig machte. Man setze das Christentum nur ein Jahrhundert früher, und es würde wahrscheinlich nicht einmal imstande gewesen sein, Spott zu erregen, weil niemand es beachtet hätte. Es gehört eben das Grau dieser trostlosen Zerfahrenheit der damaligen Zeit dazu, um den satten Glanz solcher Idee möglich zu machen. Mit einer hinreißenden, fast zauberhaften Gewalt tauchte die Einsicht auf: „Ich habe ja nur mich selber ganz diesem Gotte zu geben, und so ist alles getan. Dieser Gott straft nichts, als Widerstreben gegen ihn. Alles andere, und mag es vom menschlich-sozialen Standpunkte aus das Schlimmste und Gemeinste sein, vergibt er gern. Er belohnt nichts, als Hingabe und Glaube an ihn. Alles andere wird daneben wertlos."

Im letzten Grunde ist jede echte Glaubensreligion Islam, Ergebung. Wie sollte es auch anders sein! Was sollte ihr noch bleiben, wenn sie das nicht wäre. Aber als bestimmendes Moment einer Religion brach die Islam-Idee wohl zum ersten Male mit dem jungen Christentum aus. Der antike Mensch hat immer noch ein gewisses Maß geistiger Bewegungsfreiheit seinen Göttern gegenüber behalten. Es verrät immer noch ein gewisses Wittern der Wirklichkeit, wenn er die Moira, das Schicksal, über die Götter setzt. Aber mit diesem Reduktionsvorgang von der Vielgottheit zur Eingottheit ging auch ein Abstraktionsvorgang einher, in welchem jede Verbindung mit der Wirklichkeit verloren wurde. Man trat in das rein abstrakte Reich eines Transzendenten, in dem man gedanklich nach Belieben schalten und walten konnte. *Und es war gerade diese unerhörte, vor keiner Paradoxie zurückschreckende Kühnheit der neuen Lehre, die staunen ließ und mit fortriß.* Die eigentliche Größe des jungen Christentums lag in der Naivität und Furchtlosigkeit, mit der es seine Paradoxien aussprach, und mit der es sein neues Lebensziel verkündete. Diese Tatsache, daß dem Menschen im dürren Spiele philosophischer Abstraktionen und in der Nüchternheit eines genußsüchtigen Weltlebens, dessen ganzes Wahrheitsbedürfnis sich in die bloße Frage „Was ist Wahrheit?" zusammengedrängt hatte, wieder ein Lebensziel gezeigt wurde, kann ihrem Werte nach gar nicht überschätzt werden. Die Sehnsucht, welche mit diesem positiven Ziel befriedigt wurde, war stark genug, um jene Paradoxien zu ertragen, mit denen es gegenüber dem Wissen und den intellektuellen

Forderungen einer alten Kultur verteidigt werden mußte. Nie hat eine Religion gewagt, dem menschlichen Verstande solche Ungeheuerlichkeiten zu bieten; nie ist eine Religion in dem Versuch, wie weit der Menschengeist imstande sei, Widersprüche zu ertragen, so weit gegangen wie das junge Christentum. Es war eine Art göttlicher Frechheit. Aber sie hatte damals Erfolg, weil die Umstände es ermöglichten. Ob sie heute auch Erfolg haben würde? Ich zweifle sehr. Steht das Christentum auch heute noch als Herrscher in unserem Kulturkreis da, als Eroberer könnte es hier nicht mehr auftreten.

Man wird heute, besonders auf protestantischer Seite, die Islam-Natur des christlichen Glaubens abstreiten. Man beruft sich auf ein aktives Moment: Glaube als inneres Erlebnis des Einzelnen. Aber es muß immer wieder hervorgehoben werden: So sympathisch diese Bestrebungen dem Denkenden sind, so ist doch kein Zweifel, daß sie antikirchlich und damit antichristlich wirken. Jedes Erleben ist individuell. Und Gott bleibt nicht mehr Gott, wenn er nicht universell bleibt. Dementsprechend wird auch von strenggläubiger, katholischer Seite die Möglichkeit des Einzelnen, seinen Gott in sich zu erleben, bestritten, ja als eine der schwersten Verirrungen moderner Theologie bezeichnet. Dem Menschen bleibt nichts übrig, als das reine, bedingungslose sich Ergeben — Islam. Spricht man aber vom Kulturwert des Christentums, so darf man nicht jene Richtungen nehmen, die sozusagen Tangential-Charakter haben, d. h. Richtungen, die, ausgedacht, immer weiter vom Zentrum abführen würden, sondern man muß jene Richtung nehmen, welche in unerschütterlicher Glaubenssicherheit ihre ewig gleiche Kreisbahn um das Zentrum, den Gott zieht. Und von dieser Richtung muß ich ohne Rückhalt sagen, daß ich sie nicht nur nicht für kulturförderlich, sondern für ausgesprochen kulturwidrig halte. Denn, wie gesagt, Kultur ist nur möglich, wo wirkliches Denken ist. Wo Denken im Dogma festgelegt ist und in paradoxer Weise arbeitet, da kann man nicht von wahrer Kultur reden, und mag der Schein noch so sehr dieser Behauptung widersprechen. Alles Tun des Menschen ist nur Symptom. Und Symptome sind vieldeutig. Sein wahres Wesen liegt im Denken.

Ich schließe hiermit diese kurzen Bemerkungen über den

Kulturwert des Christentums, mit denen nichts beabsichtigt war, als an einige der wesentlichsten Punkte zu rühren und außerdem zu zeigen, daß die Annahme eines Transzendenten, wie sie gedanklich unzweckmäßig arbeitet, so auch in Bezug auf praktische Vorzüge nichts zu ihren Gunsten anführen kann. Womit dann naturgemäß die Frage sich ergibt: Ist es denn überhaupt notwendig, zu glauben? Denn es widerspricht allen Regeln der Praxis, gedanklicher wie technischer, daß man ein System, das unzweckmäßig arbeitet, aus puren Pietätsrücksichten mitschleppt.

Muß der Mensch glauben?

Mit der Tatsache, daß überhaupt etwas da ist, daß nicht nichts da ist, scheint ein Glaubenszwang notwendig gegeben zu sein, mag man diese Tatsache nun deuten, wie man will.

Wie überall, so stehen auch hier Glaube und Wissenschaft als Gegensätze einander gegenüber.

Der Gläubige reagiert auf die Tatsache „Welt" folgendermaßen: „Ist etwas da, so muß es einen ersten Anfang gehabt haben. Hat es den gehabt, muß es geschaffen sein. Ist es geschaffen, muß ein Schöpfer da sein, und daß er da ist, das zeigt mir die hohe Zweckmäßigkeit des Weltgeschehens."

Ihm entgegengesetzt reagiert die Wissenschaft folgendermaßen: „Ist etwas da, kann es nie nicht dagewesen sein; denn wie nichts vergeht im Weltall, so entsteht auch nichts aufs neue. Daher führen wir alles auf eine anfangslose, ungeschaffene Urmaterie zurück, von der alles, was geschieht, Funktion ist. Und daß wir das Recht dazu haben, beweist sich dadurch, daß alles, was geschieht, rein mechanisch als Form des Falles und damit als zweckfrei deutbar ist."

Nun muß die mechanisch-materialistische Weltanschauung, will sie konsequent sein, auch Denken als bloße Funktion der Materie ansehen, und vergißt dabei, daß diese Materie (im wissenschaftlichen Sinn) ja überhaupt nur da ist als Funktion des Denkens, als reines Ens rationis, Denken also nicht wohl ihre Funktion sein kann. Die Wirklichkeit zeigt nie und nirgends Materie an und für sich. Sie zeigt stets und überall nur die Einheit von Kraft und ihrem Material, das heißt Prozesse. Der verständige Wissenschaftler weiß das auch wohl. Er weiß, daß seine Urmaterie nichts ist, als eine Arbeitshypothese, die er braucht, um aus der Wirklichkeit in effigie herauszutreten und sich ihr von diesem selbstgesetzten Standpunkt aus um so erfolgreicher nähern zu können; etwa wie ein Mensch, um einen großen Sprung vorwärts zu tun, vorher einen Schritt zurück macht. Vergißt er es aber, wie es leider oft geschieht, so wird ihm seine Urmaterie genau ebenso zur

Glaubenssache, wie dem Kirchenglauben seine Urkraft, der Gott. Noch einmal und immer wieder: Wirklichkeit hat nicht Stoff für sich, hat nicht Kraft für sich; sie ist nur die Einheit von Kraft und ihrem Material: Prozeß. Wer mit anderen Größen, als Prozessen arbeitet, der muß wissen, daß er nicht in der Wirklichkeit steht.

So scheint die Frage, ob der Mensch glauben muß oder nicht, an der Frage nach Anfang resp. Anfangslosigkeit der Welt einerseits, an der Frage nach Zweckmäßigkeit oder Zweckfreiheit des Weltgeschehens anderseits zu hängen. Nimmt man Anfang der Welt einerseits, Zweckmäßigkeit, d. h. höhere Leitung anderseits an, so ist damit ein Glaubenszwang gegeben, und das Weltgeschehen würde ein an sich unbegreifbares sein. Nimmt man dagegen das ganze Weltgeschehen als einen anfangslosen, zweckfreien Ausgleich zahlloser Spannungsdifferenzen an, so würde das ganze Weltgeschehen etwas sein, das begriffen werden kann.

So verlockend diese Aussicht, welche die Wissenschaft dem Verstand mit diesem ihrem mechanischen Weltbild eröffnet, auch sein mag, so entpuppt sich seine wahre Natur doch sehr bald, wenn man wagt, es auszudenken. Denn da ergibt sich, daß diese Spannungsunterschiede, welche durch ihren immer erneuten Ausgleich das Weltgeschehen darstellen sollen, dermaleinst zum endgültigen Ausgleich kommen müssen — ein Gedanke, dem der moderne Physiker gerecht wird in der Theorie vom Wärmetod des Weltalls. Kommen sie aber zum Ausgleich, so müssen sie seinerzeit auch gesetzt worden sein. Wo dann keine andere Möglichkeit bleibt, als eine außerweltliche d. h. transzendente Kraft, welche sozusagen die Feder des Weltgeschehens aufgewunden hat, und sie nach eingetretenem Wärmetode wieder aufwinden wird, vorausgesetzt, daß es ihr so beliebt.

So laufen in Wahrheit beide Extreme auf einen Glaubenszwang hinaus, und es fragt sich: Gibt es eine Möglichkeit zwischen diesen?

Darauf lautet die Antwort: Eine solche Möglichkeit gibt es. Es ist die Wirklichkeit selber. Um aber zu ihr zu kommen, bedarf es vor allem einer Berichtigung der Fragestellung.

Das Wort „Welt" hat lediglich konventionellen Wert. In

der Wirklichkeit füllt dieser Begriff sich nicht mit einem bestimmten Inhalt. Mag man im übrigen „Welt" verstehen, wie man will: es bleibt stets nur der Ausschnitt aus einem Unbekannten. Welt ist nichts, als die unendlich große Summe einzelner Prozesse und als solche kein statisches, sondern ein dynamisches Phänomen, und ein solches ist stets nur der Ausschnitt aus einem Unbekannten. Ein Ton z. B. ist nichts, als der Ausschnitt aus einer Skala, die sich nach oben wie nach unten über die sinnliche Aufnahmefähigkeit hinaus fortsetzt. Als solcher ist er nicht zu umgreifen, folglich auch nicht zu definieren und zu Schlußfolgerungen zu verwenden. Letztere sind nur erlaubt in Bezug auf die Eigenschaften, unter denen er sich sinnlich darstellt.

Genau das gleiche gilt von jedem optischen, elektrischen, magnetischen, thermischen etc. Phänomen und zu allerletzt: es gilt auch von jedem biologischen Phänomen. Der Baum hier vor uns ist nur der Ausschnitt aus einem nach rückwärts wie vorwärts unbegrenzbaren, daher undefinierbaren Wachstumsprozeß.

So ist das erste, was die Wirklichkeit von uns verlangt, daß wir die Frage nach Anfang oder Anfangslosigkeit nicht an die Welt richten, sondern an die Prozesse. Noch einmal: „Welt" ist ein bloß konventioneller Begriff, mit dem wir arbeiten der leichteren Verständigung halber. Welt als Wirklichkeit gibt es überhaupt nicht. Wirklich sind nur die einzelnen Prozesse, ebenso wie bei einem Gastmahl wirklich nicht dieses ist, sondern die Gäste; bei einem Walde nicht dieser, sondern die Bäume. Die Frage „Hat der Wald Anfang, hat er keinen Anfang?" ist nicht aus ihm heraus, sondern aus den Bäumen heraus zu beantworten. Richten wir nun unsere Frage an die einzelnen Prozesse, wie sie das Weltgeschehen darstellen, so erhalten wir eine Antwort, die ganz delphischer Natur zu sein scheint: Jeder Prozeß, mag er biologischer oder physischer (oder wie ich es an anderer Stelle genannt habe: wirklicher oder rückwirklicher) Natur sein, zeigt Anfang sowohl, wie Anfangslosigkeit. Das gilt in zweierlei Sinn. Ein Tisch z. B. hat als solcher begrifflich einen Anfang. Seinen Bestandteilen nach entgleitet er in eine Reihe, von welcher ein Anfang nicht da ist. Ein Haus hat als solches, begrifflich einen Anfang. Seinen Bestandteilen nach entgleitet es in eine Reihe, von welcher ein Anfang nicht da ist. Das gleiche gilt von einer Stadt, von einem Staat, von einer Rasse, von der Menschheit, von einer kulturellen, von einer geologischen Epoche, von der Erde, von unserem Sonnensystem usw. Die Erde hat Anfang begrifflich als ein mit gewisser Geschwindigkeit und ein in gewisser Entfernung von einem Zentralkörper sich bewegender Weltkörper. Ihren Bestandteilen nach entgleitet sie in eine Reihe, von welcher ein Anfang nicht da ist. Denn, mag man auch nach einer gewissen Hypothese das ganze Sonnensystem auf einen nebelartigen Zustand zurückleiten, so hat diese Nebularwelt doch nur Sinn als Ergebnis gewisser Vorbedingungen, die wir in diesem Falle nicht mehr zurückverfolgen können. Im übrigen ist aber die ganze Nebulartheorie nichts, als eine Hypothese. In Wirklichkeit kann man nichts sagen, als daß die Erde, das Sonnensystem, das Milchstraßensystem da sind auf Grund bestimmter gesetzmäßiger Vorbedingungen, von denen wir mit aller Bestimmtheit wissen, daß sie dagewesen sind, von denen wir uns aber schlecht eine Vorstellung machen können.

So halten wir dieses fest: Alles ausnahmslos, was überhaupt als solches für den Verstand da ist, hat einen Anfang in begrifflichem Sinne; hat keinen Anfang in wirklichem Sinne. Jeder begriffliche Anfang ist aber nichts, als ein Kompromiß mit der Wirklichkeit. Der Baum hat begrifflich einen Anfang, in Wirklichkeit geht er unterbrechungslos in den Samen über. Keine noch so exakte wissenschaftliche Beobachtung kann angeben, wo der Same aufhört und der Baum anfängt. Er fängt eben wirklich überhaupt nicht an, sondern nur begrifflich. Diese Anerkennung eines begrifflichen Anfanges aber hat Wert nur als Verständigungsmittel.

Das ist der weitere Schritt, den das der Wirklichkeit zustrebende Denken zu tun hat: Wo Anfänge im Weltgeschehen da zu sein scheinen, da sind sie nur begrifflicher, nicht wirklicher Natur. Für alles Wirkliche ausnahmslos gilt der obige Satz: „Ein Anfang ist nicht da".

Dieser Satz scheint, mag man ihn auffassen, wie man will, eine Paradoxie darzustellen. Deutet man ihn als „Anfangslosigkeit ist da", so ist das ein Widerspruch in sich. Denn

Anfangslosigkeit, die als solche da wäre, könnte keine Anfangslosigkeit sein. Anfangslosigkeit kann vernünftigerweise durchaus keinen anderen Sinn haben, als den: Ein Anfang ist nicht da. Sie selber als solche wäre eine Glaubenssache, womit der Standpunkt der Wissenschaft mit ihrer anfangslosen Urmaterie sich selber verurteilt. Läßt man den Satz aber in dieser seiner rein negativen Fassung, so muß man sagen: Wenn ein Anfang nicht da ist, wie kann es dann je zum Begriff eines Anfanges kommen? Denn jedem Begriff muß doch irgend eine Wirklichkeit zugrunde liegen, von der er abgeleitet ist.

Um diese Frage zu beantworten, bedarf es nichts, als einer ruhigen Beobachtung der Wirklichkeit.

Jeder Prozeß stellt in jedem Moment einen Anfang dar, aber einen bedingten Anfang, der seine Wurzel in einem Vormoment hat. So sagt jeder Moment der Wirklichkeit beides in einem: „Ein Anfang ist da" und „Ein Anfang ist nicht da".

Unmittelbar ist dieses zu beobachten in jenem Prozeß, der dem Einzelnen unmittelbar zugänglich ist: der Denkprozeß. Denken ist in jedem Moment ein neuer Einsatz, ein Anfang, aber bedingter Natur, indem jeder Moment seine Wurzel im vorhergehenden hat. Denken selber ist die Einheit von Anfang und Anfangslosigkeit.

Die Begriffe von Anfang und Anfangslosigkeit sind unmittelbar im Denken gegebene. Mittelbar ergeben sie sich aus jedem Verbrennungs- und Ernährungsprozeß. Beide stellen, recht betrachtet, in jedem Moment einen neuen Wert dar, der aber insofern nicht neu ist, als er seine Vorbedingung im vorhergehenden Moment hat. Jeder Moment stellt einen bedingten Anfang, das heißt eine bedingte Anfangslosigkeit dar.

Betrachtet man einen Prozeß in dieser Weise, so wird man einsehen, daß er gar nicht etwas ist, was Anfang oder Anfangslosigkeit als Attribut hat, sondern etwas, was die Einheit beider selber ist; ebenso wie eine Flamme Licht und Wärme nicht als Attribute hat, sondern die Einheit beider selber ist, woran die Tatsache, daß man den Attributiv-Standpunkt einnehmen kann, nichts ändert. Ein Heraustreten aus dieser Einheit von Anfang und Anfangslosigkeit, die Wirklichkeit begreifen wollen als etwas, das Anfang hat oder keinen Anfang hat, das ist eine Undenkbarkeit. Anfang für sich, Anfangslosigkeit für sich sind Unbegreifbarkeiten.

Nun wirft man ein: Ist nicht gerade diese Tatsache, daß ein Anfang für sich, eine Anfangslosigkeit für sich Undenkbarkeiten sind, ein Beweis dafür, daß es etwas gibt, was über das menschliche Begriffsvermögen hinausgeht und dem Menschen das Geständnis abpreßt: „Es gibt eine höhere Macht?"

Darauf lautet die Antwort: Eine solche Schlußfolgerung wäre durchaus irrig. Daß „absoluter Anfang", „absolute Anfangslosigkeit" jedes menschliche Begriffsvermögen überschreiten, ist freilich wahr und ergibt sich aus dem, was oben über das Denken gesagt worden ist. Das beruht aber nicht darauf, daß sie ein an sich Unbegreifbares und folglich Glaubenssachen wären, sondern, trivial gesprochen, darauf, daß sie etwas sind, woran überhaupt nichts zu begreifen ist.

Als ein solches Etwas haben sie ihr strengstes Analogon in der physischen Tatsache des Schattens. Auch der Schatten ist ein Unbegreifbares, nicht weil er ein an sich Unbegreifbares und damit Glaubenssache wäre, sondern ganz einfach deshalb, weil an ihm überhaupt nichts zu begreifen ist. Er ist durchaus nichts weiter, als ein Ausfall des Lichts. Sein ganzes Dasein erschöpft sich darin. Und selbst ein Gott könnte nichts anderes an ihm begreifen, als dieses.

Wir berühren damit einen Punkt, der für die ganze Denklehre von der allerhöchsten Bedeutung ist, weil von ihm aus die Idee des Transzendenten eine völlig eigenartige Beleuchtung erfährt.

Der Zeitbegriff sowohl, wie der später zu besprechende Zweckbegriff scheinen über die Wirklichkeit hinaus in ein Transzendentes zu weisen und als solche ein immanenter Beweis für das Dasein eines Absoluten zu sein. Man wird in dieser Weise stets schlußfolgern müssen, solange man „nicht wirklich" und transzendent als identisch setzt. Es gibt nämlich etwas, was nicht wirklich ist, ohne deswegen doch ein Transzendentes, ein „Jenseits aller Wirklichkeit" zu sein. Das ist das Nicht-wirkliche, was physisch sich darstellt im Schatten, gedanklich im Nichtwissen in seinen drei Formen: Täuschung, Irrtum und Glaube.

Unter Täuschung verstehe ich ein Nichtwissen in Bezug auf die Anschauung. Einen Strick auf dem Wege für eine Schlange zu halten, ist eine Täuschung. Unter Irrtum verstehe ich ein Nichtwissen in Bezug auf Erfahrung. Die Vorstellung, daß die Infusorien im Heu-Aufguß entständen, ist ein Irrtum. Unter Glaube verstehe ich ein Nichtwissen in Bezug auf Begriffe. Wenn jemand den Begriff „Baum", „Tier", „Mensch" usw. für den Ausdruck bestimmter Identitäten ansieht, so ist das ein Glauben. Denn in Wahrheit bestehen ja gar nicht derartige Identitäten, sondern jeder Begriff ist der notwendige Kompromiß mit einem Prozeß, der in ständigem Wechsel begriffen ist und als solcher die Möglichkeit einer Identität ausschließt.

Täuschung, Irrtum, Glaube sind keine Wirklichkeit, aber sie sind deswegen durchaus noch kein „Jenseits aller Wirklichkeit", sondern sie sind nichts, als das, was innerhalb des physischen Weltgeschehens der Schatten einem jeden unmittelbar vor Augen führt: Ein Ausfall der Wirklichkeit. Und deswegen sagte ich oben, daß dieser Gedankengang auf die Idee ' des Transzendenten das allereigentümlichste Licht werfe. Er verschlingt diese Idee sozusagen mit Haut und Haar, und läßt sie in der Form des Nichtwirklichen wieder auferstehen. Der wirkliche Denker kann ein Jenseits aller Wirklichkeit als Absolutes nicht anerkennen. Für ihn wird daraus die bloße Nichtwirklichkeit, ein Ausfall wirklichen Denkens, ein gedanklicher Schattenwert. Wie der Schatten erkenntnis-theoretisch durchaus nichts sagt, als „Licht ist nicht da", so sagt die Idee des Transzendenten für ihn durchaus nichts, als „Wissen ist nicht da".

Der Glaube wird und muß natürlich eine derartige Deutung bedingungslos abweisen, und man kann demgegenüber nichts tun, als auf das Grundgesetz alles Erkennens hinweisen, daß nämlich ein Gedanke um so mehr Wirklichkeitsgehalt hat, je mehr Tatsachen er unter sich begreift. Läßt man hier alle Gefühlswerte bei Seite, hält man sich nüchtern und unvoreingenommen an die Tatsachen, so muß man einer Deutung, nach welcher die Idee des Transzendenten innerhalb des gesetzmäßigen Weltgeschehens ihre Stellung erhält, in jeder Hinsicht den Vorzug geben vor jener anderen Deutung, welche sie zum Ausdruck eines Absoluten macht, welches letztere ja nicht nur physisch, sondern auch gedanklich ein von aller Wirklichkeit Losgelöstes ist. Denken dazu gebrauchen, um ein Undenkbares zu setzen; Denken, das Kontinuität schaffende, dazu gebrauchen, um die Kontinuität des Weltgeschehens zu unterbrechen, das nenne ich eine paradoxe Anwendung von ihm machen, die sich notwendig in irgend einer Hinsicht an der Menschheit rächen muß. Denken ist Grundwert des Menschtums, und somit sage ich nicht zuviel, wenn ich behaupte, daß das ganze Menschtum krankt an dieser Idee des Transzendenten. Mag der Mensch diese Idee annehmen, mag er sich dagegen auflehnen, in beiden Fällen ist es ein Kranken an ihr. Ein Gesunden kann erst eintreten, wenn man sie begriffen und auf die Wirklichkeit zurückgeführt hat.

So sage ich es noch einmal: Allein als Arbeitshypothese gefaßt verdient unsere Deutung den Vorzug. Sie arbeitet nach dem Gesetz der kleinsten Wirkung. Die Idee des Transzendenten bedingt einen Riß im Weltall, eine Scheidung des Diesseits und Jenseits, welche durch ungeheuer umständliche gedankliche Anpassungsversuche wieder überbrückt werden muß. Das alles wird überflüssig, wenn man das „Jenseits aller Wirklichkeit" begreift an dieser Nichtwirklichkeit, wie jedes Ausfallsymptom auf physischem Gebiet sie darstellt. Alle Begriffe, die aus der Wirklichkeit hinauszuführen und Ausdruck eines Absoluten zu sein scheinen, werden hier lediglich zu Ausfallsymptomen, zu rein negativen Funktionen dieser Wirklichkeit selber, und als solche zum Ausdruck eines Nichtwissens. Im letzten Grunde ist sein Nichtwissen die einzige „Höhere Macht", welcher der Mensch erliegt und von jeher erlegen ist.

Damit kommen wir auf unsere beiden Begriffe, den des absoluten Anfangs und der absoluten Anfangslosigkeit, zurück. Beide scheinen sie aus der Wirklichkeit in ein Jenseits der Wirklichkeit hinüberzuführen und somit Ausdruck eines Absoluten zu sein, in welchem alle derartigen Unbegreifbarkeiten ihre Lösung finden und zusammenfallen wie im Schweigen alle Sprachen zusammenfallen. Aber die ganze scheinbare Unbegreifbarkeit des Problems löst sich auf in der Einsicht, daß Wirklichkeit die Einheit von Anfang und Anfangslosigkeit selber ist. Um sie zu etwas zu machen, was Anfang oder Anfangslosigkeit hat, müßten beide Begriffe zur Wirklichkeit hinzukommen, was nur möglich ist in Form jenes Ausfallsymptoms, das physisch als Schatten, gedanklich als Nichtwissen sich darstellt. Eine andere Ergänzung der Wirklichkeit gibt es nicht.

Daß jeder Moment der Wirklichkeit die Einheit von Anfang und Anfangslosigkeit ist, beruht darauf, daß sie ganz Wirken ist. Wirken heißt in jedem Moment einen neuen Wert darstellen, der als solcher neu und nicht neu ist. Wirken ist Kraft. Wirklichkeit, soweit sie Ausdrucksform einer Kraft ist, ist die Einheit von Anfang und Anfangslosigkeit.

Damit tritt in unserem Problem eine völlige Umwälzung ein. Die Frage „Muß der Mensch glauben?" hängt jetzt gar nicht mehr an den Begriffen „Anfang" und „Anfangslosigkeit", sondern ist wieder zurückgeführt auf die Tatsache „Kraft". Mit ihr umgreift der denkende Geist Anfang und Anfangslosigkeit. Wie die Sinne auf die Tatsache Flamme in den sinnlichen Eindrücken Licht und Wärme reagieren, so reagiert Denken auf die Tatsache Kraft in den rein gedanklichen Eindrücken Anfang und Anfangslosigkeit. Kraft, wo sie als solche, als Begriff da ist, ist es nur in dieser Form, als Zeit.

Die Frage „Muß der Mensch glauben?" wird somit identisch mit der Frage „Kann der Mensch Kraft begreifen?"

Das ist möglich nur, wenn Kraft ganz und gar innerhalb des Weltgeschehens liegt. Aber dieser Vorstellung scheint ein Moment zu widersprechen, was von jeher als der stärkste Beweis für das Dasein einer leitenden Kraft, die als solche notwendig eine transzendente sein müßte, gegolten hat: die Zweckmäßigkeit, welche im Weltgeschehen zutage tritt.

Auch hier wieder stehen die beiden Gegensätze Glaube und Wissenschaft einander gegenüber. Die Wissenschaft (als mechanisch-materialistische verstanden) darf keine Zwecke im Weltgeschehen anerkennen. Für sie ist alles, was geschieht, ausnahmslos, nur ein Ausgleich verschiedener Spannungsdifferenzen, Form des Falles und als solches zweckfrei. Daher ihr erbitterter Kampf gegen teleologische Vorstellungen und gegen den Begriff der Lebenskraft, mit welchem sie stets den des zweckmäßigen Arbeitens verbindet.

Aber diese Vorstellung ist durchaus irrig. Kraft ist Wirken, und Wirken ist weder zweckmäßig, noch zweckfrei, sondern einfach gesetzmäßig. Von den Sinnesorganen zu sagen, sie wirkten zweckmäßig, ist ebenso irrig, wie von ihnen zu sagen, sie wirkten zweckfrei, weil sie das Individuum in immer neue Täuschungen stürzen. Sie wirken gesetzmäßig und weiter nichts, das heißt: sie wirken entsprechend Vorbedingungen und Umständen. Das gleiche gilt von dem ganzen Weltgeschehen: Es ist nicht zweckmäßig, es ist nicht zweckfrei — es ist einfach gesetzmäßig. Jeder Moment des Weltgeschehens hat nicht Gesetz, sondern ist Gesetz selber, und als solches umfaßt er den Begriff der Zweckmäßigkeit sowohl, wie den der Zweckfreiheit. Gesetz sein ist die Einheit von Zweckmäßigkeit und Zweckfreiheit. Das Weltgeschehen zu etwas machen wollen, was Zweck hat oder nicht hat, das heißt einen rein gedanklichen Schattenwert hinzufügen, der nicht Ausdruck eines Transzendenten, sondern eines Nichtwissens ist.

Man wirft natürlich ein, wie es möglich ist, daß aus einer bloßen Gesetzmäßigkeit diese erstaunliche Zweckmäßigkeit sich ergeben könne, für welche man mit so viel Eifer und so viel Gefühl immer wieder Beweise beibringt?

Ich antworte: Die Zweckmäßigkeit des Weltgeschehens ist nicht erstaunlicher, als seine Zweckwidrigkeit. Ganze biologische und geologische Epochen müssen immer wieder in den Schmelztiegel zurück, was man, wenn man überhaupt mit dem Zweckbegriff arbeitet, nur dahin deuten kann, daß sie als unzweckmäßig sich erwiesen haben. Aber eine Vorstellung ist so irrig wie die andere. Die Steinkohlenzeit und ihre animalischen Ungeheuer sind weder zweckmäßig, noch zweckwidrig — sie sind genau so gesetzmäßig wie die gegenwärtige Epoche, die ihrerseits ja auch wieder wird in den Schmelztiegel müssen. Nichts als Gesetzlichkeit gibt es, hier wie da, stets und überall. Die äußeren Unterschiede beruhen nur auf eigenen Vorbedingungen und Umständen. Derselbe Wind ist feucht, wenn er übers Meer, trocken, wenn er übers Gebirge kommt. Das eine ist nicht zweckmäßig, das andere nicht zweckwidrig, sondern beides ist gesetzmäßig, und die äußere Verschiedenheit entspricht nur der Verschiedenheit der Vorbedingungen und Umstände.

So fallen jene beiden Begriffe, der Zeitbegriff und der Zweckbegriff, die ins Transzendente hinüberzuführen scheinen, richtig begriffen, wieder in die Gesetzmäßigkeit des Weltgeschehens zurück. Damit erledigt sich die Frage „Liegt Kraft ganz und gar innerhalb des Weltgeschehens?" Die strenge, überall sich betätigende Gesetzmäßigkeit des Weltgeschehens zwingt zu der Einsicht, daß die zahllosen Prozesse, die das Weltgeschehen ausmachen, auf Grund von Einzelkräften da sind, aus deren notwendigem Gegeneinanderwirken Gesetzmäßigkeit sich ergibt, weil Kraft, als sich selber Setzendes, Gesetz selber ist. Das ganze Weltgeschehen ist gesetzmäßig, weil jeder Prozeß in ihm Gesetz selber ist, durch die Kraft, auf Grund deren er da ist. Die Gesetzmäßigkeit des Weltgeschehens beweist, daß **Kraft ganz innerhalb des Weltgeschehens liegt und ein Individuelles ist.** Denn jedes Lebewesen zeigt durchaus eine eigene Gesetzlichkeit, die ihm erst ermöglicht, sich in seiner Eigenart anderen Prozessen gegenüber zu erhalten. Tatsächlich begreift ja auch jedes Lebewesen, soweit es mit Bewußtsein begabt ist, sich selber als auf Grund einer ihm eigenen Kraft da seiend. Es begreift sich als solches unmittelbar in einer Weise, die eines Beweises nicht bedarf. Der Begriff Kraft ist ein jedem Individuum unmittelbar gegebener.

Nun scheint aber diese Vorstellung von Kraft als einem Individuellen, nur für das biologische Weltgeschehen zu gelten und vom physischen Lügen gestraft zu werden.

Tatsächlich machen die im physischen Weltgeschehen tätigen Kräfte den Eindruck, als ob sie sich auf eine einzige Grundform könnten zurückführen lassen, und die Wissenschaft bemüht sich ja auch, diesen Reduktionsprozeß aller Kraftformen auf eine vorzunehmen.

Um den Wert derartiger Versuche richtig beurteilen zu können, muß man bedenken, daß die Wissenschaft von den Kräften selber durchaus nichts weiß, auch nie etwas von ihnen wissen kann. Sie muß sich statt dessen immer nur an gewisse Bewegungsformen dieser Kräfte halten. Eine Ätherschwingung ist nicht Kraft, sondern der Ausdruck einer Kraft, die ihrerseits sinnlich ganz unzugänglich ist. Es dürfte aber nicht gerade unmöglich sein, diese verschiedenen Bewegungsformen aufeinander zurückzuführen, wie es bei Licht und Elektrizität ja bereits gelungen ist.

Darum: Ob die physischen Kräfte ein Individuelles oder ein Universelles sind, darüber läßt sich nichts sagen. Denn wir kennen sie nicht. Wir kennen nur ihre Ausdrucksformen. Dahingegen im biologischen Weltgeschehen empfindet jedes mit Bewußtsein begabte Lebewesen Kraft unmittelbar als ein Individuelles, und unsere Titelfrage „Muß der Mensch glauben?" verdichtet sich nunmehr zu der Frage:

Ist der Mensch imstande, die individuelle Kraft, auf Grund deren er da ist, zu begreifen? Kann er diese Kraft begreifen, so wird er weder nötig haben, den Glaubensakt vorzunehmen und Leben als ein von Gott Geschaffenes anzuerkennen, noch wird er nötig haben, den Ausweg der Wissenschaft zu wählen und Leben als Funktion einer ungeschaffenen Materie anzusehen, sondern wird Leben begreifen können als sich selber Schaffendes; eine Einsicht, die dann sowohl das Problem des ersten Anfangs, wie das Zweckproblem in sich verschlingen würde.

Auf diese Frage lautet die vorläufige Antwort: Er wird nie dazu imstande sein, solange er sich bei seinen Begreifversuchen allein an die Methode der Wissenschaft, die Induktion hält. Letztere arbeitet nur auf Sinnlichem. Kraft aber kann nie sinnlich sein; denn alles, was in irgendeiner Hinsicht sinnlich sich darstellt, ist ja nur Ausdrucksform von Kräften.

Es gibt aber einen anderen Erkenntnisweg außer der Induktion (und ihrem Korrelat der Deduktion). Das ist die Intuition. Induktion ist das mittelbare Verfahren zum Zweck des Begreifens, welches sich hier vollzieht auf Grund einer immer größeren Häufung von Tatsachen. Intuition dagegen ist das unmittelbare Begreifen, unabhängig von der Zahl der beobachteten Tatsachen.

Damit treten wir auf den Buddha-Gedanken zu. Er ist die

Intuition, in welcher das Individuum Leben, das heißt die Kraft, auf Grund deren es selber da ist, unmittelbar begreift.

So lassen wir denn dieses alles und treten ein in jenes Andere. Es soll uns Auskunft geben über die Frage, die jeder Denkende sich vorlegen muß: Muß ich glauben, oder kann ich die Tatsache „Welt" meistern im Begreifen?

Die ursprüngliche Buddha-Lehre

Bei keiner Religion ist es so notwendig, sich über den wesenhaften Kern klar zu sein, wie beim Buddhismus; denn keine Religion hat im Laufe der Zeiten und beim Übergang zu den verschiedenen Völkerrassen solche Verschiebungen, ja Entgleisungen erlitten wie diese. Daß dieses so kommen konnte und mußte, liegt darin begründet, daß der Buddhismus die Religion des Denkens ist, während alle anderen Religionen im letzten Grunde auf Gefühlswerte hinauslaufen, welche alle ausnahmslos, mögen sie im einzelnen noch so verschiedenartig sich darstellen, durch die Vorstellung eines Transzendenten an sich, einer höheren Macht, ausgelöst werden. Dieser eigentliche Kern einer Glaubensreligion kann sich in sich selber nie ändern; er kann es nur in Bezug auf seine Schalen und Hüllen.

Demgegenüber kann eine Religion, welche allein auf einem Erkennens-Vorgang beruht, sich völlig ändern, etwa ebenso wie ein Sinn in einen Un-sinn übergehen kann und doch immer noch Denkform bleibt. Kurz, eine solche Religion kann in ihren Symptomen, Schlagworten usw. unverändert stehen bleiben, während ihr Wahrheitsgehalt längst verflogen ist.

Tatsächlich hat der Buddhismus diesen Entwickelungs- resp. Degenerationsprozeß durchgemacht bei seinem Übergang auf die mongolischen Rassen. Doch mag dieses lediglich ein zeitliches Zusammentreffen sein. Die Tendenz der Entwirklichung zeigt sich schon in der späteren indischen Literatur. Die ungemilderte Gedankenstrenge der reinen Lehre wurde dem indischen Geist, der stets in pantheistischen Regionen geschwelgt hatte, unerträglich. Die klare, reinliche, menschliche Tatsache der Buddha-Persönlichkeit genügte diesen transzendenten Trieben nicht. Der ursprüngliche Buddha, der nichts ist, als Lenker und Wegweiser, der als Mensch unter Menschen die höchste Stellung einnimmt, welche Menschtum zu vergeben hat: die des Lehrers, war nicht das, was indisches Denken auf die Dauer brauchen konnte. So wurde der historische Buddha so lange spekulierend benagt, bis er, der wirkliche, in zwei Abstraktionen zerfiel: das Dhyani-Buddhatum einerseits und das Bodhisattvatum anderseits. Beide stehen dem echten Buddhatum gegenüber etwa wie die beiden Komplementärfarben ihrer Grundfarbe gegenüber: was sie an Farbenpracht gewonnen haben, ist ihnen an Wirklichkeitsgehalt verloren gegangen.

Mit dieser Spaltung änderten sich auch die Lebensformen des Buddhatums. Der Tod, das Parinirwana, endet hier nicht das ewige Dasein der Buddhas. Nicht in Gaya, sondern in unvordenklichen Zeiten hat Sakyamuni die Buddhaschaft erreicht. Wenn man, so heißt es, das ganze Universum zerpulverte und je ein Atom davon auf den Raum von tausend Welten verteilte, so könnte ein geschickter Mathematiker vielleicht eine Berechnung über das Ende dieser Reihe anstellen; aber es ist unmöglich, die Gesetze der Rechenkunst auf den Beginn des Buddha anzuwenden, d. h. er ist praktisch anfangslos. Dem entsprechend ist sein Eingehen in Nirwana kein wirkliches Ende, sondern nur ein Mittel, um den Menschen in dieser seiner fassungslosen Ewigkeit eine Handhabe zu bieten, wo sie mit Gedanken, Wort und Tat einsetzen können. Nirwana ist hier zu einer Allegorie, zu einem religiösen Symbol geworden. Es bezeichnet nicht das ehrliche, reinliche „Nicht-mehr", das es im ursprünglichen Buddhismus darstellt, sondern ist zu einem Nährmittel mystischer Ewigkeits-Ideen geworden, wie ich oben sagte: Aus dem Sinn ist der Un-sinn geworden. An Stelle der Errettung seiner selbst, der Arahatschaft, wie der echte Buddhismus sie lehrte, ist die Sucht nach Errettung aller Lebewesen, der ganzen Welt getreten in Form der Bodhisattvaschaft. Jedem einzelnen wurde die Buddhaschaft in Aussicht gestellt. So schmeichelte man freilich vagen Gefühlen, verließ aber den Boden der Wirklichkeit.

Wie jede Glaubensreligion es tut, so arbeitete man auch hier mit universellen Werten, die, ehe sie zu solchen werden konnten, sich notgedrungen einem Abstraktionsverfahren unterziehen mußten. Aus dem vom Buddha klar und greifbar dargestellten Wissen von der Erlösung, das jeder einzelne sich erwerben kann, wird Prajñaparamita, „höchste Weisheit", die als eine Art kosmischer Ur-Potenz die Buddhas gebiert; kurz:

an Stelle der kristallklaren Lehrreden der Pali-Suttas ein chaotisch-mystisches Wogen, dessen Tendenz auf eine Neuformierung der Gott-Idee ausgeht, welche vom Buddha mit so unerhörter Geisteskraft ausgestoßen war.

Ich bin mit der Literatur des nördlichen Buddhismus nicht genügend vertraut, um den Übergang aus dem historischen, menschlichen Buddha zum himmlischen Dhyani-Buddha verfolgen und darlegen zu können. Vielleicht ist auch die Sanskrit-Literatur überhaupt noch nicht genügend bekannt, um eine solche Darstellung möglich zu machen. Tatsache ist, daß eines der berühmtesten Sutras des nördlichen Buddhismus, der „Lotus des Guten Gesetzes" (Saddharma Pundarika, übersetzt von Kern) diesen Prozeß schon vollendet zeigt: Der in himmlische Weiten, die praktisch mit einem Transzendenten zusammenfallen, entrückte Dhyani-Buddha Amitabha auf der einen Seite; auf der anderen der Bodhisattva Avalokiteçvara, der sozusagen die Rolle eines Nothelfers spielt, eines Vermittlers zwischen dem unzugänglich gewordenen Buddha und der Menschheit. Und das ganze Mysterienspiel des Saddharma Pundarika mit seinen verwirrenden Zahlenwerten ist schließlich nichts, als die ungeheuerlich pomphafte Einführung Avalokiteçvaras in diese seine hohe Rolle als menschlicher Nothelfer und Mittelsmann. Denn wo der Herr transzendent wird, da muß die Mittelung geschaffen werden. Vom eigentlichen Buddhismus tauchen im ganzen Werk nur einmal, in höchst kümmerlicher Form, die Vier heiligen Wahrheiten auf. Im übrigen nichts als kolossale, kaltglänzende Bilder, die frei sind von jedem Hauch der Wirklichkeit, die aber, wenn man gerade will — und verschiedene Forscher wollen das — eine Deutung als kosmologischer Mythos wohl erlauben. Sobald aber Avalokiteçvara eingeführt ist, hat der wirre Wust ein Ende. Sakyamuni schließt den Wunderschrein, in welchem der Buddha Prabhutaratna thront, verabschiedet mit Grazie seine Zuhörer, und der geistige Vorhang fällt vor einem religiösen Bühnenspiel, das einen traurigen Rückschwung aus dem wirklichen Denken in das Gebiet wirrer Phantasien zeigt.

Und diesen traurigen Rückschritt zeigt das ganze weite Gebiet, welches man heute in Ost-Asien dem Buddhismus zu-. schreibt. Der Buddhismus, wie er hier herrscht, ist seinem

Wesen nach von einer Glaubensreligion durchaus nicht verschieden. Freilich arbeitet er mit Schlagworten, welche dem echten Buddhismus entlehnt sind, aber daß dieses nicht mehr als symptomatische Bedeutung zu haben braucht, geht am besten daraus hervor, daß der echte Buddhismus seinerseits diese Schlagworte vom älteren Brahmanismus entlehnt hatte. Das Wort ist nur Diener. Es dient einer Tendenz, wie der anderen, und die Tendenzen sind es, welche im echten Buddhismus und in diesem sog. nördlichen Buddhismus verschieden, ja entgegengesetzt sind. Die Tendenz des echten Buddhismus ist immer die des Entsagens, des Loslassens vom Leben in jeder Form, als irdisches wie als himmlisches. Diese Tendenz ist im nördlichen Buddhismus entweder nie dagewesen, oder sie ist im Laufe der Jahrhunderte verloren und in ihr Gegenteil übergegangen. „Der Chinese" ist ein zu weiter Begriff, als daß man wagen dürfte, etwas über ihn zu sagen, was auf allgemeine Gültigkeit Anspruch erheben könnte. Aber vom Japaner möchte ich auf Grund eigener Beobachtung behaupten, daß er nie Buddhist im eigentlichen Sinne gewesen ist, trotz seiner mannigfachen buddhistischen Allüren und trotz des hochentwickelten buddhistischen Kirchentums, wie es gerade in Japan herrscht. Ich kenne kein Volk der Welt, den Hindu etwa ausgenommen, das ein so unentwegter Lebensbejaher wäre, wie das japanische. Man läßt sich durch seine Todesverachtung bestechen, durch die Leichtigkeit, mit der es das Leben wegwirft. Aber diese Leichtigkeit ist bei ihm eben ein Ausfluß dieser unentwegten Lebensbejahung. Leben ist ihm so sehr Wert an sich, daß es ihm bestehen bleibt, mag die Form, unter der es gerade lebt, auch zugrunde gehen. Wie jedem echten Gläubigen, d. h. jedem echten Lebensbejaher, ist Sterben ihm ein für allemal nur Auferstehen, und dieser mit der Gewalt einer Naturkraft arbeitenden Idee hat das Nirwana sich auch fügen müssen. Es ist ihm eben nicht das Verlöschen, das endgültige nicht mehr Dasein, als welches die Wirklichkeitslehre des Buddha es gezeigt hatte — nein, es ist ihm ein ewiges Leben in Amitabhas Himmel, dem Paradies im Westen.

Bei meinem letzten Aufenthalt in Japan hatte ich eine lange Unterredung mit einem der leitenden Köpfe der Zen-Sekte, einem Lehrer am Mönchsseminar in Kamakura. Ich war erstaunt, zu hören, wit welchem Geschick man sich äußerlich dem echten Buddhismus anpaßt. Man wird mehr und mehr überzeugt: „Das ist echter Buddhismus!" Und was ist das Ende? Ein wahrer Todessprung in die lockenden Tiefen eines ewigen Lebens, das die Seele genießen soll in ihrer Vereinigung mit dem Göttlichen.

Beim Japaner kommt noch ein besonderes Moment hinzu, das ihn zu einem wirklichen Buddhismus unfähig macht. Diesem merkwürdigen Volke geht ganz jene großartige Nüchternheit des gebildeten Chinesen ab, die es dem letzteren erlaubt, über die sog. „höchsten Dinge" mit klarer, kühler Überlegung zu urteilen. Dem japanischen Volke scheint es vom Schicksal bestimmt zu sein, einen Mischkrug geistiger Werte darzustellen, dessen Inhalt nie zu einer Klärung kommt. Man hat freilich auch in China dieses uns unverständliche Übereinander von Ahnenkult, Confutse-Lehre und Buddhismus, nicht in feindlicher Trennung, sondern in brüderlicher Umschlingung, oft innerhalb ein und desselben Individuums. Aber was hier, in China, Ausdruck einer großartigen geistigen Durchlässigkeit ist, an die besten Zeiten des römischen Geisteslebens erinnernd, das scheint mir beim Japaner mehr der Ausdruck eines sich nicht helfen Könnens zu sein. Diese Dinge, diese Lehren sind da. Man möchte das Beste, wenn möglich das Allerbeste; kennt es aber nicht. So versucht man hier, versucht da, versucht dieses, versucht jenes. Das ist der Japaner auf sozialem, wie auf religiösem Gebiet — eine seltene Anpassungsfähigkeit, eine überraschende Begeisterungsfähigkeit, die man beide für Tugenden halten könnte, wenn sie in Wahrheit nicht Ausdruck einer inneren Unsicherheit, eines inneren Mangels wären. Dieser innere Mangel ist es, der dieses Volk hin und herschwanken läßt, selbst bezüglich Fragen, die sonst jedermanns, jedes Volkes, jeder Rasse eigenste Angelegenheit sind. Das einzig wirklich religiöse Moment scheint das Gefühl der Zusammengehörigkeit mit der Natur zu sein, das sie geschickt mit ihrem Ahnenkult vereinigen. Nirgends in der Welt gibt es Grabstätten wie in Japan. Es ist, als ob man den Hauch der seligen Geister spürt, die diese stillen Plätze umwehen.

Ich will mit diesen Bemerkungen nicht etwa den gewaltigen Einfluß ableugnen, den der Buddhismus nicht nur auf Japan, sondern auch auf den ganzen Osten Asiens ausgeübt hat in Bezug auf Kunst, Wissenschaft, Milderung und Verfeinerung der Sitten. Aber dieses alles hat er bewirkt nicht durch sein Wesen als eigentliche Buddhalehre; die dürfte mit allem diesem gar nichts zu tun haben, weil sie wohl nirgends als solche verstanden worden ist, sondern er hat gewirkt einfach, weil er sich allen diesen Völkern als Ausfluß eines höheren kulturellen Zentrums darstellte, etwa wie der Stammvater der Inka Kultur unter die rohen Völker der Hochebenen Perus brachte: als Ausfluß eines höheren, uns freilich bis jetzt unbekannten Kulturzentrums.

Was von Japan und China bezüglich ihres Verhältnisses zum wahren Buddhismus gilt, das gilt in womöglich noch höherem Grade von Tibet und der Mongolei. Ein Buddhismus, der zur Hierarchie mit hierarchischen Dogmen erstarrt ist, kann vom Original nicht mehr besitzen, als den Namen. So ist, soweit ich es beurteilen kann, die oft gehörte Redensart vom Buddhismus als der verbreitetsten der drei Weltreligionen, mit großer Vorsicht aufzunehmen. In Wahrheit ist der Buddhismus, wenn man ihn als echten, reinen Buddhismus versteht, die bei weitem beschränkteste der Weltreligionen. Denn er beschränkt sich nur auf Ceylon, Birma und Siam. Nach allem, was ich in Kambodja gesehen habe, dürfte dieses Grenzgebiet zum nördlichen Buddhismus zu schlagen sein.

Aber wenn man auch nur von den eben genannten drei südlichen Ländern angibt, daß in ihnen der Buddhismus Volksreligion ist, so muß man selbst das mit Vorbehalt tun. Im letzten Grunde ist der Buddhismus immer Erlebnis des Einzelnen, das stets streng individuellen Charakter behält. Auch hier in den südlichen Ländern hat es des Kittes alter volkstümlicher Vorstellungen bedurft, um ihn zu einer Volksreligion zusammenzuschweißen. Denn an sich ist die innere Wandlung, welche kraft neuer Erkenntnis im einzelnen einsetzt, durchaus nichts, aus dem sich Elemente für eine Volksreligion herleiten ließen. Immerhin kann man sagen, daß die südlichen Länder wenigstens in ihren Schriften die reine, ursprüngliche Form der Lehre bewahrt haben, was man von den nördlichen Ländern durchaus nicht sagen kann. Daß aber der nördliche Buddhismus die Entartung darstellt, geht daraus zur Genüge hervor, daß hier die Tendenz eine mit der Tendenz der übrigen Glaubensreligionen zusammenfallende ist, während in den Texten der südlichen Länder der Buddhismus als ein Einzigartiges auf religiösem Gebiet sich von allen anderen Religionen ausnahmslos abhebt. Nur als solches hat er überhaupt Daseinsberechtigung gegenüber anderen Religionen.

Die ursprüngliche Buddhalehre haben wir, solange neue literarische Funde unser Bild vom nördlichen Buddhismus nicht ändern, lediglich in den Schriften des südlichen Buddhismus, dem Pali-Kanon zu suchen. Das ist die erste Begrenzung.

Mit dieser aber ist es nicht abgetan. Der Pali-Kanon, der sog. Dreikorb (das Tipitaka) besteht, wie schon sein Name sagt, aus drei Grund-Abteilungen, und zwar 1. dem Vinaya, dem Buch der Vorschriften, der Zucht, 2. den Suttas, den Lehrreden und 3. dem Abhidhamma, dem metaphysischen Teil.

Dieser letztere wird im Osten gleichfalls als reines Buddhawort angesehen und wertgehalten, ja sogar höher geschätzt, als die Lehrreden, weil man ihn für den durchgeistigteren Teil des Kanons ansieht. Tatsächlich aber trägt der Abhidhamma so völlig den Stempel des späteren Machwerkes an der Stirn, daß kein Unvoreingenommener darüber in Zweifel sein kann. Buddhawort an ihm dürften nur die aus den Suttas übernommenen Zitate sein. Das Prinzip der Abstraktion, das dem echten Buddhismus durchaus fremd, ja unsympathisch ist, feiert hier seine Triumphe. Alles in allem ist der Abhidhamma ein würdiges Gegenstück unserer mittelalterlichen Scholastik, dem an sich sein Wert für eine gewisse Gedankendisziplin nicht abgesprochen werden soll, der aber zu dem echten Buddhawort in keiner anderen Beziehung steht, als daß er die lebende Wirklichkeit desselben in dürren Begriffen erstarren läßt, um aus ihnen ein durch seine Vollständigkeit imponierendes Gedankenherbarium zu machen.

In gewissem Sinne trifft ein ähnliches Urteil auch das erste

Buch, das Vinaya-Pitaka. Auch hier bedarf es wohl kaum einer tiefen Textkritik, um zu erkennen, daß die Mehrzahl dieser Tatsachen, bei Gelegenheit welcher der Buddha diese oder jene Vorschrift erteilt haben soll, rein erdichteter Natur sind. In völliger Naivität geben sie sich nicht einmal die Mühe, diesen ihren erdichteten Charakter zu verbergen. So ist der Vinaya im ganzen eine traurig-langweilige Lektüre, eine Wüste, hier und da unterbrochen von Oasen des reinen Buddhawortes, das freilich in dieser wüsten Umgebung doppelt erfrischend wirkt, ganz abgesehen davon, daß einzelne dieser Stellen tatsächlich zum Schönsten des buddhistischen Kanons gehören.

Es bleibt das Sutta-Pitaka, die Lehrreden. Sie sind, ohne Rücksicht auf Chronologie und Inhalt, rein mechanisch geordnet in das Buch der langen Reden (Digha-Nikaya), das Buch der Mittellangen Reden (Majjhima-Nikaya), das Buch der Gesammelten Reden (Samyutta-Nikaya), das Buch der Angereihten Reden (Anguttara-Nikaya) und das Buch der Kurzen Reden (Khuddaka-Nikaya).

Alle Kundigen sind sich darüber einig, daß die Suttas das eigentliche Buddhawort enthalten. Aber auch sie werden natürlich vom Schicksal jedes historischen Dokuments betroffen — dem allmählichen sich Einschleichen fremder Zusätze. Das war hier noch leichter möglich, als z. B. bei der christlichen Bibel, weil das Buddhawort ursprünglich nicht schriftlich fixiert war, sondern mündlich überliefert wurde. Der Regel nach fängt jedes Sutta mit den Worten an: „So habe ich gehört." Dann geht es meist nach folgendem Schema weiter: „Einst weilte der Erhabene an dem und dem Orte, in der und der Einsiedelei. Da nun sprach der Erhabene zu den Mönchen: „Ihr Mönche!", worauf dann die betreffende Lehrrede einsetzt, nachdem die Angeredeten vorher ihre Aufmerksamkeit bezeugt haben.

Die späteren Zusätze sind in manchen Suttas sehr deutlich. Z. B. im schönen Dhatuvibhanga-Sutta der Mittleren Sammlung wird der Schluß der Unterhaltung zwischen dem Buddha und dem jungen Pukkusati ganz entstellt durch solch eine ungeschickte Einschiebung. Indessen ist es nicht Aufgabe dieses Buches, hierauf näher einzugehen. Glücklicherweise ist der beim Buddha Wahrheit Suchende geschützt gegen den verwirrenden Einfluß aller etwaigen späteren Zusätze; denn das eigentliche Grundthema, um welches wie um eine Angel das Ganze sich dreht, der Sauerteig, der den ganzen Inhalt durchsetzt, der kehrt immer, immer wieder mit der erhabenen Monotonie gewisser Naturlaute. So haben wir die bemerkenswerte Tatsache, daß die buddhistische Bibel, trotzdem sie äußerlich die bei weitem umfangreichste aller Bibeln ist, doch ihrem innersten Wesen nach sozusagen in einer Wurzel sich umspannen läßt, wie es bei jedem gedanklichen System der Fall sein muß.

Immer wieder berichten die Suttas, daß der Buddha zu seinen Hörern erst vom Geben spricht, von der Tugend, von der Glückseligkeit, vom Elend der Begierden, vom Segen des Entsagens. Und erst dann, wenn er sieht, daß das Gemüt des Hörers wohl zubereitet ist, verkündet er die Lehre, wie sie allen Buddhas eigentümlich ist: das Leiden, die Entstehung, die Vernichtung, den Weg.

Schon aus der rätselhaften Kürze dieser vier letzten Worte erkennt man, daß es sich um die Bausteine handelt, um etwas ganz Bekanntes, das im einzelnen auszuführen man nicht für nötig hält. Mit diesen vier scheinbar zusammenhanglosen Worten „Leiden, Entstehung, Vernichtung, Weg" sind die **Vier edlen Wahrheiten** gemeint, die Ariyasaccas. Von ihnen sagt der Buddha in einer Lehrrede selber: „Wie alle Fußspuren in der Elephantenspur enthalten sind, so ist alles Gute in den Vier edlen Wahrheiten enthalten." Mit ihnen beginnt er seine Lehrtätigkeit als Buddha. Das ist freilich nicht ganz streng genommen richtig. Tatsächlich ist das erste, was er als Buddha zu anderen äußert, der Satz vom „**Pfad der Mitte**", aber das lag bedingt in den Verhältnissen, unter welchen er seine Lehrtätigkeit eröffnen mußte.

In Uruvela, am Fuße des Bodhi-Baumes, war dem Samana Gotama, dem Asketen Gotama jene höchste Erkenntnis gekommen, durch die er zum Buddha wurde. Er wußte: „Das, was ich der Welt zu sagen habe, stellt an ernsthaftes Nachdenken die höchsten Anforderungen. Wem also diese Lehre mitteilen, ohne Anstoß zu erregen?" Es war nicht anders möglich, als daß eine Religion des Denkens unter derartigen Bedenken entstehen mußte. Gefühlswerte können unter die Massen geworfen werden. Jeder freie Platz, jede Straßenecke gibt hier die geeignete Kanzel. Gedankliche Werte verlangen sorgfältige Auswahl des Menschen-Materials und der Örtlichkeit. In Ekstase geraten kann der Mensch überall, er kann aber nicht überall sich ganz in einen Gedanken vertiefen.

Nach reiflicher Überlegung entschließt der Buddha sich, jenen fünf Asketen, die ihn in der Zeit seiner Kasteiungen bedient haben, die Lehre zuerst zu predigen. Von ihnen verspricht er sich am meisten. Aber er muß, um zu ihnen zu kommen, ein gutes Stück der nordindischen Tiefebene durchwandern. Er ist in Uruvela, in der Nähe des heutigen Gaya, und jene fünfe leben in Benares, nicht in der Stadt selber, sondern, wie es sich für Nachdenkende ziemt, außerhalb, im Tierpark Isipatana. Die Entfernung zwischen Gaya und Benares dürfte aber etwa 150 engl. Meilen betragen, ein weiter Weg für jemanden, der eine so unersetzlich kostbare Ladung mit sich trägt. Aber es muß sein. Er weiß: Trage ich Ungeeigneten meine Lehre vor, so habe ich nur Plage und Verdruß davon.

So macht er sich auf den Weg, wie die Legende erzählt, nachdem er viermal sieben Tage das Glück der Erlösung genossen. Er kommt in Benares an, im Tierpark Isipatana, und versucht hier den Fünfen seine Lehren darzulegen. „Hört ihr Mönche! Das Totlose ist gefunden!" Es ist, als ob die Last, die er so lange in sich getragen, sich in der vollen Wucht dieses einen Satzes entlade. Aber die Fünfe bleiben kühl.

Dreimal wiederholt der Buddha seine Aufforderung, ihm Gehör zu leihen. Dreimal wird er abgewiesen. Damit war indischer Sitte gemäß die Abweisung endgültig geworden, und was dann? Man fragt sich: Was wäre wohl der Erfolg gewesen, wenn die Fünfe bei ihrer Weigerung geblieben wären? Wäre der junge Geistesfunke im Keime erstickt für immer? Wäre er über die Grenzen Indiens zu fremden Völkern hinausgetragen, wenn die Schar der indischen Gottsucher ihn immer wieder abgewiesen hätte? Denn man darf nicht vergessen, Gotama ist ein noch junger Mensch, wenig über dreißig Jahre alt, und ihm steht ein Heer von Veteranen gegenüber, die in brahmanischer Tat- und Gedanken-Zucht ergraut sind.

Aber der Buddha ist auf diese Abweisung vorbereitet. Schon ehe er Uruvela verläßt, ist es ihm ja klar, mit wieviel Schwierigkeiten eine Lehre, die an das Denken in seiner schwersten Form, an das Denken über sich selber, appelliert, zu kämpfen haben wird. Er sieht diese Schwierigkeiten so klar, daß er nahe daran ist, zu verzweifeln:

„Mit Mühe habe ich's erreicht. Genug nun ums Verkündigen!"
„Für Lust- und Haß-Behinderte ist diese wache Lehre nicht."

Aber sein Buddha-Gewissen, mythologisch dargestellt in der Person des Brahma Sahampati, zwingt ihn, seine Buddhalaufbahn anzutreten. „O Herr! Möge der Erhabene die Lehre zeigen! Möge der Willkommene die Lehre zeigen! Es gibt Wesen von minder erdiger Art, die gehen zugrunde, wenn sie die Lehre nicht hören. Versteher der Lehre werden sich finden."

Dreimal, so berichtet die Legende, muß der höchste Gott seine Bitte wiederholen. Dann endlich willfahrt ihm der Buddha in folgender Stanze:

„Geöffnet sind die Tore der Todlosigkeit für die, so hören.
Laßt bringen sie Vertraun!
Den Schaden ahnend habe nicht verkündet die feine Lehre ich.
O Brahma! den Menschen."

Er weiß, seine Lehre ist eine „Strom entgegengehende", eine Lehre, die ein geschmeidiges, denkstarkes Hirn verlangt. Daher diese sorgfältige Auswahl des Jünger-Materials vor dem ersten Versuch. Daher jetzt, wo er abgewiesen wird, das zähe Festhalten.

Diese Unterhaltung zwischen dem Samana Gotama und den Fünfen ist, recht betrachtet, wohl eine der denkwürdigsten, die je zwischen Menschen stattgefunden hat. In ihr stellt sich der Kampf zweier großer Prinzipien dar — der Kampf zwischen Tradition und einer intuitiv erschlossenen Wirklichkeit, welche letztere alle traditionellen Begriffe aufnehmen kann, nicht insofern, als sie ihnen folgt, sondern nur insofern, als sie dieselben verarbeitet, assimiliert.

Einer, der am tiefsten im indischen Volkscharakter begründeten traditionellen Begriffe ist der der Askese resp. der

Glaube, daß nur Askese läutert, daß nur Askese zur höchsten, ja göttlichen Erkenntnis führen kann. Weil der jetzige Buddha als Suchender Askese im Übermaß getrieben hatte, deswegen hatten die fünf Mönche ihm mit Verehrung angehangen in der stillen Hoffnung: „Er wird das Ziel finden und es uns zeigen". Als er dann diesen Weg als nutzlos verläßt, da verlassen ihn auch die Fünfe, die sich nun in ihren Hoffnungen für betrogen halten. Als er jetzt vor ihnen erscheint, sind sie sich untereinander vorher einig geworden, ihn abzuweisen.

Nachdem sie die Aufforderung des Buddha, ihm Gehör zu leihen, zum dritten Male abgewiesen haben, da mochte wohl eine Pause in diesem weltgeschichtlichen Gespräch eingetreten sein. Der Buddha mochte wohl ein Weilchen sinnend zur Erde geblickt haben, aber dann macht er seinen letzten Versuch, den letzten, der ihm indischer Sitte gemäß überhaupt noch möglich ist. Er sagt: „Entsinnt ihr euch wohl, habe ich etwa je zuvor so zu euch geredet?"

Es muß etwas im Ton dieser Worte gelegen haben, was die anderen stutzig macht. Sie werden nachdenklich, sie geben nach — die Bahn für die Lehre ist frei geworden. Aber der Buddha fühlt, woran er hier, gleich im ersten Ansatz, fast gescheitert wäre: Sein Bruch mit dem traditionellen Element der Askese. Die Erregung dieses stillen, heißen Ringens mit den Fünfen da vor ihm, schwingt noch nach. Er weiß, hier muß vor allem zwischen ihm und seinen künftigen Anhängern Klarheit geschaffen werden. Solange das nicht geschehen ist, wird jede geistige Aussaat auf verschlossenen Boden fallen. So setzt er, ehe er die vier Wahrheiten vom Leiden selber gibt, sozusagen mit einem durch die Sachlage erzwungenen Vor- und Auftakt ein: der Lehre vom Innehalten der richtigen Mitte, eine Lehre, die hier freilich nicht nur, wie in anderen philosophischen Systemen, ein Ausdruck allgemeiner Lebenserfahrung ist, sondern integrierender Bestandteil des Systemes selber.

„Zwei entgegengesetzte Lebensführungen gibt es, die vom Asketen zu meiden sind. Welche zwei? Eine Lebensführung in Lüsten, Lüsten und Vergnügungen hingegeben, niedrig, gewöhnlich, gemein, unedel, zwecklos, und anderseits eine

Lebensführung, der Selbstpeinigung hingegeben, schmerzvoll, unedel, zwecklos. Über diese beiden entgegengesetzten Lebensführungen hinausgehend führt der vom Tathagata gezeigte mittlere Pfad, welcher Erwachung, Einsicht, Wissen schafft, welcher zur Beruhigung, zur höchsten Erkenntnis, zur Erwachung, zur Erlöschung führt. Und welches ist dieser vom Tathagata gezeigte mittlere Pfad? Es ist dieser Edle achtgliedrige Pfad, nämlich: Rechte Einsicht, Rechter Entschluß, Rechte Rede, Rechtes Tun, Rechte Lebensführung, Rechte Anstrengung, Rechte Überlegung, Rechte Einigung." Und dann setzt unvermittelt mit den Ariyasaccas das eigentliche Thema ein, das selbst wieder in sich diesen Acht-Pfad enthält und somit beweist, daß das eben Gegebene nur ein durch die Umstände bedingter Vortakt war.

Folgendermaßen lauten die Vier edlen Wahrheiten:

„Dieses aber, ihr Mönche, ist die edle Wahrheit vom Leiden: Geburt ist leidvoll, Altern ist leidvoll, Krankheit ist leidvoll, an Unliebes gefesselt sein ist leidvoll, von Liebem getrennt sein ist leidvoll, das was man wünscht, nicht erlangen, ist leidvoll: kurz: die fünf Formen des Anhaftens sind leidvoll."

„Dieses aber, ihre Mönche, ist die edle Wahrheit von der Entstehung des Leidens: dieser Lebensdurst, der immer wieder neu entstehende, der, mit Lust und Gier verbunden, hier und da sich ergötzende, nämlich der Sinnlichkeitsdurst, der Daseinsdurst, der Durst nach Daseins-Entfaltung."

„Dieses aber, ihr Mönche, ist die heilige Wahrheit von der Vernichtung des Leidens: die restlose, lustfreie Vernichtung dieses Durstes, Aufgeben, Entsagung, Loslösung, Vernichtung."

„Dieses aber, ihr Mönche, ist die edle Wahrheit von dem zur Leidensvernichtung führenden Wege: dieser edle, achtgliedrige Pfad, nämlich: (folgen die oben bereits aufgeführten acht Glieder)."

Damit sind die vier edlen Wahrheiten abgeschlossen. Weil er, der Buddha, diese vier Wahrheiten völlig, ganz und gar durchschaut hat, deswegen ist ihm die Einsicht aufgegangen, die er in jenen in den Lehrreden immer wiederkehrenden Worten zusammenfaßt: „Unerschütterlich ist diese meine innere Loslösung. Dieses ist die letzte Geburt. Ein Wieder-Dasein gibt es nicht mehr."

Hier macht der Discurs einen Halt, weil er zu seinem natürlichen Abschluß gekommen ist. Und sofort zeigt sich auch die Frucht. Einem der Fünfe, dem Asketen Kondañña, „geht das reine, fleckenlose Wahrheitsauge auf"; er erkennt intuitiv: „Was immer auch dem Entstehen unterworfen ist, das ist auch ganz dem Vergehen unterworfen." Und feierlich erklärt der Buddha: „Kondañña hat erkannt, wahrlich! Kondañña hat erkannt." Damit ist der Kreis geschlossen. Der Geistesfunke hat gefaßt im anderen Hirn. Die Religion des Denkens ist begründet. Das Rad der Lehre ist ins Rollen gekommen.

Wir von heute, mit einem anderen Inventar geistiger Anschauungen, mit anderen gedanklichen Züchtungsmethoden, sind nicht recht imstande, dem ganzen Erkenntnisvorgange, der sich hier abgespielt hat, bis in seine Motive zu folgen. Kondaññas Erkenntnisakt gleicht mehr einem Gefühlsausbruch, und scheint für uns auch nur den Wert eines solchen zu haben. Denn daß alles Entstandene auch wieder vergehen muß, das ist eine Weisheit, zu der es, solange man beim bloßen Wortlaut stehen bleibt, nicht gerade eines Buddha bedarf. Wir werden nicht fehl gehen, wenn wir annehmen, daß hier gewisse gedankliche Grundelemente vorauszusetzen sind, von welchen aus diese Sätze erst ihre eigenartige, buddhaische Bedeutung erhalten. Das Folgende wird versuchen, darüber Klarheit zu geben. Unsere erste Aufgabe hier ist, den Inhalt der Vier Wahrheiten in Bezug auf sein letztes Glied zu ergänzen. Denn der Acht-Pfad ist nur dem Namen nach angegeben, nicht aber seinem Inhalt nach. Es läßt sich auch nicht annehmen, daß der Buddha selber sich mit der Nennung von Namen begnügt haben sollte, die für seine Zuhörer keine Bedeutung haben konnten; denn dieser Acht-Pfad war ja erst mit ihm, dem Buddha, ins Leben getreten, war nie zuvor gehört worden. So mag die Tatsache, daß an dieser entscheidenden Stelle die acht Glieder nur genannt, aber nicht erklärt werden, auf die Berichterstattung zurückgeführt werden, für welche er natürlich das bekannteste Stück der Lehre war.

Wie alle Grundstücke der buddhistischen Lehre, so werden auch die einzelnen Glieder des Acht-Pfades nach einem unveränderlichen Schema erklärt, das in den Suttas sich beständig wiederholt.

„Was, ihr Mönche, ist Rechte Einsicht?" Was da Wissen ist in Bezug auf das Leiden, Wissen in Bezug auf die Entstehung des Leidens, Wissen in Bezug auf die Vernichtung des Leidens, Wissen in Bezug auf den zur Vernichtung des Leidens führenden Weg — das, ihr Mönche, wird rechte Einsicht genannt.

„Was, ihr Mönche, ist Rechter Entschluß?" Der Entschluß zum Entsagen, der Entschluß zum Wohlwollen, der Entschluß zur Milde — das, ihr Mönche, wird rechter Entschluß genannt.

„Was, ihr Mönche, ist Rechtes Wort?" Das Meiden von falscher Rede, das Meiden von verleumderischer Rede, das Meiden von schroffer Rede, das Meiden von leerem Geschwätz — das, ihr Mönche, wird rechtes Wort genannt.

„Was, ihr Mönche, ist Rechtes Tun?" Das Meiden des Tötens, das Meiden des Nehmens von Nichtgegebenem, das Meiden unkeuscher Begierden — das, ihr Mönche, wird rechtes Tun genannt.

„Was, ihr Mönche, ist Rechte Lebensführung?" Da verläßt ein Hörer, der am Edlen hängt, einen gemeinen Lebenserwerb und ergreift einen wohlanständigen Lebenserwerb — das, ihr Möche, wird rechte Lebensführung genannt.

„Was, ihr Mönche, ist Rechte Anstrengung?" Da läßt ein Mönch in sich den Willen entstehen, unaufgestiegene böse und schlechte Dinge nicht aufsteigen zu lassen, er strengt sich an, er setzt seine Kraft ein, er faßt sich ein Herz, schreitet vor. Er läßt den Willen in sich entstehen, aufgestiegene böse und schlechte Dinge zum Schwinden zu bringen, er strengt sich an, setzt seine Kraft ein, er faßt sich ein Herz, schreitet vor. Er läßt den Willen in sich entstehen, nicht aufgestiegene gute Dinge aufsteigen zu lassen. — Er läßt den Willen in sich entstehen, aufgestiegene gute Dinge zur Festigung, zur Klärung, zur Mehrung, zur Reifung, zur Entwickelung, zur Vollendung kommen zu lassen, er strengt sich an, setzt seine Kraft ein, faßt sich ein Herz, schreitet vor.

„Was, ihr Mönche, ist Rechte Überlegung?" Da weilt ein Mönch beim Körper in der Betrachtung des Körpers in heißem Mühen, in tiefer Einsicht, voller Überlegung, weltliche Gier und Unbehagen abtuend. Er weilt bei den Empfindungen in der Betrachtung der Empfindungen — er weilt beim Denken in der Betrachtung des Denkens — er weilt bei den Dingen in der Betrachtung der Dinge in heißem Mühen, in tiefer Einsicht, voller Überlegung, weltliche Begier und Unbehagen abtuend.

„Was, ihr Mönche, ist rechte Einigung?" Da weilt ein Mönch, entronnen den Begierden, entronnen schlechten Vorstellungen, im Genuß der ersten gedanklichen Sammlung, die (noch) mit Eindrücken und Überlegungen verbunden ist, die aus der Einsamkeit geborene, die freud- und glückvolle. — Durch Zurruhekommen der Eindrücke und Überlegungen erreicht er die innere Beruhigung, Einheitlichkeit des Denkens; er weilt im Genuß der zweiten Sammlung, der Eindrucks- und Überlegungsfreien, der aus der Einigung geborenen, der freud- und glückvollen. — Durch Loslösung vom Verlangen nach Freuden weilt er gleichmütig, voll Überlegung und Einsicht; körperhaft empfindet er jenes Glück, von dem die Weisen lehren: Der Gleichmütige, der Nachdenkliche lebt glücklich. So weilt er im Genuß der dritten Sammlung. — Nach Schwinden des körperlichen Wohlbefindens, nach Schwinden des körperlichen Wehbefindens, vor allem aber nach Überkommen von allem geistigen Behagen und Mißbehagen weilt er im Genuß der vierten Sammlung, der leidlosen, freudlosen, die nur Gleichmut, Nachdenklichkeit und Reinheit ist.

„Das, o Mönche, wird der zur Vernichtung des Leidens führende Pfad genannt."

Ich habe den Acht-Pfad hier im einzelnen ausgeführt, erstens, weil der, welcher den Buddhismus kennen lernen will, ihn kennen lernen muß, und zweitens, weil wir uns im folgenden auf die einzelnen Stücke werden berufen müssen.

Nun ist freilich, streng genommen, unsere Aufgabe, den ganzen Inhalt der Vier edlen Wahrheiten anzugeben, immer noch nicht erschöpft. Denn das siebente Glied „Rechte Überlegung" ist auch wieder nur sozusagen der Titel zu einer

Predigt, die an verschiedenen anderen Orten als Satipatthana-Sutta, als Sutta von den „Grundlagen der Überlegung" auftaucht. Da wir aber auf diese „Grundlagen" später zurückzukommen haben, so mag die vorläufige Andeutung hier genügen.

Ferner ist für das fünfte Glied „Rechte Lebensführung" nur die Wort-Definition gegeben. Die Sach-Definition erscheint in anderen Lehrreden, wo gesagt wird, daß unter schlechter Lebensführung eine solche verstanden wird, welche den Betreffenden nötigt, anderen Lebewesen in irgend einer Weise Gewalt anzutun. Solche Beschäftigungen sind die des Fischers, des Schlachters, des Henkers usw. Tatsächlich aber findet alles, was der Buddha im Laufe der Reden hier und da als für seine Lehre wesentlich angibt, in den Vier Wahrheiten sich zusammen, so daß der oben angeführte Vergleich von der Elefantenspur sich durch sich selber rechtfertigt. Aber nicht allein das — man kann sagen, daß alles, was der Buddhismus an eigenartigen Gedankengängen birgt, hier gleichfalls seinen Ansatz hat.

Das geht freilich nicht aus einer bloß oberflächlichen Betrachtung hervor. Eine solche könnte im Gegenteil zu ganz anderen Urteilen verleiten. Man wird dann in den Vier edlen Wahrheiten nur ein scheinbar unvermitteltes Nebeneinander von moralischen und erkenntnistheoretischen, von Gefühls- und Verstandeswerten sehen. Der Gläubige wird die Zurückführung aller dieser Gedankenreihen auf ein Transzendentes, auf den Gottbegriff, auf ein positives Lebensziel vermissen, und der Wissenschaftler resp. Philosoph wird durch das Fehlen eines letzten Prinzips enttäuscht sein, was er doch seit Aristoteles' Zeiten meint von jeder ehrlichen Geistesarbeit erwarten zu dürfen.

Damit kommen wir auf eine Eigenheit der Lehre, die für den ganzen Buddhismus sowohl in erkenntnistheoretischer, wie moralischer Beziehung von der allerhöchsten Bedeutung ist: sein scheinbar zugangsloses in sich selber Geschlossensein.

Alle die einzelnen Sätze führen nicht auf ein letztes Prinzip, weder religiöser, noch philosophischer Natur, sondern ein Satz bezieht sich auf den andern, sie setzen einander gegenseitig voraus. Die drei ersten Wahrheiten bilden eine streng logische Reihe, die zur vierten Wahrheit hinleitet. Das Leiden, die Entstehung, die Vernichtung — welches in nun der hierzu notwendige Weg? Man erwartet ein Ursprünglicheres, oberhalb des Leidens Stehendes, ein letztes Prinzip, von dem aus dieses Leiden sozusagen hochgehebelt wird wie vom Archimedischen „Ort" aus. Aber nichts weniger, als das: die vierte Wahrheit belehrt uns im ersten Gliede des Acht-Pfades, daß Hebung des Leidens das Wissen vom Leiden ist, welches seinerseits doch den Inhalt der drei ersten Wahrheiten bildet. Statt daß man also auf ein letztes Prinzip übergeht und in ihm eine feste Stellung findet, wird der Gedankengang auf sich selber zurückgeworfen. Man sieht sich einem in sich geschlossenen Gedankenringe gegenüber, bei dem man vergeblich nach einem gedanklichen Einsatzpunkt sucht. Die drei ersten Wahrheiten führen auf die vierte, und diese führt wieder zurück auf die drei ersten.

Und weiter:

Die vierte der Wahrheiten ist der „Weg". Das erste seiner acht Glieder ist Rechte Einsicht. Rechte Einsicht aber, so werden wir belehrt, ist das Wissen in Bezug auf die vier Wahrheiten. So scheint, in völlig paradoxer Weise, Rechte Einsicht sich selber vorauszusetzen; denn Wissen in Bezug auf die vierte Wahrheit ist ja rechte Einsicht selber.

Jeder, der sich ernsthaft mit dem Gegenstande befaßt, kann über derartiges Rechenschaft verlangen. Ist diese Rechenschaft nicht zu geben, so liegt entweder Mangel an Logik vor, und die ganze Lehre würde damit ihre Vertrauenswürdigkeit verlieren, oder aber, wir von heute sind nicht fähig, diese Gedanken zu verstehen, und dann ist die ganze Sache praktisch unbrauchbar. Denn der Denkende wird nicht gewillt sein, Vorschriften zu befolgen, deren Motivierung er nicht versteht.

Die westlichen Gelehrten sind etwas schnell bei der Hand gewesen mit der ersten Erklärung: Mangel an Logik, der auf einen kindlichen Standpunkt der Geisteswissenschaften in jener Zeit schließen läßt. Das aber ist eine Erklärung, die gegenüber der fast krankhaften Feinheit, bis zu welcher jene Zeit alle gedanklichen Möglichkeiten entwickelt hatte, beinahe scherzhaft wirkt. Man denkt an den witzigen Ausspruch Lichtenbergs, daß, wenn ein Buch und ein Kopf zusammentreffen und es hohl klingt, nicht gerade immer das Buch die Ursache sein muß. Nein! Mangel an Logik ist sicherlich das letzte, was wir hier als Grund annehmen dürfen. Die Erklärung liegt in dem, was wir im vorigen Kapitel über die beiden Denkformen — Induktion und Intuition — gesagt haben. Diese Einsatzlosigkeit ist das eigentliche Charakteristikum jeder Intuition. Jede echte Intuition ist ein unmittelbares Einschnellen in die Wirklichkeit. Sie ist daher in Bezug auf Verbreitungsfähigkeit gegenüber der Induktion sehr im Nachteil. Denn letztere ist Methode. Um der Wirklichkeit beizukommen, nimmt sie in Form ihrer letzten Prinzipien einen rein begrifflichen Standpunkt außerhalb der Wirklichkeit und hat sich damit in die Lage versetzt, dieser Wirklichkeit scheinbar immer näher zu kommen. Dieser gradweise Fortschritt gewährt dem menschlichen Geiste immer wieder Befriedigung, man sieht doch, „wo und wie" und folgt.

Anders die Intuition. Sie erlaubt keinen begrifflichen Stützpunkt außerhalb der Wirklichkeit in der imponierenden Form eines letzten Prinzips. Sie ist nicht der Weg zur Wirklichkeit, nicht Lehre über die Wirklichkeit, sondern sie ist Wirklichkeit selber. Hier aber gibt es weder letzte Prinzipien, noch überhaupt Definitionen. Jeder Ansatz zu einer solchen wird in der Glut des Werdens aufgeschmolzen wie die Schlacke, die sich im Schmelztiegel ansetzen will. Das ist ja das erste, was der Mensch lernt, wenn er anfängt, wirklich, in Einklang mit der Wirklichkeit zu denken, daß jede Definition ausnahmslos ein vorläufiger, mehr oder weniger schnell verfallender Kompromiß mit dem erbarmungslosen Prozessieren der Wirklichkeit ist, ein Kompromiß, der die Berechtigung nicht in sich, nicht in den Dingen hat, sondern lediglich in der besseren Verständigungsmöglichkeit, die er schafft. Und weil die Sinne einerseits, die Dinge anderseits so beschaffen sind, daß sie solche Kompromisse erlauben, nun so bedient man sich ihrer eben, so weit man kann. Z. B. beim Wachstumsprozeß einer Pflanze kann ich verschiedene derartige Kompromisse schließen, indem ich bei ein und demselben Prozeß von Same, Keimling, Pflanze, Blüte, Frucht usw. rede. Desgleichen spricht man beim kontinuierlichen Wachstumsprozeß des Menschen von Embryo, Säugling, Knabe, Jüngling, Mann, Greis oder von anderem Gesichtspunkt aus von Körper, von Empfindung, von Bewußtsein usw. Jeder Denkende weiß, daß alle diese Dinge nicht als solche da sind, aber der Prozeß verläuft so, daß man diese begrifflichen Einkerbungen machen kann, und daher macht man sie, etwa wie ein Mensch, der einen sehr hohen Baum ersteigen will, Einkerbungen im Stamm macht. Im gegenseitigen Verkehr bewältigt man die Dinge leichter in dieser eingekerbten Form. Sie gehen leichter von Hand zu Hand. Das „divide et impera" gilt in gewissem Sinne auch hier und ist erlaubt, wenigstens solange man in jedem Augenblicke weiß, was vorgeht, warum es sich handelt. Man darf sich nicht übertölpeln lassen, wie der gemeine Mann es tut (und der ungemeine bisweilen auch).

Die westlichen Gelehrten werfen dem Buddha und seiner Lehre immer wieder den Mangel an Definitionen vor. Ich sage, ein Mensch, dessen große Tat es ist, Wirklichkeit zu leben, wie sie ist, und nicht sie in tausend Knickungen für den täglichen Gebrauch zuzustutzen, ein Mensch, der ganz der Wahrheit dient und nicht dem Leben, dem ausgehungerten, ein solcher Mann, sage ich, der hat wahrlich nichts zu tun mit Definitionen und Prinzipien; dessen einzige Pflicht ist es, Leben in seiner brennenden Wirklichkeit zu zeigen, die alle Definitionen verwirft und aller Prinzipien spottet. Der Satz von der Identität, der den Menschen in sozialem Sinne erst menschenfähig macht, der zerfließt dem wirklichen Denker unter den Händen, und einen Satz vom Widerspruch gibt es nicht für ihn.

So steht er in seiner eigenen Gedankenwelt, die in der problemfreien Einheit des Werdens wie ein ätherklarer Dom sich um ihn wölbt. Aber die verachtete Natur rächt sich. Denn diese seine Gedankenwelt kann er nicht verlassen. Alles, das ganze Weltall ist ihm ja zu ihr geworden. Alles, alle Erden, alle Himmel, sie sind untergegangen in dieser ungeheuren Einheit des Werdens. Irgend einen festen Stützpunkt innerhalb, außerhalb dieses universellen Werdens, den gibt es nicht. Er kann nicht zum Hörer sagen: „Hier auf diesen festen Punkt tritt. Von ihm aus wirst du besser abspringen, dich zu mir hinaufschwingen können." Das gibt es hier alles nicht. Es ist immer das Ganze in einem, was gegeben wird, geboten wird, und als solches angenommen oder abgewiesen wird. In gewissen alten Mythologien wird die ganze Welt als ein einziges Lebewesen dargestellt. Wie solch ein Wesen keinen Fußpunkt mehr hätte, wo es aufsetzen könnte, eben weil es selber alles ist, so hat auch der Buddha keinen Fußpunkt mehr, weder induktiver noch deduktiver Natur, eben weil er Wirklichkeit selber ist. Jede Bewegung, die er in Form seiner Lehrsätze vornimmt, ist daher nicht ein sich Verschieben an anderen, feststehenden Gedankendingen, d. h. ein Beweisen, sondern eine Bewegung in sich selber.

Das gibt dem Ganzen den Anschein einer kolossalen Hilflosigkeit. Denn dieses auf sich selber Zurückgreifen, dieses sich selber Voraussetzen, dieses scheinbar ängstliche Ausweichen vor allen letzten und ersten Prinzipien — das macht dem Außenstehenden den Eindruck der Hilflosigkeit. Und tatsächlich kann der Buddha auch nichts, als nur immer wieder seinen lehrenden Anstoß von sich geben und geduldig warten, bis diese Gedankenschwingungen hier und da in der Zuhörerschar den geeigneten Rezipienten finden, den kongenialen Geist, der allein auf diesen Anstoß hin gleichfalls intuitiv in die Wirklichkeit einschnellt und wie im Aufblitzen erkennt: So ist es!

So wiederhole ich: Jede Intuition ist ein Einschnellen in die Wirklichkeit. Das aber ist stets unmittelbar wie das Erwachen. Zur Wirklichkeit gibt es keine Wege, um ihr beizukommen, keine Methoden. Denn was man ist, das kann man nicht werden, und wo man steht, dahin kann man nicht gehen. Wie der Kern in der rings geschlossenen Schale, abstrakt gefaßt, zu einer Unbegreifbarkeit wird; bleibt man aber wirklich, nichts ist, als der natürliche Abschluß eines sich selber voraussetzenden Wachstums-Prozesses, so sind die Grundsätze des Buddhismus, faßt man sie abstrakt, eine Unbegreifbarkeit, der es durchaus an logischer Begründung fehlt; bleibt man aber wirklich, schwingt man mit, erlebt man mit, so ist das Ganze der natürliche Abschluß eines sich selber voraussetzenden geistigen Wachstumsprozesses. Dieser kann freilich so wenig bewiesen werden, wie irgend ein anderer Wachstumsprozeß, aber er kann erlebt werden — vorausgesetzt, daß die nötigen geistigen Vorbedingungen da sind. Daher heißt es: „Nicht zureden, nicht abreden; die Wahrheit nur zeigen." Daher heißt es ferner: „Wessen Gemüt beim Zeigen dieser Lehre von der Aufhebung der Persönlichkeit sich nicht erheitert, beruhigt, festigt, ablöst", der ist einem schwächlichen Manne zu vergleichen, der vergeblich den hochgeschwollenen Ganges zu durchkreuzen sucht. Nicht auf logische Definitionen, auf zwingende Syllogismen kommt es hier an, sondern auf ein sympathetisches Mitschwingen, auf ein gegenseitiges Abgestimmtsein, auf welchem ja schließlich alles Wirken in der Natur beruht. Diesem Charakter der Lehre und dem durch sie hervorgerufenen Verständnis entspricht die merkwürdige, stereotype Formel, in welcher die neuen Versteher die neue Erkenntnis bezeugen. Es ist ihnen, trivial gesprochen, ein Licht aufgegangen. „Vorzüglich, Herr, vorzüglich! Wie man wohl Umgestürztes aufstellt, oder Verdecktes enthüllt, oder einem Verirrten den Weg zeigt, oder ein Licht in die Dunkelheit bringt: wer Augen hat, wird die Dinge sehen — ebenso ist auch vom Herrn Gotama (oder: vom Erhabenen) auf gar mannigfache Weise die Wahrheit gezeigt worden." Daher wird die Lehre oft mit einem Beiwort bezeichnet, was verdeutscht geradezu heißt „durch Ratio nicht zugänglich". Daher heißt sie auch „die Lehre, die auf sich beruht"; denn obwohl durch Ratio nicht zugänglich, ist sie doch nicht unbeweisbar, sondern beweist sich durch sich selber. Daher heißt sie die „unmittelbar anschauliche", ferner „die zeitlose", d. h. die, in welcher der Eintritt erfolgt, nicht auf Grund eines schrittweisen Raisonnements, sondern durch unmittelbare Anschauung.

Der beste symptomatische Beweis für das Fehlen jeder dogmatischen Begriffswelt innerhalb des Systems ist die Tatsache, daß der Buddha bei seinem Tode es nicht für nötig hielt, in Form eines Nachfolgers einen Konservator seiner Ideen einzusetzen. Etwas derartiges zu konservieren, gab es hier nicht. Das will bei einem, der im Alter von achtzig Jahren starb, mehr sagen, als bei einem Dreißigjährigen.

So fasse ich diesen Aufsatz über die ursprüngliche Buddha-Lehre kurz dahin zusammen:

Buddhismus ist eine reine Intuition, das Wesen des Lebens betreffend. Diese Intuition stellt lehrmäßig sich dar in den **Vier edlen Wahrheiten**. Sie bilden sozusagen den Wurzelstock der Lehre. Was es auch im übrigen an Astwerk, an Blatt- und Blütenschmuck geben mag — es geht alles zurück auf diesen einen Wurzelstock. Daß in ihnen sich alles das zusammenfaßt, was den Buddhismus zu dem macht, was er ist, das beweist sich dadurch, daß allein ihre Darstellung genügt, um beim andächtigen Zuhörer die letzte und höchste Frucht der Lehre, jenes hanglose Aufgeben jedes Lebenstriebes, reifen zu lassen.

So ist freilich kein Zweifel darüber, daß wir hier den wesenhaften Kern des ganzen Buddhismus vor uns haben, es fragt sich nur: Wo steckt das religiöse Moment? Wir hatten Religion begriffen als das Kausalbedürfnis des Menschen auf Leben als Ganzes übertragen. Wir hatten gefunden, daß Religion abhängt von der Lösung des Problems Kraft. Inwiefern geben die Vier edlen Wahrheiten die Antwort auf diese Fragen?

Um dieses zu verstehen, haben wir uns mit den aus den Edlen Wahrheiten sich ergebenden Folgerungen zu befassen. Ehe wir dieses aber tun, ist etwas nachzuholen, was sich am besten hier anschließt.

Geht man die Lehrreden durch, so gewinnt man den Eindruck, daß neben der großen Gruppe der Vier edlen Wahrheiten noch ein zweites Grundstück von gleich großer Bedeutung einherläuft: die Reihe des „Vermittelnden Entstehens" (paticcasamuppada), gemeinhin als die Kausalreihe bezeichnet. Führt diese aus zwölf Gliedern bestehende Reihe, die mit „Nichtwissen" einsetzt und mit „Leiden" abschließt, ein von den Vier edlen Wahrheiten unabhängiges Dasein? Tatsächlich haben die westlichen Gelehrten in der Buddhalehre verschiedene, zeitlich getrennte Schichten erkennen wollen. Das ist aber bei einer Lehre, die auf einer Intuition beruht, durchaus nicht anzunehmen. Bei einer Dogma-Religion läßt sich wohl ein schichtenweises Wachstum verfolgen, nicht aber bei einer Lehre, die in einem einzigen Erkennensakt besteht.

Meiner Überzeugung nach ist die Reihe des „Vermittelnden

Entstehens" nichts getrennt neben den Vier Wahrheiten Einherlaufendes, sondern sie ist der gleiche Gedanke wie letztere, nur was diese in konkreter, praktischer Form geben, das gibt sie in abstrakter, theoretischer Form. Ob ich sage „Der Lebensdurst ist die Ursache des Leidens", oder ob ich sage „Nichtwissen ist die Ursache des Leidens", das ist das gleiche; ebenso wie es das gleiche ist, ob ich sage „Diese Flamme hat mir den Finger verbrannt", oder „Eine Hitzestrahlung hat mir den Finger verbrannt". Der Unterschied ist nur der, daß ich im ersten Falle konkret, im letzteren abstrakt spreche. Daß die Reihe des „Vermittelnden Entstehens" ein abstrakter Gedankengang ist, geht auch daraus hervor, daß ihre zwölf Glieder sozusagen eine Evolutionstheorie der Ich-Welt geben, die, wie jede andere Evolutionstheorie auch, nur abstrakten Wert hat.

Diese kurzen Angaben über die Kausalreihe und ihr Verhältnis zu den Ariyasaccas mögen hier genügen. Auf die einzelnen Glieder selber einzugehen, ist nicht unsere Aufgabe. Dem aufmerksamen Leser wird ferner aufgefallen sein, daß die Kamma-(Karma-)Lehre, welche in den modernen Darstellungen des Buddhismus die Hauptrolle spielt, hier überhaupt nicht erwähnt ist. Doch wird dieser Punkt sich im folgenden klären.

Das religiöse Moment des Buddhismus

Wirkliche Religion hängt am Begriff der Kraft. Leben als Ganzes auf ein anderes zurückbeziehen kann ich nur in der Kraft, auf Grund deren es da ist. Ehe wir also die religiöse Bedeutung des Buddhismus begreifen können, werden wir uns mit seiner Kraftlehre beschäftigen müssen. Zu dem Zweck müssen wir etwas ausholen.

Wie mit einem vollen Akkord hat der Buddha in den Vier heiligen Wahrheiten mit der Tatsache eingesetzt: Alles Leben ist Leiden! Soll das nicht ein bloßer Gefühlserguß bleiben, der als solcher für den Denkenden keinen Wert hat, so erwartet man die Motivierung dieser Behauptung. Denn es unterliegt ja keinem Zweifel, daß, solange es sich um reine Gefühle handelt, die Menschheit bezüglich dieser Frage in zwei Lager geteilt ist. Der eine fühlt Leben als Leiden, der andere fühlt es als Freude, ja als die höchste Wonne. Von seinem Standpunkt aus hat der eine gewiß eben so recht wie der andere. Gefühlssachen sind eben Geschmackssachen. So wird, soll der Satz „Alles Leben ist Leiden" für den Denkenden einen Sinn bekommen, alles auf seine Motivierung ankommen.

Die gibt der Buddha gleich in der Fortsetzung seiner ersten Lehrrede.

Nachdem er vor den Fünfen die Darlegung der Ariyasaccas beendet hat, fährt er fort:

„Die Körperform," ihr Mönche, „ist nicht — selbst. Denn wenn die Körperform das wahre Selbst wäre, dann könnte diese Körperform nicht zum Verfall kommen, und es wäre dieser Körperform gegenüber angängig (zu sagen): So soll meine Körperform sein! So soll meine Körperform nicht sein! Weil aber, ihr Mönche, die Körperform nicht — selbst ist, daher kommt sie zum Verfall, und es ist ihr gegenüber nicht angängig (zu sagen): So soll meine Körperform sein! So soll meine Körperform nicht sein! — Das Gefühl, ihr Mönche, ist nicht — selbst. Denn wenn das Gefühl das wahre Selbst wäre usw. wie oben — die Wahrnehmung — das Unterscheidungsvermögen — das Bewußtsein ist nicht — selbst. Denn wenn die Wahrnehmung — das Unterscheidungsvermögen — das Bewußtsein das wahre Selbst" usw. wie oben.

Dann fährt der Sprecher weiter fort: „Was meint ihr wohl, ihr Mönche, ist die Körperform unvergänglich oder vergänglich?" — „Vergänglich, o Herr!" — „Was aber vergänglich ist, ist das etwas Leidiges oder Freudiges?" — „Etwas Leidiges, o Herr!" Das gleiche wird dann von Gefühl, Wahrnehmung, Unterscheidungsvermögen, Bewußtsein ausgeführt.

Damit haben wir die Begründung für die in den Ariyasaccas ausgesprochene Behauptung, daß alles Leben Leiden ist: Seine Vergänglichkeit. Dem entspricht, daß bisweilen, wenn nach der Quintessenz der Lehre gefragt wird, nicht das Leiden, sondern die Vergänglichkeit hervorgehoben wird. In einem Sutta der Mittleren Sammlung fragt der einer anderen Richtung angehörende Asket Saccaka den buddhistischen Mönch Assaji: „Wie unterweist der Asket Gotama seine Schüler, und welches ist der Lehrplan, der bei den Jüngern des Asketen Gotama am meisten geübt wird?" worauf er von Assaji die Antwort erhält: „So unterweist der Asket Gotama seine Schüler, und das ist der Lehrplan, der bei seinen Jüngern am meisten geübt wird: Die Körperform ist vergänglich; das Gefühl — die Wahrnehmung — das Unterscheidungsvermögen — das Bewußtsein ist vergänglich; die Körperform ist nicht — selbst, das Gefühl, die Wahrnehmung, das Unterscheidungsvermögen, das Bewußtsein ist nicht — selbst."

Nun sagt die Tatsache, daß eine Lehre Allvergänglichkeit bekennt, an sich noch gar nichts. Der unbefangene Mensch hat von jeher dasselbe gesagt. Das Lied von der Vergänglichkeit ist ja das älteste, was Menschen gesungen haben. Der Sänger des alten Bundes sang es unter Harfenklang und der blinde Homer zur Leier. Allein damit also, daß der Buddhist alles für vergänglich erklärt, erwirbt er noch nicht den Anspruch auf Besonderheit. Auch die Folgerung, die er daraus zieht — daß alles leidvoll ist — verschafft ihm noch nicht diese Besonderheit; denn das Christentum fällt da dem Wortlaut nach durchaus mit ihm zusammen, indem es diese ganze Welt für ein Jammertal erklärt eben auf Grund ihrer Vergänglichkeit. Wir müssen also mehr in die Tiefe gehen, soll der Buddhismus hier wie überall seine Stellung zwischen und oberhalb von Glaube und Wissenschaft erkennen lassen. Und zu dem Zweck haben wir zurückzugreifen auf den im obigen Passus gebrauchten Ausdruck „nicht — selbst" (anatta). Mit ihm fassen wir die Wurzel buddhistischen Denkens.

Was am ersten an diesem Ausdruck auffällt, ist dieses, daß er eine reine Negation ist, das Wort „selbst" (atta) versehen mit einem Alpha privativum. Man könnte daher glauben, daß es sich lediglich um das gedankliche Ergebnis eines Skeptizismus handele, aber das Folgende wird zeigen, daß dieses nicht der Fall ist.

Jeder Geist, mag er noch so hoch stehen, wächst notgedrungen aus seiner Umgebung mit ihren sozialen und geistigen Werten hoch, die auf ihn wirken, auf die er in der ihm eigenen Weise reagiert. Das Zeitalter des Buddha war vielleicht das gedankenvollste, welches die Menschheit je erlebt hat. Wie ein Feuer ging die Sucht der Gottsuche durch die Geister Indiens, alles bis herab zum Stumpfesten durchglühend oder doch erwärmend. Aber es ist bezeichnend für den Wirklichkeitssinn dieser Zeit, daß sie trotz der religiösen Wut doch den natürlichen Einsatzpunkt für diese Gottessuche nie ganz aus den Augen verloren hat. Vom Ich aus suchte man das Gott-Problem zu lösen, nicht, wie unsere modernen Theologen: Vom Gott aus das Ich-Problem. So war denn dieses wahre Ich, dieses wahre Selbst, der Atman (Sanskritwort für das Paliwort atta) das ein und alles. Es war die glänzende Sonne am Firmament indischen Geisteslebens, aber eine Sonne, auf deren Aufgang, strahlend, glanzvoll, überwältigend, man wartete mit der heißen Sehnsucht derer, die sich selber in der Dunkelheit wissen. Es ist ja sicher nicht nur das leichte Spiel dichterischer Phantasie, wenn in einem Gesang der Upanishads der junge Naciketas hinabsteigt zum Todesgott.

todesmutig, und dort Lösung des Lebensrätsels verlangt. In solchen Bildern spricht die tiefe, innige Sehnsucht dieses Volkes sich aus nach Wahrheit und Erkenntnis.

Aber es war nicht nur das Suchen, das in diesem großen Worte „Das Selbst" lebte — in ihm lebte auch die Erfüllung. Alles, was mir hier an meinem Ich sinnlich zugänglich ist an Teilen, an Eigenschaften, an Qualitäten, an Funktionen, das ist alles vergängliches Gebilde, nicht das wahre Selbst. Wie alles, was ich an der Lichtflamme sehe, nicht das Licht selber, sondern nur Rückwirkung, ein Beleuchtetes ist; das Licht selber steht als Energie unzugänglich hinter allen seinen Äußerungen — ebenso ging es hier: Die ganze Persönlichkeit bis in ihre höchsten Funktionen, Denken, Bewußtsein, war nur Rückwirkung, ein Beleuchtetes diesem Licht selber gegenüber, das als Unzugängliches an sich hinter allen diesen Reflexen stand. Selber formlos, schafft es die Fülle der Formen; selber qualitätlos, schafft es die Fülle der Qualitäten. Es ist Einheit an sich und als solches identisch mit der Weltseele, dem Brahman, ewig, beharrend, unvergänglich und deshalb Wonne an sich. Damit die Einzelseele zu dieser ihrer Einheit mit der Weltseele kommt, ist nichts notwendig als nur, daß diese Einheit als solche erkannt wird. Dieses große Erkennen aber ist Gnadenakt. Es kann durch Wohltun und Askese wohl vorbereitet, aber nicht erworben werden. Und solange diese große Erkenntnis nicht erreicht ist, geht der Atman, die Seele, dieses wahre Selbst aus einer Daseinsform in die andere „wie der Wurm von Halm zu Halm kriecht", d. h. er geht als solcher, als an sich Seiendes von Existenz zu Existenz. Das ist die Seelenwanderungslehre, wie sie das indische Geistesleben beherrscht. Auf ihr fußt der Buddha in seiner Ausdrucksweise, und von ihr aus haben wir den Sinn seines „nicht-selbst" zu fassen. Er sagte damit: „Das, als was ihr euch das Ich vorstellt, Träger eines wahren Selbst, einer Seele, das ist es nicht.

So schnitt er in diesem einen Worte indisches Denken und seine Hoffnungen an der Wurzel an. Für uns von heute ist damit nichts gegeben als eine bloße Negation. Für die Denker jener Zeit ergab sich damit eine neue Einsicht in das Leben. Um diese zu verstehen, halte ich es für notwendig, hier noch

einmal in kurzen Zügen das zu geben, was ich W̦irklich-
keitslehre nennen möchte.

Alles, was da ist, wann, wo und wie man es auffassen mag,
stellt sich dar als ein Geschehen, als Prozesse.

Alle Prozesse teilen sich ein in solche, die unterhalten werden, und solche, die sich selber unterhalten. Erstere nenne ich
die rückwirklichen Prozesse, letztere die wirklichen. Ein
fallender Stein, eine erwärmte Wassermasse sind rückwirkliche Prozesse. Sie besagen, daß eine Kraft eingewirkt haben
muß, resp. einwirkt, aber sie besagen nichts über diese Kraft
selber. Und vor allem sind sie so beschaffen, daß bei ihnen
die Frage nach dieser Kraft auch durchaus keine dringliche
ist. Man hat an diesen Prozessen weiter kein Interesse, als
daß man sie vergleicht und mißt. Die Frage nach den wirklichen Kräften kann man hier nach Belieben vor sich her-
schieben, ohne den Tatsachen irgend wie Gewalt anzutun.

Dieser rückwirkliche Teil des Weltgeschehens ist das eigentliche Gebiet der Physik, im weitesten Sinne genommen als
Naturwissenschaft. Bei ihr dreht sich alles nur um die Verhältnisse zwischen den Dingen, nicht um diese selber, und
diese ganze rückwirkliche Welt ist nichts als ein ungeheurer
Ausgleich von Spannungsdifferenzen. Sich hierbei den Kopf zu
zerbrechen, woher ursprünglich alle diese Spannungsdifferenzen stammen, das ist durchaus nicht Sache der Physik, und wo
sie es tut, da bringt sie sich selber unnötigerweise in Gefahr.

Soviel über die rückwirklichen Prozesse und diese Seite des
Weltgeschehens.

Die andere Seite des Weltgeschehens stellt sich dar in den
wirklichen Prozessen, die nicht unterhalten werden, sondern
die sich selber unterhalten und als solche auf Grund einer
ihnen eigenen Kraft da sind. Denn wo etwas sich selber
unterhält, da muß auch eine es erhaltende Kraft in ihm sein.

Diese wirklichen Prozesse zerfallen in die Verbrennungs-
und in die Ernährungsprozesse. Beide haben sie das gemeinsam, daß sie nicht zu den umkehrbaren, von der Zeit unabhängigen Prozessen gehören. Beide stellen in jedem Daseinsmoment einen neuen Wert dar, der nie wieder rekonstruiert
werden kann. Ein Pendel, einen gefallenen Stein, eine erkal-
tete Wassermasse kann ich in ihre betreffenden Anfangs-La-

gen resp. Zustände zurückbringen. Dahingegen kann ich auf keine Weise weder einen Verbrennungs-, noch einen Ernährungsprozeß in eine Anfangs-Lage oder einen Anfangszustand zurückbringen. Das sollte für die Biologen genügen, um sie von jedem Versuch abzuhalten, Verbrennungs- und Ernährungsprozesse physisch, d. h. als umkehrbare Prozesse, deuten zu wollen. Der lebendige Prozeß hat etwas in sich, was sich jedem Versuch der Umkehrbarkeit widersetzt: die Kraft, auf Grund deren er da ist. Kraft ist Wirken, und Wirken heißt, in jedem Moment einen neuen Wert darstellen.

Damit kommen wir zum zweiten Charakteristikum der wirklichen Prozesse: nämlich, daß sie die zu ihrem Bestehen nötigen Spannungsdifferenzen selber setzen. Wirklichkeit, symptomatisch gefaßt, ist überall ausnahmslos ein Ausgleich von Spannungsdifferenzen. Daher die Verlockung für die Wissenschaft, alle Prozesse nach gleicher Formel zu lesen. Aber der grundlegende Unterschied beruht darin, daß bei den rückwirklichen Prozessen diese Spannungsunterschiede von außen her gesetzt werden, bei den wirklichen aber sich in sich selber erzeugen als Beweis für das Dasein wirklicher Kraft. Daher ist ein rückwirklicher Prozeß potentiell vorausberechenbar; nämlich wenn man die von außen einwirkenden Faktoren berechnen kann. Wann ein von bestimmter Höhe fallender Stein den Erdboden erreichen wird; mit welcher Kraft (im physikalischen Sinne) er aufschlagen wird; wann eine erwärmte Wassermasse mit einer kühleren sich ausgeglichen haben wird, das ist mit steigender Genauigkeit vorauszuberechnen. Wirkliche Prozesse dagegen sind nicht vorauszuberechnen. Ob eine Flamme bei gegebenen gleichen Möglichkeiten in einem gegebenen Moment nach rechts oder nach links hinfassen wird — ob ein Mensch in einem gegebenen Moment seinen Daumen nach rechts oder nach links herumdrehen wird, das ist nicht vorauszuberechnen. Was sich da abspielt, wie es sich abspielen mag — es geschieht streng gesetzmäßig, aber nicht vorausberechenbar. Wirkliche Prozesse sind eigensinnig. Man kann über sie Vermutungen aussprechen, aber keine Berechnungen anstellen, und tut man es doch, wie z. B. die moderne Physiologie in ihrer Haushalts-Berechnung des Menschen nach eingenommenen und abgegebenen Kalorien, so tut man das, indem man den Menschen probeweise als rein mechanisches System setzt, vorläufig von den wirkenden Kräften ganz absieht und sich nur an die Rückwirkungen hält; ein Vorgehen, das für gewisse Zwecke wohl Sinn haben kann, aber nicht als Werkstück einer Weltanschauung gelten darf.

Wirkliche Prozesse sind eigen-sinnig, weil sie auf Grund einer ihnen eigenen Kraft da sind. Ich kann sie begreifen nur, wenn ich diese Kraft begreife. Solange das nicht der Fall ist, bleibt das ganze Weltgeschehen ein ungeheuerliches Spiel von Zeichenwerten, die über Sinn und Bedeutung des Ganzen durchaus nichts sagen, selbst wenn eine fortgeschrittenere Physik dieses ganze Spiel in einer einzigen Formel zahlenmäßig festlegen könnte. So stehen wir auf diesem Umwege wieder vor der Schlußfrage des fünften Kapitels: „Ist es möglich, daß ein Lebewesen die Kraft begreift, auf Grund deren es da ist?" Und wir gehen nunmehr auf die Intuition des Buddha über, die hier mit der Kraft des Genius die Dunkelheit erhellt.

Wir haben zurückzukehren zu den Vier edlen Wahrheiten.

Was ist Leiden? Geburt, Altern, Verfall sind Leiden, kurz: die fünf Formen des Anhaftens.

Um diesen Ausdruck zu verstehen, ist es notwendig, einen Blick auf das zu werfen, was man die Physiologie des Buddhismus nennen könnte.

Jedes Lebewesen, das für sich selber als solches da ist, stellt sich selber dar in fünf Daseinsformen oder Entwickelungsphasen oder Werkstücken oder Formen des Anhaftens oder Bündeln (Khandhas) nämlich: Körperform, Gefühl, Wahrnehmung, Unterscheidungsvermögen, Bewußtsein. Es ist klar, daß in diesen Fünfen das sechsfache Sinnesvermögen (des Sehens, Hörens, Riechens, Schmeckens, Fühlens, Denkens) mit aufgeht. Die fünf Khandhas begreifen restlos das Lebewesen, soweit es einen dynamischen Wert darstellt. In dieser fünffachen Form tritt das Lebewesen mit der Außenwelt in Berührung, indem es auf sie wirkt einerseits, sie erleidet anderseits.

Was ist dieses alles? Denn in den letzten vier Gliedern gehört es offenbar nicht zum sinnlich sich darstellenden Weltgeschehen.

Der Buddha gibt hierauf die Antwort: Jedes Lebewesen ist ein rein dynamisches System, das völlig in seinem Dynamismus aufgeht, das durch und durch nichts als Wirken ist in genau dem gleichen Sinne wie die Flamme durch und durch nichts ist als Wirken. Dieses individuelle Wirken nennt der Buddha Kamma (Sanskrit Karma), ein Wort, das tatsächlich nichts bedeutet als „das Wirken". Wir treten damit in das Gebiet der reinen Wirklichkeit, das heißt der rein dynamischen Lebenserscheinungen. Was ich sehe, das habe ich als Gegenstand; mein Sehvermögen, das bin ich selber. Was ich höre, rieche, schmecke, fühle, denke, das habe ich als Gegenstand; mein Hör-, Riech-, Schmeck-, Fühl-, Denkvermögen, das bin ich selber.

Diese verschiedenen Vermögen sind nicht sinnlich, aber auch nicht transzendent. Sie sind ja für den Einzelnen das einzige unmittelbar Zugängliche der ganzen Welt. Es sind eben rein dynamische Erscheinungen, und als solche weder sinnlich, noch transzendent. Aus der Summe aller dieser Einzel-Dynamismen setzt das individuelle Wirken sich zusammen, das man gemeinhin Ich nennt; oder korrekter gesprochen: es setzt sich nicht daraus zusammen, sondern es läßt sich in der Selbstbeobachtung darin auflösen. Kurz: das Lebewesen hat nicht diese fünf Formen des Anhaftens als Funktionen, sondern ist dieses alles selber.

In allem diesem geht das konventionelle Ich auf, restlos, und irgendeine Möglichkeit für eine Ich-Wesenheit bleibt nicht mehr. Wie die Flamme das Ergreifen der Außenwelt nicht als Funktion hat, sondern dieses Eingreifen selber ist, und (als Dynamismus) weiter nichts ist als dieses Ergreifen, so ist auch das Lebewesen, soweit es Dynamismus, das heißt wirklich (im Sinne von wirkend) ist, nichts als dieses Ergreifen der Außenwelt, dieses Haften an der Außenwelt.

Hier nun muß der Einwurf erfolgen: Was gibt dem Buddhismus das Recht, das Lebewesen in dieser Weise aufzufassen? Wo hat er seinen Beweis dafür, daß der Mensch diese fünf Formen des Wirkens nicht als Funktionen hat, sondern selber ist? Kann er die Möglichkeit ausschließen, daß hinter ihnen nicht doch noch ein „Ich an sich" sich verbirgt?

Darauf lautet die Antwort: Diese Möglichkeit wird sich

dann ausschließen, wenn der Mechanismus dieses individuellen Wirkens erkannt ist. Und daß er erkannt ist, wird sich darin beweisen, daß man begreift, in welcher Weise der Prozeß sich selber unterhält, das heißt: das man ihn sozusagen bei der Arbeit belauscht.

Hierauf gibt die zweite der Edlen Wahrheiten die Antwort. Sie belehrt uns, daß das, in welchem der Ich-Prozeß sich selber unterhält, der Lebensdurst ist, oder wie wir sagen: der Wille. Wille und Wille zum Leben sind dasselbe.

Tatsächlich sagt der Buddha an anderer Stelle in klaren, kurzen Worten:

„Der Durst ist's, der den Menschen schafft".

Aber hieraus läßt sich noch nicht der Mechanismus begreifen. Auf letzteren wirft ein anderes in den Texten gebrauchtes Bild das nötige Licht:

Wie im Reiben zweier Hölzer aneinander Wärme aufspringt, heißt es da, so springen im Reiben der Khandhas, der fünf Werkstücke des Daseins, die Affekte, die Willensregungen auf. Modern physikalisch ausgedrückt bedeutet das:

Die fünf Khandhas, das heißt, der ganze Ich-Prozeß als dynamischer stellt in jedem Daseinsmoment einen ihm eigenen, einzigartigen Wert an potentieller Energie dar, welche letztere auf den auslösenden Reiz der Außenwelt hin in die lebendige Energie der Willensregungen übergeht.

Der moderne Mensch, der naturwissenschaftlich denken gelernt hat, wirft natürlich ein: „Woher hat denn aber der Ich-Prozeß diesen Gehalt an potentieller Energie, und woher bezieht er ihn frisch, sobald und sooft er sich beim Übergang in die lebendige Energie der Willensregungen erschöpft hat?"

Darauf ist zu erwidern: Diese Vorstellungsart, wie sie der Physik eigen ist, hat Gültigkeit nur für die rückwirkliche Welt, das heißt, für Prozesse, welche durch äußere Kraftquellen unterhalten werden. Hier freilich muß der jedesmalige Gehalt an potentieller Energie zugeführt und, ist er im Übergang in lebendige Energie aufgebraucht, erneuert werden. Ein wirklicher Prozeß aber hat nicht potentielle Energie als Zugeführtes, sondern er ist diese potentielle Energie selber. Das Vermögen einer bestimmten Formung des Materials, das Vermögen des Fühlens, Wahrnemens, des Unterscheidens, des

Bewußtwerdens, das alles ist Kraft selber und erhält sich als solche in der ständigen Reibung an der Außenwelt, das heißt in den immer wieder neu aufspringenden Willensregungen.
Man sieht, in dieser Wirklichkeitslehre gibt es keinen „Willen" im vulgären Sinne. Es gibt hier nichts als nur Willensregungen, die immer wieder neu aus ihren Vorbedingungen aufspringen. Diese Vorbedingungen sind die fünf Khandhas im allgemeinen, Bewußtsein im besonderen, so daß Denken und Wollen, die scheinbaren Polaritäten, hier unter dem Begriff Kraft zusammenfallen und sich nur unterscheiden wie für den Physiker potentielle und lebendige Energie. Der jeweilige Gehalt an potentieller Energie, die fünf Khandhas, schafft immer wieder das Aufspringen von lebendiger Energie, von Willensregungen und umgekehrt: die Willensregungen schaffen immer wieder neuen Gehalt an potentieller Energie. Und das Ganze ist ein Vergleich, der nichts soll als die rein dynamische, flammenartige Natur des Daseins zeigen. Die immer neu aufspringenden Willensregungen entsprechen durchaus den immer neuen Entzündungsmomenten einer Flamme und das ganze Spiel des Lebensmechanismus, wie es soeben auseinandergesetzt wurde, ist nichts als eine Umschreibung der Tatsache „Es wirkt!" „Es brennt!"
Man fragt, wie das möglich ist? — Ich antworte: Das ist eben Wirklichkeit. Sie ist keine bloße Möglichkeit, sondern ein Vermögen. Durch diese Selbsttätigkeit unterscheidet Wirklichkeit sich von Rückwirklichkeit. Wirklich ist das, was die zu seinem Bestehen notwendigen Spannungsdifferenzen aus sich selber heraus sowohl setzt, wie ausgleicht. Die beste Erläuterung ist hier der Ernährungsvorgang. Dasein eines Lebewesens ist ebensogut ein hungrig Werden, d. h. ein Setzen von Spannungsunterschieden gegenüber der Außenwelt, wie ein den Hunger Stillen, d. h. ein Ausgleich dieser Spannungsunterschiede. Und wenn die moderne Physiologie die Nahrung selber zu dem machen will, was Leben unterhält und die Spannungsunterschiede bedingt, so begeht sie eben eine Torheit. Nahrung, d. h. Nahrungsaufnahme, beweist nur, daß ein selbsttätiger Prozeß da ist. Ihm gegenüber entsteht ja überhaupt erst der Begriff der Ernährung, welche letztere in diesem wirklichen Sinne nichts ist als eine Er-nährung, ein

Ergreifen gewisser besonderer Teile der Außenwelt. Daß dieser Vorgang sich zahlenmäßig berechnen läßt, daß sich eine Gleichung über Einnahme und Ausgabe aufstellen läßt, das ist eine Äußerlichkeit dieses Vorganges, die mit seinem Wesen durchaus nichts zu schaffen hat, aus der man also auch durchaus keinen Schluß auf die zugrunde liegenden Kräfte ziehen darf.

Die Frage „Was ist Leben?" läßt sich nicht von Symptomen aus beantworten. Sie verlangt eine intuitive Antwort. Und die gibt der Buddha. Er lehrt, mit der ideell-begrifflichen Auffassung vom Leben ein Ende zu machen, und Leben aus der Rolle eines erhabenen, aber unfaßbaren Begriffes, die es im allgemeinen Denken spielt, zur Wirklichkeit überzuführen. Wirkliches Leben gibt es für jedes Lebewesen nur eines: Das Wirkungsspiel der fünf Khandhas, das er unmittelbar selber erlebt. Diesem gegenüber, nicht einem abstrakten Begriff gegenüber, gilt die Frage: „Was ist dieses alles?" Worauf dann der Buddha die kurze und schlichte, aber überraschende Antwort gibt: Es ist es selber und weiter nichts.

Das aber bedeutet: Es ist Kraft. Kraft ist eben das, was weder sinnlich, noch transzendent, sondern nichts, durchaus nichts ist als es selber. So trete ich, recht belehrt, in rechter Inschau unmittelbar in die Lebens-Werkstatt ein. Hier in mir, da springt Leben, ursprüngliches, wirkliches Leben immer wieder neu auf im Reiben der Werkstücke an der Außenwelt, ebenso wie Wärme immer wieder neu aufspringt im Reiben der Hölzer aneinander. Hier brennt es. Hier entbrennt es, in jedem Augenblick immer wieder neu, nicht als Ausfluß einer metaphysischen Kraft, nicht als Funktion einer (ebenso metaphysischen) Materie, sondern einfach als selbsttätiger Prozeß, als Ergebnis seiner selbst, als Ausdruck einer individuellen, autonomen Kraft. Es brennt, und nichts ist nötig als dieses unmittelbare Einschnellen in die Wirklichkeit, um ebenso unmittelbar zu erkennen: Es ist so!

Im Grunde genommen ist es die ungeheure Einfachheit des Buddha-Gedankens, über welche die Menschen zu Falle kommen, und die ihn uns fremd, ja verdächtig macht. Denn erkennt man diese Intuition an, so würden beide Richtungen des Geisteslebens, von denen wir bisher gezehrt haben, hinfällig werden. Beide, Glaube wie Wissenschaft, leben ja im letzten Grunde von der Frage: „Woher stammt das Leben?" Erkennt man mit dem Buddha, daß es nirgends herstammt als aus sich selber, so wird damit ein ungeheures geistiges Anlagekapital, ja geradezu das ganze geistige Anlagekapital der westlichen Welt entwertet. Und deshalb wird der Mensch stutzig und sagt sich: „So kann es doch wohl nicht sein. Wenn die Sache so einfach wäre, so hätten unsere Gelehrten, die doch, weiß Gott! nicht auf den Kopf gefallen sind, das auch wohl gefunden." So bleibt man beim alt hergebrachten Standpunkt, daß man sein eigenes Erleben nicht als es selber, als Ergebnis eigener Vorbedingungen, sondern als den Ausdruck von etwas Anderem, Ursprünglicherem ansieht. Ob man, um dieses Ursprünglichere zu finden, den Weg der Wissenschaft geht und dasselbe im Mikroskop oder Experiment sich vor Augen zu führen sucht; ob man den großen Glaubensakt begeht und es in einem Transzendenten, Universellen glaubt, das macht wesenhaft keinen Unterschied. In beiden Fällen ist man, zwar in entgegengesetzter Richtung, aber gleich weit von der Wirklichkeit abgeirrt und muß nun alle die für den Zuschauer und Beteiligten so interessanten Phasen jener vergeblichen Versuche, sich zur Wirklichkeit zurückzufinden, durchmachen.

Drum, noch einmal und immer wieder:

Leben ist kein transzendenter Wert. Es ist nichts, durchaus nichts als die Summe alles dessen, was das Individuum erlebt, sich selber er-lebt, dieses Wort in seinem strengsten Wirklichkeitsgehalt genommen. Als solches, als dieser reine Dynamismus, ist es nicht sinnlich, nicht transzendent; es ist durchaus nichts als es selber und muß als solches genommen werden. Hierin liegt der Kernpunkt aller Erkenntnislehre. Kann man den Buddha hier begreifen, so wird man in allen Folgerungen mit ihm gehen können. Kann man ihn hier nicht begreifen, so ist ein Zusammenfall mit ihm in Symptomen und Schlagworten wertlos.

Von dieser neu erworbenen Einsicht aus beantworten wir nun unsere Grundfrage: „Ist Kraft begreifbar?" Und die Antwort lautet: Sie ist nicht begreifbar, aber sie wird begreifbar da, wo im Verlaufe selbsttätiger Entwickelung der Einzelne sein Innenleben als solches erlebt, anders ausgedrückt: Sie wird begreifbar für sich selber im Bewußtsein.

Damit ergibt sich sofort die Stellung, welche der Buddha in der Kraftlehre zwischen und oberhalb von Glaube und Wissenschaft einnimmt. Im Glauben ist Kraft, als Ausdruck eines Absoluten, ein Unbegreifbares an sich. In der Wissenschaft, welche Kraft im Sinne von geleisteter Arbeit nimmt, ist sie etwas, was begriffen werden kann, ja das einzige ganz begreifbare der Welt, weil ganz in einem Zahlenwert sich darstellend. Beim Buddha ist sie weder unbegreifbar an sich, noch begreifbar, sondern **ein im Laufe selbsttätiger Entwickelung sich selber Begreifendes.**

Im Glauben ist Kraft eine Einheit an sich, ein Ewiges, Unbedingtes. In der modernen Physik ist Kraft (als geleistete Arbeit) überhaupt nichts für sich, sondern lediglich ein funktioneller Wert, und als solcher ein ganz Bedingtes. Im Buddhismus dagegen ist Kraft weder ein Unbedingtes, noch ein Bedingtes, sondern **ein durch sich selber Bedingtes** (oder, was hier dasselbe ist, **ein sich selber Bedingendes**), indem sie, um überhaupt da zu sein, aus ihren eigenen Vorbedingungen in der Reibung der Werkstücke an der Außenwelt, immer wieder frisch aufspringen muß.

Im Glauben ist Kraft ein rein Nicht-wirkliches; denn Kraft an sich, Kraft als für sich Bestehendes gibt es nicht in der Wirklichkeit. In der Wissenschaft ist Kraft ein rein Rückwirkliches, mag man sie nun als geleistete Arbeit oder als Bewegung auffassen. **Im Buddhismus ist sie wirklich und kann als solche durch jede Flamme kontrolliert werden.** Auch die Flamme ist ein aus ihren eigenen Vorbedingungen immer wieder frisch Aufspringendes.

Dieser Gedankengang, auf den Begriff „Welt" übertragen, gestaltet sich folgendermaßen:

Im Glauben ist die Welt Produkt einer Urkraft, ein Geschaffenes. In der Wissenschaft ist Kraft das Produkt einer ungeschaffenen Urmaterie (wenigstens ist dieses die notwendige Konsequenz aus der mechanisch-materialistischen Weltanschauung). Im Buddhismus gibt es nur **eine** Welt, die, welcher jeder einzelne sich selber er-lebt. Sie ist **weder geschaffen, noch ungeschaffen, sondern ein aus ihren** eigenen Vorbedingungen immer wieder sich selber Schaffendes, Produkt und Produzent in einem und damit in jedem Moment die Einheit von Anfang und Anfangslosigkeit.

Hat man den Ich-Prozeß in dieser Weise begriffen, so kann man von der Möglichkeit eines hinter den Erscheinungen sich verbergenden Metaphysischen gar nicht mehr reden. Man hat alle Vorbedingungen dieses Ich-Prozesses begriffen als in ihm selber liegend und ihn damit sozusagen von sich selber aus umgriffen. Kann ich um einen Gegenstand mit der Hand rings herumfahren, so weiß ich, daß keine Verbindungen mehr zwischen ihm und der Umgebung bestehen können. Kann ich mich selber im Denken umgreifen, so weiß ich, daß von mir keine Fäden mehr zu einem Metaphysischen sich erstrecken können. Die Kraft, auf Grund deren ich da bin, ist gefunden. Das Spiel ihrer Tätigkeit begriffen, der „Hauserbauer" entdeckt. Jetzt noch ein Metaphysisches in die biologische Summe einstellen, das hätte eben so viel Sinn und Wert wie eine positive Zahl durch ein $+ 0$ vergrößern zu wollen. „Das Aufeinanderwirken von Sehvermögen und Formen, von Gehörvermögen und Tönen, von Geruchsvermögen und Düften, von Geschmacksvermögen und Säften, von Gefühlsvermögen und Berührungen, von Denkvermögen und Begriffen, das ist Leben", heißt es in einer Lehrrede. Wer den Buddha begriffen hat, der weiß: „Das ist alles. Weiter gibt es hier nichts." Leben analysiert in der Inschau sich selber. Man durchschaut. Für den dunklen Kern eines Metaphysischen bleibt keine Möglichkeit mehr. Es ist alles licht geworden.

Und damit kommen wir nun auf den eigentlichen Grund zurück, warum Leben Leiden ist.

Es ist die eigentliche Bedeutung des Wortes anatta, die wir jetzt verstehen, welche uns Vergänglichkeit im buddhistischen Sinne begreifen lehrt. Wie gezeigt, ist mit diesem Begriff nicht nur eine bloße Negation des Seelenglaubens gegeben, sondern eine neue Einsicht in das Wesen des Lebens. Es ist mit ihm der Typus der wirklichen Kraft bezeichnet. Kraft bleibt nun nicht mehr das, was sie im alten Denk-Regime war: ein Universelles, ein selbstherrlich an sich Bestehendes. Sie wird aber auch nicht, wie in der modernen Physik, überhaupt ausgeschaltet. Sie bleibt wirkliche Kraft, aber sie wird zu einem individuellen, autonomen Wert, der sich restlos in das streng gesetzliche Werden des ganzen Weltgeschehens einfügt. Sie ist selber ein Werden.

Damit aber erhält Leben jenen ganz spezifischen Charakter, den es im Buddhismus angenommen hat, und der dieser Lehre fälschlicherweise den Ruf des Pessimismus eingetragen hat: Leben wird zum Leiden selber; nicht im gefühlsmäßigen Sinne, sondern rein verstandesmäßig auf Grund dieser Kraftlehre. Im Christentum hat das Lebewesen Leiden als Funktion einer Ich-Identität und hat demgemäß die Hoffnung, dermaleinst von diesem Leiden befreit zu werden in der Vereinigung der Seele mit Gott. Hier hört Leiden auf, weil Vergänglichkeit aufhört. Im Buddhismus aber, in seinem wirklichen Begreifen des Lebensvorganges ist Leben Leiden, weil Leben nicht nur in Bezug auf seine Äußerungen, sondern auch in Bezug auf sein wirkliches Wesen durchaus nichts ist als ein ständig neues Werden gleich der Flamme. Leben hat hier nicht Vergänglichkeit als eine Funktion, sondern ist Vergänglichkeit selber als die immer wieder neue Einheit von Entstehen und Vergehen. Mag diese Einheit noch so erbarmungslos Ideale zerstören, eines hat sie für sich: Das Zeugnis der Wirklichkeit. Denn Leben, so verstanden, braucht nicht geglaubt zu werden. Jeder kann es an sich selber erleben: Das ganze Dasein ist nichts als Wirken, das in den fünf Formen des Anhaftens als immer wieder neuer Wert aufspringt. In den Texten wird Persönlichkeit geradezu als die „Fünf Formen des Anhaftens" definiert. In ihnen geht das Ich, soweit es wirklich, das heißt ein dynamischer Vorgang ist, restlos auf.

Aber es muß immer wieder gesagt werden: Leben in dieser seiner wirklichen Natur kann nicht induktiv bewiesen, folglich auch nicht begriffen werden. Leben kann nur sich selber begreifen, intuitiv.

Mit seiner Intuition tritt der Buddha, so behaupte ich, als der erste Wirklichkeitslehrer vor die denkende Menschheit.

Die Anschauungsweise, zu welcher er gegenüber dem Problem „Kraft" sich durchgerungen hat, läßt sich gegenüber den Seelen- und Ewigkeits-Theorien beliebiger Färbung mit dem Standpunkte vergleichen, zu welchem die moderne Physik sich durchgerungen hat gegenüber dem Standpunkt des Laien. Da, wo letzterer beharrende Erscheinungen, Wesenheiten, Identitäten sieht, da löst der Physiker in seiner höheren Einsicht diesen Schein auf in Schwingungen von unbegreiflicher Schnelligkeit. Er ist sozusagen aus dem starren System in das bewegliche übergegangen, und jede Wissenschaft, die sich auf die Wirklichkeit anwenden lassen will, hat diesen Übergang durchmachen müssen. Überall, wo die Vorstellung starrer Verbindungen in die Vorstellung beweglicher Verbindungen übergeführt ist, kann man sicher sein, an Wirklichkeitsgehalt gewonnen zu haben; denn die Wirklichkeit zeigt nirgends Starrheit, sondern überall Bewegung und Beweglichkeit. Und wählt die Mathematik resp. Mechanik die Vorstellung starrer Verbindungen, so tut sie es nicht als Versuch, sich der Wirklichkeit anzupassen, sondern um rechnen zu können.

Die indische Seelenwanderungslehre, wie jede andere Seelenlehre auch, ist solch ein starres System auf religiösem Gebiet. Kraft seiner Intuition löste der Buddha diese Vorstellung auf in das zuckende, flackernde, flammende Spiel ständig neu aufspringender Willensregungen. Wenn man will, kann man die ganze geistige Entwickelung der Menschheit von diesem Standpunkte aus betrachten: Der allmähliche Übergang in den Darstellungen aus starren Gedankensystemen mit ihren „Dingen an sich" in bewegliche Systeme. Die Naturwissenschaft ist hier ein wichtiger Führer für den modernen Menschen gewesen. In ihrem instinktiven Benagen alles „Beharrenden an sich" hat sie sich als einen furchtbaren Gegner des Glaubens erwiesen. Aber bei ihr ist der Prozeß der Verbeweglichung kein vollständiger und kann auch nie vollständig werden. Denn die Wissenschaft bedarf stets gewisser starrer Gedanken-Zentren, und wäre es auch nur in Form von Arbeitshypothesen, um überhaupt arbeiten zu können. Erst im Buddha-Gedanken ist die Verbeweglichung aller Werte und Beziehungen vollständig geworden, weil sie hier an der Wurzel, an der Kraft selber, eingesetzt hat. Erst hier beim Buddha ist mit dem starren System völlig aufgeräumt worden. Derartiges gibt es hier nicht mehr und braucht auch nicht in Form von

Arbeitshypothesen gesetzt zu werden, weil der Buddha ja nicht dem Leben und seinen Zwecken, sondern lediglich rücksichtslos der Wahrheit dient. Das Gedankensystem des Buddha kann in Bezug auf innere Beweglichkeit nicht mehr übertroffen werden. Es ist das Endglied, der Abschluß. Und wir von heute können diesem größten Denker gegenüber nichts tun als staunend die Kraft seiner Intuition anerkennen und ihm nachfolgen, so gut unsere Schwäche es erlaubt. Denn daß wir, sobald wir überhaupt erst einmal aufmerksam geworden sind, folgen müssen, das liegt im Wesen des Denkens selber begründet. Denken ist Brennen, und daß die Ich-Flamme sich ihr darbietende Möglichkeiten unbenutzt lassen sollte, das gibt es nicht ohne Motive. Aber freilich wird bei dieser „Strom entgegen gehenden Lehre" der Fortschritt ein langsamer sein. Und so gilt, was Börne in seiner Gedächtnisrede von Jean Paul sagt: „Er steht an der Pforte des Jahrhunderts und wartet lächelnd, bis sein schleichend Volk ihm nachkommt", im Maßstab des Ungeheuren auch vom Buddha: Er steht an der Pforte der Zeiten und wartet lächelnd, bis sein schleichend Weltalter ihm nachkommt.

Nach diesen Ausführungen halte ich den Leser für genügend vorbereitet, um auf das religiöse Moment der Lehre einzugehen.

Jedes Lebewesen ist durch und durch Wirken, als solches Ausdruck einer individuellen Kraft. Kraft kann nicht geschaffen sein. Sie erhält sich selber. Folglich: Wo Kraft da ist, kann sie nie nicht dagewesen sein.

In dieser notwendigen Einsicht löst sich das tiefsinnige Problem der Biologie: Entstehung des Lebens. Die Frage „Wie kann es je zu einem ersten Leben gekommen sein?" beantwortet sich für den wirklichen Denker dahin: „Nie kann es dazu gekommen sein! Wo Leben ist, da ist es immer gewesen. Nur in der Form kann es gewechselt haben, je nach Vorbedingungen und Umständen."

Es wäre wahrlich ein großer Fortschritt, wenn die Biologie dem Leben gegenüber überhaupt erst einmal zu einer richtigen Fragestellung käme. Die Frage lautet hier gar nicht: „Woher stammt es?", sie lautet vielmehr: „Was ist es?" Und all das gelehrte Brimborium, mit welchem die moderne Biologie ihr Problem, lebendes Eiweiß zu schaffen, das heißt, dem Leben induktiv, experimentell beizukommen, umgibt, kann nicht über das Irrige des Einsatzpunktes hinweghelfen. Leben, das man im Schmelztiegel oder in der Retorte, kurz aus irgendwelchen Vorbedingungen könnte entstehen lassen, das wäre ja ein Produkt, und könnte als solches nicht Leben selber, sondern nur eine Lebensform sein. Kausalzusammenhängen unterliegen nur die Erscheinungen des Lebens, nie dieses selber. Leben selber ist gar nicht kausal zu fassen, nicht etwa deswegen, weil es außerhalb aller Kausalität steht als ein an sich Unbegreifbares, sondern ganz einfach deshalb, weil es Kausalität selber ist, als dieses selbsttätige Spiel von Ursache und Wirkung, als Wirken. Kausalität kausal fassen wollen, hätte etwa ebensoviel Sinn als wenn man das Weltmeer auf Meereshöhe einstellen wollte. Eine solche „Meereshöhe" könnte nur ein leerer Begriff sein. Ebenso könnte eine Kausalbeziehung, die des Lebens selber sich bemächtigen will, nur ein leerer Begriff sein.

Es ist erstaunlich, daß trotz der Vorarbeiten, welche die moderne Physik für ein richtiges Auffassen der Lebensvorgänge geleistet hat, die moderne Biologie hartnäckig auf ihrem Problem „Erste Entstehung des Lebens" beharrt. In ihrem Gesetz von der Erhaltung der Energie hat die Physik den großen Gedanken von der Erhaltung der Kraft unter ständigem Wechsel der Form für das rückwirkliche Weltgeschehen entwickelt. Aber unglücklicherweise hat die Biologie auch diesen Gedanken, der bei ihr erst Leben und Wirklichkeit bekommen könnte, in der rückwirklichen Form der Physik übernommen und verarbeitet ihn als solchen mit einer Entschlossenheit, die vor keiner Absurdität zurückschreckt und die das Lebensproblem in modern biologischer Fassung zu einem Hemmschuh und einer Sackgasse wirklichen Denkens macht.

So sage ich es noch einmal:

Leben ist Wirken, Wirken ist Kraft, Kraft ist Anfangslosigkeit der Kraft. Folglich: Wo Leben ist, da muß es als solches, als individuelles, von Anfangslosigkeit her sich erlebt haben. Das ist die neue, uralte Einsicht, in welche der Menschengeist wird hineinwachsen müssen, will er je mitschwingen im Rhythmus des Weltgeschehens. Das ist das Grundthema des wirklichen Denkers. Mit ihm tritt er den Tatsachen der Wirklichkeit gegenüber. Und hier wird seine Einsicht sofort durch die allgemeinste aller Tatsachen, die Tatsache von Geburt und Sterben auf eine harte Probe gestellt. Wie lassen die neue Einsicht und die alte Tatsache sich miteinander in Einklang bringen?

Hier setzt jene Lehre ein, die wir gemeinhin als Kamma- (Karma-)Lehre bezeichnen, die aber unter diesem Namen vom Buddha selber nicht gelehrt wurde. Deswegen nun die ganze Kamma-Lehre als spätere Zutat anzusehen, wie manche Gelehrten wollen, das ist völlig ungerechtfertigt. Diese Lehre gehört zum ursprünglichen Buddhismus, stammt aus dem Munde des Buddha, nur seine Nomenklatur war eine andere. Ihm war Kamma immer, was das Wort auch sagt: Das Wirken, die ganze Individualität als ein dynamisches Phänomen. Will er innerhalb dieses Wirkens im Ganzen die Kraft selber, auf Grund deren „es wirkt", bezeichnen, so bedient er sich, als echter Wirklichkeitslehrer jener beiden Dinge, in welchen dem Individuum Kraft unmittelbar begreifbar wird — Denken und Wollen. Im Laufe der Zeit haben sich nun die Begriffe verschoben, und wir sind gewohnt, gerade die Kraft, auf Grund deren „es wirkt", Kamma zu nennen, was insofern nicht zu empfehlen ist, als wir damit abstrakt werden. Denn mit Kamma sagen wir, wie mit dem Worte „Energie" nur, daß Kraft da ist, aber nicht, was sie ist, welches letztere ja gerade die Buddha-Intuition ist. Der Buddha selber nennt in einem seiner Vergleiche Kamma das Feld, Vinnana (Bewußtsein) den Samen, und Tanha (Durst, Wollen) das Wasser, das Wachsen macht. Doch gehen wir auf unsere Frage zurück.

Der Buddha lehrt:

Das im Zeugungsakt gelieferte mütterlich-väterliche Material, die Eizelle und die Samenzelle, sind in Wahrheit nichts weiter als Material. Damit die in diesem Material gegebenen, individuellen biologischen Möglichkeiten zur Entwickelung kommen können, damit aus ihnen das neue Lebewesen entstehen kann, muß eine Kraft hinzutreten. Die individuellen biologischen Möglichkeiten des Zeugungsmaterials verlangen auch eine individuelle Kraft, welche in eigenartiger Weise auf sie abgestimmt ist. Individuelle Kraft kann nur vom Individuum kommen. Und so lehrt der Buddha, daß die Kraft, welche in einem bestimmten Mutterleibe faßt und dort das Zeugungsmaterial belebt, aus zerfallender Existenz stammt, wie der Buddha sagt: Sie stammt aus ihrer vorigen Existenz. Er führt also die Lebenslinie nicht in der Richtung auf Eltern, Voreltern zurück usw.; diese materielle Linie hat ihm nur sekundäre Bedeutung. Er führt sie vielmehr zurück in der Kraft-Linie. Und mit Recht; denn von hieraus empfängt das neue Lebewesen das es bestimmende Moment. Individuum bin ich nicht auf Grund des Materials, das ich verarbeite. Individuum werde ich erst durch die mir eigene Art, wie ich dieses Material verarbeite — als Form, als Fühlen, als Wahrnehmen, als Unterscheiden, als Bewußtwerden. Schon aus diesen Entwickelungsstücken, die nichts Materielles in sich begreifen (Form ist hier das sich formen) geht hervor, daß der Buddha das Lebewesen als einen rein dynamischen Vorgang nimmt, der natürlich materielles Substrat voraussetzt, der aber alles ihn selbst Bestimmende in seinem Dynamismus, seinem Wirken, seinem Kamma hat. Daher ist es durchaus folgerichtig, wenn der Buddha die Wesen nicht auf die Eltern zurückbezieht, sondern auf die Kraft, auf Grund deren sie da sind. Diese Kraft ist es, welche beim Zerfall einer Existenz, im Tode, übergeht und das neue Wesen zur neuen Individualität macht.

Nach dem, was oben gesagt ist, ist es klar, daß diese Kraft nicht übergeht als Kraft an sich, als ein an sich Bestehendes. Damit würde ja das ganze System sich selber unmöglich machen. Denn seine Daseinsberechtigung allen anderen Systemen, religiösen wie philosophischen, gegenüber hat der Buddhismus nur darin, daß er, um in der obigen Sprechweise zu bleiben, gänzlich mit dem starren System bricht, daß er alles verbeweglicht, auch Kraft selber. In seinem Weltbild hat ein an sich Bestehendes keinen Platz mehr. Hier gilt als Stichwort: Alles ausnahmslos ist bedingter Natur. Kraft, die als solche, als Kraft an sich übergeht, wäre Glaubenssache. Aber so ist es nicht. Kraft geht von einer Daseinsform zur anderen über genau in der gleichen Weise, wie sie es innerhalb ein und derselben Existenz während des Lebens tut: Als Tendenz, als Durst, als Appetit, als spezifischer Spannungszustand, oder wie man es sonst bezeichnen will. Und wie sie hier entsprechend den immer neuen Vorbedingungen als immer wieder neuer Wert aufspringt (jede Willensregung, mag sie auch denselben Gegenstand betreffen, ist doch immer wieder ein Neues, nie Dagewesenes), ebenso geht sie auch im Tode als der Wert über, als welcher sie aus ihren Vorbedingungen aufspringt, welche letztere wieder das Resultat aller anderen Vorbedingungen, d. h. das Resultat des ganzen Lebens sind. Insofern kann man mit vollem Recht sagen: Der Charakter geht über. Wobei man freilich dieses Wort mit gewisser Vorsicht verstehen muß. Wir werden später darüber zu sprechen haben.

So ist diese Kraft kein fester Faden, der die Existenzen aneinander aufreiht, wie der Atman in der Seelenwanderungslehre des Vedanta, sondern sie ist lediglich ein **Kontinuität gebendes Moment**. Sie ist das, was die immer neuen Entzündungsmomente setzt. Wie jede Einzel-Existenz mit dem einen Wort charakterisiert werden kann „Es brennt", so kann dieses Übergehen einer Existenz zur anderen mit ganz dem gleichen Wort charakterisiert werden: „Es brennt." Es brennt gleichmäßig hier wie da, verschieden nur nach Umständen und Vorbedingungen. Es brennt weiter!

Der aufmerksame Leser wirft ein: „In welcher Form muß man sich denn nun aber diese Kraft vorstellen während des Überganges von einer Daseinsform zur nächsten?" Die Antwort hierauf habe ich ausführlich an anderer Stelle gegeben (Buddhismus als Weltanschauung). Hier sei nur kurz gesagt, daß Kraft überhaupt nicht als „Etwas" in Zeit und Raum übergeht, sondern daß sie, wie der Gedanke, **unmittelbar übergeht**. Wie die einheimischen Theras sagen: Sie geht über, ohne daß etwas übergeht. Die Sprache versagt hier, diesem reinen, ungemischten Dynamismus gegenüber.

Kraft ist, wie Denkkraft und Wollen zeigen, einzigartig. Ein Einzigartiges verlangt einzigartig abgestimmtes Material. Das aber heißt: Sie faßt unmittelbar da, wo sie fassen kann und daher fassen muß. Mittelbares Übergehen in Zeit und Raum wäre ja ein unendlich vielfaches sich Abstimmen auf zahllose Zwischenglieder. Kraft ist nur, wo sie wirkt, und sie wirkt nur da, wo sie spezifisch, einzigartig abgestimmt ist. In dieser Einsicht wird das Lebewesen zu einem streng dynamischen Vorgang, dessen Kraft aus dieser seiner jetzigen Daseinsform in eine vorhergehende, aus dieser wieder in eine vorhergehende usw. zurückweist, in eine Reihe hinein, die nie einen Anfang gehabt hat, nie nicht dagewesen ist. Wo es da ist, da ist es als individuelles Leben mit individuellen Fähigkeiten von jeher dagewesen.

Der Leser wirft ein: „Dann entspricht der Vorgang aber nicht mehr der Flamme. Denn diese hat doch tatsächlich einen Anfang; sie wird angesteckt." Aber dieser Einwurf ist irrig. Die Flamme, soweit sie sich als Flammenkörper sinnlich darstellt, hat freilich einen Anfang. Diesen entsprechenden Anfang hat ja auch das Lebewesen. Aber die Energie, auf Grund deren dieser Flammenkörper ins Dasein tritt, die hat keinen Anfang. Sie lebt im Weltgeschehen in zahllosen Formen und tritt in die Erscheinung überall da, wo Umstände und Vorbedingungen es möglich machen. Von dieser Kraft wissen wir nur, daß sie ist, aber nicht, was sie ist, können also auch nichts über sie aussagen. Wir haben den mechanischen Kniff entdeckt, durch den sie zu rufen ist, aber was das Anzünden eines Streichholzes in Wirklichkeit ist, das wird auf ewig für uns Geheimnis bleiben.

So wird in dieser Lehre eine gedankliche Höhe erreicht, in welcher sogar der Zeugungsakt, das große Mysterium der Natur, in den Bereich der wirklichen Vorgänge zu liegen kommt und analogie-fähig wird. Der Gedanke von der Erhaltung der Energie unter steter Ergreifung neuer Form, der in der Physik freilich nur als „Gesetz" lebt, ist hier Erlebnis geworden. Kraft wirkt, brennt, brennt unterbrechungslos weiter. Zerfällt ihr eine alte Form, so erfaßt, entzündet, belebt sie immer wieder neues Material. Und dieses neue Material liefert ihr der Zeugungsakt anderer Lebewesen. Dieses, als individuelles, stellt gewisse biologische Möglichkeiten dar, welche durch die hinzutretende Kraft streng gesetzmäßig sich entwickeln, aufblühen zum neuen Lebewesen mit seinen Fähigkeiten.

Freilich gilt es hier, das ganze Weltbild umzudeuten, Wirklichkeit und Rückwirklichkeit streng zu sondern. Aber diese Arbeit lohnt sich; denn die Frucht ist ein geordneter Welthaushalt, sozusagen ein kosmischer Etat, bei dem man weiß, woher die Ausgaben bestritten werden, und woher die Einnahmen stammen. Aus dem Sterben, allgemein gesprochen: aus dem Vergehen von Formen, bestreitet sich das Geborenwerden, allgemein gesprochen: das Neu-Entstehen von Formen.

Hiermit ist aber auch unsere Frage nach der religiösen Bedeutung des Buddhismus beantwortet, und wir wollen nun seine Stellung zwischen und oberhalb von Glaube und Wissenschaft kennzeichnen.

Die Wissenschaft ist der (unendlich mühsame) Versuch, Leben als Ganzes auf das äußere Weltgeschehen zurückzubeziehen. Speziell im Zeugungsproblem versucht sie ein Lebewesen restlos auf die Eltern zurückzubeziehen. Damit würde dieses Lebewesen gänzlich ein Produkt seiner Erzeuger, und Leben gleichfalls ein bloßes Produkt werden, was doch mit dem Begriff der wirklichen Kraft durchaus unvereinbar ist. Denn diese ist, wie wir gesehen haben, ebenso sehr Produkt wie Produzent. Da nun in diesem Gedankengange die Eltern, deren Eltern usw. usw. gleichfalls bloße Produkte würden ihren Erzeugern gegenüber, so fragt man sich: Woher kommt denn in solchem Weltall, das ganz und gar Rückwirkung sein soll, eine wirkliche Kraft? Und da bleibt dann kein Ausweg, als entweder die ganze Vorstellung als gedankliches Unding zu verwerfen, oder das ganze Spiel der Rückwirkungen als Produkt eines Gottes anzusehen, wozu die Biologie sich doch gewiß nicht bequemen würde.

Im Gegensatz zur Biologie, die den Menschen ganz von seinen Eltern ableiten will, leitet der Glaube ihn, soweit er Kraft, wirkliches Leben ist, von Gott ab. Gott gibt dem Menschen das Lebensprinzip, die Seele, die als ein mit dem Göttlichen wesenhaft Verwandtes, den Menschen nach dem Tode überlebt als ein an sich Bestehendes.

Mit einer derartigen Vorstellung tritt man aus aller Wirklichkeit heraus. Denn die Wirklichkeit zeigt nie und nirgends Kraft für sich oder Stoff für sich. Sie zeigt durchaus nichts als nur Prozesse, das heißt die Einheit von Kraft und ihrem

Material. Kraft als ein für sich Bestehendes hat keinen Sinn. Kraft ist Wirken, und Wirken hat Sinn nur einem Material gegenüber, mit welchem Kraft wirkt.

Zwischen und oberhalb beider steht der Buddha. Bei ihm erfüllen sich beide Forderungen, welche jeder Denkende hier stellen muß. Diese beiden Forderungen sind erstens: wirkliche Kräfte anzuerkennen, zweitens: mit den Rückbeziehungsversuchen innerhalb des Weltgeschehens, das heißt in der Wirklichkeit zu bleiben. Gegen die erste Forderung verstößt die Wissenschaft, gegen die zweite der Glaube.

Der Buddha erkennt wirkliche Kräfte an, aber in völlig anderer Weise, als der Glaube. Bei ihm ist Kraft kein ewiges, beharrendes Prinzip im Wechsel, kein an sich Bestehendes, mag man es nun Seele oder Geist oder sonst wie nennen, sondern ein aus seinen eigenen Vorbedingungen und entsprechend diesen Vorbedingungen immer wieder frisch Aufspringendes — ein Kontinuität-Gebendes, aber in jedem Augenblick einen neuen Wert darstellend. Kurz: Bei ihm ist Kraft wirklich, und jede Flamme zeigt das Analogon.

Und weil diese Kraft wirklich ist, deshalb bleibt hier auch die Rückbeziehung von Leben als Ganzem innerhalb der Wirklichkeit. Leben wird hier weder auf die Eltern, noch auf Gott, sondern auf sich selber zurückbezogen und bleibt, da Kraft unmittelbar übergeht, stets Wirken als Einheit von Kraft und Material.

Man wirft natürlich ein: „Diese Zurückbeziehung einer Daseinsform auf die vorhergehende, wie der Buddha sie in der Kamma-Lehre gibt, ist doch gleichfalls reine Glaubenssache. Denn nie hat ein Mensch sein Kamma in eine vorige Existenz zurückverfolgen können."

Darauf ist zu erwidern, daß die Behauptung, niemand habe je sein Kamma zurückverfolgen können, modifiziert werden muß, und im späteren modifiziert werden wird. Tatsächlich aber muß zugestanden werden, daß bei allen denen, an welche jetzt die Anforderung gestellt wird, diese Lehre als Wirklichkeit anzuerkennen, die Möglichkeit der Prüfung durchaus fehlt. Aber deswegen ist diese Lehre noch durchaus keine Glaubenssache. Glaubenssache ist nur das, was einen Heraustritt aus der Wirklichkeit verlangt, das heißt, einen Heraustritt aus der reinen Prozeßnatur alles Weltgeschehens. Eine Notwendigkeit, Kraft für sich oder Materie für sich anzunehmen, das verlangt Glauben. Aber die Buddha-Lehre schützt mich gerade vor diesem Glaubenmüssen, indem sie eine geschlossene Weltanschauung gibt, einen Welthaushalt liefert, in welchem nichts Unbegreifbares mehr zurückbleibt. Man nehme den Buddha-Gedanken vorläufig nur als eine Arbeitshypothese. Nun, so ist er eben die beste, ja einzige aller Arbeitshypothesen, weil er den Verstand befriedigt, und doch nirgends mit den Tatsachen der Wirklichkeit in Widerspruch gerät. Er kann aus diesen Tatsachen der Wirklichkeit heraus rückläufig nicht bewiesen werden. Aber eine Arbeitshypothese erfordert auch gar nicht Beweis, sondern Anwendung. Und wenn man sich die Mühe nimmt, den Buddha-Gedanken auf das Weltgeschehen anzuwenden, so wird man eben finden, daß er nirgends an Tatsachen der Wirklichkeit anstößt; daß er keiner künstlichen Stützen bedarf, um sich gegenüber dieser Wirklichkeit zu halten. Wirklichkeit und Gedanke passen zueinander. Alles im Weltgeschehen fügt sich diesem Gedanken. Er ist die Ursprache der Natur, ihr wahres Sanskrit.

Das möge man wohl bedenken, ehe man sich entschließt, diese Lehre eine Glaubenssache zu nennen. Nimmt man sie an, bedient man sich ihrer als Arbeitshypothese, so wird nichts mehr, sei es auf Erden oder im Himmel, übrig bleiben, das man glauben müßte. Man darf nur nicht denken, daß man weiß nur dann, wenn man Antwort auf alle Fragen erhält oder geben kann. Jede Antwort, wie die Wissenschaft sie gibt, mag sie noch so klar und bestimmt erscheinen, ist nichts als eine neue Frage, und es kommt nur darauf an, ein wenig zu warten, bis die Menschen sie in dieser ihrer Fragennatur erkennen. Wirkliches Wissen äußert sich im Gegenteil darin, daß jedes Bedürfnis, Fragen zu stellen, fortfällt. Das gibt der Buddha-Gedanke. Er lehrt mich, daß das Weltgeschehen nicht begreifbar ist, daß es aber auch nicht unbegreifbar ist, sondern daß es begreifbar wird in jenem einzigen Falle, in welchem ein Wesen sich selber begreift im Bewußtsein. Der Buddha lehrt mich, Bewußtsein intuitiv zu begreifen als — es selber. Womit dann jeder weitere Versuch, es in Form neuer Fragestellungen zu begreifen, fortfällt. Bewußtsein ist es selber und weiter nichts. Kraft begreift sich unmittelbar, und der Ich-Prozeß wird in seiner anfangslosen Selbstgesetzlichkeit erkannt. Das ist das einzige in der Welt, was begreifbar ist. Ist es aber begriffen, so stillt es das Verlangen nach weiteren Fragen für immer. Denn überall außerhalb erblickt man die gleiche „fraglose" Gesetzlichkeit, die, wie ich auch, ihre Vorbedingungen in sich selber trägt und daher nie begriffen werden, sondern nur sich selber begreifen kann, unmittelbar, intuitiv, ein Erkenntnisvorgang, der sich am Erkennen selber abspielt — ein gedankliches Erlebnis.

Damit erscheint unsere Aufgabe, das religiöse Moment des Buddhismus zu zeigen, erfüllt. Dieses Moment ist gegeben mit seiner Kraftlehre, welche, noch einmal ganz kurz gefaßt, folgendermaßen lautet:

Kraft ist, wie das innere Erleben jedem einzelnen unmittelbar zeigt, sie selber und weiter nichts, und als solche auch nur auf sich selber zurückführbar.

Aber die Antwort in dieser Form genügt nicht. Ich setze den Fall, daß ein Gebildeter im Prinzip dem Gedankengange, den ich hier eben zu entwickeln versucht habe, beistimmte, so müßte er doch schließlich folgende Einwendung machen:

„Was nutzt euch die vollendetste Rückbeziehung von Leben als Ganzem, wenn sie in dieser Weise geschieht. Soll diese Rückbeziehung wirklichen religiösen Wert haben und nicht nur ein geistiges Exerzitium sein, so muß sie so beschaffen sein, daß sie das Gefühl befriedigt, daß sie ein Seligkeitsbedürfnis stillt. Religion zeigt allein durch ihr Dasein, daß der Mensch leidet, daß er an dieser rast- und ruhelosen Vergänglichkeit der Welt leidet. Will er also Leben als Ganzes auf ein anderes beziehen, so muß dieses andere so beschaffen sein, daß es oberhalb dieses rastlosen Kreisens steht, etwas, das Ruhe im Wechsel und Rast für den müden Geist verspricht. Wird nichts getan, als nur eine Wandelform auf eine andere zu beziehen, so mag damit der Verstand befriedigt werden, aber das Gefühl geht leer aus. Ja mehr als das: Um diese Rückbeziehung einer Form auf die andere möglich zu machen, müßt ihr ja Leben erst als reines Leiden erfassen, womit dann diese Rückbeziehung als religiöses Moment geradezu unmöglich wird. Sie stillt kein Seligkeitsbedürfnis, sondern sie schafft neue Leiden, wo bisher wohltätige Unklarheit geherrscht hatte. Die Stillung dieses religiösen Seligkeitsbedürfnisses ist möglich nur in einem Universellen, an sich Seienden. Das habt ihr Buddhisten euch selber zerdacht, und damit gleichzeitig habt ihr euch die Möglichkeit einer wirklichen Religion zerdacht. Eure Lehre müßte die Religion des Individualismus werden, und so etwas gibt es nicht."

Wenn ein moderner Denker so redet, so ließe sich an sich wenig dagegen sagen. Tatsächlich ist das hervorstechendste Moment der Buddha-Lehre ihr Individualismus. Als Religion würde sie demnach als einzige allen anderen Religionen der Welt gegenüberstehen. Denn alle, ausnahmslos, beruhen auf einem universellen Prinzip, weil eben Kraft, solange sie nicht begriffen ist, notwendig universell gefaßt werden muß. Auch die Bemühungen der modernen Physik beweisen das. So scheint es freilich, als ob wir mit der Entdeckung des Geheimnisses „Kraft", von welchem im letzten Grunde alle Religion abhängt, eine wenig schmackhafte Lösung gegeben hätten, und wir haben unsere Frage nun dahin zu erweitern: Gehört zur Stillung des religiösen Seligkeitsbedürfnisses durchaus ein universelles Prinzip, d. h. ein Transzendentes?

Damit treten wir auf den für den Westländer und sein Fühlen fremdartigsten Teil der Buddhalehre zu: Nibbana.

Nibbana und Parinibbana

Die Grundwerte des Menschtums sind gedankliche. Erst vom Denken aus bekommt alles Sinn und Bedeutung. Je nachdem ich über ein Ding denke, sind die Gefühle beschaffen, die es in mir auslöst. Wenn ich etwas Weißleuchtendes am Horizont hochragen sehe, so werden meine Gefühle andere sein, wenn ich weiß: „Es ist nur ein Sonn-beschienener Wolkenballen", andere, wenn ich weiß: „Es ist ein ungeheurer, eisbedeckter Berggipfel". Einer Puppe, einem Regiment Bleisoldaten gegenüber werden ein Mädchen, ein Knabe andere Gefühle haben als ein Erwachsener, weil sie ihnen gedanklich anders gegenüberstehen. Irgendein sehr häßliches oder sehr giftiges, aber sehr seltenes Reptil wird dem gewöhnlichen Menschen Abscheu und Entsetzen einflößen, während der Naturforscher mit allen Mitteln danach strebt, es in seinen Besitz zu bekommen. Der gedankliche Standpunkt beider diesem Dinge gegenüber ist eben ein verschiedener.

Ein begründeter gedanklicher Standpunkt gegenüber einem Dinge, einem Vorgange ist erst dann möglich, wenn man sie begreift. Wie gezeigt, heißt begreifen, die in einem Dinge tätige Kraft begreifen. Kraft ist Leben. So kann man von einem begründeten gedanklichen Standpunkt dem Leben gegenüber überhaupt erst dann reden, wenn Kraft begriffen ist. Solange die nicht begriffen ist, wissen wir ja gar nicht, was Leben ist, und können daher ihm gegenüber überhaupt keinen Standpunkt einnehmen, oder nur einen rein gefühlsmäßigen, wobei es dann, wie ich oben schon sagte, zu einer Art Geschmackssache wird, ob ich Leben als höchstes Leiden oder als höchste Freude ansehe. Das wahrscheinlichste ist, daß ich es mal so, mal so ansehen werde, gleich einem Verliebten heute himmelhoch jauchzend, morgen zum Tode betrübt.

Daß die Menschheit, zum mindesten, soweit es unseren westlichen Kulturkreis betrifft, dem Leben gegenüber zu einem begründeten Standpunkt überhaupt noch nicht gekommen ist, das zeigt sich am klarsten darin, daß hier Glaube und Wissenschaft einander diametral entgegengesetzte Standpunkte einnehmen. Für die Wissenschaft ist Leben nichts als ein Verhältniswert, event. rekonstruierbar aus seinen Vorbedingungen. Man verwechselt Leben und Lebenserscheinungen. Für den Glauben hingegen, einerlei welcher Schattierung, ist Leben der Wert an sich, gegebener Grundwert, in dem aller Sinn und Bedeutung des Weltalls sich erschöpfen und nach welchem dieses Weltall gedeutet werden muß.

Im letzten Grunde aber befindet dem Leben gegenüber auch die Wissenschaft sich in der Lage des Gläubigen. Selbst der rücksichtsloseste Wissenschafter, der am Schreibtisch und im Laboratorium in seiher Professoren-Erhabenheit über Leben als einen Verhältniswert disponiert, ist sich doch darüber ganz klar, daß der Bestand des Lebens conditio sine qua non ist. Wie könnte er alle seine verblüffenden Theorien und geistreichen Einfälle über die Leblosigkeit des Lebens an den Mann bringen, wenn Leben sich wirklich einmal erlaubte, nicht mehr oder noch nicht zu leben!

Für beide, Glaube wie Wissenschaft, und auch für den gewöhnlichen Menschen zwischen beiden, ist Leben der Götze, den sie anbeten, in tausend Namen und hunderttausend Gestalten. Ihnen allen ist Leben so sehr Wert an sich, daß sie unfähig sind, ihm gegenüber einen gedanklichen Standpunkt einzunehmen. Das ist hier ebenso unmöglich, wie sich selber gegenüber einen räumlichen Standpunkt einzunehmen. Leben muß sein! Es ist die naturgemäße Notwendigkeit. Und von diesem rein gefühlsmäßigen, in Bezug auf Verstandesarbeit völlig jungfräulichen Einsatzpunkt aus wird die ganze Wirklichkeit gedeutet. Was dem Leben dient, das dient der Menschheit, ihrem Fortschritt, ihren Idealen. Was dem Leben nicht dient, das wird als wertlos, ja schädlich beiseite geworfen.

In dieser Weise fühlt nicht nur der moderne Mensch, sondern in dieser Weise hat der Mensch von jeher gefühlt. Und wenn irgendwo die Intensität der Lebensbejahung eine hohe gewesen ist, so war sie es in Indien, wo unter der Form einer Verachtung dieses sinnlichen Lebens hier eine wahrhaft schwärmerische Liebe für ein transzendentes Leben, für ein durch jedes Sterben und Geborenwerden unbeschmutztes Leben sich entwickelt hatte.

Schon seit den ersten Zeiten, daß wir dieses merkwürdige Land und Volk kennen, hat es an einer fast überschwenglichen Auffassung des Lebens gelitten. Schon in das heitere Treiben ihres heroischen Zeitalters, schon in die früheste vedische Epoche ragen stumm-drohende Fragen hinein, flammen auf wie fernes Wetterleuchten und verschwinden dann freilich, aber nur, um später in wahrhaft katastrophaler Gewalt auf das ganze Geistesleben herniederzugehen. Wir von heute, dem Geldverdienen ergeben, können uns kaum in diese Verhältnisse, in dieses in innerer Reibung sich verzehrende Wesen, in diese Sucht nach innen hineindenken. Wir geben uns auch gar nicht die Mühe dazu; denn wir sehen die Wichtigkeit aller dieser geistigen Quälereien nicht ein. Aber es ist ja doch wahrlich ein anderes, ob Leben überall da, wo es sich lebt, als Erbe anfangsloser Vergangenheiten dasteht, gleichsam unter seiner eigenen Schicksalsschwere zusammenbrechend, oder ob es gedankenlos als Augenblicksprodukt genommen und genossen wird.

Die Vorstellung, daß Leben, wo es überhaupt da ist, immer dagewesen sein muß, ist für den Denker erste Notwendigkeit. Ich nenne es kein wirkliches Denken, wenn man dieser Tatsache lediglich durch gelehrte und verblüffende Fragestellungen Herr zu werden sucht, wie die moderne Biologie. Diese Vorstellung, daß Leben, wo es da ist, immer dagewesen sein muß, war geistiges Allgemeingut Indiens. Es ist natürlich, daß in einem Lande, in dem man so unendlich viel dachte, wie in Indien, auch alle gedanklichen Möglichkeiten, materialistischer wie spiritualistischer Richtung, erschöpft wurden; aber darin gehen wir wohl kaum fehl, wenn wir annehmen, daß die Lehre von der Ewigkeit des Lebens der bestimmende Faktor indischen Geisteslebens war. Entsprechend der tief nachdenklichen Anlage dieses Volkes begnügte man sich nicht, einfach über alle Wirklichkeit hinaus ein Ewiges Leben im Himmel zu statuieren, sondern in einem großartigen Anpassungsvorgang an die Vergänglichkeit der Erscheinungsformen gestaltete sich hier der Glaube an die Ewigkeit des Lebens zur Seelenwanderungslehre. Das war die fraglos anheimelnde Antwort, welche indisches Denken auf die Tatsache „Anfang der Formen, Anfangslosigkeit der formenden Kräfte" zu geben hatte.

Mit dieser Seelenwanderungslehre hatten sich notwendigerweise gewisse Begriffe und Schlagworte ausgebildet: — der Atman (das Selbst, d. h. das an sich Seiende, was innerhalb der Existenzenwechsel als solches beharrte); der Samsara (der Prozeß des Wanderns, des Übergehens von einer Existenz zur anderen); das Nirvana (das Aufhören dieses Wanderns und Eingehen in das Göttliche, Einheit mit Brahma).

In diesen drei Schlagworten ballte sich das geistige Leben Indiens zur Zeit des Buddha. Von dieser erhabenen, aber nicht-wirklichen Seelenwanderungslehre mußte seine streng in der Wirklichkeit stehende Wiedergeburtenlehre sich in um so auffallenderer Weise abheben, als sie sich der gleichen Schlagworte bediente. Auch hier das Wandern von Form zu Form im Samsara, aber während dort „Kraft an sich", eine Seelensubstanz, übergeht, geht beim Buddha nur die Tendenz, die Sucht über. Die neue Daseinsform ist sozusagen der Rückschlag der vorhergehenden. War das Wandern im Brahmanismus Ausdruck einer Ich-Wesenheit, so wurde es hier zum Ausdruck einer Ich-Wesenlosigkeit. Die alten Worte und Begriffe stehen da, aber in einer geisterhaften, fremden Beleuchtung. Wo bisher der Atman in erhabener Sich-selbst-Gleichheit seine Bahn durch das ewig wechselnde Spiel der Veränderungen gezogen war wie das Schiff durch die sprühenden Wogen, da war jetzt alles ein Brennen geworden. Jenen stillen Wanderer, der von Ort zu Ort pilgernd immer wieder sein neues Kleid anzieht, das lästige, erdige — den gab es hier nicht mehr. Das Wandern war wohl da, aber kein Wanderer. In der intuitiven Kraft des Genius hatten Wort und Begriff einen völlig neuen Inhalt bekommen, einen Inhalt, der nicht mehr durch Schwung und Höhe des Idealismus begeisterte, sondern der durch seinen unerhörten Wirklichkeitsgehalt ergreifend, erschütternd wirkte. „Wie könnt ihr lachen, wie könnt ihr euch freuen, wo alles in Flammen steht", so setzt ein Kapitel in der Spruchsammlung der Dhammapada ein. Und dieser Spruch zeigt am besten die Empfindungen, mit denen der Buddhist dem Weltgeschehen gegenübertritt, nachdem der große Erkennensakt in ihm vorgegangen ist.

Im letzten Grunde ist Buddhismus ein Umdenken, und zwar ein Umdenken der Tatsache Leben gegenüber. Durch seine kühle Unvoreingenommenheit hat der Buddha es überhaupt erst ermöglicht, dem Leben gegenüber einen gedanklichen Standpunkt einzunehmen. Weil er Wahrheit und Wirklichkeit über Leben stellte, deswegen gelang es ihm, letzteres im Begreifen zu meistern. Wäre er mit diesem brünstigen Verlangen, mit dieser scheuen Ehrfurcht vor das Leben getreten, wie jeder andere, so hätte auch er dann von vornherein gesagt: „Ein Leben an sich, ein Ewiges, Beharrendes im Spiel des Wechsels muß ja sein", und er hätte das, was er in sich erlebte, von dieser Voraussetzung aus gedeutet. Aber weil er nicht mit diesem brünstigen Verlangen, mit dieser scheuen Ehrfurcht vor das Leben trat, deswegen glückte ihm seine Intuition; deswegen konnte er unmittelbar einschnellen in die ursprüngliche Wirklichkeit dessen, was er hier erlebte. So glich er in seiner Reinheit von aller Lebenssucht, gegenüber der Vergötterung, wie sie in Indien mit dem Leben getrieben wurde, dem Lotus, der weiß und rein aus dem Sumpf unter ihm sich erhebt, trotzdem er in ihm wurzelt.

Hatte schon der Begriff des Selbst und der der Seelenwanderung in der Wirklichkeitslehre des Buddha eine geisterhaft fremde Beleuchtung erhalten, so galt das, wenn möglich, in noch höherem Grade von dem dritten der Begriffe: **Nirvana.**

In rastlosem Wechsel lebt der Mensch, in steter Veränderung. Denkt er überhaupt, so ist Vergänglichkeit sein Gegenstand. Ihr kann er nicht entrinnen. Denn er, der Mensch, ist ja selber Vergänglichkeit. An dieser Vergänglichkeit leidet er. Ihr sucht er zu entfliehen. Liegt die verstandesmäßige Wurzel aller Religion in dem Geheimnis „Kraft", so liegt ihre gefühlsmäßige Wurzel in diesem Verlangen nach Ruhe und Sicherheit.

Die Art und Weise, wie diese zu beschaffen waren, mußte sich notwendigerweise richten nach der Höhe des Erkennens. Solange der denkende, suchende Geist Leben als Ausdruck eines Metaphysischen, an sich Bestehenden, Ewigen ansieht, wird er Ruhe und Sicherheit in diesem letzteren erwarten. Und sein Seligkeitsbedürfnis wird dementsprechend sich formen. Hat er aber Leben als reinen, anfangslosen Verbrennungsprozeß und das ganze Weltgeschehen als eine unendlich große Summe reiner Verbrennungsprozesse begriffen, so wird seine

Vorstellung von Ruhe und Sicherheit eine völlig andere werden, als sie es war, solange er noch an ein ewiges, universelles Prinzip glaubte. Und auch sein Seligkeitsbedürfnis wird sich dementsprechend formen. Bis in sein aller Innerstes hinein ist der Mensch das, was er denkt.

Mit dieser Überlegung treten wir auf den neuen, scheinbar so unerhörten Seligkeitsbegriff des Buddhismus zu.

Das Evangelium des Buddha ist fraglos die merkwürdigste und eigenartigste frohe Botschaft, die je verkündet worden ist. Was es von allen anderen Evangelien, welche Menschen kennen, durchaus unterscheidet, ist dieses, daß es kein positives Ziel bietet, sondern ein rein relativer Begriff ist, der aus dem neuen Erkenntnisstande heraus überhaupt erst Sinn und Bedeutung erhält.

Wo Leben als in den fünf Formen des Anhaftens aufgehend erkannt wird, da wird es zu einem bloßen Verbrennungsprozeß, der nicht durch ein ewiges Prinzip, eine Seele, besteht, sondern der sich selber unterhält durch die immer wieder frisch aufspringenden Willensregungen. Leben, als solches erkannt, wird etwas, das Leiden nicht hat als Attribut, sondern Leiden selber ist. Leiden aber ist für jeden gesund Denkenden etwas, von dem er versuchen muß, sich zu befreien. Damit ist jener neue Seligkeitsbegriff gegeben, der ein notwendiges Ergebnis des neuen Erkenntnisstandes ist, der aber dem vulgären Menschen, der Lebensbejaher an sich ist, so unverständlich erscheint.

Der Buddhist bezeichnet sein Lebensziel mit dem Worte Nibbana (Sanskrit: Nirvana). Über die Bedeutung dieses Wortes lassen die Texte keinen Zweifel. An verschiedenen Stellen wird Nibbana ausdrücklich erklärt als Freisein von Lust, Haß und Wahn; jener Zustand, in welchem bei einem Menschen die Außenwelt keine Willensregungen mehr auszulösen imstande ist. Ein derartiger Zustand ist nur möglich da, wo dem Einzelnen durch Belehrung und ernsthaftes Nachdenken die wahre Natur alles Lebens aufgegangen ist. Das Wollen hört auf, nicht auf Grund eines Entschlusses — ein derartiges Nichtwollen wäre ja auch nur Form des Wollens —, sondern weil in besserer Einsicht alles Dasein, eigenes wie fremdes, eine Entwertung erfährt, welche es zu neuen Reibungen an der Außenwelt und damit zum Aufspringen neuer Willensregungen überhaupt nicht mehr kommen läßt.

Das ist Nibbana; Freisein von Wollen, von Verlangen, von Selbstsucht in jeder Form. Wer nur den leisesten Schimmer eines positiven Lebenszieles, eines universellen Prinzips in diesem Begriff wittert, der ist mißleitet durch Darstellungen, welche dem instinktiven Lebenstrieb des Menschen huldigen und daher auch in das Nibbana etwas Positives hineinschmuggeln wollen. Denn der Lebensbejaher ist gar nicht imstande, sich eine Religion ohne positives Lebensziel zu denken. Er schlußfolgert frisch darauf los: „Wo Religion ist, da muß auch ein positives Lebensziel sein. Folglich muß im Nibbana-Begriff sich irgendein positives Prinzip verbergen, und hat der Buddha aus irgendwelchen Gründen dieses nicht genügend klar gelegt, so ist es unsere, der Erklärer, Pflicht, das nachträglich zu tun." Aber der Leser lasse sich gesagt sein, daß derartige Ansichten durch nichts in den Texten sich stützen lassen, und daß jene Ausdrücke und Sätze, welche für derartiges zu sprechen scheinen, nur durch mißverständige Deutung einen solchen Sinn erhalten können. Wir werden bald darauf zurückkommen.

Nibbana im echten Buddhawort ist nichts als ein rein relativer Begriff, der Sinn und Bedeutung erst daraus erhält, daß man Leben in jeder Form, diesseitiges wie jenseitiges, als etwas begreift, das Leiden nicht hat, sondern ist. Damit ergibt sich naturgemäß dieser rein relative Seligkeitsbegriff: das Nicht-mehr-leiden. Dieser Seligkeitsbegriff entspricht durchaus dem Begriff der Schmerzlosigkeit. Wie diese an sich nichts ist, sondern Sinn und Bedeutung erhält erst aus einem vorher erlittenen Schmerz, ebenso ist Nibbana an sich nichts. Es erhält Sinn und Bedeutung erst aus dem vorher begriffenen Leiden heraus.

Nun hat das Wort Nibbana gemeinhin die Bedeutung von Verlöschen. Diese Bedeutung hat unmittelbaren sowohl, wie abgeleiteten Sinn. Der unmittelbare Sinn wäre Verlöschen als Verlöschen der Willensregungen. Der abgeleitete Sinn aber ist der, welcher dem Empfinden der westlichen Welt so viel Unbehagen bereitet. Denn:

Sind die Willensregungen dasjenige, in dem die Ichkraft sich selber unterhält, durch das also der ganze Ich-Prozeß besteht, so ist Aufhören der Willensregungen gleichbedeutend mit dem Aufhören, dem Verlöschen des ganzen Prozesses. Die immer neuen Willensregungen gleichen der immer neuen Ölzufuhr bei der Flamme. Wie bei einer Flamme das Aufhören der Ölzufuhr gleichbedeutend ist mit ihrem (früheren oder späteren) Verlöschen, so ist bei der Ich-Flamme das Aufhören der Willensregungen, das heißt das Aufhören der Neuentwickelung von Energie in der Reibung an der Außenwelt, gleichbedeutend mit ihrem (früheren oder späteren) Verlöschen – Verlöschen für immer oder, wie die Texte sagen: Ein Verlöschen in jener Art, daß es keine weiteren Daseinsmöglichkeiten zurückläßt.

Mit einer Hartnäckigkeit, welche auf seinen Erkenntnisstand ein sehr bemerkenswertes Licht wirft, sagt der Westländer immer wieder: „Wie kann man in einem derartigen Abschluß etwas Begehrenswertes sehen?" Aber das heißt die Sache falsch auffassen. Nicht dieser Abschluß wird begehrt, sondern Leidenlosigkeit wird begehrt. Dieser Abschluß, das Verlöschen für immer, ist weder begehrenswert, noch verabscheuenswert. Er ist einfach gesetzmäßig. Was kann die Wirklichkeit dafür, daß sie so ist, wie sie ist! Nimmt die Flamme kein Öl mehr auf, so erlischt sie. Erlischt sie, so ist die Dunkelheit da. Es ist eben so.

Das Seligkeitsgefühl liegt in der Einsicht: „Alles Leiden ist gehoben; denn alle Triebe sind versiegt." Damit ergibt sich verstandesmäßig: „Dieses ist meine letzte Geburt. Ein Wiederdasein gibt es nicht mehr." Denn die Wesen leben ja nur durch ihre Triebe. Sind diese versiegt, kann es kein Weiterleben mehr geben. Daß aber Nibbana selber nicht das ist, was er begehrt, nach dem er sich sehnt, an dem er hängt, das geht z. B. klar aus dem berühmten Mulapariyaya-Sutta (Majjhima-Nikaya 1) hervor, wo es wörtlich heißt:

„Nibbana erkennt er als Nibbana, und hat er Nibbana als Nibbana erkannt, so denkt er Nibbana, denkt über Nibbana, denkt an Nibbana, denkt ‚mein ist Nibbana', erfreut sich Nibbanas. Und was ist der Grund? Weil er es nicht kennt, sage ich."

Das gilt vom Unvollendeten. Vom Vollendeten aber heißt es:

„Er durchschaut Nibbana als Nibbana. Hat er aber Nibbana als Nibbana durchschaut, so denkt er nicht Nibbana, denkt nicht über Nibbana, denkt nicht an Nibbana, denkt nicht ‚mein ist Nibbana‘, erfreut sich nicht Nibbanas. Und was ist der Grund? Weil er es kennt, sage ich."

Und was kennt er an ihm? Daß es überhaupt nichts Positives enthält; daß es der rein relative Begriff der Schmerzlosigkeit ist, an dem es so wenig zu hängen gibt, wie an einem Schatten. An Nibbana hängen, das wäre ein Anhaften wie jedes andere, und der Geist hätte sich in seiner eigenen Gedankenschlinge gefangen. Das ganze Wesen des Buddhismus besteht ja in diesem Ablösungsprozeß von allen Lebenswerten, weil sie auf Grund besserer Einsicht entwertet worden sind. Wo es noch irgend etwas in der Welt, dieser oder jener, gibt, an dem man haftet, da gibt es auch noch etwas, das Willensregungen auszulösen imstande ist. Ob dieses Etwas, an dem man haftet, der Gottbegriff ist, oder der Begriff des völligen Erlöschens, das macht keinen Unterschied, oder doch nur insofern, als der Mensch im Gottbegriff befangen ist, während er im Haften an Nibbana sich selber fängt, sich selber die Schlinge um den Hals schnürt, und sie nur um so fester schnürt, je mehr er verlangt, aus dem Leben auszuscheiden und in Nibbana einzugehen, gleich einem an einen Pfahl gebundenen Tier, das sich in den Strick verwickelt hat, und durch alle Versuche loszukommen, sich nur noch fester schnürt.

Wie gründlich diese haftlose Ablösung zu nehmen ist, das zeigt in völlig systematischer Weise jenes Sutta, in welchem Sariputta, der Versteher, dem kranken Anathapindika predigt, um ihn für jenen größten Moment innerhalb des Lebens, den Moment des Sterbens, innerlich vorzubereiten. Nachdem alle Werte diesseitigen und jenseitigen Lebens durchgegangen sind, geht er auf jenen letzten Wert über, von welchem das Loslösen am schwersten ist: das eigene Ich. Wie das Bewußtsein an nichts in dieser Welt, an nichts in jener Welt hängen soll, so soll es auch am eigenen Ich nicht hängen, nicht an der Form, nicht am Gefühl, nicht an der Wahrnehmung, nicht am Unterscheidungsvermögen, nicht am Bewußtsein, womit dann der Ablösungsprozeß seinen letzten Endwert erreicht hat: das vom Bewußtsein sich ablösende Bewußtsein. Es ist dieses der streng folgerichtige Ausdruck für das als reiner Werdeprozeß begriffene Ich, das nie, selbst in zwei kleinsten aufeinander folgenden Zeitteilchen den gleichen Wert darstellt. Nie hat eine Gesellschaft denkender Menschen einen Gedanken mit so vollkommener, kompromißfreier Strenge ausgedacht wie die buddhistische Gemeinde ihren Werdegedanken. Und sie konnte das, weil hier der Geist im Ausdenken nirgends mit den Tatsachen der Wirklichkeit in Widerspruch gerät, im Gegenteil in jedem Denkakt seinen Gedanken bestätigt findet, weil er immer wieder Denken selber unmittelbar begreift als reinstes Werden. Ist bei allen anderen Religionen und Lehren die Loslösung vom Leben ein Hinüberschnellen in ein Transzendentes, und damit ein Heraustreten aus aller Wirklichkeit, so ist in dieser einzigen Religion und Lehre Loslösung vom Leben gerade reinste Form des Werdens, und die Lehre wird zum eigentlichsten Gegenstand der Lehre, indem sie selber restlos aufgeht in dem, was sie lehrt: im Werden. Sie beweist sich durch sich selber, wie das Licht sich durch sich selber beweist. Daß es hierbei sich selber verzehrt, das liegt im Wesen aller Wirklichkeit. Dadurch unterscheidet Wirklichkeit sich ja von dem nicht-wirklichen Leben der Ideale, daß in ihr jedes Ding seinen Preis hat. Reine Wirklichkeit, unbeschmutzt von jeder Nahrung, ist nur die, in welcher das Lebewesen still in sich selber brennt, mit seinem Denken ganz im Denken ruht. Denken geht in sich selber ein.

Daran halte man fest: Alles Streben geht in dieser Lehre allein nur auf Hebung des Leidens. Auch dieses Streben aber ist kein positives, auf „Leidenshebung" gerichtetes — das wäre ja auch schon wieder Form des Anhangens — es ist ständig wache Achtsamkeit und unermüdlich ernstes Nachdenken. In ihm stillen sich die Triebe. Und wie das Verlöschen des Lichtes nicht erst zur Dunkelheit führt, sondern sie selber ist, so führt das Versiegen der Triebe nicht erst zur Leidensfreiheit, sondern ist sie. Was immer sich als positives Ziel einschleichen mag, und sei es unter den feinsten Verkleidungen, das ist nicht buddhistische Wirklichkeitslehre; und der ehrliche Denker sei auf der Hut. In dieser Wirklichkeitslehre gibt es nichts Wirkliches als nur das Leiden. Dieser einzigartigen, abschließenden Erkenntnishöhe entspricht auch der einzigartige, abschließende Seligkeitsbegriff: Befreiung vom Leiden. Diese aber ist da, wenn alles Haften, alle Triebe, alle neuen Entzündungsmomente gegenüber der Außenwelt restlos versiegt sind in rechter Einsicht, wenn die anfangslose Glut verloschen, wenn es kühl geworden ist.

„So ist dieses Askentenleben nicht das Glück, Gaben und Ehren und Berühmtheit zu erlangen; nicht das Glück tugendhaften Wandels, nicht das Glück selbstvertieften Wandels, nicht das Glück der Wissensschauung. Diese unerschütterliche Gemütsablösung, die ist Zweck, die ist Reinheitsleben, die ist Kern, die ist Ziel."

So beantwortet sich die Schlußfrage des vorigen Kapitels dahin: Ob zur Stillung des menschlichen Seligkeitsbedürfnisses ein universelles Prinzip, ein positives Ziel gehört, das hängt ganz von der Erkenntnishöhe des Einzelnen ab. Läßt sein Erkennen dem Einzelnen noch einen unbedingten Wert innerhalb des Weltgeschehens, so wird sein Seligkeitsbedürfnis dementsprechend sein: eine Hoffnung auf die Zukunft. Läßt sein Erkennen dem Einzelnen keinen unbedingten Wert mehr innerhalb des Weltgeschehens, so wird sein ganzes Seligkeitsbedürfnis sich in jenem Rückblick stillen, der ihm immer wieder sagt: „Wo Leiden war, da ist es nicht mehr." Ein derartiger Seligkeitsberiff verlangt kein universelles Prinzip. Wie alles Wirkliche ist er streng individuell.

Der Westländer, der den Buddha-Gedanken sich nicht zu eigen gemacht hat, wird natürlich eine ganze Reihe von Einwänden dagegen erheben. Der gläubige Christ z. B. wird sagen: „Weshalb sollte denn ein Leben ohne Willensregungen nicht möglich sein? Unser himmlisches Leben in Gott ist solch ein Leben ohne Willensregungen." Der wirkliche Denker kann darauf nichts erwidern als: „Ein ewiges Leben, ohne Willensregungen hat ebensoviel Wirklichkeitsgehalt wie eine Flamme ohne Brennen. Eine derartige Vorstellung ist für den wirklichen Denker wertlos. Er will seine geistigen Bedürfnisse aus der Wirklichkeit gestillt haben, und die lehrt ihn, daß eine solche Vorstellung vom Leben zwar hoch-ideal, aber nicht wirklich ist."

Nun aber kommt der Philosoph und sagt: „Ich sehe nicht ein, weshalb dieses Wandern von Form zu Form nicht außerordentlich vergnüglich sein sollte. Einer unser größten Philosophen, Nietzsche, hat gesagt: ‚Ich freue mich, ein Immerwiederkehrer zu sein.' Ob ich wiederkehre, wie die Pantheisten sagen: am Leitseil einer Ich-Wesenheit, eines Ewigen an sich — ob ich wiederkehre auf Grund meines Lebens-Appetits, das ist mir, mit Respekt gesagt, Wurst. Leben will ich, immer nur leben! Alles andere ist mir nebensächlich."

Einem solchen Menschen ließe sich wenig, im Grunde genommen gar nichts erwidern, wenn nicht etwa mit dem Vers des Dhammapada aus dem „Toren-Kapitel":

„Lang ist die Nacht dem Wachenden,
Lang ist dem Müden Wanderschaft,
Lang ist der Toren Weltenlauf,
Der Wahrheit nicht Erkennenden."

Er hat nicht durchgedacht. Er ist sich nicht über die wahre Natur des Lebens klar geworden. Für ihn gibt es noch gewisse unaufgelöste Lebenswerte, die dem Dasein Zweck und Hoffnung geben. Erst wenn in durchdringender Erkenntnis alles Dunkle sich mit Licht füllt, alles Unaufgelöste sich auflöst, erst wenn Leben restlos zu diesem reinen, nackten Werden wird, das keine Zwecke hat als nur die, welche man ihm selber zuschreibt, kein Ziel als das, was man ihm selber gibt, erst dann ist der rechte erkenntliche Standpunkt der Tatsache Leben gegenüber gewonnen. Erst von dieser Erkenntnishöhe aus erklärt sich die Saugkraft Nibbanas. Man muß die Schauer der Anfangslosigkeit gekostet haben, dieses ziel- und zwecklose Wandern in Lust und Leid, durch Höhen und Tiefen, um zu der kühlen, nüchternen, aber starken und innigen Überzeugung zu kommen: Es lohnt nicht! Hier gibt es keine Sicherheit, nicht auf Erden, nicht im Himmel. Es gibt nur eine Sicherheit, nur eine Ruhe: das Loslassen, das Entsagen, das Verlöschen für immer!

Es ist diese Tiefe des Erkennens, welche dem Lobe und Preise Nibbanas jene zarte, fast schwärmerische Glut verleiht, die uns in den „Liedern der Mönche und Nonnen" so eigenartig anmutet, die aus dem Busen des Seligkeitsvollen, des Lusterlösten hochquillt wie der Mond aus weichem Wolkenschoß, die linde Frühlingsnacht mit seinem Lichte füllend. Es ist diese Tiefe des Erkennens, die den Buddha, diesen großen

Wirklichkeitslehrer, alle Seligkeit in die Wucht zweier Worte pressen läßt. Katam karaniyam! Getan ist, was zu tun war! Was soll denn auch einer, der die Arbeitsglut des langen, langen Wandertages hinter sich hat, Höheres, Schöneres sagen als dieses „Getan ist, was zu tun war!" Der süße Abendfriede labt. Ein Weilchen noch dieses Drängen und Hasten, dieses wirre Wogen hier — dann wird ihn, den Kühlgewordenen, kein Mensch, kein Gott mehr sehen — haftlos verlöscht!

Ein solcher, weil er höchste Meisterung geübt hat, weil er sich selber gemeistert hat, wird Arahat genannt, das heißt ein „Würdiger", der Verehrung verdient. Er wird „Letzter-Leib-Abtrager" genannt. Er wird „Lastableger" genannt. Und der Rest dieses letzten Lebens ist ein ständiger, von keiner Regung der Lust je befleckter Weihezustand, auf den alles im Weltall, was lebt und versteht, mit Scheu und Ehrfurcht blickt.

Dieser Moment, wo die Form eines solchen, der in Lustfreiheit, in Nibbana lebt, zerfällt, heißt Parinibbana. Was vom Nibbana gilt, das gilt genau ebenso vom Parinibbana. Es enthält nichts Positives, Verstecktes in sich. Beide unterscheiden sich wie die Begriffe „verlöschen" und „vollständig erlöschen", das heißt, sie unterscheiden sich gar nicht dem Wesen nach. Das geht klar daraus hervor, daß der Buddha von sich selber sowohl, wie von anderen lebenden Arahats das Wort „parinibbuto" (vollständig verlöscht) gebraucht. Im Culasaccaka-Sutta der Mittleren Sammlung heißt es wörtlich: „Selbst erwacht, zeigt der Erhabene zur Erwachung die Lehre, selbst gebändigt, zeigt der Erhabene zur Bändigung der Lehre, selbst gestillt, zeigt der Erhabene zur Stillung die Lehre, selbst entronnen, zeigt der Erhabene zum Entrinnen die Lehre, selbst völlig erloschen, zeigt der Erhabene zur völligen Erlöschung die Lehre (parinibbuto so Bhagava parinibbanaya dhammam deseti)." Im Culatanhasankhaya-Sutta der gleichen Mittleren Sammlung erteilt der Buddha dem Götterkönig (Indra) folgende Belehrung: „Da hat, o König der Götter, ein Mönch gehört: Alle Dinge bieten nicht Genüge. Hat er so gehört, alle Dinge bieten nicht Genüge, so beobachtet er jedes Ding; hat er es beobachtet, durchschaut er jedes Ding; hat er es durchschaut und empfindet nun irgendein Gefühl (auf

Grund dieser Dinge), sei es ein angenehmes oder unangenehmes, oder weder angenehmes, noch unangenehmes, so verweilt er bei diesen Gefühlen in voller Klarheit ihrer Vergänglichkeit, er verweilt bei ihnen in voller Klarheit seiner Lustfreiheit, seines Eingehenlassens, seines Aufgebens. Und indem er so bei diesen Gefühlen verweilt, haftet er an nichts in der Welt. An nichts haftend wird er nicht erschüttert, nicht erschüttert erlangt er eben durch sich selber die völlige Erlöschung (parnibbayati) und erkennt: Versiegt ist Geburt, vollendet das Reinheitsleben, getan ist, was zu tun war, ein weiteres gibt es hier nicht."

Diese beiden Stellen mögen zur Klärung der Bedeutung des Wortes Parinibbana genügen. Der Regel nach wird es, wie gesagt, angewandt für den Moment, wo die Form eines solchen, der verlöscht für immer, auseinanderfällt. So wird es in jenem berühmten Sutta des Digha-Nikaya, dem Maha-Parinibbana-Sutta gebraucht. Dieses Sutta behandelt den Tod des Buddha. Beiläufig möchte ich diesen Titel nicht, wie es gemeinhin geschieht, mit „Das Sutta vom Großen Erlöschen" übersetzen, sondern in Analogie mit vielen anderen Suttas als „Das große Sutta vom Erlöschen". Man scheint mir die Stellung des Buddha innerhalb des Menschtums schief aufzufassen, wenn man sein Erlöschen als das große Erlöschen kennzeichnen wollte.

Damit ja kein Zweifel überbleibt, daß Ausscheiden aus diesem Wirbeltanz, Verlöschen für immer, Höchstes ist, größte Tat des Menschen, höher als alles Himmelsleben, darum hat man den steilen Weg zum Nibbana sozusagen abgestuft, um ihn dem Schwachen näher zu rücken, um ihm Haltepunkte zwischen sich und der letzten, schwindelnden Höhe zu zeigen.

Da ist als erste Stufe zum Nibbana der „in die Strömung Geratene". Er ist ergriffen von der Lehre, ergriffen von der Wahrheit. Mag er im einzelnen wohl noch hin und herflackern, aber seine Richtung steht fest für immer: „Es ist genug des Spiels! Es ist nun endlich Zeit zum Loslassen, zum Entsagen, zum Aufgeben alles Lebenstriebes." So treibt er im vollen Strom der Lehre, ein Wahrheit-Ergriffener, der Erwachung entgegen.

Die zweite Stufe ist die des „Einmal-Wiederkehrers", d. h.

desjenigen, der nach Zerfall dieser Form noch einmal neue Form annehmen muß, in ihr aber das große Ziel erreichen wird. Da ist die dritte Stufe des „Nichtmehr-Wiederkehrers". Nach Zerfall dieser seiner Form wird er noch einmal in himmlischen Welten wiedergeboren, und von diesen aus erlischt er dann für immer. Der Himmel ist also hier nur sozusagen die letzte Etappe zum Nibbana, zum Verlöschen.

Den gleichen Gedanken entwickelt der Buddha mit großer Kunst in verschiedenen Lehrreden. Bei der wahrhaft gründlichen Umdeutung, welche sein Nibbana-Begriff gegenüber dem gleichen Begriff im Brahmanismus erlitten hatte, mußte er die Geister allmählich an diese Umdeutung gewöhnen, mußte sie mit dem neuen, völlig unerhörten Gedankengang befreunden, er mußte ihn als den höchsten und letzten Abschluß aller denkbaren Lebensvorstellungen zeigen. So geht er in eine Lehrrede der Mittleren Sammlung (Nr. 60) vom allgemeinen Begriff eines Jenseits als niedrigster Stufe aus. Von ihr aus arbeitet er sich immer höher, in immer höhere Himmel, die eine Stufe immer sozusagen als Sprungbrett für die nächste nehmend, bis die ganze Stufenleiter folgendermaßen endet: „Es gibt Asketen und Brahmanen, die da behaupten, es gibt kein vollständiges Erlöschen des Daseins. Es könnte wohl sein, daß diese Asketen in höchsten, formlosen Götterwelten wiedergeboren werden (als der ihrer Erkenntnishöhe angemessenen Stufe). Bei dem aber, der versteht ‚Es gibt ein vollständiges Erlöschen des Daseins' könnte es wohl geschehen, daß er schon in diesem selben Dasein zur völligen Verlöschung kommt."

Der gleiche Gedanke in noch reicherer Gliederung wird im 120sten Sutta der Mittleren Sammlung ausgeführt unter dem Refrain, daß jemand nach dem Tode in jenen Zustand gelangen wird, auf den er im Leben den Sinn gerichtet hat. So werden die Lebensmöglichkeiten in immer höheren Himmeln erschöpft bis in unfaßbare dämmerige Götterformen hinein. Das versponnene Gedankengewebe wird immer dünner, immer luftiger, immer Etwasloser, bis schließlich der letzte Schritt geschieht: Es ist der wahre Jünger, der über Götter und Götterleben hinausgehend, sein Denken auf das Verlöschen für immer einstellt. Statt des Wunsches: „O daß ich doch nach dem Tode zur Gemeinschaft mit Brahma auftauchte", steht der Wunsch da: „O daß ich doch zur völligen Triebversiegung, Gemütsablösung noch in diesem Leben kommen könnte." Und ein solcher Mönch, „der taucht nicht mehr irgendwie auf, der taucht nicht mehr irgendwo auf". Das heißt: Er ist verlöscht für immer — Parinibbana.

Im Dhammapada (v. 126) heißt es ausdrücklich: „Die Gutestuer kommen in den Himmel; die Vollendeten verlöschen." Und wenn in jenen Lehrreden, die nach dem Tode des Buddha von seinen Jüngern gehalten werden, die letzteren vom Hörer gefragt werden: „Wo weilt er denn nun, der Erhabene?" so erfolgt stets die simple Antwort: „Er ist verlöscht." In dieses offene „Nichtmehr", mag es das vorläufige sein (als Nibbana), mag es das endgültige sein (als Parinibbana), ein transzendentes Prinzip hineingeheimnissen wollen, das ist leere Gedankenspielerei, und hat etwa soviel Sinn, als wenn man das Schweigen das transzendente Prinzip aller Sprachen nennen wollte. Freilich steht dieses „Nichtmehr" jenseits aller Worte und Begriffe, aller Bilder und Vergleiche, aber nicht als ein an sich Unbegreifbares, sondern ganz einfach als etwas, an dem überhaupt nichts mehr zu begreifen ist, weder mit den Sinnen, noch mit dem Denken. Es ist das Ende von Ding und Begriff, und als solches soll der wirkliche Denker es nehmen — keine Vernichtung, sondern ein Aufhören des Werdens.

Nun scheinen dieser Deutung des Nibbana und Parinibbana eine Reihe von fraglos echten Stellen in den Texten zu widersprechen. Diese Stellen lassen sich ordnen nach zwei Gesichtspunkten hin: erstens solche, die sich gegen einen Nihilismus, gegen eine völlige Vernichtung des Lebewesens zu wehren, und zweitens solche, die ein an sich Seiendes, ein Ewiges, ein positives Lebensziel, ein universelles Element, oder wie man es sonst nennen mag, anzudeuten scheinen.

Bezüglich des ersten Punktes ist vor allem das bekannte Gespräch aus dem Samyutta-Nikaya (III, 85) zu erwähnen.

Ein Mönch, namens Jamaka, kommt zu der Vorstellung, „daß ein triebversiegter Mönch beim Zerfall des Körpers vergeht, vernichtet wird, nicht mehr ist nach dem Tode". Sariputta, der Hauptjünger, übernimmt es, den Irrigen zurechtzuweisen. Die Belehrung läuft kurz darauf hinaus, daß, wo es ja schon bei Lebzeiten unmöglich ist, etwas am Lebewesen zu identifizieren, dieses ja nach dem Tode gänzlich unmöglich ist, und Jamaka formuliert seinen alten Irrtum und sein neu erworbenes Verständnis in folgendem Satz: „Wenn mich nun jemand fragen würde: ‚Der Vollendete, der trieberlöste Mönch, was wird er nach dem Tode?' so würde ich antworten: ‚Die Körperform ist vergänglich; was vergänglich ist, ist leidvoll; was leidvoll ist, das kommt zum Verfall, zur Auflösung. Das Gefühl —, die Wahrnehmung — das Unterscheidungsvermögen — das Bewußtsein ist vergänglich'" usw. wie oben. Das heißt: Es gibt hier gar nicht ein derartiges, dem gegenüber man das Recht hat, zu fragen: „Was wird aus ihm nach dem Tode?" Die Frage ist falsch gestellt. Denn mit ihr würde man ja eine Persönlichkeit anerkennen, die es doch in Wahrheit nicht gibt, und das Eingehen in Nibbana wäre dann notwendig eine Vernichtung dieser Persönlichkeit. Das aber widerspräche aller Wirklichkeit. In der Wirklichkeit kann nichts vernichtet werden, und der Buddhismus lehrt auch keine Vernichtung. Im ganzen Weltall entsteht nichts neu als nur Willensregungen. Alles andere Neu-Entstehen ist nur scheinbar, Variationen gegebener Werte. Im ganzen Weltall vergeht nichts als nur Willensregungen. Dieses aber eine Vernichtung zu nennen, wäre widersinnig. Denn sie werden ja nicht vernichtet als solche, als bereits bestehende, sondern so, daß sie überhaupt gar nicht erst zur Entwickelung kommen eben auf Grund der neuen, höheren Einsicht. So entspricht es durchaus der rein dynamischen Auffassung des Lebens, wenn der Buddha, als man ihm von brahmanischer Seite den Vorwurf macht, ein Lehrer der Vernichtung zu sein, erklärt: „Früher wie jetzt lehre ich nur das Leiden und des Leidens Vernichtung." Doch kehren wir zu unserer Textstelle zurück.

Die ganze Episode deutet nicht etwa auf irgendeinen unaufgelösten postmortalen Lebenswert hin, sondern sie zeigt, mit welcher musterhaften Strenge diese Gemeinde denkender Menschen an ihren gedanklichen Grundwerten festhielt. Ebenso wie sie praktisch Ernst machten mit dem, was sie erkannt hatten, indem sie ihr Heim verließen und das Pilgerleben ergriffen, so machten sie auch theoretisch Ernst, indem sie

Vorstellungen und Gedankengänge, die nicht mit der Grunderkenntnis des anatta in Einklang standen, von vornherein abwiesen.

Ganz das gleiche gilt von der zweiten hier meist angeführten Stelle, dem bekannten Gespräch des Buddha mit dem Pilger Vacchagotta (Mittlere Sammlung Nr. 72).

Letzterer fragt den Buddha: „Ein solcher innerlich losgelöster Mönch, o Gotama, wo ersteht der wieder?" — „Er ersteht — das trifft nicht zu" lautet des Buddha Antwort. — „So ersteht er nicht wieder?" — „Er ersteht nicht wieder — das trifft nicht zu" — „So ersteht er wieder und ersteht nicht wieder" — „Er ersteht und ersteht nicht wieder — das trifft nicht zu." — „So ersteht er weder, noch ersteht er nicht." — „Er ersteht weder, noch ersteht er nicht — das trifft nicht zu."

Was bedeutet dieses scheinbar so ungelenke Spiel der Rede und Gegenrede? Im allgemeinen geht das Urteil westlicher Gelehrter dahin, daß der Buddha mit diesem Ausweichen irgendeinen Zustand anerkenne, der sich allen sprachlichen Bezeichnungen absolut entziehe, also ein Gegenstück zum „neti, neti" (Es ist nicht so, es ist nicht so) der Upanishads. Aber solche Deutung hieße die ganze buddhistische Tendenz verkennen. Ich will ein Beispiel geben, das, wenn es auch etwas trivial ist, doch zur Klärung beitragen wird.

Ich setze den Fall, da wird die Leiche eines Herrn N. N. vorbeigetragen, und einer sagt zum andern: „Ist das nicht Herr N. N.?" Der flüchtige Denker wird dann einfach erwidern: „Ja, das ist der arme N. N." Diese Antwort wäre natürlich nicht korrekt. Aber auch die scheinbar korrekte Antwort: „Nein! Das ist nicht Herr N. N. Das ist sein Leichnam" wäre für den wirklichen Denker, d. h. für den Buddhisten, ebenso unkorrekt. Denn damit würde zugestanden werden, daß da eine Persönlichkeit, eine Ich-Identität als solche weiter besteht, nachdem sie ihr Kleid wieder einmal abgeworfen hat. Das aber würde ja buddhistischem Denken durchaus widersprechen. Anderseits aber wäre es sehr schwer, diesen Vorgang aus der konventionellen Sprache in die Sprache der Wirklichkeit zu übertragen. Daher dieses scheinbar hilflose Ausweichen. Man sagt: „Weshalb gibt denn der Buddha selber nicht in solchen Fällen die korrekte Form der Fragestellung?" Er tut es danach; aber diese korrekte Form, das ist eben die Lehre selber. Es ist wieder die Eigenart der intuitiven Erkenntnis, die sich hier rächt. Es fehlt ihr die logische Beweglichkeit, die Leiter des Syllogismus. Auf die scheinbar simpelste Frage, die jeder Knabe sollte beantworten können, da kann sie nichts geben als immer wieder nur sich selber in ihrer ganzen, Welt zersetzenden Größe.

Gehen wir nun zu der anderen Gruppe der Textstellen über. Es handelt sich hier um gewisse Bezeichnungen für Nibbana, vor allem um den Ausdruck „amata", was wörtlich heißt: das Totlose; was freilich auch mit „Unsterblichkeit" übersetzt werden darf, wenn man nur weiß, was hier in dieser Wirklichkeitslehre mit diesem Ausdruck gemeint ist. Sterben und Geborenwerden, Vergehen und Entstehen bedingen einander gegenseitig. Soll Sterben aufhören, so kann das nicht in jener kindlichen Weise geschehen, die der Christ in seinem „Ewigen Leben" sich vorstellt. Nein! Soll Sterben aufhören, so muß, wie überall in der Wirklichkeit, der entsprechende Preis gezahlt werden. Dieser Preis ist das Geborenwerden. Höre ich auf, in meinen Willensregungen immer neue Geburtsmomente zu setzen, so höre ich auch auf, immer neue Sterbemomente zu setzen. Die Totlosigkeit ist da, aber sie ist erkauft mit dem Leben. Leben und doch nicht Sterben, das ist für den Denkenden die Flamme, die da ist, ohne zu brennen -- ein reines Ideal. Danach ist die Stelle im zweiten Kapitel des Dhammapada zu deuten: (21): „Ernst ist die Fährte zur Totlosigkeit", und: „Die ernsthaft Strebenden sterben nicht."

Besonders aber sind es einige Stellen im Udana, die viel Bedenken erregen.

Im ersten Kapitel des Achten Abschnittes heißt es da folgendermaßen:

„Es gibt, o Mönche, dieses Gebiet, wo nicht Erde, nicht Wasser, nicht Feuer, nicht Luft ist, nicht das Gebiet der Bewußtseinsunendlcihkeit, nicht das Gebiet der Nicht-Etwasheit, nicht das Gebiet des Weder-Wahrnehmens, noch Nicht-Wahrnehmens, nicht diese Welt, nicht jene Welt, beide nicht, Sonne und Mond. Das, wahrlich, ihr Mönche, nenne ich nicht Kommen, nicht Gehen, nicht Stehen, nicht Vergehen, nicht Entstehen. Ohne Grund, ohne Fortgang, ohne Halt ist dieses. Es ist eben das Ende des Leidens."

Und weiter heißt es dann im folgenden Kapitel:

„Es gibt, ihr Mönche, ein Ungeborenes, Ungewordenes, Ungemachtes, Ungeschaffenes. Wenn es dieses Ungeborene, Ungewordene, Ungemachte, Ungeschaffene nicht gäbe, dann würde hier eine Freiheit vom Geborenen, Gewordenen, Gemachten, Geschaffenen nicht zu finden sein. Weil aber, ihr Mönche, es ein Ungeborenes, Ungewordenes, Ungemachtes, Ungeschaffenes gibt, deshalb ist eine Freiheit vom Geborenen, Gewordenen, Gemachten, Geschaffenen zu finden."

Um diese beiden Aussprüche zu deuten, muß man wissen, daß der Buddha, wie die einleitende Bemerkung des Textes sagt, sie einer Lehr-Darstellung Nibbanas anschließt. Und tatsächlich geben beide nichts weiter, als einen Ausdruck für diesen Zustand des endgültigen „Nichtmehr", für ein Verlöschen, das nicht mehr Form irgend eines Neuauftauchens ist, sondern für ein Verlöschen, das offen und ehrlich es selber ist und weiter nichts. Daß der Buddha sich gerade dieser Ausdrücke bedient, das hängt vielleicht mit der Vorbildung seiner Jüngerschaft zusammen. Meist aus brahmanischen Kreisen entstammend, hatten sie bisher in diesen Begriffen des Ungeborenen, Ungewordenen geschwelgt, hatten Trost und Hoffnung in ihnen gefunden. Jetzt droht ihnen alles unter den Händen zu zerfallen. Da kommt der Buddha und sagt: Alle diese Dinge, die ihr da als Ideale gesucht habt, ich gebe sie euch, aber als Wirklichkeit. Wirkliche Denker, die ihr sein wollt, nehmt sie als das, was sie sind.

Daher hat es keinen Wert, den Buddha in seinen Aussprüchen mit den Aussprüchen indischer, persischer, westlicher Mystiker zu vergleichen. Im Wortlaut ein Zusammenfall; die Tendenz entgegengesetzt. Wenn es im Lehrgedicht des persischen Mystikers Mahmud heißt: „Ganz Weg und Wanderer eins wird — überschwenglich", wenn Djelaleddin Rumi sagt:

„Einsam bald du dich und still verlöschen siehst
Gleich dem Karawanenfeuer in der Wüst'".

so sind das freilich gleiche Worte, aber hier die Gott-trunkene Einheitssucht, dort das zähe, wache sich Loslösen vom Leben. Würde der Buddha wirklich, wie berühmte und unberühmte Ausleger seiner Lehre vermuten, in solchen Aussprüchen wie den obigen ein Unbedingtes, ein an sich Seiendes, ein positives Lebensziel lehren, so würde ihm ja jede Berechtigung auf eine Eigenstellung verloren gehen. Erkenne ich überhaupt schon einmal ein Unbedingtes, ein Absolutes an, nun, so ist es ja im Grunde genommen ganz einerlei, ob ich es das Parinirvana nenne oder den Gott Abrahams, Isaaks und Jakobs. Und soll der einzelne nun schon mal nach dem Tode in ein großes universelles Sammelbecken aufgenommen werden, so sieht kein Verständiger einen Wert darin, diese Sammelvorrichtung unter besonderem Namen einzuführen. Entweder es ist möglich, Leben restlos als bedingt zu erkennen, dann ist Buddhismus möglich, und der Buddha hat nicht umsonst geredet; oder es ist nicht möglich, Leben restlos als bedingt zu erkennen, dann ist Buddhismus nicht möglich, und der Buddha unterscheidet sich von den übrigen Religionslehrern nur durch die schelmische Hinterlist, mit der er diese Tatsache des Unbedingten bis zum letzten Moment zu verstecken weiß. Da es aber möglich ist, Leben restlos als bedingt zu erkennen, so ist Buddhismus möglich, so hat der Buddha nicht umsonst geredet, und es ist eine Freiheit, ein Entrinnen, ein Erlöschen möglich. Und in diesem Sinne mag man Stellen wie die folgende nehmen:

„Könntet ihr wohl, o Mönche, solch ein Gut erlangen, dessen Besitz unvergänglich, beständig, unwandelbar, ewig gleich so bestände? Kennt ihr etwa, o Mönche, solch ein Gut?" — „Nein, o Herr!" — „Wohl euch, ihr Mönche! Auch ich kenne kein derartiges Gut. Könntet ihr wohl, o Mönche, einer Unsterblichkeitslehre anhängen, welche dem Anhänger nicht Kummer, Jammer, Leiden, Elend, Verzweiflung brächte? Kennt ihr etwa solch ein Hängen an einer Unsterblichkeitslehre, welches dem Hängenden nicht dieses alles brächte?" — „Nein, o Herr!" — „Wohl euch, ihr Mönche! Auch ich kenne nicht ein Hängen an einer Unsterblichkeitslehre, welches dem Hängenden nicht Kummer, Jammer, Leiden, Elend, Verzweiflung brächte" (Majjhima Nikaya 22).

Nach solchen unzweifelhaften Aussprüchen sollte man zweifelhaft beurteilen, nicht umgekehrt.

Nun wird aber der denkende Leser einen anderen Einwand erheben. Wenn man ihm die Nibbana-Lehre so darstellt, so wird er darauf etwa folgendermaßen rückwirken:

„Unserem abendländisch-christlichen Gefühl widerspricht zwar eure Nibbana-Lehre völlig. Dieses endgültige Ausscheiden aus dem Leben, dieses Verlöschen ist nun mal nicht der Gegenstand unserer Sehnsucht. Wir wollen leben und tätig sein. Euer Katam karaniyam, das deuten wir ganz anders: nämlich als erfüllte Pflicht der Menschheit gegenüber. Wir glauben etwas im Leben zu sehen, was uns dazu berechtigt. Nun sagst du, Buddhist, daß der Gegenstand der Sehnsucht eines Menschen sich nach der Höhe seines Erkennens richtet. Dem muß ich freilich beistimmen; denn jedes Kind beweist mir das. Da nun Erkennen, wie du offenbar richtig sagst, im letzten Grunde nichts ist wie ein scheinbares Sein in ein wirkliches Werden aufzulösen, und da der Buddha euch gelehrt hat, das ganze Weltgeschehen restlos, Seele, Gott und Ewiges Leben mit eingeschlossen, als ein Werden zu begreifen, so behauptet ihr, daß euer erkenntlicher Standpunkt höher ist als der unserige, der noch mit einem unaufgelösten „Wert an sich" operiert. Wenn das für uns auch nicht gerade schmeichelhaft ist, so kann ich doch im Augenblick, theoretisch genommen, nichts dagegen sagen. Aber mir scheint, eure ganze Lehre widerspricht sich in sich selber. Und zwar so:

Ihr sagt, daß euer neuer Seligkeitsbegriff, Nibbana, eine Funktion eurer einzigartigen Erkenntnishöhe ist, daß ohne diese Erkenntnishöhe Nibbana ein so leerer Begriff bleibt, wie etwa der Begriff „Schmerzlosigkeit" für den, der vorher keine Schmerzen erlitten hat. Ihr sagt ferner, daß diese Erkenntnishöhe, welche den neuen Seligkeitsbegriff auslöst, darin besteht, daß der Einzelne sich selber als einen anfangslosen Verbrennungsprozeß begreift, der nie nicht dagewesen ist, der alles erlebt und erlitten hat im Laufe unendlicher Zeiträume, was zu erleben und zu erleiden ist. Und damit, scheint mir, schnürt ihr euch selber die Gedankenschlinge um den Hals. Denn was keinen Anfang hat, das kann doch auch kein Ende haben. Euer neuer Seligkeitsbegriff gibt euch also nichts als eine unerfüllte, nie erfüllbare Sehnsucht. Je klarer ihr eure Anfangslosigkeit erkennt, um so unmöglicher eure Erlösung."

Das ist ein Einwurf, den man häufiger hört, als man es erwartet. Das Argument „Was keinen Anfang hat, kann auch kein Ende haben" ist uns ganz in Fleisch und Blut übergegangen und beweist, wie sehr wir uns in reinen Abstraktis verlieren. Ein einziger, wirklicher Blick in die Buddhalehre zeigt das Irrige dieser Vorstellung. Es gibt keine Anfangslosigkeit an sich. Ihr müßte freilich auch Endlosigkeit entsprechen. Anfangslosigkeit ist nichts als der rein begriffliche Ausdruck für Kraft. Kraft ist anfangslos, aber nicht als ein selbstherrlich an sich Bestehendes, sondern als ein sich selber Unterhaltendes, ein aus seinen eigenen Vorbedingungen immer wieder neu Aufspringendes. So sagt die Tatsache Kraft, richtig verstanden, daß das, was in diesem Moment sich lebt, sich selber erlebt, von Anfangslosigkeit her sich erlebt haben muß. Anderseits muß das, was sich selber unterhält, auch das Vermögen haben, in sich selber einzugehen. Demnach: handelt es sich um wirkliche Kraft und nicht um das Ideal des Glaubens, so sind Anfangslosigkeit und Aufhörbarkeit Ausdrücke für ein und dasselbe: Das sich selber Unterhalten. Hat man wirklich verstanden, was Kraft ist; hat man begriffen, daß sie etwas ist, was, um überhaupt da zu sein, immer wieder erst aus ihren Vorbedingungen aufspringen muß, so weiß man, daß mit der Tatsache, daß ein Lebewesen überhaupt da ist, seine Anfangslosigkeit einerseits, sein Vermögen, dem Spiel ein Ende zu machen, anderseits, notwendig gegeben sind.

Nun aber macht der moderne Mensch einen Einwand, der wichtiger zu sein scheint als der vorhergehende. Er sagt: „Was sollte denn wohl aus der Welt werden, wenn alles buddhistisch dächte?"

Um dieser Frage ihren rechten Sinn, ihre rechte Bedeutung zu geben, muß man sich über den Begriff „Welt" klar werden. In buddhistischer Erkenntnis wird das, was man gemeinhin Welt nennt, zu einer unendlich großen Summe einzelner Verbrennungsprozesse. Damit wird die Welt aus einem statischen Phänomen, als welches der gewöhnliche Mensch sie meist nimmt, zu einem dynamischen Phänomen. Ist man sich darüber klar geworden, so fällt in erster Linie die Frage nach Umfang und Grenze fort. So wenig wie ich bei einem Ton oder einer Lichterscheinung nach Grenze und Umfang fragen kann, so wenig bei der Welt.

Ferner aber wird klar, daß jedes Individuum, jeder einzelne Verbrennungsprozeß vollkommen das Wesen der ganzen Welt darstellt — ein Brennen überall, die äußeren Verschiedenheiten nur auf dem ergriffenen Material beruhend. Daher bedeutet in buddhistischer Terminologie ein loka ebensogut ein ganzes Weltsystem in unserem Sinne, wie ein einzelnes Individuum.

Eine derartige Welt als rein dynamisches Phänomen hat Sinn nur als Summe seiner Einzelprozesse. Sind diese nicht mehr da, so hat der Begriff „Welt" ebenso wenig Sinn und Inhalt wie der Begriff „Gastmahl", wenn alle Teilnehmer nach Hause gegangen sind.

Aber die Frage von dieser Seite aus beantworten, hieße wahrscheinlich, sie in nichtwirklicher Weise beantworten. Der Buddha selber gibt eine Andeutung bezüglich dieser Frage, und diese Andeutung zeigt, wie überall, die erstaunliche Geisteskraft dieses größten Denkers.

In einer Stelle des Mahavagga führt er einen Vergleich des Dhamma (der Lehre resp. des Gesetzes) mit dem Ozean aus in acht einzelnen Punkten. Einer dieser Vergleichspunkte geht dahin, daß, sowie der Ozean, obgleich alle Ströme der Welt in ihn fließen, doch nicht zu-, nicht abnimmt, ebenso: obwohl so viele Mönche vollständig verlöschen, in jener Art des Verlöschens, das keine Spur hinter sich läßt, doch irgend wie ein Zu- oder Abnehmen sich nicht bemerkbar macht. Das ist derselbe Gedanke, den der Mathematiker in seinem Satz ausdrückt: Unendlich minus irgendeiner endlichen Zahl bleibt stets unendlich.

Von diesem Gesichtspunkt aus dürfte die Frage wohl wirklich zu beantworten sein. Ein unendliches System kann nicht nach endlichen Zahlenwerten bemessen werden. Mögen noch so viele Einzelwesen, sich ablösend, ausscheiden: das Weltall bleibt unendlich nach wie vor.

Und damit kommen wir auf den am Schlusse des vorigen

Kapitels erhobenen Einwurf zurück, daß jede Religion ein universelles Moment enthalten müsse. Mit einem solchen ist gleichzeitig der Begriff der Welterlösung als Ganzes gegeben. Denn diesem universellen Moment steht ja die Welt als Ganzes in Abhängigkeit gegenüber, und Religion faßt im letzten Grunde nicht so sehr das Individuum, als vielmehr die Welt als Ganzes. Das aber ist, wenn man sich über dieses Wesen von Welt und Leben klar geworden ist, ein gedankliches Unding, und tatsächlich bleibt für den wirklichen Denker Religion nur als Individuelles möglich, als welches die Nibbana-Lehre sie gibt.

Es war ja wohl ein religiöses Bedürfnis, welches den „Göttersohn" Rohitassa drängte, aus dieser Welt heraus zu jener Grenze zu kommen, „wo nicht geboren wird, wo nicht gealtert, nicht gestorben wird, wo man nicht schwindet und nicht wieder ersteht" (Devaputta-Samyutta, 3). Er wollte, um uns unserer Ausdrucksweise zu bedienen, Leben als Ganzes auf ein Anderes, Höheres beziehen. So macht er sich, mit einer fabelhaften Schnelligkeit begabt, die ihn befähigt, mit einem Schritt vom östlichen bis zum westlichen Ozean zu schreiten, auf den Weg und wandert, ohne die geringste Unterbrechung, hundert Jahre lang. Aber anstatt der Welt Ende zu erreichen, stirbt er darüber hin. Jetzt, in seiner neuen Daseinsform, stellt er an den Buddha die gleiche Frage, die ihn damals zu seinem Versuche getrieben hat, und der Buddha antwortet:

„O Freund, wo nicht geboren wird, wo nicht gealtert, nicht gestorben wird, wo man nicht schwindet, nicht wieder erscheint, dieses Ende der Welt, sage ich, kann man durch Gehen nicht kennen lernen, nicht sehen, nicht erreichen. Und doch sage ich, o Freund, daß man nicht, ohne der Welt Ende erreicht zu haben, zum Ende des Leidens kommen kann. Und in eben diesem ein Maß hohen Körper, dem mit Wahrnehmung und Denken begabten, lehre ich die Welt, der Welt Entstehung, der Welt Vernichtung und den zur Weltvernichtung führenden Pfad."

Wir schlossen das fünfte Kapitel mit der Frage: „Muß der Mensch glauben, oder kann er die Tatsache ‚Welt' meistern im Begreifen?" — Hier ist die Antwort: Er kann sie meistern im Begreifen, wenn er sich auf jene Welt beschränkt, die allein begreifbar ist: die Ich-Welt. Sie kann er meistern, indem er das Wollen vom Denken aus zur Ruhe und damit den ganzen Prozeß zum Eingehen bringt.

Einer derartigen Meisterung gegenüber verlieren die Fragen „Gibt es einen Gott?" „Hat das Leben Zweck und Ziel?" „Hat die Welt Anfang oder nicht?" jeglichen Sinn und Bedeutung. Sie sind überflüssig geworden in jenem letzten und höchsten Vermögen, das mit dem Lächeln des Verstehers still über sie alle hinweggeht.

Nun soll man aber nicht denken, daß diese Religion des Individualismus, des Denkens, ganz frei wäre von Gefühlswerten. O nein! Gerade wie gewaltige Natur-Katastrophen oft die zartesten atmosphärischen Lichter mit sich bringen, so bringt diese religiöse Lehre zarteste Färbungen in die Beziehungen zwischen Mensch und Mensch. Nibbana ist ja ein höchster Endwert, nur einem nimmer rastenden Streben, einer nie ermattenden Achtsamkeit zu erreichen. Bis dieses Ziel erreicht wird, sind ja noch so viele, so endlos viele Formen zu durchwandern. Und weshalb sollte es da nicht möglich sein, daß zwei Wesen, die sich hier einander nahe gestanden haben, einander wieder treffen auf ihrer Wanderschaft im Samsara; daß zwei Liebende einander wieder begegnen, daß in der geheimnisvollen Kraft ihrer Liebe das tiefe Mysterium des Lebens ihnen aufleuchtet; daß sie ahnend wittern: hier wirken Bande aus früheren Leben? „Wenn zwei Gatten wünschen, sich im nächsten Leben zu sehen wie in diesem Leben, so sollen sie nur rechtes Vertrauen haben, rechten Wandel üben, rechte Entsagung, rechte Erkenntnis besitzen. Dann werden sie einander im nächsten Leben sehen wie in diesem hier" (Ang. Nik. IV, 56). Ich dächte, das sind Werte, die neben der christlichen Vorstellung von einem Wiedersehen im Himmel, über welches niemand sich eine Vorstellung machen kann, weil jede Analogie fehlt, wohl Beachtung verdienten; denn solange der Mensch nicht zu jener höchsten Stufe des Erkennens gekommen ist: was ist dann Schönstes für ihn? Was ist sein höchstes Glück? Mensch zu sein, als Mensch zu leben, das ist ihm höchstes Glück! Wie armselig, wie kahl ist diesem gegenüber jenes „Ewige Leben" mit seinem starren Glanz, mit seinem toten Lächeln. Fragt euch ehrlich: Soll es denn schon Leben sein, wer bliebe dann nicht lieber bei Weib und Kind, bei Hund und Vieh, bei seiner Scholle, die er kennt, mit der er atmet. In der Vorhalle des indischen Museums in London steht eine alte birmanische Glocke, deren Stifter in der auf der Außenseite eingravierten Widmung vor allem den Wunsch ausspricht, aus diesem Samsara erlöst zu werden. Solange er aber noch wandern müsse, wünsche er mit seinem treuen Weibe in allen neuen Wiedergeburten vereint zu bleiben. Ich kann mir nicht helfen, dieser Wunsch rührt mich viel mehr, als der stereotype Spruch der christlichen Grabsteine „Wiedersehen im Jenseits". Weshalb? Weil der Wunsch des Birmanen in der Wirklichkeit bleibt, die Hoffnung des Christen aber aus aller Wirklichkeit heraustritt. Man treibt transzendentes Spiel.

So behaupte ich, daß die Gefühlswerte, die mit dem Weltbilde des Buddhismus in das religiöse Leben geworfen werden, schon allein durch ihren Wirklichkeitsgehalt denen der christlichen Religion bei weitem überlegen sind. Was aber dieser Religion den größten Reiz gibt, ist dieses, daß selbst das höchste Endziel — Nibbana — nicht etwas ist, dem wir als einer Gnadengabe uns zusehnen, sondern etwas, wozu dieses Leben, dieser Tag, ja dieser Augenblick die erste Stufe bietet, wenn der Mensch nur Mut und Willen hat, sie zu betreten. Ist die Höhe noch so schwindelnd fern, es fehlt da auf diesem Wege nicht eine Stufe, und jede neue Stufe ist erreichbar aus menschlicher Kraft allein, wenn recht gerichtet durch rechte Belehrung.

Und das ist möglich, weil Bewußtsein hier selber zum Instrument der Erlösung wird und so nach Art eines Katalysators den Prozeß der Ablösung, den es einmal eingeleitet hat, selbsttätig immer weiter unterhält, bis er den eigenen, naturgesetzlichen Abschluß erreicht hat.

Erst im Buddha-Gedanken begreift sich der letzte und tiefste Sinn der Tatsache Bewußtsein. Es ist das einzige Etwas im ganzen Weltgeschehen, das fähig ist, sich selber zu begreifen. Als solches hat es auch die einzige, unersetzliche Funktion, der eigenen Aufhebung zu dienen. Solange Bewußtsein in dieser seiner wirklichen Funktion nicht begriffen ist, ist Menschenwürde nicht erreicht. Denn nicht darin liegt ja Menschenwürde, daß man die Lebenstriebe, mögen sie auf diese, mögen sie auf jene Welt gerichtet sein, immer mehr ausbildet und verfeinert — damit bleibt man ja im Bereich alles Tierischen und übt keine Funktion aus, wie sie dem feinsten Instrument des Lebens entspricht. Als Instrument der Erlösung wartet Bewußtsein auf seine eigentliche, wirkliche Anwendung, und in immer wachsender Glut und Kraft kehrt es aus der Welt der Rückwirklichkeiten und einer leeren Logik sich selber zu, sobald es dieses sein wahres Wesen begriffen hat.

Denn daß jemand ganz begriffen hat, dafür gibt es nur einen Beweis, nämlich den, daß er auch ergriffen wird und durch sich selber gezwungen wird, dementsprechend zu leben, was er als wahr erkannt hat. Begreifen tut man nicht, wenn man die Vergänglichkeit, das Leiden, das Nicht-Ich nur als Begriffe aufnimmt und logisch verarbeitet. Man muß sie in sich selber immer wieder neu erleben. Damit eine Speise nährt, muß sie gegessen werden. Damit ein Gedanke nährt, muß er verwirklicht werden. Wirkliches Denken ist essen. Die Einsicht, daß ich mich von der Außenwelt ablösen kann, wenn ich will, das genügt nicht, das schafft nichts, und wäre diese Einsicht noch so klar. Aber solche Einsicht ist gar kein wirkliches Erkennen. Dieses letztere ist stets ein Zeugungsakt, nicht im Sinne des alt-testamentlichen „Erkennens", ein Werk der Nacht — nein! es ist ein lichter, reiner Zeugungsakt: Erzeugung der Ablösung. Erst dann ist wirkliches Erkennen da, wenn die Arbeit der Ablösung wirklich einsetzt, Faden für Faden, Fessel für Fessel.

> „Fünf zerschneide, fünf laß fahren,
> Fünf entäußere ganz und gar;
> Fünffach losgelöster Mönch,
> Wogentronnen wird er genannt."

Aber sei es um die fünf Formen des Anhaftens — sie alle zu stillen, das ist ein schwindelnd fernes Ziel. Auf das erste Fädchen kommt es an, was sich jetzt, gerade in diesem Augenblick, in dir spannen will. Zerreiß es! Noch bist du sein Herr. Nicht lange, und du bist sein Sklave. Es schlägt dich in die Fessel immer neuer Notwendigkeiten. Noch ist es leicht. Ein einziger Moment der Sammlung, der Nachdenklichkeit, der inneren Durchleuchtung, und die neue Spannung löst sich in sich selber. Es ist der erste Akt wirklichen Erkennens, ein Zeugungsakt zum „Nichtmehr" hin. Darum säume nicht! Hier gibt es nur eine rechte Zeit zum Beginnen: Jetzt!

„Noch heute sei das Werk getan!
Wer weiß, schon morgen kommt der Tod."

Und jedes Tröpfchen, das aus dem köstlich-kühlen Quell des Entsagens fließt, das sammle sorgfältig, mit eifernder Wachsamkeit, daß die Tröpfchen sich zum Bach füllen, der Bach zum Fluß, der Fluß zum Strom, der nun in mächtig stillen Wogen dem offenen Weltmeer zurauscht — jenem klaren, ehrlichen, reinlichen restlosen Nichtmehr.

Das Leiden im Buddhismus

Durch seinen Haupt- und Grundsatz, daß alles Leben Leiden ist, hat der Buddhismus bei uns im Westen von jeher im Rufe des Pessimismus gestanden. Im vorigen („Das religiöse Moment des Buddhismus") habe ich zu zeigen versucht, daß Leiden hier nicht so sehr das gefühlte, als das verstandene Leiden ist, in welchem letzteren Sinne es auf der Vergänglichkeit beruht. Leben ist leidvoll, weil es ohne jedes beharrende Prinzip ist. Nur ein solches könnte in dem rastlosen Wechsel einen Ruhepunkt bieten und damit ein religiöses Seligkeitsbedürfnis stillen. Fällt in rechter Erkenntnis die Möglichkeit für einen solchen Ruhepunkt, tritt die rein flammenartige Natur alles Daseins zutage, so wird Leiden zu diesem erbarmungslosen Erleiden der Außenwelt, die der Mensch immer wieder freiwillig ergreift, um immer wieder ihrer gesetzlichen Notwendigkeit zu verfallen.

Allerdings nimmt der Buddha auch dem vulgären, gefühlsmäßigen Leiden gegenüber seinen Standpunkt ein. Klar und kühl faßt er das Ergebnis in den Worten zusammen: „Leiden ist mehr da." Und wenn er seine Anhänger auf die von ihnen durchwanderten Daseinsformen zurückweist, so spricht er nicht von den freudigen Erlebnissen, die sie in diesen langen, langen Zeiten erlebt haben, sondern von der Not, dem Elend, dem Jammer, die sie erlitten haben. Die Tränen, die sie auf dieser traurigen Wanderschaft im Samsara vergossen haben, sind mehr, als die vier großen Weltmeere fassen könnten.

Man kann der Tatsache Leiden nicht gerecht werden, ohne sich mit dem Zweckbegriff auseinander zu setzen. Daß man das ganze Weltgeschehen verzwecklicht hat, wird sich erst daraus beweisen, daß man die Tatsache Leiden gleichfalls mit verzwecklicht hat.

Schon im vorigen („Müssen wir glauben?") habe ich kurz ausgeführt, daß der Begriff der Zweckmäßigkeit wie der der Zweckfreiheit aufgehen in der Gesetzmäßigkeit des Weltgeschehens. Hier will ich die Stellung von Glaube einerseits, von Wissenschaft anderseits gegenüber dem Zweckbegriff und die Stellung des Buddhismus zwischen und oberhalb beider etwas näher kennzeichnen, weil ihr Verhältnis zur Tatsache Leiden sich damit besser wird beurteilen lassen.

Der Zweckbegriff ist etwas, das mit den Grundfragen alles Denkens aufs tiefste zusammenhängt. Erkennt man innerhalb des Weltgeschehens einen Zweck an, so heißt das, man erkennt einen höheren Zweck an; das aber heißt: Man erkennt eine höhere Macht an. Für den Glauben hat das ganze Weltgeschehen einen höheren Zweck. Die Welt als Ganzes ist ihm ein zweckmäßig arbeitender Organismus, der in jeder Regung auf eine leitende Hand hinweist. Daß die Welt auch ebensoviel Zwecklosigkeiten, ja Zweckwidrigkeiten und Verwirrungen darbietet, das übersieht man dabei, weil eben von vornherein die Tendenz zum Glauben da ist. Ist diese Tendenz aber da, nun, so ist es nicht schwer, und von gewissem Standpunkte aus durchaus gerechtfertigt, von einem zweckmäßigen Weltgeschehen zu reden. Daß dieser Gedanke nahe liegt, beweist die Tatsache, daß auch die alten Griechen die Welt einen Kosmos nannten. Um einen Vergleich zu brauchen: Wenn ich einen Topf habe, der halb gefüllt ist, so kann ich ihn mit dem gleichen Recht halb leer wie halb voll nennen. Es wird ganz von den Umständen und Vorbedingungen abhängen, welcher Ausdrucksweise ich mich bediene. Ebenso: Wenn jemand auf das Weltgeschehen blickt, das dem Unvoreingenommenen ebenso viele Zweckmäßigkeiten wie Unzweckmäßigkeiten zeigt, so wird es ganz von Umständen und Vorbedingungen, d. h. von der Tendenz des Beschauers abhängen, ob er in diesem Spiel Harmonien oder Disharmonien erkennen will. Ist die Tendenz zum Glauben da, so werden die Harmonien das Entscheidende für ihn sein. In der Zweckmäßigkeit des Weltgeschehens wird er seinen Glauben in jedem Moment bestätigt finden.

Nun gibt es ja freilich Ereignisse, von denen man annehmen sollte, daß sie selbst für den festesten Glauben nicht mit einer zweckmäßigen Leitung des Weltgeschehens vereinbar sind. Wenn in einem Erdbeben in der Zeit von ein paar Sekunden viele Tausende von Menschen zugrunde gehen, so fragt der nüchterne Denker: „Was soll diese göttliche Spielerei? Wo liegt hier der höhere Zweck?" Der Gläubige aber läßt sich durch so etwas durchaus nicht beirren. Er wäre ein schlechter Gläubiger, wenn er es täte und seinen Glauben durch derartiges, selbst wenn es ihn viel näher anginge als solch eine Katastrophe, erschüttern ließe. Er weiß: „Daß ein höherer Zweck die Welt regiert, das sehe ich in jedem Moment. Diesen Zweck selber kenne ich nicht und kann ihn nie kennen; denn Gottes Wege sind unerforschlich. Somit, treffe ich auf etwas, was einer höheren Zweckmäßigkeit zu widersprechen scheint, so liegt das lediglich an meinem beschränkten Menschenverstand. Es ist Gottes Ratschluß so gewesen. Was Gott tut, das ist wohlgetan." So dienen derartige mit der Vorstellung eines allgütigen Gottes scheinbar unvereinbare Tatsachen im Gegenteil dazu, seinen Glauben an Gott und seine Allgüte zu bestärken. Solche Ereignisse sind ihm nur Übungen im Glauben und stärken letzteren, wie der Widerstand den Muskel stärkt. Als Tyndale, ein Heiliger des Mittelalters, einst in einer seiner Verzückungen die für ewig Verdammten im höllischen Feuer leiden sah, rief er im Übermaß seines Gefühls aus: „Ach, Herr! Wie wahr ist doch der Spruch: Die Erde ist voll deiner Güte!" Das nenne ich als Gläubiger gläubig reagieren. Mir scheint, daß keine Kampfesform gegen den Gottbegriff nutzloser war als die Voltaires, der es liebte, beim Zweckbegriff einzusetzen und aus der Zweckwidrigkeit des Weltgeschehens die Unmöglichkeit einer göttlichen Leitung zu beweisen. Wer keinen Glauben hat, braucht derartige Beweise nicht, und wer ihn hat, für den sind sie wertlos. Im übrigen sind sie aber verfehlt in jeder Hinsicht; denn tatsächlich zeigt das Weltgeschehen ja eben so viel Zweckmäßigkeit wie Zweckwidrigkeit. Es ist gesetzmäßig, und darin erschöpft sich sein ganzes Wesen.

Ich gehe jetzt darauf über, ganz kurz die Stellung der Wissenschaft zum Zweckbegriff zu kennzeichnen.

Mit dem Moment, wo die Wissenschaft sich anmaßte, eine Weltanschauung zu schaffen, d. h. mit dem Moment, wo sie wagte, das biologische, wirkliche Weltgeschehen nach den Gesetzen des physikalischen, rückwirklichen Weltgeschehens zu deuten, stand sie vor der Aufgabe, das Weltgeschehen, soweit es den Eindruck der Zweckmäßigkeit erweckte, zu erklären. Sie stand vor den Wundern der tierischen Organe, die in ihrer stummen und doch so lauten Sprache immer nur eines zu sagen schienen: Es ist ein Gott! In diesen Wundern der Organe hatte der Glaube einen nie versagenden Trumpf gegenüber der Wissenschaft. „Erklärt die Wunder der Sinnesorgane, des Gehirns durch euren Mechanismus, und wir wollen euch das Recht zugestehen, einen Gott zu leugnen." Solange man diese Erklärung nicht geben konnte, war jeder Versuch, eine wissenschaftliche Weltanschauung zu schaffen, aussichtslos. Man blieb der Idee einer zweckmäßig arbeitenden Lebenskraft verfallen. Solange das aber der Fall war, war eine gründliche Trennung zwischen Glaube und Wissenschaft nicht vollzogen. Beide entwuchsen sie derselben Wurzel: Dem Glauben an ein höheres Prinzip. Und ihre Verschiedenheit lag schließlich nur im Arbeitsgegenstand, in den angewandten Methoden und in der Namengebung.

Diesem peinlichen Zustande machte Darwin mit seiner Theorie vom Überleben der Passendsten ein Ende. Um eine triviale Redensart zu gebrauchen: Er half dem dringendsten Bedürfnis der modernen Wissenschaft ab. Und darauf beruht das ungewöhnliche Aufsehen, das sein Buch von der Entstehung der Arten hervorrief. Bei ihm heißt es wirklich: Die Nachfrage bestimmt den Preis. Das Buch an sich ist so beschaffen, daß es zu anderer Zeit wohl spurlos hätte in der Bücherflut ertrinken können. Aber der Gedanke, den es vertrat, der war gerade das, dessen die damalige Biologie bedurfte, um überhaupt Biologie als Wissenschaft werden zu können. Mit Darwins Theorie eröffnete sich die Möglichkeit, den Zweckbegriff aus den Lebensvorgängen zu eliminieren. In physikalischer Auffassung war das ganze Weltgeschehen ein Fall von Orten höherer zu Orten niederer Spannung. Die ganze rückwirkliche Seite des Weltgeschehens bot dieser Auffassung keine Schwierigkeiten und brachte den ungeheuren Vorteil mit sich: Man konnte rechnen. Aber die Biologie, d. h. die wirkliche Seite des Weltgeschehens, schien dieser mechanischen Auffassung sich durchaus und für immer zu widersetzen. Was wollte man gewissen ganz spezifischen Bildungen bestimmter äußerer Organe gegenüber, gewissen Farbenspielen, gewissen Eigenmächtigkeiten in der Drüsentätigkeit etc. gegenüber mit mechanischen Erklärungsprinzipien anfangen! Hier setzte Darwin ein. Seine Lehre vom Überleben des Passendsten war das allgemein mechanische Prinzip, wie es für das physikalische Weltgeschehen überall galt, ins Biologische übertragen.

Über Darwin und sein Verhältnis zur Wirklichkeitslehre des Buddha ist an anderer Stelle (Buddhismus als Weltanschauung) ausführlicher gesprochen worden. Hier kommt es nur darauf an, die wahrscheinlich unabsichtliche Rolle zu zeigen, die er im Kampfe der modernen Biologie gegen den Zweckbegriff spielte. Ich sagte eben „unabsichtlich". Denn er selber war ein gläubiger Mann. Seine Lehre vom Überleben des Passendsten hinderte ihn durchaus nicht, eine göttliche Oberintendanz anzuerkennen. Ihm war seine Lehre wohl nichts als eine Lesart des biologischen Geschehens, und nicht jenes universelle, selbsttätige Bildungsgesetz, zu welchem die deutschen Biologen, die in einem viel heftigeren Gegensatz zur Religion standen als er, es gemacht haben.

Nimmt ein Kopf es mit der mechanischen Weltanschauung ernst, so darf er freilich vor keinem Lebenswunder haltmachen. Sie alle, Denken mit inbegriffen, müssen sich den gleichen Gesetzen fügen wie der fallende Stein und der kreisende Planet — Gesetzen, die sich in Zahlen formulieren lassen. Für den echten Wissenschafter ist das ganze Weltgeschehen etwas, in dem der Zweckbegriff durchaus keinen Platz hat. Und alle scheinbare Zweckmäßigkeit ist· sozusagen das Ergebnis eines sich aneinander Reibens und Glättens. Etwa wie die Steine in einer Gallenblase einer durch äußere Einwirkung des anderen bestimmte Form annimmt, und wie diese Form auch die den Umständen am besten entsprechendste, zweckmäßigste ist, so ist nach der Vorstellung der mechanischen Weltanschauung alle Zweckmäßigkeit im Weltgeschehen zu erklären: ein reines Produkt, ebenso wie ihre „Kraft" ein reines Produkt ist. Wie Leben selber für diese Weltanschauung nichts Besonderes an sich ist, sondern lediglich auf der besonderen Anordnung der elementaren Bestandteile beruht, so beruht auch alle scheinbare Zweckmäßigkeit nicht auf einem wirklichen Zweck, sondern lediglich auf dem mechanischen Aufeinanderwirken der Dinge und Vorgänge. Wie die Tatsache, daß das Wasser abwärts fließt, ein reiner Mechanismus und doch von höchster Zweckmäßigkeit ist, so soll es auch mit den Wundern der Organe gehen — ein reiner Mechanismus und doch von höchster Zweckmäßigkeit.

Mit diesem Standpunkt setzt die Wissenschaft sich freilich in die Notlage, das Entstehen des Lebensorganismus, im ganzen oder in seinen einzelnen Teilen, nun auch experimental zu beweisen, die Wunder der Organe, insonderheit der Sinnesorgane, zu veranschaulichen und als Ergebnis von Vorbedingungen begreifen zu lehren. Aber das macht ihr keine sonderliche Not. Im Gegenteil! Sie hat sozusagen ihren Lebensunterhalt davon. Wie beim Zeugungsproblem schiebt sie die Lösung aus einer Stufe in die vorhergehende. Platz genug im Weltall ist da, und eine gewisse intellektuelle Befriedigung gewährt dieser bedingte Fortschritt immer. Mit diesen bedingten Fortschritten, die das, was erklärt und begriffen werden soll, nur immer wieder in Form einer neuen Frage setzen, hat die moderne Wissenschaft die Geister der Gebildeten gefangen und hält sie zum großen Teil heute noch.

Mit dieser Stellungnahme gegenüber dem Zweckbegriff ergibt sich auch das Verhältnis der Wissenschaft zum Leiden. Derartiges gibt es hier überhaupt nicht. Für die Wissenschaft ist das Weltgeschehen kein Konzert mit Harmonien und Disharmonien, sondern eine Summe farbloser Schwingungen, die sich nur in der Zahl unterscheiden. Ein unerquickliches Ding.

Ich gehe nun dazu über, die Stellung des Buddhismus gegenüber dem Zweckbegriff zu kennzeichnen.

Der Glaube sagt: „Leben hat Zweck, von einer höheren Macht aus, die ihm einen Zweck gibt." Die Wissenschaft sagt: „Leben ist zweckfrei". Der Buddha sagt: „Leben ist sich selber Zweck", eine Einsicht, in welcher die Zweckmäßigkeiten des Lebens wie seine Zweckwidrigkeiten sich begreifen. Es ist das Wunder des Reflexivums, dem wir im Buddhismus immer wieder begegnen. Im Reflexivum verliert die Sprache ihren alltäglichen Sinn. Sich selber Herr sein heißt, sich selber Sklave sein.

„Leben ist sich selber Zweck" heißt einerseits: Leben ist ein streng gesetzmäßiger, aber autonomer Vorgang (wir werden im Problem der Willensfreiheit darauf zurückkommen),

anderseits: Leben hat keinen Zweck als den, welchen der Einzelne ihm immer wieder beilegt — eine Wahrheit, die Goethe in dem Verse idealisiert hat:
„Willst du dich des Lebens freun,
Mußt selber du ihm Wert verleihn."
Die Fähigkeit des echten Dichters, die ganze Trostlosigkeit des Lebens in der Werkstatt des Denkens zu verarbeiten und in Form eines Ideals der Welt zurückzugeben, ist wahrhaft erstaunlich.

Wie die Wissenschaft, so muß natürlich auch der Buddhismus sich mit der unbegreiflichen Zweckmäßigkeit der Organe auseinandersetzen. Die Lösung, welche dieses große Rätsel im Buddha-Gedanken findet, ist im vorhergehenden bereits angedeutet, soll aber bei der Wichtigkeit der Frage hier noch einmal kurz erklärt werden.

Wie die Flamme aus Zündfunken und Brennholz, so besteht jedes Lebewesen aus der Ichkraft, welche dem Zerfall ihrer letzten Daseinsform entstammt und dem Zeugungsmaterial, welches im Geschlechtsakt vom weiblichen und männlichen Teile geliefert wird. Ich gebrauche hier das Wort Zeugungsmaterial konventioneller Weise. In Wahrheit ist der geschlechtliche Akt kein Zeugungsakt, sondern er gibt in dem dabei gelieferten Material nur die Möglichkeit für eine Zeugung; er gibt der Zeugung nur Vorschub. Zeugen tut nur Kraft, indem sie in der Reibung immer wieder sich selber in neuer Form zeugt, was da, wo Kraft als solche unmittelbar begreifbar wird, in den Willensregungen sich darstellt.

Jedes Lebewesen ist ein einzigartiger Wert, wie Bewußtsein und Wollen unmittelbar beweisen. Als Einzigartiges stimmt er sich auf ein Material mit einzigartigen biologischen Möglichkeiten ab. Ein solches Material ist in der mütterlichen Ei- und der väterlichen Samenzelle gegeben. Auf diesem einzigartigen Material faßt Kraft, sobald sie im Zerfall ihrer alten Form frei wird, unmittelbar, nicht in Zeit-Raum übergehend. Hier von einem Freiwerden und Übergehen zu reden, ist inkorrekt. Aber, wie schon gesagt, die Sprache versagt diesem reinen Dynamismus gegenüber. In Wahrheit kann man nichts sagen als: Es wirkt, es brennt, unterbrechungslos. Das Wirken an neuer Stätte besteht darin, daß Kraft, die in diesem

Material bis ins einzelste gegebenen biologischen Möglichkeiten entwickelt und mit ihnen zusammen aufblüht, sich entwickelt zu jenem Lebewesen, zu dem es, entsprechend diesen biologischen Möglichkeiten, sich entwickeln mußte.

Biologisches Material ist individuelles Material. Dieses ist Ausdrucksform individueller Kraft, und als solches ebenso, wie die Ich-Kraft selber, Entwickelungsglied einer anfangslosen Reihe. Material ist eben nicht, was die Wissenschaft daraus machen will: Materie, sondern Kraftform. Freilich ist Weltgeschehen nicht möglich ohne Stoffhaftes. Eine für sich bestehende Kraft ist ein Unding. Aber Kraft ist überall das entscheidende. Nicht das Dasein, sondern das Geschehen überwiegt. Leben ist ein dynamisches, kein materielles Phänomen, dem gegenüber man dann vor der Frage steht: „Wie kann in diese Materie die erste geordnete Bewegung hineinkommen?" Kraft führt an, nicht zeitlich, aber dem Sinn und der Bedeutung nach. Jedes Lebewesen ist also nicht nur durch die Kraft, auf Grund deren es da ist, sondern auch durch sein biologisches Material das streng gesetzmäßige Erbe anfangsloser Vorbedingungen. Mag dieses Material in seinen biologischen Möglichkeiten und Anlagen noch so unberechenbar gewechselt haben — als streng individuelles geht auch dieses in eine anfangslose Reihe zurück. Denn schließlich ist ja diese Material-Linie nichts als die Kraftlinie des „Du", soweit sie immer wieder den Treff- und Schnittpunkt für die Kraftlinie des „Ich" abgibt.

Ich bediene mich hier absichtlich des Wortes „unberechenbar"; denn wir müssen darauf gefaßt sein, diese biologischen Möglichkeiten über die ungeheuersten Weltkatastrophen hinwegzuretten. Die moderne (oder veraltete?) Nebularhypothese über unser Sonnensystem, mag sie richtig, mag sie falsch sein, darf doch aus der Einsicht in die individuelle Anfangslosigkeit keine Undenkbarkeit machen, und sie tut das tatsächlich nicht, wenn man einerseits bedenkt, daß Kraft unmittelbar übergeht, rücksichtslos gegen Zeit-Raum; daß die Entfernungen von Lichtjahren oder Lichtjahrhunderten nicht mehr Bedeutung haben, als Millimeter-Distanzen; wenn man ferner bedenkt, daß in der Welt, als einem unendlich großen System, Blühen und Welken, Sprossen und Absterben nebeneinander bestehen. Einem Auflösungszustand hier wird ein sich Neu-Ballen dort entsprechen. Stätten zur Entwickelung biologischer Möglichkeiten sind immer da, mögen die äußeren Umstände an die Anpassungsfähigkeiten des Materials auch noch so große Anforderungen stellen. Dementsprechend führt buddhistisches Denken das individuelle Dasein über ein Kappa (Kalpa) nach dem anderen hinweg, immer weiter rückwärts, immer weiter rückwärts, bis schließlich die letzte Spur verschwindet im bleichen Dämmerlicht anfangsloser Unendlichkeiten; nicht weil der Faden der Individualität abrisse, sondern weil er auch der schärfsten Klarsicht, der ausgebildetsten Technik, nicht mehr verfolgbar ist.

So beantwortet der Buddhismus die Frage, wie es zu den Wundern der Organe hat kommen können, dahin:

Es hat überhaupt nie dazu kommen können. Leben ist ja in dieser Wirklichkeitslehre nicht der leere, über der Wirklichkeit schwebende Begriff, der sich erst mit organischem Inhalt füllen muß. Sondern Leben, wo es ist, da ist es als individuelles, d. h. organisches von Anfangslosigkeit her dagewesen. Diese Organe mögen die Form noch so sehr gewechselt haben entsprechend Umständen und Vorbedingungen, der Anlage nach, als Kraftform, gehen sie in eine Reihe zurück, für die es einen Anfang so wenig gibt wie für Kraft selber.

Die mechanische Weltanschauung sagt, um ein Beispiel zu geben: „Das Auge ist vom Sehen", sozusagen Ergebnis eines physiologischen Gefälles, wobei sie sich freilich hüten muß, dem Gedanken bis an die Wurzel zu folgen, weil sie hier auf eine völlig unbegreifliche Anlage zum Sehen stoßen würde. Die teleologische Weltanschauung, d. h. der auf die Wissenschaft übertragene Glaube sagt: „Das Auge ist zum Sehen." Damit erkennt sie eine zweckmäßig arbeitende Lebenskraft an, die immer Glaubenssache ist, auch wenn sie nicht gerade Gott genannt wird. Der Buddhismus sagt: „Das Auge ist weder vom Sehen, noch zum Sehen, sondern ein Wesen lebt unter Augentwickelung, unter Ohr-, Gehirn- usw. -entwickelung auf Grund einer Gesetzlichkeit, die weder in einer höheren Macht, noch im Zusammenfall äußerer Umstände, sondern in ihm selber liegt, und als solches das Ergebnis anfangsloser Vorbedingungen ist. Fraglos wird diese Entwickelung durch äußere Umstände beständig mehr oder weniger beeinflußt. Kein Verständiger wird das leugnen. Und insofern wird Darwins Theorie stets bedingte Richtigkeit behalten. Aber das Entscheidende des ganzen Vorganges liegt nicht in den Umständen, sondern in den Vorbedingungen, d. h. nicht in der Außenwelt, sondern im Lebewesen selber, welches letztere dadurch zum Ausdruck anfangsloser Selbstgesetzlichkeit wird. Als dieser Ausdruck anfangsloser Selbstgesetzlichkeit ist Leben und seine Organisation weder zweckmäßig, noch zweckfrei, sondern sich selber Zweck. Man muß sich eben darüber klar werden, daß Leben da, wo es sich erlebt, es selber ist und weiter nichts, nicht geschaffen zu einem bestimmten Zweck, nicht ungeschaffen als zweckfreies, sondern sich selber schaffend. Solange man Leben bespekuliert als etwas, das notwendig Anfang und Zweck haben muß, oder ebenso notwendig keinen Anfang und keinen Zweck haben kann, solange steht man im Schatten seines eigenen Nichtwissens, indem man an das Leben, das doch nur in einer einzigen Form als wirkliches da ist, nämlich da, wo das Individuum es selber erlebt, von außen herantreten will, was eben so viel Sinn hat, als wenn der Schatten an das Licht herantreten wollte. Dem Leben gegenüber ist nur eine Frage möglich: „Was ist es?" Worauf dann die Antwort lautet: „Es ist anfangslose Selbstgesetzlichkeit." In dieser Antwort aber lösen die beiden Allerweltsfragen „Woher stammt es?" „Wozu ist es da?" sich restlos auf: Aus sich selber stammt es und ist da nur für sich selber, wie die Lust, die im letzten Grunde nur ihrer selbst wegen da ist, und mag sie noch so ideal sein, es einem jeden unmittelbar beweist.

Dieses Ergebnis kann nicht durch Syllogismen bewiesen werden. Es kann nur gelehrt, immer wieder gelehrt werden, und der denkende Geist muß allmählich hineinwachsen, wie er in eine Pflicht hineinwächst. Und tatsächlich nenne ich diese Einsicht in die anfangslose Selbstgesetzlichkeit eine gedankliche Pflicht des Menschen; denn mit ihr umgreifen und begreifen sich seine religiösen, moralischen, sozialen Pflichten. Daß man je zum vollen Verständnis dieser Pflichten kommen könnte, ehe man einen gedanklichen Standpunkt dem Leben gegenüber eingenommen hat, das ist nicht möglich.

Damit kommen wir auf die Lehre vom Leiden im Buddhismus zurück. Sie ist nichts als das Ergebnis eines Denkens, das von diesem seinem höchsten Recht, dem Leben selber gegenüber einen Standpunkt einzunehmen, Gebrauch gemacht hat. Wo Leben als etwas begriffen ist, das sich selber Zweck ist, da kann Leiden keine andere Deutung erhalten, als es tatsächlich im Buddhismus erhalten hat.

Der Prozeß der Verwirklichung, den die leitenden Begriffe des Brahmanismus im Buddhismus erlebten, war ein fast grausamer. Nirvana — ich kann es euch lehren; es ist das Freiwerden von der Gier in euch, von dem Haß, von der Verblendung. Aufhören des Wanderns im Samsara — ich kann es euch lehren; es ist Aufhören des Daseins überhaupt. Die Gemeinschaft mit dem Großen Brahma — ich kann sie euch lehren; es ist ein Gemüt, das in Liebe und Mitleid, in stiller Freude, in erhabenem Gleichmut alles Lebende einschließt. Ein solches Gemüt, vierfach gerichtet, das ist das wahre „Brahma-Heim". Wie ihr den Gott an euren Herd zieht? Ich kann es euch lehren; dadurch, daß ihr Vater und Mutter ehrt und tugendhaften Wandel führt. Das nutzbringendste Opfer ist — ich kann es euch lehren; es ist unermüdliches Geben.

Einer entsprechenden Verwirklichung mußte sich auch der Leidens-Begriff unterziehen.

Für jede Glaubensreligion ist die Tatsache, daß Elend, Jammer, Leiden da ist, etwas, mit dem sie nicht eher etwas anfangen kann, als bis sie es sich selber nach ihren Bedürfnissen zugestutzt hat. Mag sie es zustutzen, wie sie will — eines darf sie nicht: Leiden einfach als solches, nämlich als Leiden nehmen. Steht hinter dieser Welt ein Metaphysisches, aus welchem heraus das ganze Weltgeschehen erst Sinn und Bedeutung bekommt, so muß auch das Leiden, das jeder hier erleben muß, einen höheren Sinn haben.

Das religiöse Indien hatte da eine Antwort gefunden, die uns immer wieder durch ihre Kühnheit und Absonderlichkeit überrascht. Leiden war hier ein Selbstreinigungsprozeß der von Form zu Form wandernden Seele, des Atman. Aus dieser

Anschauung heraus wurde es natürlich, daß man diesen Prozeß der Selbstreinigung künstlich zu unterstützen, zu beschleunigen suchte. Je schneller, je gründlicher der Reinigungsprozeß, um so eher die Möglichkeit, zu der ersehnten Einheit mit Gott zu kommen. So wurde Askese die Axe indischer Religiosität. Und diese Vorstellung scheint sich des ganzen Volkskörpers mit einer Vollständigkeit bemächtigt zu haben, wie wir von heute es gar nicht mehr verstehen. Selbst ein Geist, wie der des Buddha Gotama mußte dieses Fegefeuer durchmachen, um zu reineren Anschauungen zu kommen. Daß er an diesem Bruch mit der Askese in seinem ersten Auftreten als Buddha fast gescheitert wäre, das habe ich im Vorhergehenden gezeigt. Immerhin konnte er sich später auf diese seine Jugenderfahrungen stützen. Er konnte mit vollem Rechte von sich selber sagen: „Kasteiung habe ich geübt, allerhöchste Kasteiung" (Tapassi sudam homi paramatapassi). Und selbst als er schon zur vollen Erwachung gelangt ist, scheint es, als ob die alte indische Anschauung noch in ihm nachwirkt, als ob er sich vor sich selber in seiner neuen, so un-indischen Lebensführung rechtfertigen müsse.

Das erste Kapitel im Mara-Samyutta des Samyutta-Nikaya berichtet folgendermaßen:

„So habe ich gehört. Einst weilte der Erhabene zu Uruvela, am Ufer der Neranjara, am Fuße des Ziegenhirten-Feigenbaums, gleich nachdem er zur Buddhaschaft gelangt war.

„Da nun stieg dem Erhabenen in seiner Einsamkeit und Zurückgezogenheit folgende Gedanken-Erwägung auf: ‚Befreit wahrlich bin ich von dieser beschwerlichen Bußarbeit! Glücklich befreit wahrlich bin ich von dieser zum Unheil führenden Last der Bußarbeit; glücklich gefestigt, voll ruhiger Überlegung, höchste Weisheit besitzend.'

„Da merkte Mara, der Böse, diese Gedankenerwägung des Erhabenen und begab sich dahin, wo der Erhabene war. Dort redete er den Erhabenen mit folgendem Verse an:

,Bußwerk hast du unterlassen,
Worin Menschen sich reinigen,
Der Unreine glaubt sich rein wohl,
Und ist Sünder doch am Reinheitspfad.'

„Da nun merkte der Erhabene: ‚Das ist ja Mara, der Böse‘, und erwiderte ihm mit folgendem Verse:

‚Als Unheil bringend hab' erkannt,
Was da an anderer Buße ist,
Führt Unheil mit sich ganz und gar
Gleich Ruder auf dem Land verwandt.
Tugend, Vertiefung, Weisheit, auch
Den Klarsichts-Pfad beherzigend,
Reinheit hab' ich die höchste jetzt.
Vernichtet bist du, Endiger.‘

„Da nun dachte Mara, der Böse: Der Erhabene kennt mich! Der Willkommene kennt mich, und bekümmert und mißmutig verschwand er da."

Es ist wohl kein Zufall, daß diese Überlegung dem Buddha kommt, gleich nach seiner Buddhaschaft. Mara, der Böse, das ist, um einen christlichen terminus technicus zu gebrauchen, der alte Adam, die Natur, die uns immer wieder in ihr altes Geleise ziehen will. Sie wird hier vom Buddha kraft seiner neuen Erkenntnis abgewiesen. Immerhin ersieht man aus dieser Episode, wie groß ihm selber diese Abweichung vom Althergebrachten erschien.

Völlig verschieden von der indischen Auffassung ist die Auffassung des Leidens im Christentum.

Hier wird Leiden zu einem Zuchtmittel, welches ein Gottvater seinen Kindern gegenüber anwendet. Damit erhält aber die ganze Tatsache „Leiden" einen merkwürdig paradoxen Charakter. Man weiß nicht mehr, ist dieses Leiden nun eigentlich ein wirkliches Leiden, oder ist es eine Art umgekehrter Freude. Denn von Gott einer besonderen Beachtung gewürdigt werden, und wäre es selbst in Form einer Peinigung, ist doch immer eine Bevorzugung. So schleicht sich da ein sophistisches Element ein, welches ein Sophist auch leicht ausnutzen könnte, etwa in ähnlicher Weise, als wenn jemand zu einem anderen, der vor ihm steht, sagte: „Du bildest dir ein, daß du hier aufrecht vor mir stehst. In Wahrheit aber ist das gar nicht der Fall, sondern du stehst, umgekehrt, Kopf." Tatsächlich wird man, wenn man die Schriften der christlichen Mystiker liest, etwa den Thomas von Kempen oder den Suso, oder die Frau von Guiyon, irre an dem Begriff des Leidens, wie er für den gesund denkenden Menschen besteht. Diesen Gott-trunkenen Geistern wurde Leiden zu einer ausgesuchten Lebensleckerei. Sie leben in einer beständigen Sucht nach Leiden, welche sie zu allerhand Unnatürlichkeiten, Widerwärtigkeiten und Geschmacksverirrungen treibt.

Aber das Paradoxe, was sich mit der christlichen Auffassung in den Begriff des Leidens einschleicht, betrifft nicht nur das Gefühlsmäßige, sondern in noch höherem Grade das Verstandesmäßige. Denn man sagt sich: Woher soll diese instinktive Sehnsucht des Menschen nach Erlösung sich anders erklären, als aus der fraglosen Tatsache des Leidens? Wird aber die Tatsache des Leidens in dieser wunderlichen Weise gedeutet, wo bleibt dann da noch ein Motiv für Erlösung? Denn Erlösung ist Erlösung aus dem Leiden dieser Welt. Und wie motiviert sich das, wenn Leiden eine Zuchtrute, ein Erziehungsmittel, ja ein Beweis der Fürsorge Gottes ist?

Der Christ erwidert: „Wenn wir Leiden auch in diesem Sinne auffassen, so sehnen wir uns doch aus dieser Welt heraus zu einer Gemeinschaft mit Gott." Aber selbst dieser Gedankengang muß für den geraden Denker etwas Unmotiviertes haben. Hier ist diese Welt von einem Gott geschaffen, der Mensch in sie hineingesetzt. In dieser Welt gibt es, trotzdem sie Machwerk Gottes ist, viel Leiden. Dieses Leiden hat man in einem gedanklichen Anpassungsprozeß, der an sich durchaus Hochachtung verdient, weil er eine außerordentlich wertvolle moralische Arbeitshypothese ist, zu einem Zuchtmittel Gottes gemacht. Ich frage aber jeden gerade Denkenden: Wo bleibt bei solchem Gedankengange die Motivierung für das Erlösungsbedürfnis? Ist die Welt Gottes Werk und Leiden seine Rute, nun so heißt es, geduldig abwarten, bis die Rute ihre Wirkung getan hat, und alles auf Erden so lebt, daß es eben der Rute nicht mehr bedarf.

Das jüdische Volk dachte in dieser Beziehung sehr viel natürlicher und praktischer. Sie erwarteten jenen vollkommenen Zustand hier in dieser Welt, deren Leben sie kannten und lieb hatten. Daher tritt hier viel weniger das Verlangen nach einem Ewigen Leben in Gemeinschaft Gottes hervor.

als vielmehr das Verlangen nach dem baldigen Erscheinen des Messias. Dieser Standpunkt ist verständlich, menschlich. Man erkannte das Leiden an, nahm es als solches, aber man hoffte Hilfe durch einen Gottgesandten. Man durfte diesen etwas eigenmächtigen Gedankengang gehen, weil hier das Netz der Dogmen nicht so fest geschnürt war wie im späteren Christentum. Bei letzterem blieb für die Tatsache Leiden gar keine andere Deutung, als die des göttlichen Zuchtmittels. Denn jede andere Deutung hätte die Vorstellung einer fremden Macht im Weltgeschehen und damit einen Dualismus begünstigt. So blieb man wohl folgerichtig in der Ausarbeitung dieser dogmatischen Vorstellung, aber, wie bei jedem Dogma, versperrte man sich auch hier den Weg zur Wirklichkeit und ihren Tatsachen. Und die Tatsache, welche durch das Dogma vom Leiden als einem Zuchtmittel unerklärlich gemacht wird, das ist dieses von jeher im Menschtum rührende Erlösungsbedürfnis.

Mögen wir die Weltliteratur durchgehen, wann und wo wir wollen, überall tritt uns diese eigentümliche Sehnsucht nach Erlösung entgegen. Sie schwebt über allem Menschtum wie ein eigentümlich traurig-fahles Licht; eines jener trüben Lichter, die zu durchaus nichts anderem zu dienen scheinen, als nur, um die Dunkelheit zu zeigen. Beim genußsüchtigen Griechenvolke klopft sie an die Pforte. Aus dem Wohllaut Sophokleischer Verse tönt sie wieder. Selbst bei den kindlichheitern Völkern der Südsee klingen ihre tiefen Akkorde aus uralten Schöpfungssagen.

Diesem dunklen Erlösungsdrange der Menschen gibt die Wirklichkeitslehre des Buddha eine wahrhaft erfrischende Deutung trotz der schonungslosen Strenge, mit der sie über alte Ideale hinwegfegt. Leiden ist hier das, als was jeder gerad Denkende es empfindet: Leiden. Es ist das, was es in einer Wirklichkeitslehre nur sein kann: Es selber, und damit etwas, von dem man sich zu befreien sucht, wenn es geht; das man aber geduldig und standhaft zu ertragen sucht, wenn es nicht geht.

Auch hier freilich machen sich hin und wieder wohl Anwandlungen zum Märtyrertum bemerkbar, aber das Ganze behält doch einen anderen Charakter. Ich weise hier z. B.

auf das Punnovada-Sutta hin. Ein Mönch, namens Punna, hat den Entschluß gefaßt, sich bei den Sunern, einer wilden Völkerschaft im Westen, niederzulassen. Der Buddha warnt ihn: „Wild sind diese Menschen, roh sind sie. Wenn sie dich schimpfen und schmähen, was wirst du dann denken?" — „Wenn sie mich schimpfen und schmähen, dann werde ich denken: ‚Gütig, wahrlich, höchst gütig sind diese Suner, daß sie mich nicht mit den Händen schlagen.'" — „Wenn sie dich aber schlagen?" — „Dann werde ich denken: ‚Gütig, wahrlich, höchst gütig sind diese Suner, daß sie mich nicht mit Steinen werfen.'" — „Wenn sie dich aber mit Steinen werfen?" — ‚„So werde ich denken: ‚Gütig, wahrlich, höchst gütig sind diese Suner, daß sie mich nicht mit Stöcken schlagen.'" — „Wenn sie dich aber mit Stöcken schlagen?" — „Dann werde ich denken: ‚Gütig, wahrlich, höchst gütig sind diese Suner, daß sie mich nicht mit Schwertern schlagen.'" — „Wenn sie dich aber mit Schwertern schlagen?" — „Dann werde ich denken: ‚Gütig, wahrlich, höchst gütig sind diese Suner, daß sie mich nicht mit diesen Schwertern des Lebens berauben.'" — „Wenn sie dich aber des Lebens berauben?" — „Dann werde ich denken: ‚Es gibt ja Jünger des Erhabenen, die voll Überdruß und Abscheu gegen Leib und Leben darauf sinnen, die Waffe zu ergreifen (d. h. sich selber zu töten durch Öffnung der Adern). Dieses Ergreifen der Waffe habe ich erreicht, ohne darauf zu sinnen.'"

Der Unterschied in der christlichen und buddhistischen Tendenz ist leicht zu erkennen. Der christliche Glaubensheld hofft auf den Märtyrertod, der Jünger des Buddha ist bereit, ihn zu ertragen, wenn die Umstände es erfordern. An Schopenhauers Ausspruch vom Härenen Hemde anklingend, heißt es schön und einfach:

„Geduld und Duldung höchste Buße ist".

(Dhammapada 184).

Wie im vorigen gezeigt, ist im Buddhismus Leben nicht etwas, das Leiden als Attribut hat, sondern Leben ist Leiden selber. Damit ist jener Standpunkt gegenüber dem Leben gewonnen, aus dem sich alle jene Folgerungen erklären, die denen, welche nicht zu der gleichen Erkenntnishöhe sich durchgerungen haben, so widernatürlich erscheinen. Leben ist Leiden, nicht gefühlsmäßig, sondern verstandesmäßig. Leiden ist durchaus nichts als es selber, erlaubt keine Deutung von einem Transzendenten aus. Somit ist die einzige Reaktion, die es hervorruft, der Wunsch, sich von ihm zu befreien. Damit ist über Leben mit entschieden. Leben geht restlos in diesem Leidensbegriff auf, wie es notwendig ist da, wo Leben erkannt ist als etwas, das nicht irgend einen höheren Zweck hat, sondern nur sich selber Zweck ist.

Diese Überlegung sollte genügen, um den Buddhismus vom Verdacht eines gemeinen Pessimismus freizusprechen. Er ist nicht Pessimismus, er ist nicht Optimismus; er ist Wirklichkeitslehre und weiter nichts. Der Wirklichkeit mit pessimistischen, optimistischen Auffassungen gegenübertreten, das heißt mit nichtigen Begriffen über sie arbeiten, nicht in ihr selber verharren. Hat jemand Leben als Leiden begriffen, so ist das kein Pessimismus, sondern Wirklichkeit. Hat er sich durch inniges Nachdenken, durch ernsthaftes Streben von diesem Leiden befreit, weiß er „Leiden ist gehoben" und jauchzt er darüber, so ist das kein Optimismus, sondern Wirklichkeit; in beiden Fällen ein gesetzmäßiges Verhalten den Tatsachen gegenüber. Freude hat sehr wohl Platz in diesem System. Eine größere Freude als die eigene Meisterung gibt es ja nicht. Mein Tun gehört der Welt, mein Lassen gehört mir, und die Glücksgefühle, die es hervorruft, bleiben rein in mir ruhen. Man bedenke:

„Nach Gütern streben, das ist eins,
Ein andres ist Nibbanas Weg."
(Dhammapada 75.)

Es sind die stillen, innigen Freuden der Loslösung, der Heimatlosigkeit, der Unabhängigkeit, die hier den Denker und Kämpfer überfallen.

„Hochglücklich, wahrlich, leben wir,
Denen gar nichts eigen ist,
Freude ist unsere Nahrung
Wie die glänzenden Götter ganz",

heißt es im Glückskapitel des Dhammapada.

In einem Sutta des Majjhima-Nikaya (Nr. 151) fragt der Buddha seinen vornehmsten Jünger, Sariputta: „Ruhig, o

Sariputta, sind deine Züge, rein und klar ist dein Antlitz: In welchem Verweilen weilst du jetzt am meisten?" — „Im Verweilen der Leere, o Herr, weile ich jetzt am meisten." — „Heil dir, Heil dir, Sariputta! Großer Männer Verweilen, sagt man ja, Sariputta, ist es, in dem du jetzt verweilst!" Was aber unter dieser Leere, sunnata, zu verstehen ist, das zeigt dann das ganze folgende Sutta. Die Leere hier im echten Buddhawert ist nicht jenes Abstraktissimum, das es im Mahayana geworden ist, sondern es ist die sozusagen tropfenweise Entleerung von allem, was Zündstoff für neue Willensregungen geben könnte. Es ist der zähe, strenge, unermüdliche Prozeß der inneren Ausglühung.

Tiefe, oft rührende Einblicke in diesen Ablösungsprozeß des einzelnen vom Weltganzen bieten sich in den „Liedern der Mönche und Nonnen" dar; vielleicht das kostbarste Stück buddhistischer Literatur, soweit sie nicht Buddhawort selber ist. Als erstes Zeichen dieser Neigung zur Ablösung das Verlangen nach Einsamkeit, die Freude am dunklen Walde, am kühlen Walde, am blütenreichen Gebirgsjoch, ein inniges Mitschwingen mit der Natur, in ihrem Drohen wie in ihrem Lächeln. Draußen strömt der Regen, zucken die Blitze, rollt der Donner, es tost der ganze Aufruhr indischer Natur; aber in sicherer Felsenhöhle, da sitzt unberührt der Denker, „den Sinn wohl gesammelt". Und mag die ganze Welt in Aufruhr sein, hier in ihm ist Friede. Er schwingt nicht mehr mit mit dem Tosen draußen, mag es das Tosen der Natur, mag es das Tosen der Menschheit und ihrer Ideale sein.

„Vor mir und hinter mir, noch sonst auch irgendwo, wenn
nichts mehr west,
Ein Überglück dann fühl' ich, der alleine hauset im Walde.
Einsam, wahrlich, will ich wandern im Walde, den der Wache
lobt,
Wonne ist er dem einsam weilenden Mönche, dem gestillten."

Auch vom Franz von Assisi erzählt man, daß er nach seinem großen Entsagungsakt tagelang Wald und Gebirge durchwandert habe, um die neue Seligkeit, die in ihm wellte, zu fassen. Aber er hatte Leben aufgegeben, nur um es in höherer Form zu besitzen. Vergeblich wird man im echten Buddhismus, sei es in seiner Prosa, sei es in seiner Poesie, einen derartigen „Zug" finden. Leben aufgeben heißt hier eben, es aufgeben und nichts weiter; wie etwa ein Mensch ein großes Gut, an dem er bisher gehangen hat, freiwillig aufgibt, weil er seine Wertlosigkeit erkannt hat. Man gibt hier Leben auf, weil es im Begreifen mit Leiden gleichbedeutend geworden ist. Denken hat Leben gemeistert; und das, was noch übrig bleibt, nach der Meisterung, nach der Lösung, das ist nichts als ein leises Verklingen in sich selber, unbeschmutzt von Dingen, unbeschmutzt von Begriffen, rein von Regungen, rein von Hoffnungen — Harmonie in sich.

Buddhismus als Erfahrungsreligion

Ich greife auf den Satz zurück, daß Leben überall da, wo es sich lebt, als individuelles von Anfangslosigkeit her sich gelebt haben muß. Der Wahrheitsuchende wird sich hiermit nicht begnügen dürfen. Er wird sagen: „Wo sind die Beweise für solch eine Behauptung, die unseren ganzen modernen Wissensbestand über den Haufen wirft?" Dieses Verlangen ist nun freilich immer ein ungerechtfertigtes. Buddhismus ist nicht etwas, das bewiesen werden kann, sondern das erlebt werden muß. Und solange man das nicht kann, muß er als Arbeitshypothese dienen, welche letztere gleichfalls nicht etwas ist, was bewiesen werden kann, sondern angewandt werden muß. So gleicht das Verlangen „Beweise!" dem Verlangen eines Menschen, der da sagt: „Beweise mir, daß Brot nährt." Er muß selber essen, dann wird es sich durch sich selber beweisen. Ebenso: Jemand muß selber Inschau, geduldige, ernsthafte Inschau halten, dann wird es sich durch sich selber beweisen, ob der gedankliche Einsatz des Buddhismus, die Buddha-Intuition, richtig ist oder nicht. Da es nun aber einmal nicht jedermanns Sache ist, diese Inschau zu üben, so ist der Wunsch nach anderen Beweisen verständlich.

Natürlich ist an den Buddha selber, bei seinen Lebzeiten, die gleiche Forderung gestellt worden: „Beweise, daß deine Lehre das wirkliche, wahre Asketentum ist, das zur Erlösung vom Leiden führt!" Und hier konnte der Buddha eine Antwort geben, die ihn in einen völligen Gegensatz zum Brahmanismus brachte. Bei letzterem liefen die letzten Hoffnungen, die höchsten Ideale, die Frucht des Reinheitslebens (Brahmacariya) in bloßen Allegorien aus, die, wenn auch noch so erhaben, dem unbestochenen Wahrheitssucher auf die Dauer doch keine Nahrung bieten konnten. Die andere geistige Hauptrichtung der damaligen Zeit, die Niganthas, die späteren Jainas, waren einem reinen Zweck-Asketentum verfallen. Sie übten Askese um der Askese willen: „Nicht durch Wohl läßt sich Wohl erreichen; nur durch Wehes läßt sich Wohl erreichen." Jede Frucht hing hier von der genügenden Höhe der Askese ab, wie die Frucht des Wassergrabens lediglich von der genügenden Tiefe abhängt, bis zu der man grabt. Beiden Richtungen gegenüber konnte der Buddha auftreten mit dem Bekenntnis: „Ich habe eine Frucht der Askese. Und weil ich sie habe, deswegen nenne ich meine Asketenschaft die wahre". Wie in einem übermütigen Kraftgefühl heißt es im Sutta vom „Löwenruf": „Hier, wahrlich, ist der echte Asket, hier ein zweiter, hier ein dritter, ein vierter! Ein leeres Drumherumreden wird anderswo von Asketen geübt."

Diese Frucht der Askese ist eine dreifache. Es sind die „drei Wissen". Mit seiner Buddhaschaft hat der Buddha diese drei erworben. Sie sind seine Buddhaschaft. Er selber beschränkt sein Wissen auf diese drei. Als der Pilger Vacchagotta zu ihm kommt und sagt: „Ich habe gehört, daß der Asket Gotama allwissend, allsehend ist", da antwortet ihm der Buddha: „Wer das sagt, der sagt nicht das, was ich gesagt habe, und behauptet etwas nichtwirklicher, unberechtigter Weise." Im Besitz dieser drei Wissen tritt der Buddha als Lehrer auf. Sie hält er seinen Hörern als Frucht seiner Askese vor. Von diesen drei Wissen klingen freilich zwei unseren Ohren so fremdartig, märchenhaft, daß die nüchterne Wirklichkeit des dritten und höchsten Wissens dazu gehört, um uns zu bestimmen, die beiden anderen gleichfalls als nüchterne Wirklichkeiten zu nehmen.

Das erste dieser drei Wissen ist das Vermögen, sich an seine früheren Geburten zu erinnern, was also ein rein erfahrungsgemäßer Beweis der Kamma-Lehre sein würde.

In den Lehrreden wird dieses Vermögen meist dargestellt als aus dem vierten und letzten der geistigen Sammlungszustände (vergl. sechsten Aufsatz) unmittelbar hervorgehend. Der völlig reine Gleichmut der vierten Sammlung, der alles gedankliche und gemütliche Hinundherschwanken überkommen hat, ist die geeignete Vorbedingung für dieses erste Wissen. Sie hat den Geist genügend gereinigt, geschmeidigt, geläutert, geklärt, um ihn zu jener Rückschau fähig zu machen, die für den unvorbereiteten Geist ebenso unmöglich erscheint und ist, wie für das unbewaffnete Auge das Erblicken von

Gegenständen außerhalb des Gesichtsfeldes. Bis in maßlose Zeiträume kann das geübte und immer mehr und mehr sich übende Geistesauge zurückschauen in seine eigene Vergangenheit hinein. Im Vacchagotta-Sutta gibt der Buddha von sich selber an, daß sein Rückerinnerungsvermögen bis zum 91sten Weltalter zurückreiche, was nicht etwa von einem Anfangspunkte aus, sondern vom Jetzt des Sprechers aus zurückgerechnet zu verstehen ist.

Wie überall, so werden auch zur Schilderung dieser Fähigkeit stereotype Ausdrücke verwandt. „Gleichwie ein Mann, der von seinem eigenen Dorf zu einem anderen Dorfe ginge und von diesem Dorfe weiter zu einem anderen, und dann von diesem Dorfe nach seinem eigenen Dorfe zurückkehrte und nun so dächte: Ich bin aus meinem eigenen Dorf zu jenem Dorf gegangen. Da hab' ich so gestanden, so gesessen, hab' so geredet, so geschwiegen. Von diesem Dorfe bin ich zu jenem Dorfe gegangen, habe auch dort so gestanden, so gesessen, hab' so geredet, so geschwiegen. Dann bin ich von diesem Dorf nach meinem eigenen Dorf zurückgekehrt. Ebenso auch erinnert ein Mönch auf vielfache Weise sich seiner früheren Geburten."

Das ist klar und nüchtern und schmeckt nicht nach ekstatisch-mystischen Zuständen. Es ist reine Erfahrungstatsache sich selber gegenüber. Es handelt sich hier nicht mehr um eine bloß logische Schlußfolgerung des intuitiv gewonnenen Gedankeneinsatzes, in der Art, daß der Betreffende sich sagt: „Bin ich da auf Grund einer rein individuellen Kraft, wie ich sie unmittelbar im Bewußtsein begreife, so muß das, was jetzt ‚Ich' sagt, notwendig von Anfangslosigkeit her ‚Ich' gesagt haben unter stetem Wechsel der Form." Auf diese Schlußfolgerung allein ist man nicht beschränkt, sondern derjenige, welcher den erforderlichen Bildungsgang durchmacht, der kann diese Tatsache leibhaftig erleben; er kann in einer Rückschau sich selber verfolgen auf seinem Pilgerwege durch den Samsara und so das, was er als gedankliche Notwendigkeit erkannt hat, zu einer wirklichen Erfahrungstatsache machen.

Diese Erfahrungstatsache ist so unerhört, daß ihr nichts aus dem ganzen Gebiet der Erfahrungstatsachen an die Seite gestellt werden kann als nur das zweite Wissen.

Ist das erste Wissen eine erfahrungsmäßige Darstellung der Kamma-Lehre, soweit sie den Schauer selber betrifft, so ist das zweite Wissen diese gleiche Darstellung, soweit sie die anderen Wesen betrifft. Es ist das Vermögen, den Vorgang des Sterbens hier und Wiederauftauchens dort bei anderen Wesen verfolgen zu können.

Hat schon das erste Wissen etwas grausig-Erhabenes, so ist das in noch höherem Maße der Fall beim zweiten Wissen, und es gehört ein langer Verkehr mit den Texten dazu, um überhaupt zu wagen, in diesen Dingen mehr zu sehen, als bloße Symbole und Allegorien.

Auch hier, beim zweiten Wissen, läßt der fast gesucht nüchterne Vergleich, mit welchem diese Fähigkeit illustriert wird, gar keinen Zweifel, daß es sich nicht um mystische Bilder, sondern um ein wirkliches, leibhaftiges Erlebnis handelt. „Gleichwie, wenn da zwei Häuser wären mit Türen; da stände nun ein scharfsichtiger Mann in der Mitte dazwischen und sähe die Menschen, die das Haus betreten und verlassen, die hineingehen und wieder hinausgehen. Ebenso auch sieht der Mönch mit dem himmlischen Auge, dem gereinigten, dem die Fähigkeiten der Menschen übertreffenden, die Wesen, wie sie dahinschwinden, und wie sie wieder erscheinen." Oder, wie der Vergleich etwas modifiziert bisweilen lautet: „Gleich, als ob da mitten auf dem Marktplatz ein Haus wäre, da stände nun ein scharfsichtiger Mann und sähe die Menschen, wie sie das Haus betreten und verlassen, wie sie ihre Straße weiterziehen oder auch sich auf dem Marktplatz verweilen."

Man fragt sich: Wie ist derartiges möglich? Daß die Möglichkeit eines solchen Wissens von „hellen Köpfen" schon zu des Buddha Zeiten ebenso bezweifelt wurde, wie wir von heute es tun, die wir von der Naturwissenschaft gelernt haben, nichts als wahr gelten zu lassen, was sich nicht sinnlich darstellen und nachrechnen läßt — ich sage, daß diese Fähigkeit schon damals bezweifelt wurde, wie heute, das geht z. B. aus einer Stelle des Subha-Sutta hervor (Majjhima-Nikaya 99).

Der junge Brahmane Subha äußert sich zum Buddha: „Der Brahmane Pokkharasati spricht so: Da gibt es Asketen und Brahmanen, welche über das menschliche Maß hinausgehende Eigenschaften, die Fähigkeit einer beseligenden Wissensklarheit bekennen. Denen gereicht das nur zum Spott und ist ein bloßer Name. Wie sollte ein Menschenwesen derartiges besitzen? So etwas gibt es nicht." Der Buddha antwortet: „Wie der Blindgeborene sagt: ‚Es gibt keine schwarzen und weißen und blauen und gelben Gegenstände und keinen, der derartiges sieht. Es gibt keine Sterne, keinen Mond und Sonne und keinen, der derartiges sieht. Ich selber kenne und sehe so etwas nicht, daher gibt es das nicht', so geht es mit euch." Und diese gleiche Antwort müßte auch wohl einem Zweifler von heute gegeben werden. Recht verstanden handelt es sich hier gar nicht um übernatürliche Fähigkeiten, sondern lediglich um eine geistige Technik, die einen bestimmten Übungsgang voraussetzt und durch ihn erworben werden kann. Ich brauche kaum zu sagen, daß ich diese Technik nicht besitze. Ich bin auch im Osten nie jemandem begegnet, der sie besitzt; habe auch nie gehört, daß zur Zeit jemand lebte, der sie besäße. Aber das sagt noch nichts. Eine Technik kann verloren gehen. Tatsächlich ist auf dem Gebiet des Kunsthandwerks manche Technik verloren gegangen; wieviel leichter ist das möglich bei einer rein geistigen Technik, die zur ersten Vorbedingung das verlangt, woran es der Welt stets am meisten gefehlt hat: Stille und Einsamkeit. Jedenfalls ist mit der Einsicht in die individuelle Anfangslosigkeit die Möglichkeit gegeben, diesen beiden Fähigkeiten rein verstandesmäßig nachzukommen, und ich will versuchen, im folgenden diese verstandesmäßige Darstellung zu geben, so weit es mir möglich ist. Die Wichtigkeit des Gegenstandes beruht nicht darauf, daß an ihm der Buddhismus und die Möglichkeit des Buddhismus hängt — der hängt nur an der Einsicht: „Alles Leiden ist gehoben, alle Triebe sind versiegt" — sie beruht vielmehr darauf, daß innerhalb des Lehrsystems nichts zurückbleibt, was als Glaubenssache imponieren könnte. Buddhismus ist durch und durch nichts als ein Lehrsystem. Bleibt in ihm irgend etwas, was geglaubt werden müßte, so würde alles andere dadurch gleichfalls hinfällig und das ganze System wertlos werden.

Wir gehen zurück auf das, was wir unseren neuen Welthaushalt nannten: Aus dem Sterben hier bestreitet sich das Geborenwerden dort — keine Glaubenssache, sondern vorläufig eine Arbeitshypothese, die in der Anwendung uns sofort fühlen läßt, daß wir in die Wirklichkeit eingeschnellt und jedem Glaubenszwang entronnen sind. Aus einer Daseinsform brennt es unterbrechungslos in die andere weiter, eine Daseinsform wird zur anderen, etwa wie die Energieform „Wärme" zur Energieform „Bewegung" wird. Diese Daseinsform ist durchaus nichts als ein unterbrechungsloses Entwickelungsergebnis der vorigen Daseinsform, diese ihrerseits wieder der vorigen, usw. rückwärts in einer Reihe, von der es einen Anfang nicht gibt.

In dieser Einsicht fällt vor allem der scheinbar prinzipielle Unterschied fort in der Verbindung der Daseinsmomente innerhalb ein und derselben Existenz und der verschiedenen Daseinsformen. Die Reihung der einzelnen Daseinsmomente innerhalb der gleichen Existenz und die Reihung der verschiedenen Daseinsformen begreift sich ganz unter diesem „Es brennt weiter". Das, was jetzt als neues Daseinsmoment, als neuer Ichwert, in Form einer neuen Denk- oder Willensregung aufspringt, das ist vom vorhergehenden Ichwert ebenso verschieden, aber auch mit ihm ebenso identisch, wie das erste Moment der neuen Daseinsform vom letzten Moment der vergangenen verschieden und mit ihm identisch ist — in beiden Fällen nur das streng gesetzmäßige Werden eines Daseinsmomentes aus dem anderen. Wie ich vom gestrigen Tage und dem, was ich da getan, geredet, gedacht habe, sagen muß: „Das bin ich", so muß ich von der vorigen und allen vorvorigen Daseinsformen sagen: „Das bin ich!" Eine andere Bezeichnungsweise ist hierfür unmöglich. Freilich gibt der Buddha auf die Frage, ob der, welcher in neuer Daseinsform die Frucht der vorigen Daseinsform genießt, derselbe ist oder ein anderer, stets die Antwort: „Weder derselbe, noch ein anderer" und führt dann meist als Vergleich die Flamme an, die am Ende der Nacht weder dieselbe ist wie im Beginn, noch eine andere. Anderseits aber sagt er da, wo er von seinen früheren Daseinsformen spricht, ausdrücklich: „Der und der, dem es da so und so ergangen ist, das war ich", genau im gleichen Sinne, wie er von sich, als dem Gestrigen, auch sagt: „Das war ich", trotzdem seine Lehre ihrem Wesen nach darin besteht, zu zeigen, daß ein Ich nur im konventionellen, nicht im wirklichen Sinne da ist.

So erweitert der Ichbegriff sich in eine anfangslose, aber streng individuelle Reihe. Wenn es unsere Aufgabe wäre, hier philosophische Parallelen zu ziehen, so könnte man diesen Ichbegriff, wie die Wirklichkeit ihn diktiert, dem Ichbegriff des modernen Positivismus gegenüberstellen. In Machscher Auffassung breitet das Ich, geistreich, aber nichtwirklich, sich radienartig über die ganze Welt aus, ähnlich einer Lichtquelle, nie potentiell, sondern nur praktisch aufhörend. Da es aber hier nicht unsere Aufgabe ist, Parallelen auszuspinnen, so mag diese Andeutung genügen. Sie mag den Wahrheitssucher warnen, sich nicht durch die Ähnlichkeit der Namengebung fangen zu lassen.

Ich: eine anfangslose, streng individuelle Reihe — das ist das erste Ergebnis, das wir festhalten müssen.

Nun ist die Kraft, auf Grund deren ein Mensch da ist, dadurch gekennzeichnet, daß sie im Laufe selbsttätiger Entwickelung in eine Phase tritt, in welcher sie für sich selber als solche da ist — im Bewußtsein. Wie das möglich ist? Ich antworte: „Das ist so die Wirklichkeit". Sie ist keine bloße Möglichkeit, die aus induktiven Beweisen sich erst Daseinsberechtigung holen müßte, sondern ein Vermögen, und als solches ein anfangsloses Vermögen. Kraft ist eben sie selber und weiter nichts, und muß als solche genommen werden.

„Für sich selber als solche da sein" ist aber nichts als ein anderer Ausdruck für Erinnerungsvermögen — letzteres nichts als ein Verinnerlichungsvermögen, in welchem der Mensch für sich selber bewußt als solcher da ist, mit dem ganzen Inhalt der Eindrücke, die er sich erlebt hat. Erinnerung ist also, recht begriffen, nicht ein „sich an etwas Erinnern", sondern stets nur ein „sich selber Erinnern". Mag ich mich scheinbar an das heterogenste, fernste erinnern, es ist immer nur das Ich mit der Summe seiner Erlebnisse, oder besser: eine Summe individueller Erlebnisse (diese Summe ist ja das Ich), die den Gegenstand der Erinnerung ausmachen. Der Vorgang der Erinnerung bleibt streng in mir selber liegen, ist also eine Verinnerlichung im eigentlichsten Sinne. Das ist das zweite, was wir festhalten müssen.

Nun ist Denken, Bewußtsein, mag es sich anstellen, wie es will, stets ein Jetzt. Daß Denken aus dem Jetzt heraustritt, ist so undenkbar wie, daß das Licht in die Dunkelheit tritt. Wie das Licht überall die Helle mitnimmt, weil es die Helle selber ist, so nimmt das Denken überall das Jetzt mit, weil es das Jetzt selber ist. Mag ich, mag das ganze Weltgeschehen im übrigen sein, was es will — in keinem Fall kann es etwas anderes sein, als ein Jetzt. Nie und nirgends ist etwas anderes da, als das Jetzt. Wie soll man das also verstehen, daß vergangene Ich-Phasen in der Erinnerung sich darstellen?

Wir haben uns wieder die Einsicht zu vergegenwärtigen, daß ein Daseinsmoment unterbrechungslos zum nächsten aufblüht. Ein Daseinsmoment wird zum nächsten. Das jetzige Moment ist in bedingtem Sinne das vorige Moment selber, so daß jedes Jetzt potentiell das ganze Erleben der anfangslosen Ich-Reihe darstellt. In Wirklichkeit ist dieses ganze anfangslose Erleben ein Jetzt-Wert, etwa wie eine Multiplikationsaufgabe in jeder letzten Ziffer die Summe aller vorhergehenden zusammenfaßt in einem Jetzt-Wert. Damit begreift sich die Technik des sich Erinnerns, wie jeder sie an sich selber beobachten kann. Wir machen Anstrengungen, um uns zu erinnern, aber diese Anstrengungen sind nicht aktiver Natur, sondern bestehen in Versuchen, die Gedanken ganz auf den Gegenstand zu konzentrieren, dadurch, daß wir alles Hinderliche fortfallen lassen. Daher erinnert man sich in der Ruhe viel leichter und an viel mehr Dinge, als wenn man neuen Eindrücken unterworfen ist. Im Jetzt ist das ganze anfangslose Erleben da, man muß nur das Hindernde fortfallen lassen, um es hervortreten zu lassen, als Erinnerung. Erinnerung ist eben nichts als eine Verinnerlichung, die um so weiter getrieben werden kann, je höher die Fähigkeit steigt, Hinderndes ausfallen zu lassen.

Damit ist die Möglichkeit, Erinnerungsbilder aus früheren Daseinsformen hervortreten zu lassen, als eine reine Technik begriffen. Ist man durch Übung dahin gekommen, sich von allen störenden Neu-Eindrücken, sozusagen von allen äußeren Belichtungen mehr und mehr frei zu machen, so werden auf der Ich-Platte mehr und mehr Einzelheiten hervortreten, die entsprechend ihrer immer größeren Feinheit auch einer immer ferneren und ferneren Zeit angehören werden.

Nun scheint freilich zwischen einer Erinnerung, welche

einen Ich-Wert der frühen Kindheit hervortreten läßt, und einer Erinnerung, welche in eine frühere Daseinsform zurückgehen soll, doch ein prinzipieller Unterschied insofern zu bestehen, als im ersteren Fall die Kontinuität des Bewußtseins nicht unterbrochen ist, während im letzteren Fall diese Unterbrechung fraglos da ist. Aber das hieße, die Sache falsch auffassen. Nicht Bewußtsein ist ja das Kontinuität Gebende, sondern Kraft, und Bewußtsein ist es nur insofern, als Kraft im Laufe selbsttätiger Entwickelung zu Bewußtsein wird. Dem entspricht, daß die Bewußtseinslinie täglich im Tiefschlaf unterbrochen wird, ohne daß darunter die Erinnerungsfähigkeit leidet. Im Gegenteil, sie wird gestärkt dadurch. In der Ohnmacht, in gewissen Nervenleiden wird die Linie gewaltsam unterbrochen, im letzteren Fall bisweilen für Jahre, und doch kann die Überbrückung des Risses erfolgen.

Diese Tatsachen beweisen auch das, was ich schon oben sagte, daß nämlich Erinnerung kein aktiver Vorgang ist in der Art, daß ich von einem Moment zum vorhergehenden usw. rückwärts gehe wie an einem Leitseil. In diesem Fall könnte freilich nur Bewußtsein die Kontinuität geben, und die Möglichkeit der Rückerinnerung an frühere Daseinsformen wäre eine physiologische Unmöglichkeit. Aber das gleiche gälte dann auch für die Rückerinnerung innerhalb dieses Lebens. Denn ich müßte ja, um zum Erinnerungsbilde des vorhergehenden Tages zu kommen, den Tiefschlaf Moment für Moment durchgehen, was doch unmöglich ist. Ebenso müßte in diesem Falle die Deutlichkeit der Erinnerungsbilder streng von der Zeit abhängen, was doch erfahrungsgemäß durchaus nicht der Fall ist. Das, was ich vor vielen Jahren erlebt habe, taucht oft sehr viel klarer auf, als die Erlebnisreihe des gestrigen Tages. Aber dieses wird begriffen, wenn man begreift, daß jedes Jetzt die Summe anfangslosen Erlebens darstellt, bei dem es nur darauf ankommt, es recht zu belichten. Die Erinnerungen sind nicht etwas, dem man sich durch ein mühsames Zurücktasten nähern könnte — Ich bin meine Erinnerungen selber. Die Erinnerung, das Gedächtnis ist ein mit der Tatsache meines Daseins gegebenes Vermögen. Diesem Vermögen induktiv beikommen, es beweisen, das kann ich für das vorhergehende Moment ebensowenig wie für die vorhergehende Daseinsform. Es ist Leben selber, und Leben kann nicht bewiesen werden, sondern beweist sich durch sich selber. Ich kann eben mich erinnern, wie ich sehen, hören, denken etc. kann. Und ich kann das alles, nicht weil ich es als Fähigkeiten habe, sondern weil ich alles dieses selber bin. Und ich bin es, weil ich von Anfangslosigkeit her die Anlage dazu bin.

Erinnerung vollzieht sich auf zwei Wegen. Der eine ist der schon erwähnte, der in dem methodischen Fortfallenlassen aller Hindernisse besteht. Der andere ist der unmethodische Weg der Assoziation. Irgendein Gesichtseindruck, Gehörseindruck, vor allem ein Geruchseindruck ruft oft mit höchster Eigenmächtigkeit Erinnerungsbilder hervor. Die Assoziation ist der häufigste Weg, auf welchem Träume wieder ins Gedächtnis treten. Ich weiß, ich habe etwas geträumt. Es ist mir aber unmöglich, seiner habhaft zu werden. Plötzlich sehe ich etwas, ich höre ein Wort, ich lese einen Satz, und die Erinnerung an den Traum ist da. Ich bin zufällig auf etwas gestoßen, was mir durch Assoziation dazu verholfen hat.

Das zeigt klar: Nicht am Leitseil, von einem Moment zum nächsten usw. gehe ich beim Erinnerungsvorgang zurück, sondern eigensinnig, eigenmächtig leuchtet es in der unendlichen Fülle des Erlebten auf. Wie ich nicht durch den Tiefschlaf gehen muß, um zum Erinnerungsbilde von gestern zu kommen, so brauche ich nicht durch die embryonale Periode und das Sterbemoment zu gehen, um zur Bewußtseinsphase der vorigen, vor-vorigen etc. Daseinsform zu kommen. Bin ich genügend geübt in der Technik, das Hindernde ausfallen zu lassen, oder ereignet sich ein glückliches assoziatives Moment, so leuchtet es auf. Man wirft ein: „Weshalb ereignet sich denn dieses Aufleuchten heutzutage gar nicht mehr?" Ich antworte: Weil man nicht mit genügendem Nachdruck darauf eingestellt ist. Wie es Geräusche gibt, die da sind, und die doch nur gehört werden, wenn das Ohr darauf eingestellt ist (z. B. das Ticken mancher Uhren), so mag es auch Erinnerungsbilder geben, die da sind, die aber nur hervortreten, wenn der Geist sich genügend verinnerlicht. Für eine solche Möglichkeit der Verinnerlichung sind gewisse Zeiten günstiger oder ungünstiger, als andere. Unsere Zeit ist infolge ihrer

Unruhe und Hast offenbar eine ungewöhnlich ungünstige. Die Zeit des Buddha scheint infolge ihrer allgemeinen Neigung zur Nachdenklichkeit eine ungewöhnlich günstige gewesen zu sein.

Beide Wege, der gedanklich-technische sowohl, wie der assoziative, werden in den Schriften bei der Rückerinnerung früherer Daseinsformen geltend gemacht. In einem Sutta des Anguttara-Nikaya (viertes Buch), das ich nicht wörtlich wiedergeben kann, weil hier, wo ich dieses schreibe, der Text mir nicht zugänglich ist, heißt es etwa folgendermaßen: „Da ist ein Mönch in himmlischer Welt wiedergeboren. Hier mag es sich wohl ereignen, daß ihm einer der Insassen die Lehre vorträgt. Während er sie hört, mag es sich wohl ereignen, daß ihm plötzlich die Erinnerung aufgeht: Das habe ich in meinem Menschenleben gehört." Also der reine Assoziationsvorgang. Aber das ist die Ausnahme. Der klassische Weg, der zur Erinnerung früherer Daseinsformen eingeschlagen wird, ist der andere, der praktisch auf einen Lehrgang des Entsagens hinausläuft. Denn: „Daß einer, der in Begierden lebt, das, was nur durch Entsagung zu erkennen, nur durch Entsagung zu erschauen, nur durch Entsagung zu erreichen, nur durch Entsagung zu verwirklichen ist, verwirklichen könnte, das gibt es nicht."

Daß es sich lediglich um eine gedankliche Technik handelt, darüber lassen die Texte gar keinen Zweifel. Im Kitagiri-Sutta heißt es: „Nicht lehre ich, ihr Mönche, Gewißheit gleich von Beginn. Nur durch allmähliches Üben, allmähliches Mühen, allmähliches Vorwärtsschreiten kommt Gewißheit zustande." Und weiter (Akankkheyya-Sutta, Majjhima-Nikaya 6): „Falls ein Mönch sich wünscht: Könnte ich mich doch in mannigfacher Weise meiner früheren Daseinsformen erinnern, nämlich an eine Geburt, dann an zwei Geburten, an drei, vier, fünf, zehn, zwanzig, dreißig, vierzig, fünfzig, hundert, tausend, hunderttausend Geburten, an verschiedene Welt-Entropien, an verschiedene Welt-Ektropien, an verschiedene Welt-En- und Ektropien, so mag er nur ganz vollkommenen Tugendwandel üben, innere Gemütsruhe erkämpfen, stets geistiger Sammlung froh sein, sich Klarsicht erwerben und die Einsamkeit preisen."

Das gleiche wird dann in Bezug auf das zweite Wissen gesagt. Was dieses selber betrifft, so muß ich mich bei dem Versuch, es dem Verstehen näher zu bringen, gleichfalls auf unsere Grundeinsicht berufen: Übergang von einer Daseinsform in die andere heißt nichts als „Es brennt weiter." Unter gewissen Umständen können wir solch ein Weiterbrennen mit dem vulgären Sehvermögen verfolgen. Geht z. B. eine Flamme über trockenes Grasland, so mag es wohl mal geschehen, daß sie weiter greift in dem Moment, wo der alte Brennstoff ihr versiegt. Verlöschen hier, Neu-Aufspringen dort lassen sich in diesem Falle mit dem Auge verfolgen. Aber eine entsprechende Möglichkeit besteht nicht beim Verlöschen und Neuaufspringen des Menschen. Gegenüber dieser Fähigkeit kann ich dem Leser nur einen Vergleich geben, bei dem ich es ihm überlassen muß, was er daraus machen will: Ich muß mein eigenes Licht auslöschen, um das Licht im Zimmer des Nachbars sehen zu können. Dementsprechend müssen wir sagen: Was der Mensch imstande ist zu sehen, nachdem er die Ichsucht völlig ausgelöscht hat, das können wir, die wir in der Ichsucht leben, nicht einmal ahnen. Im übrigen wird die Fähigkeit, das Verschwinden und Wiedererscheinen der Lebewesen verfolgen zu können, ausdrücklich dem Sehorgan zugeschrieben, wie ja auch das oben angeführte Bild vom scharfsichtigen Manne, der die Leute ein Haus betreten und verlassen sieht, gleichfalls auf das Auge sich bezieht. Im Anguttara Nikaya (IV, 189) heißt es:

„Vier Dinge (oder Eigenschaften) sind zu verwirklichen. Welche vier? Es gibt Dinge, die vermittelst des Körpers zu verwirklichen sind. Es gibt Dinge, die vermittelst der Einsicht zu verwirklichen sind. Es gibt Dinge, die vermittelst des Auges zu verwirklichen sind. Es gibt Dinge, die vermittelst der Weisheit zu verwirklichen sind. Und welche Dinge sind vermittelst des Körpers zu verwirklichen? — Die acht Befreiungen (gemeint ist das stufenweise sich Herausarbeiten aus der Welt der Formen in formfreie gedankliche Zustände). Und welche Dinge sind vermittelst der Einsicht (Inschau) zu verwirklichen? — Die Erinnerung an frühere Daseinsformen. Und welche Dinge sind vermittelst des Auges zu verwirklichen? — Das Schwinden und Wiedererscheinen der Wesen.

Und welche Dinge sind vermittelst Weisheit zu verwirklichen?
— Die Hebung der Triebe."

Damit stehen wir beim dritten und letzten Wissen. Ehe wir aber auf dieses übergehen, will ich eine kurze Übersicht des Lehrganges geben, wie er in den Lehrreden häufig ausgeführt wird.

Dieser Lehrgang verläuft, unter gewissen Variationen, etwa folgendermaßen:

Habe er, der Buddha, ein Menschenwesen in Zucht genommen, so beginne er zuerst damit, den Betreffenden tugendhaften Wandel (Tugend in Werken) führen zu lassen. (Was das im einzelnen bedeutet, wird später gesagt werden.) Das zweite Stück der Unterweisung ist sorgfältige Behütung der Sinne; daß er da, wo er mit dem Auge eine Form gesehen, mit dem Ohr einen Ton gehört hat usw., nicht daran haftet, keine Neigung faßt. Das dritte Stück ist Maßhalten im Essen, jeden Bissen der Nahrung achtsam und mit Überlegung genießen, im Essen nicht ein Vergnügen zu sehen, sondern nur ein Hilfsmittel, um das Reinheitsleben führen zu können. Das vierte Stück der Unterweisung ist Wachsamkeit. Den ersten und letzten Teil der Nacht soll der Zögling dem Nachdenken und der inneren Klärung widmen. Das fünfte Stück der Unterweisung ist jene merkwürdige Verinnerlichung, in welcher man das Denken beständig auf sich selber ruhen läßt, so daß man keine Bewegung, kein Wort, keinen Gedanken erlebt, ohne sich völlig klar bewußt zu sein „Jetzt erlebe ich das, jetzt erlebe ich das". Beim Kommen und Gehen, beim Hinblicken und Umherblicken, beim Beugen und Strecken, beim Essen und Trinken, beim Kauen und Schmecken, bei den natürlichen Verrichtungen, beim Gehen, beim Stehen, beim Sitzen, beim Schlafen, beim Wachen, beim Reden und Schweigen, stets ist er sich völlig klar bewußt über das, was er tut und läßt.

Dieser mühsame Prozeß ständiger Verinnerlichung, Einsicht (sati), ist im großen Satipatthana-Suttanta des Digha-Nikaya weiter ausgeführt. Außer der obigen Übung kommt hier hinzu das Achten auf die Atmung. „Wie ein geschickter Tischler oder Tischlergeselle, wenn er lang anzieht, weiß ‚Ich ziehe lang an'; wenn er kurz anzieht, weiß ‚Ich ziehe kurz an', ebenso weiß der sich übende Mönch, wenn er lang einatmet, ‚Ich atme lang ein', wenn er lang ausatmet, weiß er, ‚Ich atme lang aus'. Wenn er kurz einatmet, weiß er, ‚Ich atme kurz ein'. Wenn er kurz ausatmet, weiß er, ‚Ich atme kurz aus'.

Ferner kommt hier hinzu die analytische Zergliederung seines Körpers. „Gleichwie, wenn da ein Sack, an beiden Enden zu öffnen, voll wäre von verschiedenen Sorten Getreide, etwa Reis, Paddy, Nierenbohnen, Bohnen, Sesam, enthülster Reis; den würde ein scharfsichtiger Mann öffnen und genau betrachten: ‚Das ist Reis, das ist Paddy, das sind Nierenbohnen, das sind Bohnen, das ist Sesam, das ist enthülster Reis', ebenso betrachtet da ein Mönch diesen Körper von der Fußsohle aufwärts, vom Scheitel abwärts, den Hautumgrenzten, der voll ist von den verschiedensten Unreinigkeiten." Es folgt dann die Aufzählung aller einzelnen Körperteile, Gewebe, Säfte, Absonderungen bis ins einzelste, so daß sie uns ein leidliches Bild vom Stande der damaligen Anatomie geben.

Als weitere Übung wird hier vorgeschrieben die lebhafte Vorstellung eines toten Körpers in den verschiedenen Stadien der Zersetzung, eine Übung, die etwas an die Exerzitien des Ignatius Loyola erinnert.

Ferner: Der übende Mönch ist klar bewußt bei jeder Empfindung. Hat er eine angenehme Empfindung, so weiß er ‚Ich habe eine angenehme Empfindung'. Hat er eine unangenehme Empfindung, so weiß er ‚Ich habe eine unangenehme Empfindung'. Hat er eine gleichgültige Empfindung, so ist er sich dessen auch bewußt.

Ferner: Er ist sich jedes seiner Gedanken klar bewußt. Sind seine Gedanken voll von Lust, so erkennt er sie als voll von Lust. Sind sie frei von Lust, so erkennt er sie als frei von Lust. Sind sie voll oder frei von Haß, voll oder frei von Verblendung, so erkennt er sie als solche.

Ferner: Er erkennt das Auge, das Ohr, das Geruchs-, Geschmacks-, Gefühls- und Denkorgan. Er erkennt die diesen Organen entsprechenden Gegenstände: die Formen, die Töne, die Düfte, die Geschmäcke, die Berührungen, die Begriffe. Er erkennt, wenn hier eine Vereinigung zwischen den entsprechenden Werkstätten (Auge und Formen usw.) zustande kommt. Er erkennt, wie die bestehende Vereinigung zum Schwinden kommt, und er erkennt, wie bei der zum Schwinden gebrachten Vereinigung die Neu-Vereinigung ausbleibt. Damit verlassen wir das Satipatthana-Sutta und gehen zum sechsten Stück der Unterweisung weiter. Es ist Übung der Einsamkeit, der „schwer zu genießenden", wie sie im Weisenkapitel des Dhammapada genannt wird. In diese Einsamkeit des Waldes oder Gebirges zieht er sich zurück, wenn er seinen Almosengang beendet und sein Mahl genommen hat. Kreuzbeinig setzt er sich nieder, richtet den Körper gerade und beginnt seine Inschau. Jetzt gilt es, sich von den fünf inneren Hindernissen, Undurchlässigkeiten zu befreien. Denn sie sind es, die das bedingungslose Durchschwingen des Werdegedankens verhindern. Diese fünf inneren Hindernisse sind: Lustbegier, Übelwollen, Trägheit und Gleichgültigkeit, Aufgeblasenheit und Wankelmut und fünftens Zweifel.

Hat er diese fünf Hindernisse im Denken sozusagen ausgeglüht, so ist er reif geworden für das folgende Stück des Lehrganges: die Vertiefungen, die Jhanas, die ich bereits im Vorhergehenden (sechsten Aufsatz) wiedergegeben habe. In vierfacher Gliederung staffeln sie sich auf, mit jener Freude beginnend, die aus einer anderen Ordnung der Dinge stammt, und im völlig geklärten, reinen Gleichmut endend.

Man ist gern geneigt, in den Jhanas Verzückungs-Zustände zu sehen. Das scheint mir durchaus nicht der Fall zu sein. Ich denke, man wird der Wahrheit am nächsten kommen, wenn man sich reine Sammlungs-, Konzentrations-Zustände darunter vorstellt. Diese meine Ansicht stützt sich auf keine Autorität, klingt auch sehr nüchtern, aber man versuche doch einmal, seine Gedanken mit Ausschließung alles anderen einen bestimmten Weg gehen zu lassen, und man wird sehr schnell einsehen, wie ungeheuer schwer, ja unmöglich dieser Versuch einem ungeübten Geist ist. Meiner Ansicht nach sind die Jhanas jener Zustand, in welchem das Denken sich seine eigene Meisterschaft beweist, indem es, frei von allen weltlichen Eindrücken und Beschmutzungen, ganz und gar nur sich selber gehört — jenes durch und durch geschmeidige Instrument, das zur großen Tat des ersten Wissens fähig und bereit geworden ist. Wie wir oben sagten: Die Jhanas sind der methodische Weg, um die Erinnerungsbilder früherer Existenzen auf der Ich-Platte hervortreten zu lassen, eine durch Übung erworbene Technik, hindernde gedankliche Eindrücke auszuschalten, jede fremde Belichtung auszuschließen. Eine solche Fähigkeit kann man wohl überweltlich nennen, weil sie bei keinem Weltmann zu finden ist und eine Abwendung von allem Weltlichen verlangt.

In der ersten Sammlung ist der sich Übende frei von Begierden, frei von allen schlechten Bewußtseins-Zuständen, aber es bestehen noch sinnliche Eindrücke und ihre Nachschwingungen, die Erwägungen. Es herrscht in solchem ein aus der Einsamkeit, aus der Lust am Entsagen geborenes freudiges Glücksgefühl, das ihn so ganz durchdringt. „Wie die Feuchtigkeit das Seifenpulver des Barbiers durchdringt", wenn er es zum Schaumball verarbeitet. Diese reflexiven Schwingungen klingen ab in der zweiten Sammlung. Es kommt zu einer stillen Einigung, die frei ist vom Einfluß äußerer Eindrücke und Erwägungen, die aber noch durch ein allgemeines, freudiges Glücksgefühl gefärbt ist, „wie ein See, der nur unterirdischen Zufluß hat, schließlich ganz von diesem durchsetzt wird." In der dritten und vierten Sammlung tritt der Geist aus dem Reich der Farbe in das Reich des Gleichmuts, des farblosen, der freilich in der dritten Stufe noch als Glück, als „entfreudigtes Glück" empfunden wird, „wie die Lotuspflanzen eines Teiches vom Wasser ganz durchtränkt werden."

In letzter und höchster Stufe aber wird auch dieses entfreudigte Glücksgefühl ausgestoßen, und es bleibt nur die völlig durchsichtige Reine eines von jeder Regung unberührten Gleichmuts, „gleich einem Menschen, der völlig in einen weißen Mantel gehüllt dasitzt, so daß auch gar nichts von ihm unbedeckt bleibt."

Die vier Jhanas heißen „die in diesem Leben Wohlsein Gebenden". Sie sind die wichtigste Gedankenübung des Buddhismus. Der Buddha selber ist ihr eifriger Anhänger. Er wird jhana-sili, der Jhana-Über genannt. Und im Maha-Parinibbana-Sutta, dem großen Sutta vom Erlöschen, heißt es: „Zu welcher Zeit, o Ananda, der Tathagata alle Vorstellungen ausschließt, alle Einzel-Empfindungen aufhebt, und so im

Besitz der vorstellungslosen Geistes-Einigung weilt, nur in dieser Zeit hat der Körper des Tathagata Wohlbefinden."
Damit wären wir am Ende des Lehrganges angelangt. Aber derselbe scheint eine Unvollkommenheit aufzuweisen. Er setzt gleich mit der Tatsache des Vertrauens ein. Kann man von einem vollständigen Lehrgang reden, wenn dieses Vertrauen nicht auch lehrbar ist?
Auch hier zeigt sich wieder der intuitive Charakter der Lehre. Immer aufs neue wiederholt sich in der monotonen Erhabenheit der aufgehenden Sonne der folgende Passus:
„Da erscheint der Tathagata in der Welt, der Heilige, der vollkommen Erwachte, der in Wissen und Wandel Vollendete, der Willkommene, der Weltkenner, der unvergleichliche Menschenzügler, der Lehrer der Götter und Menschen, der Erwachte, der Erhabene." Der zeigt nun diese einzige Lehre, „die am Anfang befriedigt, in der Mitte befriedigt, am Ende befriedigt." Diese Lehre hört jemand im weltlichen Stande und — faßt Vertrauen. Er faßt Vertrauen nicht als Resultat eines Raisonnements, nicht als Glaubensakt, sondern einfach, weil er beim Darlegen dieser Lehre des Aufgebens, des Entsagens etwas in sich mitschwingen fühlt, sich angeregt, sich erheitert fühlt, weil er die innere Einigung wittert, die aus diesem sich Abwenden von der Welt, dieser wie jener, erfolgen muß. Es ist die kongeniale Abgestimmtheit, die ihn Vertrauen fassen läßt, ihn bestimmt, den großen Schritt zu tun, Hab und Gut aufzugeben, aus dem Heim in die Heimlosigkeit zu ziehen — ein Pilger.
„Das Töten hat er nun aufgegeben. Vom Töten hält er sich fern. Ohne Stock, ohne Schwert, milde und mitfühlend, hegt er Wohlwollen und Mitleid zu allen Lebewesen. Nichtgegebenes zu nehmen, — Unkeuschheit, — falsche Rede, — verleumderische Rede, — rohe Rede, — leeres Geschwätz hat er aufgegeben. Er befaßt sich nicht mit Land- und Gartenbau. Er hält sich fern von Tanz, Gesang und Schauspielen. Er braucht keine Salben, Blumen und Wohlgerüche. Er nimmt kein Gold und Silber an, kein rohes Getreide, keine Sklaven und Sklavinnen, keine lebenden Tiere. Er kauft und verkauft nicht. Er führt keine Botengänge aus. Er ist zufrieden mit dem Gewande, das seinen Leib umhüllt, seine

Blöße verdeckt, und mit der Speise, die er auf dem Almosengange erhält. Wie der beschwingte Vogel, wohin er sich auch begeben mag, nur seine eigenen Schwingen mitnimmt, so nimmt der Mönch, wohin er sich auch begeben mag, nur Gewand und Almosenschale mit.

Das ist das, was oben zusammenfassend „tugendhafter Wandel" genannt wurde, und was das erste Stück des Lehrganges darstellt — kurz gesagt: Ein Kursus reiner Armut, der mit dem Akt des Vertrauens einsetzt.

Dieses erste Stück des Lehrganges wird mit den fünf folgenden Stücken, die oben einzeln aufgeführt wurden, zusammengefaßt als Sila, als Übung, Zucht. An sie schließen sich die vier Jhanas an, die im Lehrgang als Samadhi (Einigung, Vertiefung, Verinnerlichung) bezeichnet werden. Und ihnen folgen dann die drei Wissen, die im Lehrgang als Panna (Weisheit) bezeichnet werden, so daß der ganze Lehrgang in Sila, Samadhi und Panna sich teilt. Vom ersten Einsatz, dem Lassen des (absichtlichen) Tötens, bis hinauf zum letzten der drei Wissen fehlt auch nicht eine Stufe. Die ganze Leiter ist steil und hoch, die einzelnen Sprossen sicher und lückenlos. Hat man Vertrauen gefaßt, hat man eingesetzt, so geht alles Schritt für Schritt weiter mit der Exaktheit und Nüchternheit eines Lehrganges, einer Bändigung, mit welcher letzteren der ganze Przeoß mit Vorliebe verglichen wird. Ein durch Ernst und Ausdauer erarbeitbares Erfahrungsmoment reiht sich an das andere. Nirgends treiben hier Ekstasen ihr Wesen. Das Ganze ist ein zähes Lostrennen der Fäden, an denen die Außenwelt zerrt, einerseits, und eine Sammlung aller Kräfte nach innen hin, anderseits. Es geht hier wie in der Physik. Ungeordnete Wärmeschwingungen vermögen nichts, geordnet verrichten sie Übermenschliches. Beide Teile aber der Aufgabe, der ablösende wie der einigende, haben eine ständig wache Achtsamkeit zur Grundlage und Vorbedingung. Nur so kann ja Wirklichkeit das bleiben, was sie eben wirklich ist: Ein reines Werden. Nur so kann ja der immer wieder neu sich geltend machende Hang, in diesem unterschiedslosen Werden einzelne Wesenheiten zu unterscheiden, sich verlieren. „Erst nachdem man genau betrachtet und wieder betrachtet hat, ist mit dem Körper eine Tat zu tun, ist mit der Rede eine Tat zu tun, ist mit dem Denken eine Tat zu tun." Diese Ermahnung gibt der Buddha seinem Sohne Rahula. Und er meint damit: "Erst nachdem man sich immer wieder vergewissert hat, daß da keine Persönlichkeiten im wirklichen Sinne, sondern nur selbsttätige Prozesse sind, soll man sich in Tat, Wort, Gedanke betätigen.

Aber noch einmal: Das Einsatzmoment selber, das Vertrauenfassen, das steht nicht in der Macht des Buddha, ebensowenig wie es in jemandes Macht steht, einen anderen zur Liebe zu zwingen. Freilich scheint er, wenn wir den Berichten glauben dürfen, ein Mensch gewesen zu sein, dem eine seltene Gewalt über die Geister anderer eigen war, wie das ja mehr oder minder bei jedem echten Lehrer der Fall ist. Brahmanen, die im vollen Dünkel ihrer Kaste und ihres Wissens zu ihm kommen, gehen gebändigt von ihm fort. „Herr Gotama hat mich Liebe zum Asketentum, Freude am Asketentum, Hochachtung vor dem Asketentum gelehrt" bekennt solch ein Gebändigter. Aber oft genug versagt auch diese bändigende Kraft des Buddha. Das Menschen-Material da vor ihm ist eben nicht verarbeitbar. Er selber ist sich völlig klar hierüber und überschätzt nie seine eigene Fähigkeit. Prinz Bodhi fragt ihn, wie lange es wohl dauere, daß ein Mönch unter seiner, des Buddha, Leitung das höchste Ziel erreiche? Worauf ihm der Buddha mit dem Gleichnis der Kunst, Elefanten zu bändigen, antwortet. Wie diese Kunst von seiten des Schülers gewisse körperliche und geistige Eigenschaften voraussetze, deren Fehlen auch den besten Lehrer machtlos mache, so gehe es auch bei der höchsten Kunst: der Kunst der Selbstbändigung.

Ein Brahmane fragt den Buddha, ob denn wohl alle seine Jünger sicher das Ziel, die Verlöschung erreichen, oder ob es einige nicht erreichen? Der Buddha antwortet, daß einige es erreichen, andere aber nicht. Der Brahmane fragt nach dem Grunde. Der Buddha antwortet ihm mit folgendem Vergleich: „Du kennst den Weg nach Rajagaha gut. Gesetzt nun, einer, der dorthin will, fragte dich nach diesem Weg und du gäbest ihm eine genaue Beschreibung der ganzen Strecke mit all ihren bezeichnenden Punkten. Dieser Mann aber schlüge, nachdem er so unterwiesen und belehrt ist, einen falschen Weg ein und ginge verkehrt. Und ein anderer Mann, der auch nach Rajagaha will, fragte dich auch um den Weg, und du gäbest ihm die gleiche Auskunft, und er befolgte sie und käme richtig in Rajagaha an. Was ist nun der Grund, daß, wo es doch ein Rajagaha gibt, wo es doch einen Weg dahin gibt, wo die rechte Unterweisung da ist, doch der eine in die Irre geht, und der andere das Ziel erreicht?" Der Brahmane erwidert: „Kann ich etwas dabei tun? Ich bin nur Wegweiser." Darauf der Buddha: „Genau ebenso, Brahmane, ist ein Nibbana da, ist ein Weg zu Nibbana da, und ich bin da als sein Verkünder. Aber kann ich etwas dabei tun? Wegweiser ist der Tathagata." Oder wie es im Dhammapada (v. 176) heißt:

„Ihr selber habt das Werk zu tun,
Die Buddhas unterweisen nur."

Klarer kann man die Tatsache, daß es sich um einen reinen Lehrgang handelt, an dem alles lehr- und lernbar ist, die nötigen Vorbedingungen vorausgesetzt, nicht ausdrücken. Aber wie bei jedem Lehrkursus kommt alles auf die wirkliche Befolgung und Ausübung an. Ich mag noch so klar die Möglichkeit und Notwendigkeit erkennen, eine fremde Sprache zu erlernen: das alles wird mir nichts helfen, wenn ich die Sache nicht wirklich betreibe. Ebenso kann ich mit noch so großer gedanklicher Klarheit erkennen, daß alles Leben Leiden ist: das wird mir in Wirklichkeit nichts helfen, wenn ich nicht das Nötige tue, um mich von diesem Leiden zu befreien.

Damit kommen wir auf das letzte der drei Wissen. Es ist, als ob wir aus dem Bereich einer schrankenlosen Mystik, das wir mit den zwei ersten Wissen verlassen haben, in die nüchterne Wirklichkeit zurücktreten. Da erkennt als letztes und höchstes der Jünger: „Das ist das Leiden, das ist die Entstehung des Leidens, das ist die Vernichtung des Leidens, das ist der zur Leidensvernichtung führende Weg." Wieder hier dieses einsatzlose in sich Geschlossensein. Das, womit das ganze System einsetzt, die Kenntnis vom Leiden, damit schließt es auch. Aber was im Einsatz ein bloßes Erkennen ist, ein rein verstandesmäßiger Vorgang, das ist hier im Abschluß als drittes Wissen ein lebendiges Erleben. Um einen Vergleich zu geben: Der mit gesunden Gliedmaßen begabte Mensch weiß wohl, daß er nach Verlust derselben die Gebrauchsfähigkeit einbüßen wird. Aber diese Gebrauchsunfähigkeit besteht hier in einer bloßen Verstandesoperation. Erst wenn er seine Gliedmaßen wirklich verliert, erlebt er diesen Zustand. Ebenso erlebt im dritten Wissen der denkende Mensch das Leiden, d. h. seine eigene Wesenlosigkeit wirklich. Und daß er das wirklich erlebt und nicht nur ein Gedankenspiel treibt, dafür ist der lebende Beweis der, daß alle Triebe, die bisher in ihm gewirkt haben, nicht mehr wirken, versiegt sind. Er erkennt: „Dieses sind die Triebe. Dieses ist die Entstehung der Triebe. Dieses ist die Vernichtung der Triebe. Dieses ist der zur Vernichtung der Triebe führende Pfad." Das ist der letzte Abschluß dieses weltdurchschütternden Ringens — die klare, nüchterne Erkenntnis der völligen Wollensfreiheit, erreicht nicht durch einen Prozeß der Verneinung, sondern durch Einsicht in die wahre Natur des Lebens.

Das ist letzte und höchste Erfahrung, höher als die Vertiefungen, höher als Rückerinnerung und Klarblick. Diese Erfahrung bedarf keines Beweises, ebensowenig wie es eines Beweises bedarf, ob ich satt oder hungrig bin, ob ich wache oder schlafe. Sie beweist sich durch sich selber, ist unmittelbare, nicht mittelbare Erfahrung. Und wer diesem Ergebnis gegenüber bei seiner Forderung eines Beweises bestehen bleibt, der bleibt in seiner eigenen Beschränktheit bestehen. Gerade dieses letzte, höchste Wissen zeigt ja am klarsten, daß es sich nicht um Erfahrung als Beweis, sondern um Erfahrung als Erlebnis handelt. Um Leben als etwas zu begreifen, was haftlos laßbar ist, muß man es eben selber lassen, und im Lassen wird man es selber erfahren.

Aus dieser unmittelbaren Erfahrung schöpft der Buddha. Ihm ist ja seine ganze Lehre kein Ergebnis logischer Schlußfolgerungen, sondern eigenes, lebendiges Erleben. Statt des Dreifußes der Syllogismen steht hier die eigene Lebensgeschichte. Daher das fast übermütige Abweisen jedes logischen Apparates. Als der Pilger Vacchagotta sich vergeblich bemüht hat, ihm einen festen, an sich bestehenden Lehrsatz zu entwinden, ihm etwa einen Satz von der Identität zu erpressen, und nun schließlich fragt: „Hat denn der verehrte Gotama überhaupt eine Theorie?" da antwortet der Buddha mit jener

Sicherheit des Erlebers, die dem auf Krücken einherstolpernden Logiker als Vermessenheit erscheint: „Eine Theorie, die ist für den Tathagata unangemessen. Denn der Tathagata hat es selber gesehen: So ist die Form, so die Entstehung, so die Überwindung der Form. So ist das Gefühl, — die Wahrnehmung, — das Unterscheidungsvermögen —, das Bewußtsein, so ihre Entstehung, so ihre Überwindung."

Diese letzte, größte Erfahrung, in welcher der ganze Buddhismus nach den scheinbaren Wundern der Rückerinnerung und der Klarsicht abschließt, diese Erfahrung wirkt gerade durch ihre Schlichtheit so außerordentlich, daß manchmal selbst der Humor zur Hilfe genommen werden muß, um sie neben dem gemeinen Wunder einzuführen. Im Sutta von den „Außerordentlichen und ungewöhnlichen Dingen" (Majjhima Nikaya 123) zählt Ananda, dieser tadellose Zeremonienmeister der Buddhawürde, alle die wunderbaren Dinge auf, die mit dem Werdegang eines Buddha verknüpft sind: Von seinem Erscheinen als Bodhisatta im Tusita-Himmel. Von dem unermeßlichen Glanz, der, den Sonnenglanz überstrahlend, in alle Finsternisse dringt in dem Augenblick, wo er in den gesegneten Leib der Mutter hinabsteigt. Von dem Schutze, der ihm im Leibe der Mutter zuteil wird durch vier Gottessöhne, die ihn, jeder nach einer Himmelsrichtung hin, beschützen. Von dem gebenedeiten Zustand, in dem die Mutter sich befindet, solange sie ihre kostbare Last trägt. Von ihrem unabänderlichen Schicksal, daß sie sieben Tage nach der Geburt sterben muß, um im Tusita-Himmel wieder zu erscheinen. Von dem unermeßlichen Glanz, der, Sonnen- und Götterglanz übertreffend, alle Welten durchstrahlt, so daß sie wanken und zittern vom Getöse dieses Lichtes, wenn der Buddha den Mutterleib verläßt. Von manchen anderen Dingen noch erzählt Ananda, und nachdem er geendet, fährt der Buddha fort:

„So magst du denn, Ananda, auch dieses dir merken als ein außerordentliches und ungewöhnliches Ding beim Tathagata. Klar bewußt, o Ananda, entstehen da dem Tathagata Gefühle, klar bewußt bestehen sie, klar bewußt vergehen sie. Klar bewußt entstehen da Wahrnehmungen, klar bewußt entstehen da Erwägungen; klar bewußt bestehen sie, klar bewußt vergehen sie. Auch das, o Ananda, magst du dir merken als ein außerordentliches und ungewöhnliches Ding beim Tathagata."

Man kann sich diese Worte kaum denken ohne jenes leise, leise Lächeln, wie es auch auf den Gesichtern der edelsten seiner Statuen schwebt, wenn sie aus dem goldenen Dämmerlicht der Tempelnischen auf das Menschenherz da vor ihnen hinabblicken, die Rechte lehrend erhoben, die Linke einladend ausgestreckt. „O ihr Menschenherzen, ihr schicksalsschweren, wartet doch nicht auf Beweise, wartet auch nicht auf Offenbarungen. Sucht nicht hinter meinen Worten unerhörte Geheimnisse. Nehmt sie einfach als das, als was ich sie euch gebe. Und Schritt für Schritt werdet ihr alles selber erfahren, bis ihr, am Ende angelangt, wißt: Es ist das Ende."

So ist es, daß der Buddha lehrt. Nicht zureden, nicht abreden, nur die Wahrheit zeigen, wie die Sonne nicht zuredet, nicht abredet, nur ihr Licht zeigt. In der Rastlosigkeit der Welt steht er da hoch und still, wie die Opferflamme in hauchloser Luft. Er haftet an nichts, nichts haftet an ihm. Er erträgt im Gleichmut alles. Er erträgt der Menschen Lob, er erträgt ihre Nichtachtung, ja als echter Lehrer erträgt er ihre Dummheit.

Der Gottbegriff im Buddhismus

Es ist klar, daß bei einer Religion, die nicht auf dem Glauben, sondern auf der Erfahrung beruht, der Gottbegriff eine dementsprechende Formulierung annehmen muß. Der Gläubige wirft natürlich ein: „Auch der Gott-Glaube ist eine Erfahrung, ja, unmittelbarste aller Erfahrungen." Darauf muß erwidert werden, daß eine Erfahrung, welche einen allereigensten Lebensvorgang meinerseits betrifft, eine andere Art von Erfahrung ist als diejenige, welche ein Transzendentes betrifft. Mein Wollen in seinen bunten Regungen ist allereigenste Lebenserfahrung meinerseits, eine Erfahrung, die zu machen es keines Gnadenaktes bedarf, sondern einfach nur der Achtsamkeit. Daß diese Willensregungen auf Grund besserer Einsicht aufgehört haben, ist gleichfalls allereigenste Erfahrung, gleichfalls nicht von einem Gnadenakt, sondern von der Achtsamkeit abhängig.

Der gründliche Unterschied zwischen dem, was die Glaubensreligionen, und dem, was der Buddhismus Erfahrung nennt, ist dieses, daß Erfahrung im Sinne des letzteren etwas ist, was einfach durch einen bestimmten Lehrgang gelernt werden kann, während das, was der Glaube Erfahrung nennt, immer das Moment göttlicher Gnade enthält. Erfährt der Gläubige Gott in sich, so muß er das für einen Gnadenakt erklären.

Auch hier freilich wirft der Gläubige ein: „Glauben kann gelernt werden." Aber wenn er das behauptet, so muß ich ihm das bestreiten. Ich behaupte: Glaube kann nicht gelernt werden. „Und Saulus, der spätere Paulus?" Er ist kein Beweis gegen meine Behauptung, sondern für dieselbe. Er war ein Glaubenssüchtiger von Beginn an. Die Glaubenssucht war das, was ihn nach Damaskus trieb, und die gleiche Glaubenssucht war es, die ihn auf dem Wege dahin jenen schroffen Wechsel in der Form seines Glaubens erleben ließ, die wir gemeinhin seine Bekehrung nennen. Glaube kann in der Form wechseln, aber er kann nie neu entstehen, ebenso wie das menschliche Nichtwissen in unendlicher Weise die Form wechseln, aber nie neu entstehen kann. Es ist ein anfangslos Gegebenes.

Wenn man sich überlegt, in welcher Weise eine Erfahrungsreligion wie der Buddhismus wohl auf den Gottbegriff reagieren könnte, so ist der erste Gedanke der, daß er ihn überhaupt abweisen wird. Aber diese Vorstellung würde irrig sein. Etwas abweisen, heißt, es nicht meistern können. Macht aber jemand Anspruch darauf, die Tatsache „Leben" gemeistert zu haben, so muß er auch den Gottbegriff meistern, und das tut der Buddhismus in einer Weise, die vielleicht mehr als alles andere sein gedankliches Übergewicht über die Glaubensreligionen beweist.

Im gedanklichen Leben gilt, was im physischen auch gilt: Das Mächtigere assimiliert der Schwächere. Und das ist das merkwürdige Schauspiel, das beim Eindringen des Buddhismus in das Gehege indischen Denkens sich uns darbietet. Seine intellektuelle Energie zeigt sich in nichts so sehr, als in der mühelosen Verarbeitung des Gottbegriffes. Ganz Indien, hoch und niedrig, drohte unter dem Gewicht dieses Imponderabile zu erliegen. Der Buddha nimmt es und spielt mit ihm wie mit einem vergoldeten Ball. Nirgends im ganzen Kanon zeigt sich auch nur die Spur eines Ringens mit diesem Begriff, was doch dem übrigen indischen Geistesleben und gewissen Kulturepochen des Westens soviel Reiz und einen solchen Anschein von Tiefe gibt. Nirgends läßt sich ein größerer Geistesreichtum entfalten als da, wo man nicht versteht. Aller Reiz liegt im Widerstand. Ist dieser im Durchschauen überwunden, so bleibt nur das Spiel. So ging es dem Gottbegriff im Buddhismus. Er ist überall ein Spiel geworden, das hie und da etwas fast scherzhaft Übermütiges annimmt.

Alle Religion hängt im letzten Grunde am Geheimnis „Kraft". Solange dieses Geheimnis, dieses Problem aller Probleme nicht gelöst ist, bleibt die Möglichkeit für eine ganze Welt von Vorstellungen, schaurige und anmutige, grausame und liebevolle. Ich dächte, es war Aristoteles, der da sagte: „Die Furcht erschuf die Götter". Sicherlich! Die Furcht erschuf sie. Aber ebenso sehr erschuf das Liebesbedürfnis sie. Das Gefühl erschuf sie, dem der Verstand nichts über sich selber sagen konnte. Mit dem Augenblick, wo man das Geheimnis Kraft in sich selber erlebte, da war ja alles anders geworden. Grundwert des Menschtums ist sein Denken. Nur vom Denken geht jede wirkliche Änderung, „Bekehrung", ja die „Umkehrung" aus. Solch eine Umkehrung setzte mit der Buddha-Intuition ein, und ihr verdankt auch der neue Gottbegriff sein Dasein.

Wie wenig man sich vor diesem Begriff fürchtete, geht am besten aus der Tatsache hervor, daß das Bezweifeln des Daseins einer anderen Welt getadelt wird als ein Mangel an Einsicht. In einer Lehrrede (Majjhima-Nikaya 60) heißt es: „Während es doch in der Tat eine andere Welt (param lokam) gibt, hält ein solcher daran fest: Es gibt keine andere Welt. Und das ist sein falsches Festhalten."

Solche Stellen sind für einen, der die ganze Tendenz des Buddhismus nicht begriffen hat, leicht irreführend. Man ist geneigt zu schlußfolgern: „Eine andere Welt wird anerkannt, folglich auch hier ein Transzendentes." Der Buddha selber läßt über ihren Sinn keinen Zweifel, und so muß man sich schließlich doch wundern, daß man solange darüber hat streiten können, und selbst heute noch streitet, ob der Buddhismus reiner Atheismus ist oder nicht.

Ihn als rein atheistisch zu bezeichnen, ist schon aus dem einfachen Grunde nicht angängig, weil in ihm zahllose Scharen von Göttern ihr Wesen treiben. Er ist nicht atheistisch in dem Sinne, den wir dem Worte beilegen: als Verneinung alles Göttlichen — er ist sozusagen supratheistisch, weil er den ganzen Gottbegriff mit Haut und Haar verschluckt und assimiliert hat.

Daß der Name an sich nichts bedeutet, daß der Sinn, den man damit verbindet, alles macht, das zeigt sich hier.

Im gewöhnlichen Sprachgebrauch verbindet man mit dem Namen „Gott" die Vorstellung eines Wesens, das schafft, ohne selber geschaffen zu sein. Erweitert man diese Definition, indem man die Eigenschaft der Allgüte hinzufügt, so verengt man sie tatsächlich derart, daß sie den Erfahrungstatsachen auf dem Gebiete der Religion (letztere historisch-ethnologisch genommen) nicht mehr gerecht wird. Ich dächte, man dürfte über obige Definition nicht hinausgehen. Mit ihr faßt man den Gottbegriff in allen seinen Modifikationen, die er im menschlichen Denken einnimmt, mögen sie mono-, poly- oder pantheistischer Art sein. Mit ihr faßt man den Gott als Schöpfer ebensogut, wie als Erhalter und Zerstörer. Denn bei einem ungeschaffenen, selbstherrlich bestehenden Wesen ist Zerstören ein Schaffen ebensogut, wie das Schaffen.

Ein Wesen, das schafft, ohne selber geschaffen zu sein, fällt notwendig zusammen mit einem transzendenten Wesen. Denn irgendein Etwas, das nur schaffte, ohne selber geschaffen zu sein, gibt es nicht innerhalb der Wirklichkeit. Im wirklichen Weltgeschehen ist jedes Ding, jeder Vorgang Ursache nur, soweit er gegenüber einem anderen Dinge, einem anderen Vorgange Wirkung ist. Um also zu einer „Ursache an sich" zu kommen, muß man aus der Wirklichkeit heraustreten, das heißt, transzendent werden.

Aus dieser Überlegung geht klar hervor, daß das Ursprüngliche bei diesem ganzen Vorgange nicht die Idee des Transzendenten ist. Das Ursprüngliche dabei ist vielmehr der Kraftbegriff, den der unbelehrte Geist nicht anders fassen kann, als in der Vorstellung eines Ungeschaffenen. Diesem unbelehrten Geist liegt die Aushilfe, wie die Wissenschaft sie gibt, indem sie statt wirklicher Kräfte den Begriff der Arbeit unterschiebt, ebenso fern wie die Einsicht, die der Buddha gibt, indem er Kraft als ein aus seinen individuellen Vorbedingungen sich immer wieder selber Schaffendes zeigt. Solange aber das Surrogat „Wissenschaft" und die Belehrung des Buddha fehlt, wird der Suchende Kraft immer als ein Ungeschaffenes sich vorstellen. Und weil er weiß, daß es derartiges in der Wirklichkeit nicht gibt, so muß er notgedrungen diese „Überschreitung" vornehmen. Er wird aus der Wirklichkeit herausgedrückt, wie der Kork aus dem Wasser, und gerät in jene scheinbare Außerwirklichkeit, die wir in Wahrheit als ein gedankliches Schattenreich erkannt hatten. Eine andere Außerwirklichkeit als diese gibt es nicht. Wer also behaupten wollte, daß es gerade die Undenkbarkeit eines Transzendenten sei, welche des letzteren Ursprünglichkeit und Notwendigkeit beweise, der vergißt, daß dieses Transzendente nur ein vom Grundwerte Kraft abgeleiteter Wert ist. Dieser Grundwert, den der Mensch auf Schritt und Tritt um sich sieht, zwingt zu allerhand Versuchen, das Geheimnis „Kraft" durch Hypothesen zu treffen. Und der für die Menschheit wichtigste Versuch ist diese Annahme eines Transzendenten, womit dann alle Not, den Kraftäußerungen im einzelnen gerecht zu werden, ein Ende hat.

Die völlige Umwandlung, welcher der Gottbegriff im Buddhismus sich willig unterzog, beweist besser, als alles andere, daß er gar nicht Grundwert ist, sondern nur Funktion des Begriffes der Kraft. Sobald das Problem Kraft gelöst war, „löste" sich mit ihm auch der Gottbegriff. Mit dem Begreifen der Kraft wurde das ganze Weltall aus dem statischen Phänomen, welches es unter altem Gedanken-Regime dargestellt hatte, ein dynamisches Phänomen, und in dieser Einsicht lösten sich jene weihevollen Schauer, welche bisher das Geheimnis jener anderen Welt umschwebt hatten.

Ein dynamisches Phänomen hat die Eigentümlichkeit, daß es da sein kann, ohne für die Sinne irgend jemandes da zu sein. Ich nehme die Klaviatur eines musikalischen Instrumentes. Sie gibt, wie jeder weiß, einen Ausschnitt aus einer Skala von Tönen. Daß diese Skala über die tiefste und höchste Note der Klaviatur hinausgeht, das läßt sich durch gewisse Hilfsmittel nachweisen. Schließlich versagen auch diese Hilfsmittel. Aber man weiß, daß es nur an ihrer Unvollkommenheit liegt, wenn man diese Skala nicht immer weiter, immer weiter verfolgen kann. Sie setzt sich eben fort bis jenseits der Aufnahmefähigkeit des menschlichen Gehörapparates, ohne deswegen doch transzendent zu werden in dem Sinne, welchen man diesem Wort gemeinhin beilegt. Sie wird transzendent in Bezug auf die fünf Sinne, aber nicht transzendent in Bezug auf das Denken. Der Denkende bleibt mit ihr in Kontakt, verfolgt sie aus ihrem sinnlichen Stadium unterbrechungslos weiter — kurz: es tritt keine Verletzung des ersten aller Denkgesetze ein, des Gesetzes der Kontinuität. Und das ist es, was den neuen Gottbegriff im buddhistischen Denken auszeichnet. Er ist da, sogar in reicher Fülle. Die neue Lehre ist durchaus kein Atheismus. Aber die Kontinuität des Denkens ist nicht verloren. Dieser entsetzliche Riß, gegen den der menschliche Geist sich immer wieder auflehnt, ist gehoben. Gottum, Menschtum — sie sind Phasen ein und desselben dynamischen Weltspieles geworden. Wir unterscheiden nicht genügend eine Transzendenz der Sinne (relative Transzendenz) und eine Transzendenz des Denkens (absolute Transzendenz). Der letzterer entsprechende Gegenstand kann immer nur ein gedankliches Ausfall-Symptom sein, dem Schatten auf physischem Gebiet entsprechend. Denn wenn ich schon von einem Absoluten nie wissen kann, was es ist, wie soll ich je von ihm wissen können, daß es ist, da es, als Absolutes, ja auch ein von jeder gedanklichen Verbindung Losgelöstes sein müßte.

In buddhistischer Auffassung setzt das ganze Weltgeschehen nach beiden Seiten hin unbegrenzt sich fort, die Aufnahmefähigkeit des menschlichen Sinnesapparates zwar überschreitend und immer weiter überschreitend, aber deswegen kein transzendentes an sich. Wie die ultravioletten Strahlen des Spektrums genau den gleichen Gesetzen unterliegen, wie die sinnlich sich darstellenden Strahlen, nur modifiziert durch ihre verschiedenartige physische Beschaffenheit, ebenso unterliegt jene Welt und ihre Insassen genau den gleichen biologischen Gesetzen, wie diese hier, nur modifiziert durch ihre verschiedenartige physische Beschaffenheit. Letztere mag, etwa durch verringerte Reibung, ihnen eine Lebensdauer verschaffen, unendlich viel länger als die des Menschen, aber das Gesetz, daß da, wo Leben ist, auch Sterben ist, das gilt auch hier. Auch die Insassen jener Welt erscheinen in neuer Form wieder, da, wo sie natürlicher Gesetzmäßigkeit nach beim Zerfall ihrer Götterform wieder erscheinen müssen. Anders ausgedrückt: Ihre erhabene Stellung als Gott haben sie lediglich ihrem entsprechenden Wirken an anderem Orte zu verdanken. „Erben der Werke" sind sie wie jedes andere Wesen. Der Legende nach verdankt der höchste Gott, Brahma Sahampati, seine überragende Stellung lediglich der Tatsache, daß er in unvordenklichen Zeiten einem der früheren Buddhas Gutes getan. Der Götterkönig Sakka wird mit einer Art freundlicher Herablassung belehrt: „Der verehrte Kosiya genießt dieses, weil er eben in früheren Zeiten Gutes getan hat." Die Himmel rühmen hier nicht des Ewigen Ehre. In kolossalen Rhythmen tönen sie den großen Sang der Vergänglichkeit.

So entwickelte sich in der überragenden Einsicht des buddhistischen Standpunktes ein gedanklicher und wirklicher Verkehr zwischen dieser Welt und jener Welt; ein Auf- und Absteigen der Schicksale, wie das Wasser zum Himmel aufsteigt als Dampf, dort als Wolke schwebt und als Regen wieder zur Erde zurückkehrt. Das Heraklitsche Mysterienwort „Der Götter Leben sterben wir und leben ihr Sterben", das wurde hier ein natürliches Ingredienz der neuen Weltanschauung. Und insofern kann man sagen, daß die gedankliche Umwälzung, welche dieses neue Weltbild mit sich brachte, sehr viel tiefer ging, als die dem Kopernikanischen Weltbild folgende. Denn letzteres machte den Gott nur „fragwürdig", aber hier wurde jede Frage überflüssig; denn das ganze Gottum kreiste mit in diesem Strom neuer Wirklichkeit, der alles in seine Strudel riß.

In einem Sutta des Anguttara-Nikaya heißt es: Wie alle Tiere verstummen und in Furcht und Zittern geraten, wenn der Löwe sein Gebrüll ertönen läßt, so verstummt alles und gerät in Furcht und Zittern, wenn der Buddha seinen Löwenruf ertönen läßt und den Wahn der Ich-Wesenheit zerstört. Und auch die Götter, welche seit unvordenklichen Zeiten in ihren Himmeln wohnen, ergreift Furcht und Zittern. „Ach, vergänglich, heißt es, sind wir, die wir uns selber unvergänglich wähnten." In einem Sutta des Majjhima-Nikaya (Nr. 49) wird berichtet, daß ein Gott der höchsten Götterwelt, der Brahma Baka, zu der irrigen Vorstellung gekommen ist: „Hier, wahrlich, ist das Ewige, hier das Ständige, hier das Feste, hier das Ganze und das Unzerstörbare. Hier gibt es nicht Geburt, nicht Altern, nicht Sterben; hier nicht Vergehen, nicht Wiedererstehen. Eine höhere Befreiung als diese gibt es nicht." Er muß erst vom Buddha belehrt werden, daß er sich, etwas vulgär ausgedrückt, gewaltig auf dem Holzwege befindet. Im Devata-Samyutta (II, 1) heißt es:

„Früher einmal lebte da eine gewisse Gottheit aus der Körperschaft der Tavatimsa-Götter in Indras Lusthain Nandana, umgeben vom Reigen der himmlischen Nymphen, im Vermögen, im Besitz, im Genuß himmlischer Lüste. Die nun ließ folgenden Vers vernehmen:

,Die wohl kennen nicht Seligkeit,
Die nicht kennen das Nandana,
Den Wohnort herrlicher Götter,
Tavatimsa-Engel, berühmter'.

Dieser Gottheit aber entgegnete eine andere Gottheit in folgendem Verse:

,Hast du, Tor, denn nicht erfahren,
Wie der Weisen Rede ist?
Vergänglich die Gebilde all',
Entstehn, Vergehn ist ihre Art,
Entstanden schwinden sie dahin,
Die Stillung dieser, das ist Glück'."

Den gleichen Vers singt Sakka, der buddhistische Indra, beim Tode des Buddha aus Himmelshöhen herab — das Ziel, dem er, der Gott, noch so fern steht. Und wie im letzten Schwung alles zusammenfassend, schließt ein berühmter Vers mit dem lapidaren Satz:

„Nicht ist ewig irgend Dasein."

Mag es sich um die langlebigen Götter, mag es sich um die kurzlebigen Menschen handeln — Vergänglichkeit überall. Der Ozean des Werdens mag draußen in ungemessenen Fernen langsamer wallen, als in der Enge sinnlicher Welten, aber wallen tut er überall.

Der Wirklichkeit entwischen kann man nie. Wohin man auch mit seinen Gedanken vordringen mag, überall nimmt man die Wirklichkeit mit, überall weiß der Denkende sich von ihren Gesetzen umgeben; wie einen Raum verlassen, nichts anderes ist, als einen neuen Raum betreten. Daß je der Moment eintreten könnte, daß man aus der Wirklichkeit in ein „Jenseits der Wirklichkeit" (im eigentlichen Sinne genommen) treten könnte, das ist so unmöglich wie, daß ein Mensch aus dem Raum in die Raumlosigkeit treten könnte.

Entsprechend dem neuen Gottbegriff im Buddhismus gestaltete sich auch sein Korrelat: die himmlischen Welten.

Wie an anderer Stelle schon gesagt, ist eine Welt, ein Loka, im buddhistischen Sinne nichts als ein Lebenszustand. Ich, das Individuum, ist gerade so gut ein Loka, wie ein ganzes Weltsystem. Von diesem Standpunkt aus muß man die drei Formen von Welten verstehen oder doch zu verstehen suchen, welche buddhistisches Denken unterscheidet.

Das ganze Weltgeschehen, sinnliches wie übersinnliches, teilt sich ein in Kamaloka, Rupaloka und Arupaloka. Wörtlich übersetzt lautet das: Welt der Sinnlichkeit, Welt der Form und Welt der Formlosigkeit.

Es hält schwer, für diese Ausdrücke Erklärungen zu bekommen, mit welchen sich ein vernünftiger Sinn verbinden läßt. Darüber ist man sich ja wohl einig, daß dem Kamaloka unsere sinnlich zugängliche Welt entspricht, sowohl soweit sie den Menschen, als alle etwaigen niedriger stehenden Wesen umfaßt. Dagegen erhält man für Rupa- und Arupaloka von den einheimischen Gelehrten Erklärungen, mit denen man beim besten Willen nichts anfangen kann, ausgenommen soweit, als beide zusammen die Götterwelten darstellen sollen. Rupaloka soll die Welt sein, in welcher von den fünf Werkstücken alles Daseins (Form, Gefühl, Wahrnehmung, Unterscheidungsvermögen, Bewußtsein), die sich als Namarupa darstellen, nur die Form (rupa) vorhanden ist, während Arupaloka die Welt sein soll, in welcher von diesen fünf Werkstücken nur die vier letzteren, d. h. der geistige Teil, vorhanden sind, die man unter dem Begriff „nama" zusammenfaßt. Das aber ergibt, erstens, überhaupt keinen Sinn; denn bloße Form ohne Funktionen ist ebenso sinnlos, wie bloße Funktionen ohne Form; anderseits aber widerspricht es der Buddhalehre, in welcher Dasein in jeder Form ein Namarupa, d. h. eine Einheit von Geistigem und Körperlichem, von Kraft und Stoff ist; eine Vorstellung, die von der Wirklichkeit in jeder Form, wo und wie sie sich darstellen mag, bestätigt wird.

Jedes wirkliche Dasein ist ein Namarupa, eine „Geist-Körperlichkeit", eine „Kraft-Stoffheit", und nach dieser Grundeinsicht werden wir wohl die Dreistufigkeit der Welten deuten müssen.

Welt im buddhistischen Sinne ist kein statisches, sondern ein dynamisches Phänomen. Eine räumliche Trennung in eine Kama-Welt, eine Rupa-Welt, eine Arupa-Welt würde eine Einteilung von einem grob-statischen Gesichtspunkte aus sein und verbietet sich von selber. Man muß auch hier an der dynamischen Auffassung des Weltgeschehens festhalten, und dann ergibt sich für die drei Lokas eine Auffassung, für die ich freilich keine Autoritäten anführen kann, die aber den Vorzug hat, daß man sich etwas bei ihr denken kann.

Unter Kamaloka verstehe ich die Welt, d. h. den Lebenszustand, in welchem unter Sinnlichkeit gelebt wird. Daß dieser Lebenszustand vor den Götterwelten nicht Halt macht, geht daraus hervor, daß oft genug die Insassen dieser Götterwelten als mit dem „fünffachen Vermögen der Sinnlichkeit begabt"' dargestellt werden. Schon aus diesem Grunde ist eine Reservierung der Rupa- und Arupa-Lokas allein für Götterwesen ausgeschlossen. Auch die Götter unterliegen den Begierden, was allein die Tatsache beweist, daß sie da sind. Denn wo keine Begierden mehr sind, da ist überhaupt kein Dasein mehr, oder doch nur in der Form des Verlöschens wie beim Arahat.

Unter Rupaloka verstehe ich den Lebenszustand, in welchem das reine Schauen die Oberhand gewonnen hat über die sinnlichen Regungen. Die Formen sind da, aber Denken ist schon stark genug geworden, um immer dann, wenn diese Formen ihre anziehende oder abstoßende Wirkung ausüben wollen, den Klärungsprozeß vorzunehmen: „Es sind Formen, keine Wesenheiten. Aus Gründen, aus Ursachen haben sie sich geballt; aus Gründen, aus Ursachen wirbeln sie ein Weilchen; aus Gründen, aus Ursachen werden sie zur Zerballung kommen." Der Denker faßt wohl noch die Form, aber die Form faßt ihn nicht mehr. Und faßt sie ihn, so ist es wie bei einem Tropfen Wassers, der auf eine glühende Eisenplatte fällt: Fast noch ehe es zur wirklichen Berührung, zur gegenseitigen Einwirkung hat kommen können, löst sich alles auf, verpufft in der Glut des Denkens. Wenn man Götterwesen als überwiegend in diesem Zustand reinen Schauens lebend sich vorstellt, nun so könnte es wohl sein, daß man eine rechte Vorstellung hat.

Unter Arupaloka verstehe ich jenen Lebenszustand, in welchem das Wesen, frei von Lüsten sowohl, als frei vom Einfluß der Formen, zum geistigen Stützpunkt einen jener vier form-freien Gedanken sich genommen hat, die so häufig in den Texten aufgeführt werden. Ihre Namen sind: 1. Unendlichkeit des Raumes, 2. Unendlichkeit des Bewußtseins (Zeit-Unendlichkeit), 3. Freisein von jeder Etwas-heit, 4. jener letzte Grenzwert zwischen Wahrnehmung und Wahrnehmungslosigkeit, sozusagen der äußerste Vorposten dieses Daseins gegen das Bereich jenes ewigen Nichtmehr hin, das mit dem Parinibbana einsetzt.

Diese vier „Unendlichkeiten" sind bekannt unter dem Namen der Arupa-Jhanas, der formlosen Einigungszustände, und schließen in den Lehrreden sich häufig an die vier Jhanas an, welche im vorigen besprochen sind, so daß sie sich also zwischen das vierte Jhana und das erste der drei Wissen einschieben. Jeder der vier „Unendlichkeiten" entspricht ein Arupaloka, und alter Überlieferung nach sollen diese vier Arupalokas, diese vier formlosen (und höchsten) Himmel leer sein, wenn keine Wesen da sind, welche die Arupa-Jhanas üben; woraus meiner Ansicht nach klar hervorgeht, daß es sich nicht um eine Örtlichkeit, sondern um eine gedankliche Richtung handelt.

Das gleiche scheint mir aus Stellen, wie der folgenden, hervorzugehen:

„Da erreicht irgendein Mensch, nachdem er alle Formwahrnehmungen überwunden, alle gegenständlichen Wahrnehmungen zum Schwinden gebracht, alle Vielheitswahrnehmungen zum Schweigen gebracht hat, in der Erkenntnis „Grenzlos ist der Raum", das Gebiet der Raumunendlichkeit und weilt darin. Daran erfreut er sich, danach verlangt er, dieser Lockung verfällt er. So gerichtet, so geneigt, hierin voll lebend, hiervon nicht abgekommen, stirbt er und erscheint wieder in Gesellschaft jener Götter, welche das Gebiet der Raumunendlichkeit sich zu eigen gemacht haben."

Auch der Rupaloka ist mythologisch in eine ganze Anzahl verschiedener Stufen, Himmel, geteilt, die namentlich hier aufzuführen, keinen Wert hat. Das gleiche gilt von den diese verschiedenen Rupalokas bewohnenden Göttern. In den Lehrreden kehrt eine konstante Serie wieder, wahrscheinlich ein aus dem älteren Brahmanismus übernommenes Erbstück. Sie beginnt mit den Erdgöttern und endet mit den Brahmagöttern. Ich bin aber nicht imstande, ihre verschiedenen Namen so zu verdeutschen, daß der Leser einen Sinn damit verbinden könnte. So mögen diese kurzen Angaben hier genügen. Es handelt sich bei allem diesem nicht so sehr um Buddhismus, als um buddhistische Verarbeitung brahmanischen Materials.

Wem an Einzelheiten liegt, der wird in Childers Pali-Wörterbuch näheres finden.

Naturgemäß tauchen auch allerhand Vorstellungen auf über die Art der Körperlichkeit, welche Wesen aus diesen Ultra-Welten darstellen.

Es wird von einem Koliyer namens Kakudha berichtet, dem Aufwärter des Thera Moggallana, der nach dem Tode eine gewisse „geistartige Körperlichkeit" angenommen hatte, derart, daß er selber keinen Raum verdrängte und daher trotz seiner ungeheuerlichen Größe niemandem im Wege war; also etwa eine Leiblichkeit von der Dünnheit eines Kometenkörpers.

Zur Bezeichnung einer derartigen übersinnlichen Leiblichkeit wird mit Liebe das Wort „manomaya" (geistförmig) gebraucht. Anderseits bedeutet dieses Wort aber auch, wie z. B. im ersten Verse des Dhammapada, das, was es selber sagt: „Vom Denken geschaffen", wobei Denken nichts ist als ein anderer Ausdruck für Kamma. Da ich nicht weiß, inwieweit diese letztere, ursprüngliche Bedeutung des Wortes bei der ersteren, symptomatischen mit hineinspielt, so möchte ich mich aller Vermutungen, was etwa mit dieser „geistförmigen" Leiblichkeit gemeint sein könne, enthalten, auch etwaigen Vergleichen mit dem spiritistischen Astralleib usw. nicht das Wort reden.

Soviel davon.

Wollte der Buddhismus beweisen, daß er den Gottbegriff völlig verschluckt und assimiliert habe, so mußte er auch seine Entstehung zeigen. Und das tut er in Bildern, die wahrhaft aus jedem Maßstab hinausrücken.

Im Brahmajala-Sutta, dem Sutta vom Meisternetz (wörtlich: das ausgezeichnete, glänzende Netz), beiläufig dem ersten, mit welchem, laut Bericht, die Theras auf dem Konzil von Rajagaha die Rezitation des Kanon begannen, heißt es folgendermaßen:

„Es ereignet sich da wohl, ihr Mönche, daß irgendwann, irgendwie im Verlaufe langer Zeit diese Welt eingeht (samvattati, das Äquivalent dessen, was der moderne Physiker Entropie nennt). Wenn so diese Welt eingeht, so werden die Wesen gemeinhin zu ‚Auf Grund dieses Eingehens Leuchtenden'. Die sind dann geistförmig, von Freude sich nährend, selbstleuchtend, den Himmelsraum durchwandelnd, schöner Gestalt, sehr lange Zeit bestehen sie.

„Es ereignet sich wohl, ihr Mönche, daß da irgendwann, irgendwie im Verlaufe langer Zeit diese Welt sich entwickelt (aufbricht vivattati). Wenn die Welt so sich entwickelt, erscheint ein leerer Brahmahimmel. Aber irgendein Wesen, das infolge Versagens der Kraft, infolge Versagen des Verdienstes aus der Körperschaft der Leuchtenden entschwunden ist, taucht in diesem leeren Brahmahimmel auf. Das nun ist geistförmig, von Freude sich nährend, selbstleuchtend, den Himmelsraum durchwandelnd, von schöner Gestalt, sehr lange Zeit besteht es.

„Dieses Wesen nun, das einsame in langer Zeit, erleidet inneren Überdruß, ihm erhebt sich Unruhe: ‚Ach, daß doch andere Wesen hierherkämen!' Und andere Wesen, die infolge des Versagens der Kraft, infolge des Versagens des Verdienstes aus der Körperschaft der Leuchtenden entschwunden sind, tauchen nun auch in diesem leeren Brahma-Himmel auf, als Genossenschaft für jenes andere Wesen. Auch diese sind dann geistförmig, von Freude sich nährend, selbstleuchtend, das Firmament durchwandelnd, von schöner Gestalt, sehr lange Zeit bestehen sie.

„Da nun denkt das Wesen, das als das erste aufgetaucht ist, folgendermaßen: ‚Ich bin Brahma, der große Brahma, der Überwinder, der Unüberwundene, der Alles-Seher, der Gewaltige, der Herr, der Schöpfer, der Former, der Erste, der Erzeuger, der Erhalter, der Vater von dem, was geworden ist, und was werden wird. Von mir sind diese Wesen geschaffen. Und was ist der Grund (für diese Annahme)? Ich habe vorher so gedacht: „Ach, daß doch nur andere Wesen hierherkämen!" So dachte ich immer wieder. Und (wirklich) sind diese Wesen hierhergekommen.' Die Wesen aber, die später aufgetaucht sind, die denken folgendermaßen: ‚Dieses, wahrlich, ist Herr Brahma, der große Brahma, der Überwinder, der Unüberwundene, der Allesseher, der Gewaltige, der Herr, der Schöpfer, der Former, der Erste, der Erzeuger, der Erhalter, der Vater von dem, was geworden ist und werden wird. Durch diesen Herrn Brahma sind wir erschaffen.

Was ist der Grund (für diese Annahme)? Diesen sahen wir hier als zuerst aufgetaucht. Wir selber aber sind erst später aufgetaucht.'"

Damit ist der Gott begriffen, umgriffen von seinen Erdwurzeln aus. Im Lenzesweben neu sprossender Welten eine erste Blüte — das ist sein eines; irriges Meinen — das ist sein anderes, auf dem er ruht. Aus diesen beiden Fäden webt in buddhistischem Denken sich das Göttliche, und gleichsam tanzend geht das Spiel der Kappas (Kalpas) seinen Weg, Gott wie Mensch in den Rhythmus seines Reigens ziehend. Die Geburt des Gottes ist ja stets die Tragödie des Göttlichen, aber hier ist es die mühelose Leichtigkeit, mit der die Welten-Kulissen sich schieben, mit der die Helden sich ab- und einstellen, die aus dem kosmischen Bühnenspiel eine unerhörte Katastrophe macht.

Es ist zu verstehen, daß einem so verarbeiteten Gottbegriff gegenüber hin und wieder selbst die Ironie nicht ausbleiben konnte. Im ganzen buddhistischen Gedankenreich liegt nichts luzianisches. Man hat hier bessere Mittel gegen die alten Götter, als den Spott. Wo gespottet wird, da bricht es im Reiben der Gedanken heraus, notwendig, wie das Gewitter.

Aus solcher Reibung heraus gebiert sich die Ironie im Tevijja-Sutta des Digha-Nikaya:

„Gleichwie, o Vasettha, wenn da dieser Aciravati-Strom voll von Wasser wäre, in gleicher Höhe mit dem Ufer, voll zum Überfließen, und ein Mensch käme heran, der die Absicht hätte, hinüberzugehen, der hinüber müßte, der wünschte den Fluß zu kreuzen. Der stände nun am diesseitigen Ufer und riefe das jenseitige Ufer an: ‚Komm doch, o jenseitiges Ufer! Komm doch, o jenseitiges Ufer!' Was meinst du wohl, Vasettha? Würde wohl auf Grund des Rufens, auf Grund des Flehens, auf Grund des Bittens, auf Grund des Schmeichelns dieses Mannes das jenseitige Ufer des Aciravati-Flusses zum diesseitigen herüberkommen?" Herber kann die Unmöglichkeit einer Verbindung zwischen einem Transzendenten an sich und der Welt nicht ironisiert werden. Es ist die Unmöglichkeit, eine Verbindung zwischen dem Schatten und seinem Gegenstande herzustellen.

Nun setzt der Gläubige gegen alles das, was hier über die

Verarbeitung des Gottbegriffes gesagt ist und etwa noch gesagt werden könnte, seinen einen Einwurf:

„Das, was ihr da von der Assimilation des Gottbegriffes sagt, das geht uns gar nichts an. Das alles ist ja nichts als eine niedrige Persiflage des Göttlichen. Das, was wir unter Gott verstehen, das ist ein Transzendentes an sich, an das keine Vorstellungen und keine Bilder heranreichen, das eben geglaubt werden muß. Damit, daß es in Bildern von Zeit und Raum verarbeitet werden kann, beweist es sich selber als ‚von dieser Welt'. Aber es gibt eben etwas, was zeit- und raumlos ist. Das erleben wir beständig in uns, und daran soll eure Geburtsgeschichte des Göttlichen uns nicht irre machen."

Auf diesen Einwurf wäre nichts zu antworten als folgendes: Guter Mensch! Allerdings gibt es ein Zeit- und Raumloses. Das ist Kraft. Solange sie nicht entdeckt ist, ist ja ihre Verlegung in ein Transzendentes verständlich, durch den Druck der Tatsachen motiviert. Ist aber dieses Zeit- und Raumlose, die Kraft, als Denken selber entdeckt worden, so fällt für einen solchen, der das entdeckt hat, der Ausweg des Transzendenten fort; es liegt kein Bedürfnis, kein Druck dazu für ihn vor. Da du aber diesen Erkenntnisvorgang, in dem das Geheimnis Kraft sich enthüllt, noch nicht durchgemacht hast, so erkenne ich ohne weiteres für dich die Notwendigkeit und daher auch die Berechtigung an, die unbezweifelbare Tatsache eines Zeit- und Raumlosen durch die Annahme eines Transzendenten zu decken. Nur wenn du nun rückläufig von deinem Transzendenten aus die Wirklichkeit deuten und vergewaltigen willst, so kann ich dir dazu freilich das Recht nicht zugestehen. Ja, mehr als das! Dagegen muß man kämpfen, solange man kämpfen kann; nicht mit Waffen und Blutvergießen, sondern so, wie das Licht gegen die Finsternis kämpft, indem es sich selber zeigt. Denn soviel steht unerschütterlich fest, daß der Mensch nie zu seiner wahren Würde kommen kann, solange er seinem Wesentlichen nach sich von einem Jenseits seiner selbst abhängig fühlt. Mensch sein heißt, seinen Schwerpunkt in sich selber haben. Und eher kann wahrlich der Menschenfreund nicht ruhen, nicht rasten, als bis dieses Jenseits im Lichte wirklichen Erkennens sich erhellt hat und sich als das darstellt, was es ist: Schatten!

Die Kirche im Buddhismus

Man fragt sich, wie es möglich war, daß aus derartigen gedanklichen Werkstücken überhaupt eine Kirche sich hat aufbauen können. Tatsächlich ist der Buddhismus doch Volksreligion geworden, trotz seiner streng individualistischen Natur, und hat als solcher Einrichtungen angenommen, die man als Kirche bezeichnen muß.

Unter „Kirche" verstehe ich eine religiöse Idee irgend welcher Art, die als solche unter einer gewissen Anzahl von Menschen eine gedankliche und bis zu gewissem Grade praktische Einheit schafft. Diese Einheit mag nicht groß sein. „Wo zwei oder drei in meinem Namen vereinigt sind, da bin ich unter ihnen" (Matthäus 18). Aber irgendeine Zusammenfassung muß da sein. Der Begriff der Kirche enthält stets ein generelles Element. Soll also der Buddhismus verwirklicht werden, so ist dieses möglich nur auf Kosten seiner Originalität.

Anderseits aber enthält der ursprüngliche Buddhismus etwas, was die Ansätze zu einer Kirchenbildung wohl begünstigen könnte: das historische Moment. Gerade dieses Moment ist im ursprünglichen Pali-Buddhismus klar ausgesprochen, ebenso klar wie im Christentum. Beide machen da analoge Entwickelungen durch, wenn man diese Degenerationen überhaupt Entwickelung nennen darf: Wie dem Christentum im Gnostizismus das historische Moment verloren ging und sich in bloße, wenn auch noch so erhabene Gedanken-Abstraktionen auflöste, so ging es dem Buddhismus im Mahayana verloren. Diese Buddhas hier sind keine historischen Persönlichkeiten mehr; das sind grandiose Allegorien, die sich würdig in das indische Götterwesen einfügen. In der Grandiosität der Gebilde und Konzeptionen ging jede wirkliche Form, die zum kirchlichen Kristallisationspunkt hätte dienen können, verloren. Wenn trotzdem das Mahayana die Form (resp. Entformung) des Buddhismus zu sein scheint, welche Ost-Asien eroberte, so ist das meiner Überzeugung nach eben ein Schein. Allein für sich hätte es so sicher in seiner eigenen grandiosen Abstraktionstätigkeit zugrunde gehen müssen wie der Gnostizismus. Es konnte nur leben in parasitischer Form, indem andere Landesreligionen ihm das geformte Element liehen, das ihm selber verloren gegangen war. Der ursprüngliche Buddhismus aber hatte seinen Kristallisationspunkt in dem historischen Buddha. Die Schwierigkeit war nur, seine reine Lehrergestalt so herzurichten, daß sie die Funktionen der Kirchenbildung übernehmen konnte.

Daß ihm selber derartige Absichten völlig fern lagen, geht aus seinen eigenen Aussprüchen unwiderleglich hervor. Im Maha-Parinibbana-Sutta (II, 25, 26) heißt es: „Der Tathagata denkt nicht so: ‚Ich werde die Mönchsgemeinde leiten', oder: ‚Meinetwegen ist die Mönchsgemeinde da'". Und dann weiter: „Daher bleibt euch selber Leuchte, bleibt euch selber Zuflucht, bleibt ohne fremde Zuflucht. Bleibt bei der Lehre als Leuchte, bleibt bei der Lehre als Zuflucht, bleibt ohne fremde Zuflucht. Und wie bleibt ein Mönch sich selber Leuchte, sich selber Zuflucht? Da weilt ein Mönch beim Körper in Beobachtung des Körpers ... er weilt bei den Gefühlen in Beobachtung der Gefühle ... er weilt bei den Dingen in Beobachtung der Dinge ...", das heißt: Er übt den Prozeß des in sich selber Eingehens, des Ausscheidens aus jeder Gemeinschaft.

Jeden Versuch, ihn aus der Wirklichkeit herauszuheben, zu einem Gegenstand der Verehrung an sich zu machen, weist der Buddha ab. Als Sariputta in einem Augenblick der Ekstase ihm zuruft: „Du bist der Weiseste in Weisheit", weist er ihn fast ironisch ab mit der Frage, ob er denn alle die Buddhas, die vor ihm da waren, und nach ihm nach kommen würden, so genau kenne, daß er sich eine solche Phrase erlauben dürfe. (Maha-Parinibbana-Sutta I, 17.) Er will selbst als Buddha durchaus nichts sein als einer unter vielen, der vor anderen Menschen durchaus keinen Vorzug hat, als daß er als der erste „die Schalen durchbrochen" hat, weshalb ihm auch wohl das Beiwort gegeben wird, welches man bei der Hühnerbrut dem Jungen beilegt, das zuerst die Schale durchbricht (jettho).

Im gleichen Parinibbana-Sutta ergibt sich klar die Bedeutung, die er allem Zeremoniell zuschreibt. Da heißt es:

„Vier Orte sind es, o Ananda, die für einen Menschen, der Vertrauen hat, in Ehrfurcht zu besuchen sich ziemen. Welche vier? ‚Hier ist der Tathagata geboren', das ist ein Ort, den ein Mensch, der Vertrauen hat, in Ehrfurcht besuchen muß. ‚Hier hat der Tathagata die unvergleichliche höchste Erwachung errungen.' Das ist der zweite Ort. ‚Hier hat der Tathagata das unvergleichliche Reich des Gesetzes begründet.' Das ist der dritte Ort. ‚Hier ist der Tathagata erloschen in jener vollständigen Art des Erlöschens, die frei ist von jeder weiteren Daseinsmöglichkeit.' Das ist der vierte Ort. Diese vier Orte sind es, die für einen Menschen, der Vertrauen hat, mit Ehrfurcht zu besuchen sich ziemen. Es werden, o Ananda, Jünger und Jüngerinnen kommen, Anhänger und Anhängerinnen (die werden sagen): ‚Hier ist der Tathagata geboren, hier hat der Tathagata die höchste Erwachung errungen, hier hat der Tathagata das unvergleichliche Reich des Gesetzes begründet, hier ist der Tathagata endgültig erloschen.' Und alle diejenigen, welche, während sie auf solcher Wallfahrt begriffen sind, gestillten Herzens sterben, alle die werden beim Zerfall des Leibes, nach dem Tode, in glücklichem, segensvollem Zustande wiedergeboren werden."

Die Kirche ist hier durchaus nicht das Symbol einer übersinnlichen Gemeinschaft, einer „Kirche Gottes auf Erden", der Behälter gewisser unerläßlicher Gnadengaben, sondern lediglich eine Örtlichkeit oder ein Zustand, geeigneter als andere, den Einzelnen zur Sammlung und Einkehr anzuregen. Jede Notwendigkeit einer „Gemeinschaft der Gläubigen" fällt fort. Mögen noch so viele Einzelne gleichzeitig an einem verehrungswürdigen Orte niederknieen, es bleibt stets, solange die Knieenden echte Buddhisten sind, ein individueller Vorgang. Gefühle vereinen, Denken sondert.

Zweck des christlichen Kirchendienstes ist nicht die Erbauung des resp. der Einzelnen, sondern die Verherrlichung Gottes. Der Katholizismus bekennt das auch rückhaltlos. Und wenn der Protestantismus sich gegen diese Auffassung wehrt und das erbauliche Moment des Einzelnen hervorhebt, so muß er sich klar darüber sein, daß er im Begriff steht, das Grundprinzip jeder Glaubensreligion, das Generelle, einem Individualismus zu opfern, und damit Gefahr läuft, in Mystizismus, ja unter Umständen sogar in wirkliches Denken zu verfallen. Im übrigen fallen aber beide Glaubensrichtungen in der Lehre von der Allgegenwart der Heilswirkung Jesu im Abendmahl zusammen. Hier zeigt die Kirche am ausgesprochensten ihr körperhaftes, der Gläubige sagt, ihr geisthaftes Wesen. Der Einzelne bleibt hier nicht mehr Individuum, sondern in weit höherem Grade, als es selbst bei der Staatsidee der Fall ist, wird er Glied eines Heilsmechanismus, eben der Kirche.

So reiche Gefühlswerte die Menschheit aus der Kirche im Laufe der Jahrhunderte abgeleitet haben mag, so ist doch klar, daß sie alle erreicht sind durch eine fortschreitende Entwirklichung der Wirklichkeit. Wirklichkeit, wann, wo und wie sie sein mag, ist stets individuell. Jedes Lebewesen ist seiner eigensten Natur nach Esser. Fraglos sind Allgemeinbeziehungen zur ganzen Menschheit, ja zum ganzen Weltgeschehen da. Niemand kann das leugnen. Nur darf man daraus keine Theorien von wesenhafter Zusammengehörigkeit aufbauen. Diese Theorien schmeicheln den Gefühlen, sind geeignet, hohe Ideale zu erwecken, aber sie entsprechen nicht der Wirklichkeit. Denn das, in dem der Einzelne mit der Allgemeinheit zusammenfällt, das ist nur die große Schüssel, aus der alles ißt. Und im letzten Grunde läuft das universelle Moment, welches sich daraus ergibt, auf das Witzwort des Königs Franz von Frankreich hinaus, der, als er mit Karl V. von Spanien wegen Mailand in Krieg geriet, sagte: „Mein Bruder Karl will, was ich will" (nämlich Mailand). Alle Versuche, Individuen zu einem Gebilde zusammenzuschweißen, wie die Kirche es in ausgesprochenstem Maße tut, gehen immer auf Kosten der Wirklichkeit.

Man fragt natürlich, ob denn der Buddhismus in den südlichen Ländern sich wirklich frei von der Verirrung der Kirchenbildung (im christlichen Sinn) gehalten hat? Darauf ist zu erwidern, daß hier wenigstens richtige Vorstellungen über das Wesen des Buddhatums als reines Lehrtum bestehen. Mischen sich andere Regungen ein, Gott-Ideen, nun, so denkt man eben nicht als Buddhist. Und ich will gerne zugestehen, daß das in den Ländern, in denen heute noch der ursprüngliche Buddhismus herrscht, auch oft genug vorkommen mag. Aber es ist ein großer Unterschied, ob eine falsche Auffassung zum offiziellen System verarbeitet worden ist, wie es in China und Japan der Fall ist, oder ob sie immer nur Entgleisung des Einzelnen bleibt und als solche beurteilt wird. Im ursprünglichen Buddhismus ist der Buddha Lehrer, weiter nichts. Er gibt den belehrenden Anstoß. Die weitere Verarbeitung ist jedermanns eigene Sache. Aber es wird ihm vorteilhaft sein, wenn er häufig aus der Alltäglichkeit hinaus sich rettet in jene feierlichen Umstände, die ihm eine gedankliche Verinnerlichung leichter machen und das Gute in ihm festigen und reifen helfen.

Wie überall, so kann auch hier die Sprache irreführend wirken. Es werden dem Buddha Bezeichnungen beigelegt, die den Anschein erwecken, als ob sie einer Kirchenbildung im christlichen Sinne Vorschub leisten könnten. Er selber nennt sich „schon bei Lebzeiten unerfaßbar". Aber das ist eine Eigenschaft, die lediglich aus der Erreichung Nibbanas resultiert. Wer alles Haften restlos aufgegeben hat, der ist eben unerfaßbar. Wie er die Wirklichkeit nicht mehr greift, so greift diese ihn nicht mehr. Das gleiche drückt das Beiwort „Der Pfadlose", Spurlose (apada) aus. Im Dhammapada (V. 179) wird er „unbegrenzter Weidegrund" (anantagocara) genannt, was aber durchaus nicht eine universelle, kosmische Potenz bedeutet, sondern einen Gegenstand, der dem Denken immer wieder neue Nahrung gibt. In diesem gleichen Sinne ist es zu fassen, wenn er dem kranken Mönche Vakkali, der ihn hat zu sich bitten lassen, um ihn in seiner schweren Stunde zu kräftigen, sagt: „Wer auch immer, Vakkali, die Lehre schaut, der schaut mich; wer mich schaut, der schaut die Lehre." (Samyutta-Nikaya, XXII, 87). Daß es sich hier nicht um die Statuierung einer an sich bestehenden Lehre, eines „Gesetzes an sich" handelt, das geht, abgesehen von der oben angeführten Stelle des Maha-Parinibbana-Sutta, aus der berühmten Stelle des Suttas vom Schlangengleichnis (Majjhima-Nikaya 22) hervor, wo es heißt: „Einem Floß vergleichbar will ich euch die Lehre zeigen, zum Zweck des Entrinnens, nicht zum Zweck des Ergreifens." Es wird eben hier nichts ergriffen, kein äußerer Lebenswert, kein innerer Lebenswert, kein Buddha und kein Gesetz. Und haben letztere beiden einen Zweck, so ist es nicht der, einen Kristallisationspunkt für eine kirchliche Gemeinde zu bilden, sondern dem Denken sozusagen Stufen zu bieten, von denen abstoßend es sich zu immer höheren Formen der Freiung hochschwingen kann.

Ich schließe dieses Kapitel mit einigen historischen und geographischen Angaben, die vielleicht für den Leser von Interesse sein dürften.

Von den vier Orten, die der Buddha als verehrungswürdig bezeichnet, ist heute nur noch der zweite in Tätigkeit, der Ort, wo der Buddha zur vollen Erwachung gekommen ist. Es ist Uruvela, das heutige Buddha-Gaya, in der Nähe der Stadt Gaya, die, wenn man sich Benares und Kalkutta durch eine gerade Linie verbunden denkt, etwa am Ende des ersten Drittels dieser Linie liegt. Geburts- und Todesplatz, Kapilavatthu und Kusinara, liegen abseits von der großen Route, sind vielleicht noch gar nicht genau identifiziert worden. Sie werden kaum je besucht. Der dritte Ort, der Ort, wo der Tathagata das Reich des Gesetzes begründet hat, liegt freilich nicht abseits. Es ist das dicht bei der Stadt Benares gelegene Sarnath (das alte Isipatana) und leicht zu erreichen. Trotzdem wird es nicht annähernd so stark besucht wie Buddha-Gaya.

Dieses Sarnath ist etwas öde, aber sonst ein stimmungsvoller Ort. Es steht da der alte, edelkräftige Dagoba, und sein Leib zeigt noch reichliche Spuren der feinen alten Bekleidung. Buddha-Gaya dagegen ist trotz der Mühe, die von der ganzen buddhistischen Welt auf diesen Ort verwandt wird, in einen im Verhältnis zu seiner Bedeutung völlig unwürdigen Zustand geraten. Die Buddhisten haben es bei der englischen Regierung nicht durchsetzen können, den Ort in eigene Aufsicht zu bekommen. Diese Aufsicht liegt in Hindu-Händen. Und so ist es betrübende Tatsache, daß man am heiligsten Orte des Buddhismus das Treiben eines Shiwa-Tempels findet.

Diese vier ursprünglichen heiligen Orte fanden schnell Vermehrung, indem nach dem Tode des Buddha seine Asche verteilt und über jeden Teil ein Dagoba errichtet wurde. Diese Dagobas sind aus Backsteinen aufgeführte, glockenförmige Monumente, die auf einer Plattform ruhen und oben in eine Spitze endigen. Die höchsten (in Ceylon) sind über 300 Fuß hoch, bei entsprechendem Umfang. Da sie eine solide Masse darstellen, nur im Inneren einen kleinen Aufbewahrungsraum

für die Reliquie enthalten, so können sie sich in Bezug auf Größe der Arbeit wohl mit den Pyramiden Ägyptens messen.
Die beiden größten Heiligtümer der buddhistischen Welt befinden sich zurzeit in Ceylon. Es sind der Zahn des Buddha im Haupttempel zu Kandy und der heilige Bodhi-Baum in der alten Hauptstadt des buddhistischen Ceylon, Anuradhapura.
Der Zahn ist eine plumpe Imitation irgendeines früheren Originales und hat Wert nur durch die Kostbarkeit, die ihn umgibt, und die für den Historiker und Psychologen merkwürdige Geschichte, die hinter ihm steht. Der Bodhi-Baum dagegen dürfte der älteste historische Baum der Welt sein und ist insofern sehr interessant. König Asoka, der indische Weltherrscher, sandte ihn gegen 300 vor unserer Zeitrechnung nach Ceylon als Zweig des Originals in Uruvela. Dieses letztere ist, wohl schon lange, eingegangen, aber der Baum in Anuradhapura gedeiht unter der sorgfältigen Pflege der Mönche immer noch und zieht zu bestimmten Zeiten des Jahres viele Tausende von Wallfahrern an.
Der Buddhist hat seinen Sonntag bei Vollmond und bei Neumond. Das ist der Uposatha-Tag. Das Zeremoniell ist einfach, aber höchst ansprechend, ja anmutig.
Schon am frühen Morgen begibt man sich, in frisch gewaschenen, meist blütenweißen Kleidern, zum Tempel (Vihara) und vollzieht hier die Zufluchtsformel unter Anleitung eines der zum Tempel gehörigen Mönche.
Diese Zufluchtsformel lautet:
„Zum Buddha nehme ich meine Zuflucht.
Zur Lehre nehme ich meine Zuflucht.
Zur Gemeinde (sangha) nehme ich meine Zuflucht."
Der Mönch, aufrecht stehend, spricht vor. Die Andächtigen, auf der Erde kniend, die flach aneinander gelegten Hände vor die Stirn gehalten, murmeln nach. Die ganze Formel wird dreimal wiederholt.
Danach werden die fünf Verbote, die Silas, in derselben Weise erledigt. Der Mönch spricht vor, die Andächtigen murmeln nach. Diese fünf Silas lauten:
„Ich gelobe, mich des Tötens zu enthalten."
„Ich gelobe, mich der Unkeuschheit zu enthalten."

„Ich gelobe, mich des Nehmens von Nichtgegebenem zu enthalten."
„Ich gelobe, mich der falschen Rede zu enthalten."
„Ich gelobe, mich des Genusses berauschender Getränke zu enthalten."
Damit ist die Zeremonie beendet. Die Andächtigen entfernen sich ebenso still, wie sie erschienen sind, nachdem sie Blumen, Lichter und Weihrauchstäbchen vor der Buddha-Statue niedergelegt haben.

Im Laufe des Vormittags und zur Nacht findet eine Predigt in der Predigthalle, meist ein offener, nur überdachter Raum, statt.

So verläuft der buddhistische Feiertag. Er ist nichts als die immer wieder neue Befestigung des Einzelnen in dem, was er als recht erkannt hat, und im Guten. Eine Kirche im christlichen Sinne gibt es hier nicht. Es ist die Religion des Individualismus. Aber schließlich ist ja das einzige Wesen der Welt, für das allein ich aufkommen kann, ich selber.

Mönchtum und Opfer

Unter allen Religionen der Welt ist der Buddhismus die einzige, welcher ein Priestertum fehlt. Faßt man den Begriff der Religion zu eng und bleibt in den Symptomen stecken, so kann man allein aus dieser Tatsache heraus die Frage aufwerfen, ob denn der Buddhismus überhaupt eine Religion ist. Diese Frage ist im Vorhergehenden beantwortet worden. Alles kommt darauf an, den Begriff „Religion" nicht in symptomatischer, sondern in ursprünglicher Form zu fassen.

Im letzten Grunde ist ein Mönch nichts als ein Mensch, den sein inneres Erleben zum Alleinsein zwingt. Welcher Art dieses innere Erleben ist, in welcher Richtung es geht, welche Tendenz es verfolgt, ob er mit seinem Gott oder mit sich selber allein sein will, das kommt erst in zweiter Linie. In jedem Fall ist der echte Mönch jemand, der es wagt, sich selber zu leben, und wendet er rückläufig aus seinem Mönchsleben zu den Menschen sich zurück, in Form werktägiger Nächstenliebe, so ist auch das bei ihm eine Form des Sich-selber-Lebens. Er leiht sich wohl den Menschen, aber er verschenkt sich nicht.

Es ist ohne weiteres verständlich, daß im christlichen Mönchtum ein mystischer Zug liegen mußte, die Neigung, in Überspringung des Priestertums, des offiziellen Vermittelungsamtes zwischen Mensch und Gott, zu einer unmittelbaren Beziehung zum Göttlichen zu kommen. Der Buddhismus, dem jedes positive Lebensziel und damit jede Gott-Idee völlig fehlt, hat kein Priestertum. Um so notwendiger aber ist ihm das Mönchtum. Denn Mönch sein heißt hier nicht einem unbegreiflichen höheren Drange folgen, sondern mit dem Akt des Sich-selber-Begreifens ist der Drang zum Sich-selber-Leben, zum Sich-Ausschälen aus allen weltlichen Beziehungen notwendig mit gegeben. Der Christ, der sich als Geschöpf Gottes begreift, kann seinem Höchsten sehr wohl auch in weltlichem Stande, vor allem im Stande des Familienvaters dienen; letzteres ist ja schließlich eine Betätigung seiner religiösen Einsicht. Für den Buddhisten, hat er begriffen, bleiben keine derartigen Möglichkeiten. Da gibt es nur eines: Sich entschlossen loslösen von allen den zahllosen Fäden, die den Einzelnen an die Welt fesseln.

Jedes mystische Moment fällt in diesem Mönchtum fort. Es ist nichts als diejenige Form der Lebensweise, die ein erfolgreicheres Arbeiten am eigenen Ich ermöglicht. Bei weltlicher Lebensweise ist stets zu befürchten, daß das, was man heute in diesem Prozeß des sich Loslösens gewonnen hat, morgen trotz aller Zähigkeit in neuen Eindrücken wieder verloren geht. Um diesem ständigen Zurückgleiten vorzubeugen, um das, was man einmal errungen hat, dauernd festhalten zu können, um ihm die Möglichkeit zu geben, Fuß zu fassen, zu wurzeln — deswegen wählt man den Mönchsstand. „Alte Gefühle abzutöten, neue nicht aufkommen zu lassen." Der Mönchsstand ist hier ein Arbeitsstand, Arbeiten an sich selber, ein Stand, der etwas unendlich Nüchternes haben würde, wenn er sich nicht von dem dunkel-schweigenden Hintergrunde jenes ungeheuerlichsten und einzigsten aller Ziele abheben würde: dem Aufhören alles ferneren Daseins, sei es in weltlicher, sei es in himmlischer Form: Nibbana.

Die Tatsachen sind nichts, die Tendenz ist alles. Inwieweit diese Tendenz der wirklichen Ablösung im buddhistischen Mönchtum herrscht und geherrscht hat, das ist schwer zu sagen. Der Mensch ist stets und überall wankelmütig, und es ist immer ein großes und schweres Ding, alle zahllosen Einzel-Tendenzen in einer einzigen Tendenz aufgehen zu lassen. Die saugende Kraft der großen Leere — Nibbana — mag wohl immer ein seltener Vorgang gewesen sein, aber es hieße jede historische Glaubwürdigkeit in Abrede stellen, wollte man ihn überhaupt leugnen. Es ist wahr, das moderne Mönchsleben spricht wenig für das wirkliche Dasein einer solchen Tendenz; aber wie es geologische Perioden gibt, so gibt es auch biologische oder psychische. Das ganze Menschengeschlecht, im Osten wie im Westen, hat offenbar zurzeit wenig mönchische Tendenzen, aber das kann früher anders gewesen sein, kann später anders werden. Soll der Mensch ein hohes Ziel erreichen, so muß vor allem sein Denken darauf eingestellt werden. Und daran fehlt es heute überall. Der moderne Mensch ist zu sehr vom Wert der Arbeit und von der Sucht nach Erwerb eingenommen, als daß er einerseits sein Denken mit der nötigen Kraft und Ausdauer auf sich selber einstellen könnte, anderseits dem Mönchtum die Hochachtung zollen könnte, die es verdient.

Ich nehme an, daß es für den Leser nicht ohne Interesse sein wird, etwas darüber zu hören, wie buddhistisches Mönchsleben im fernen Osten zurzeit sich abspielt. Ich will daher versuchen, eine Schilderung dessen zu geben, was ich selber erlebt und gesehen habe. Sollte ich hier und da zu sehr in Einzelheiten übergehen, so bitte ich das damit zu entschuldigen, daß es sich um Dinge und Verhältnisse handelt, über welche bei uns nicht allzuviel bekannt sein dürfte. Jedenfalls sind es nur wenige der neueren Schriftsteller über Buddhismus, die selber in buddhistischen Klöstern gelebt und Leben und Treiben aus eigener Anschauung kennen gelernt haben.

Das Kloster, in dem ich hier wohne, ist ein friedvoller Platz, der zum Herzen spricht und dabei eine der stattlichsten Mönchsbehausungen, die ich in Ceylon kenne. Es ist am äußersten Rande des Dörfchens gelegen, und hat vor sich eine weite, sauber gehaltene Grasfläche, auf der nur einige Kokus- und Areka-Palmen sich wiegen, so daß der Seebrise der freie Zutritt nicht behindert wird.

Aber dieses Kloster ist nicht nur friedvoll und äußerlich ansehnlich — es ist auch weit und breit bekannt als Mönchsschule und Ort der Gelehrsamkeit. Sein erster Abt, der zweite Vorgänger des jetzigen, galt als eine Leuchte des Buddhismus, und aus persönlicher Verehrung für ihn hat ein reicher und opferwilliger Laie diese kostspieligen Anlagen aufführen lassen. Dieser Abt selber freilich scheint ein echter Jünger des Buddha gewesen zu sein. Äußerlichkeiten und Ehrenbezeugungen jeglicher Art waren ihm zuwider, und so hat er selber nie dieses schöne Haus bewohnt, sondern als echter Wanderer sich mit einer kleinen Hütte in der Nähe begnügt. Sein würdiges Grabdenkmal, ein glockenförmiger Dagoba mit aufgesetzter Spitze, steht hinter der Gebethalle, sieht aber ein wenig vernachlässigt aus; ein Vorwurf, der freilich auch viele andere derartige Gebäude Ceylons trifft.

Die Form der buddhistischen Klöster ist verschieden je nach dem Raum und den zur Verfügung stehenden Mitteln. Aber alle enthalten sie den Vihara, den eigentlichen Tempel, mit einer oder mehreren Buddha-Statuen, ferner die Gebethalle, in welcher an Festtagen gepredigt wird, und das eigentliche Klostergebäude, in dem die Mönche wohnen.

Im Vihara findet man neben den Buddha-Statuen verschiedener Stellung oft noch mehrere Hindu-Götter, Vishnu, Iswara usw. Vishnu zeichnet sich dadurch aus, daß er blau von Farbe ist. Fragt man die Leute, was denn diese Gottheiten hier zu suchen haben, so erhält man die ständige Antwort: „Weil auch sie den Buddha angebetet haben."

Endlich gehört zu einem buddhistischen Kloster noch der heilige Bodhi-Baum, dessen Stammvater seinerzeit in Uruvela in Nord-Indien stand. Er ist überall von einem etwa meterhohen Mauerkranz umgeben und genießt gleichfalls Verehrung, als der Baum, unter welchem dem Buddha die Erleuchtung kam. An den Festtagen werden Lichter um ihn herum angezündet, und oft sieht man bunte Fähnchen als Weihgaben der Gläubigen an seinen Zweigen hängen.

Was diesen Baum vor allen anderen mir bekannten Tropen-Bäumen auszeichnet, ist die Beweglichkeit seines Laubes, etwa wie bei unserer Espe. Auch bei nur schwachem Winde geht ein leises Säuseln durch seine Blätter, was das Ruhen unter ihm behaglich macht. Ich möchte ihn den gemütvollsten Baum der Tropen nennen. Denn im allgemeinen gilt von der tropischen Vegetation, was der Dichter Lenau vom amerikanischen Urwald sagt: „Wo aber bleibt das Herz!?" Trotz aller Fülle, Mannigfaltigkeit und Großartigkeit der Formen ein Mangel an dem, was das Gefühl des Nordländers anregt.

Das Wohngebäude der Mönche ist bisweilen, und so auch hier in unserem Fall, so angeordnet, daß auf einen viereckigen Klosterhof die Zellen der Mönche sich öffnen. Diese Zellen enthalten meist nichts als ein niedriges Bett ohne Moskitonetz, einen Tisch, ein Gestell zum Aufhängen der Kleidung, ein Stühlchen und ein paar Bücher oder Palmblatt-Manuskripte. Leider ist es mit der Sauberkeit dieser Zellen nicht immer so bestellt, wie der Europäer es gewohnt ist; besonders die mit Baumwolle ausgestopften Kopfkissen auf den Bettstellen bieten öfter einen wenig angenehmen Anblick.

Unser Kloster hier zählt etwa 20 Zellen, doch waren während der Monate meines Aufenthaltes mehr als acht bis zehn ständige Bewohner wohl nie anwesend. An gewissen Besuchstagen schwillt diese Zahl freilich erheblich an, und dann beherbergt so ein Kloster viel mehr Personen, als man unseren Begriffen nach erwarten sollte. Jeder sucht sich sein Unterkommen, so gut er kann. Es geht aber alles geräuschlos zu. Die nackten Füße schreiten unhörbar über den Estrich, und am Morgen ist man oft erstaunt, wenn man sieht, wie viele Fremde genächtigt haben, ohne daß man etwas gemerkt hat.

Das heutige Ceylon hat nirgends mehr diese großen Mönchskolonien, wie die alten Chroniken aus der Zeit der buddhistischen Könige von solchen berichten. Der „Große eherne Palast" (Loha Maha Prasadaya) im alten Anuradhapura war neun Stockwerke hoch, und jedes Stockwerk enthielt hundert Gemächer. In der späteren Hauptstadt Pollanaruwa gab es Klöster ähnlichen Umfangs. Zurzeit befinden sich, meines Wissens, die größten Klöster in Kandy, aber auch hier dürfte die Zahl der Mönche ein halbes Hundert kaum überschreiten.

Trotzdem aber ist auch heute noch der Bestand an Mönchen kein kleiner. Auf etwa zwei Millionen Singhalesen, d. h. buddhistische Einwohner, zählt man 7000 Mönche, aber sie verteilen sich auf sehr viele kleine Klöster, die überall im Lande zerstreut sind. Große Mönchsansammlungen bedurften königlicher Gunst zu ihrer Unterhaltung. Die fehlt heute gänzlich, und so hat jedes kleine Dorf seine paar Mönche, die es unterhält.

Ich will nun eine kurze Schilderung des täglichen Lebens in solch einem Kloster geben.

Morgens mit Sonnenaufgang, das heißt gegen 6 Uhr früh, erscheinen einige mit Laubbesen bewaffnete jüngere Mönche und beginnen den Klosterhof (Arama) zu fegen, jeder seinen bestimmten Bezirk, bezüglich dessen sie sich stillschweigend zu einigen scheinen. Es wird meist so gefegt, daß ein Muster herauskommt, welches unseren Parkett-Fußböden gleicht — kurze, rechtwinklig gegeneinander stehende Striche. Manche Mönche verstehen sich aber auf ganz kunstvolle Methoden, indem sie von der Steinplatte des Einganges aus halbkreisförmig fegen und in immer weiteren Kreisen sich ausdehnen. Da hierbei die Strichrichtung in methodischer Weise gewechselt wird, so kommt schließlich eine zierliche Zeichnung heraus.

Diese Arbeit des Hoffegens wird der Regel nach von den jüngeren Mönchen oder den Samaneras, den Mönchs-Schülern, ausgeführt.

Währenddessen sind andere Mönche beschäftigt, von gewissen Bäumchen die Blüten abzuschütteln und in kleinen Körben zu sammeln. Mit dieser Ernte geht man dann in das Vihara, legt alles vor dem Buddha-Bilde nieder und verrichtet dabei eine kurze, stille Morgenandacht.

Um 7 Uhr ertönt die Glocke, die zum gemeinsamen Mahle ruft.

An den Küchenraum anschließend befindet sich ein Speiseraum, der auf beiden Seiten eine längs der ganzen Wand hinlaufende gemauerte Sitzbank hat. Auf dieser hocken die Mönche auf Matten nieder. Bei besonderen Gelegenheiten wird auf Rangordnung gesehen. Es geht dabei nicht nach dem Lebensalter, sondern nach der Zeit, die jemand als Mönch im Orden verlebt hat. Überhaupt ist das in den Klöstern herrschende Zeremoniell ziemlich ausgesprochen. Der Ältere und Ehrwürdigere muß stets einen höheren Sitz haben als die Jüngeren, oder als etwa anwesende Laien. Daher ist es notwendig, daß man verschiedene Serien von Stühlen hat — solche natürlicher Höhe, mittelhohe und ganz niedrige, die sich kaum ein paar Handhoch über den Fußboden erheben. Jüngere Mönche dürfen in Gegenwart des Abtes nicht sitzen oder doch nur, wenn es ihnen erlaubt worden ist. Ebenso, wenn sie das Kloster wegen irgendeiner Besuchsreise verlassen, verabschieden sie sich vom Abt resp. von ihrem Lehrer in anbetender Stellung, das heißt auf dem Boden kniend mit vor der Stirn zusammengelegten Handflächen. Kommen ältere Mönche zu Besuch, so stellt ein jüngerer sich neben sie und fächert ihnen mit einem kleinen Handfächer Luft zu. Die alte Sitte des Hinstellens von Wasser zum Reinigen der Füße fällt heute fort, weil die Mönche fast alle draußen Leder-Sandalen tragen. Der Mönch wird angeredet mit „Bhante", was etwa soviel wie „Ehrwürdiger Herr" bedeutet.

Doch nehmen wir den unterbrochenen Faden wieder auf.

Zum Frühmahl wird, um das gleich vorweg zu nehmen, das

gleiche wie zum Mittagsmahl gegessen, das heißt das, was in Ceylon die Nahrung ausmacht: Kurry und Reis. Der Wechsel besteht nur im Wechsel der Kurrys, die allerdings eine beträchtliche Abwechselung gestatten. Der Unterschied zwischen Früh- und Mittagsmahl ist nur der, daß man bei ersterem sich meist mit einem Kurry begnügt, während beim Mittagsmahl eine ganze Auswahl verschiedener Kurrys vorhanden ist. Es gibt Pflanzen-Kurrys, Fisch-Kurrys, Fleisch-Kurrys verschiedenster Art. Dem buddhistischen Mönch nicht nur, sondern jedem Buddhisten ist Töten verboten. Es ist ihm aber nicht verboten, Fleisch, von dem er weiß, daß es nicht für ihn geschlachtet ist, zur Nahrung zu verarbeiten. Darin liegt fraglos ein Mangel an Folgerichtigkeit; denn die Nachfrage bestimmt nicht nur den Preis eines Gegenstandes, sondern sein Angebot überhaupt. Weiß der, hier meist mohammedanische oder christliche Schlächter, daß keine Nachfrage besteht, so wird er aufhören, Fleisch auf den Märkten anzubieten, wenigstens wird er aufhören, es in dieser Menge anzubieten. Da man aber weiß, daß man auch die singhalesische Bevölkerung zu Abnehmern hat, so wird danach der Verbrauch von Schlachtvieh bemessen. Das gleiche gilt vom Fischverbrauch, der für die Dörfer fast allein in Frage kommt. Im übrigen ist dem Mönch gar keine Wahl bezüglich der Nahrung gelassen, sondern er muß das essen, was ihm in die Schale getan wird.

Schon ehe die Mönche sich im Speiseraum versammeln, sind von den dienenden Geistern die Näpfe gefüllt worden. Der Europäer staunt über die Quantitäten Reis, die ein Singhalesenmagen verarbeiten kann. Auf den Reis wird der Kurry geschüttet.

Der Singhalese ißt ohne Handwerkszeug. Aus Reis und Kurry ballt er im Napf seine Bissen mit den Fingern und führt sie auch mit den Fingern zum Munde. Wie über jeden Vorgang des täglichen Lebens, so enthalten die heiligen Schriften (der Vinaya) auch über die schickliche Art des Essens genaue, bis ins Einzelste gehende Vorschriften. Die Ballen dürfen nicht zu groß geformt werden. Der Mund soll nicht unnötig früh geöffnet werden. Die Finger sollen beim Einnehmen der Reisballen nicht unnötig tief in den Mund gesteckt werden. Der

Mönch soll sich bemühen, geräuschlos zu essen, nicht Lippen, Finger und Schüssel belecken, nicht mit schmutzigen Fingern den (gemeinsamen) Wasserkrug anfassen und verschiedenes andere mehr.

Ursprüngliche Sitte war es, daß der Mönch mit dem auf dem Almosengange Erbettelten einen einsamen Ort aufsuchte und dort sein Mahl allein einnahm. Diese Sitte mußte natürlich im Küchenregime des Klosterlebens verloren gehen.

Nach dem Mahle erfolgt stets die nötige Mund-Reinigung. Auch im übrigen wird auf Reinhalten der Zähne großer Wert gelegt. Morgens nach dem Aufstehen beschäftigt jeder sich angelegentlich mit seiner „Zahnbürste", die hier aus einem zugespitzten Stück einer bestimmten Holzart besteht. Dieses Stück hat etwa die Dicke eines kleinen Fingers und Handlänge. Zeitweise müssen sie aber sehr viel größer in Mode gewesen sein; denn es wird berichtet, daß gewisse nichtsnutzige Mönche die Mönchsschüler mit ihren Zahnstäbchen geschlagen hatten.

Mit diesen Zahnstäbchen werden die Zähne ausgiebig und unter großem Zeitaufwand bearbeitet. Mönche, die nicht gerade mit Fegen des Hofes beschäftigt sind, sieht man morgens früh meist an ihren Zähnen arbeitend auf und ab wandern. Zeit, dieser kostbare Artikel des modernen Menschen, hat hier noch nicht Geldwert angenommen.

Ist das Frühmahl beendet, so begeben sich die Mönche gewöhnlich in ihre Zellen und lesen dort oder beschäftigen sich auf andere Weise. Diejenigen von ihnen, welche Lehrdienst ausüben, beginnen ihre Lektionen. Unterrichtet werden entweder jüngere Mönche oder Laien. Unterrichtsgegenstände sind der Hauptsache nach Pali und Sanskrit; ersteres als die Sprache, in welcher der südliche Kanon geschrieben ist, letzteres als Gelehrtensprache, weniger als Schriftsprache des nördlichen Kanon. Die meisten Mönche in Ceylon, besonders im Südwesten der Insel, sind des Pali bis zu einem gewissen Grade mächtig. Im Innern trifft man oft solche, die dieser Sprache ganz unkundig sind, und deren ganzes Studium sich folglich auf singhalesische Übersetzungen beschränkt.

Werden junge Knaben dem Kloster zur Ausbildung anvertraut, so werden diese auch in den Elementar-Fächern unterrichtet. Doch kommt diese Gewohnheit immer mehr außer Gebrauch. Die Ansprüche, welche das weltliche Leben heute auch schon in Ceylon stellt, sind zu groß, als daß man sich mit einer so rudimentären Ausbildung begnügen könnte. Man schickt seine Kinder jetzt fast ausschließlich in die öffentlichen Schulen. Da diese Schulen zum großen Teil unter christlichem Einfluß stehen, so bedeutet das für die Schüler freilich oft auch einen Verlust der alten Religion. Aber die heutigen Verhältnisse drängen in diese Richtung. Der buddhistische Teil der Einwohnerschaft ist nicht bemittelt genug, um durch gute buddhistische Schulen überall das Gegengewicht halten zu können. Und selbst, wo in den großen Städten, z. B. Colombo, Galle, derartige buddhistische Schulen bestehen, sind die Hauptlehrer Engländer, d. h. Christen, deren Einfluß die Schüler nicht entgehen, ganz abgesehen davon, daß, wie bei uns in Europa, so auch hier, die üble Gewohnheit besteht, ein theosophisch-pantheistisches Gebilde, in buddhistische Schlagworte und termini technici eingerahmt, als Buddhismus zu verabfolgen.

Die Zeit zum Beginn des Unterrichts ist herangekommen. Etwaige von außerhalb kommende Schüler sind erschienen, die in ein buntes Seidentuch gewickelten Bücher in der einen Hand, den aufgespannten Regenschirm, der hier auch gegen die Sonne dient, in der anderen. Sie lassen die Sandalen draußen stehen und betreten geräuschlos die offene Halle, in welcher Unterricht erteilt wird. Bis zum Erscheinen des Lehrers verbringt man die Zeit mit lautem Hersagen der Lektionen. Wie überall im Osten, so lernt auch hier alles laut, und das Merkwürdige ist, daß keiner den anderen zu stören scheint. Selbst wenn sie nicht lernen, sondern nur lesen, scheinen sie zum vollen Verständnis des Gelesenen erst zu kommen, wenn sie laut lesen.

Der Unterricht, wie er hier in den Klöstern erteilt wird, hat etwas sehr Mechanisches. Jahr für Jahr beschränkt man sich auf Lesen und Auswendiglernen. Auf den Sinn einzugehen, scheint niemand ein Bedürfnis zu haben, und hat er es, so tut der alte Kommentator Buddhaghosa, die Haupt-Leuchte des Buddhismus, ihm völlig Genüge. Tatsächlich besteht das religiöse Studium in starrer Übermittlung des Wortlauts von Generation zu Generation. Selbständige Gedanken gehören durchaus zu den Seltenheiten. Was einer weiß, und wie er es weiß, das wissen, und so wissen es alle, vorausgesetzt, daß sie es überhaupt wissen. Daß irgendeine mehrdeutige Stelle in einem Zentrum der Gelehrsamkeit anders erklärt worden wäre, als im anderen, ist mir nie vorgekommen, trotzdem ich fast ein Geschäft daraus gemacht habe, häufige Proben anzustellen.

Das ganze religiöse Wissen ist traditionell geworden. So ist es erklärlich, daß man sich vom lebendigen Wort des Buddha, wie es sich in den Lehrreden, den Suttas, darstellt, entfremdet und sich mehr dem theoretisierenden Teile des Kanon, dem Abhidhamma, zugewandt hat. Meines Wissens werden heute in der buddhistischen Mönchschaft mehr die Bücher des Abhidhamma und der Commentatoren gelesen, als die Suttas. Über den Wert des Abhidhamma habe ich mich an anderer Stelle („Die ursprüngliche Buddhalehre") kurz geäußert. Das mag hier genügen.

Doch zurück zu unserem Thema.

Die jungen Schüler erhalten ihre Lektion stehend. Die älteren sitzen auf einer Holzbank. Die jüngeren halten oft, während sie ihre Lektion hersagen, die Hände in der anbetenden Weise vor die Stirn, so daß es aussieht, als ob sie stehend beteten. Ist die Lektion beendet, so erfolgt wieder Niederknien in anbetender Stellung.

Diesem großen Apparat von Ehrfurchtsbezeugungen von Seiten der Schüler entspricht, wenigstens nach unseren Begriffen, das Verhalten des Lehrers sehr wenig. Ich habe in den Klosterschulen nie einen Lehrer in der Stellung unterrichten sehen, wie wir sie bei einem Lehrer gewohnt sind. Im Gegenteil, er scheint beim Unterrichten es sich womöglich noch bequemer zu machen, als in der übrigen Zeit des Tages. Oft liegt er lang hingestreckt auf einem Liegestuhl. Anfangs imponiert es, wenn man sieht, das manche eines Buches für ihren Unterricht gar nicht bedürfen. Sie haben alles, Wort für Wort, Silbe für Silbe im Kopf und leiten den Unterricht, wie ein tüchtiger Kapellmeister ein Konzertstück ohne Partitur. Aber wenn man bedenkt, daß das Leben dieser Leute im Auswendiglernen dieser Sachen hingegangen ist, so mindert sich die Hochachtung erheblich. Wie schon gesagt, dreht der ganze Unterricht sich um Auswendiglernen und richtige Aussprache. Daß der Lehrer Zwischenfragen stellt, kommt selten vor, und dann dürften es Fragen sein, die weniger den Sinn, als das Grammatische betreffen. Daß der Schüler je Fragen gestellt hätte, habe ich nie beobachtet.

Das ist die ungünstige Seite des Bildes. Aber man darf nicht vergessen, daß aus denselben Eigentümlichkeiten sich auch eine günstige Seite entwickelt. Es ist nicht zu verkennen, daß diese rein mechanische Methode des Lehrunterrichts und diese handwerksmäßige Form der Überlieferung auch wiederum eine Art Bollwerk bildet gegenüber dem Eindringen fremder Gedanken und umstürzlerischer Ideen. Trotz aller äußeren Geistlosigkeiten muß es doch zur Ehre der Mönchschaft gesagt werden, daß die innerste Tendenz des Buddhismus sich rein erhalten hat. Die drei Merkmale alles Lebens — Vergänglichkeit, Leiden, Wesenlosigkeit — stehen unerschüttert innerhalb des Lehrsystems. Der Gedanke der rein bedingten Natur alles Daseienden, das Fehlen aller Vorstellungen von einem Absoluten, Transzendenten, an sich Bestehenden kennzeichnet auch heute noch das Gedankenleben der Klöster, und wo Entgleisungen stattzufinden scheinen, da ist oft nur der falsche Gebrauch mißverstandener Fremdwörter die Ursache. Der gerade Denker weiß, daß jede Theorie vom ersten Anfang des Lebens, von einer Schöpfung, das erste aller Denkgesetze, das Gesetz der Kontinuität, verletzt. Denken ist ja im letzten Grunde nichts anderes als Zusammenhang schaffen. Und sein Denken gebrauchen, um den Zusammenhang des Bestehenden zu zerreißen, das ist der schwerste Mißbrauch dieser höchsten Menschenwaffe. Von diesem Mißbrauch hat buddhistisches Denken im Mönchtum sich stets fern gehalten. Unentwegt hat es jenen Zusammenhang der Erscheinungen gewahrt, der die Idee eines ersten Anfanges unmöglich macht. Es ist ernstlich zu hoffen, daß diese Festigkeit auch dann noch standhält, wenn man mit den Ergebnissen westlicher Biologie und ihrem imponierenden Apparat von Methoden, Tatsachen und Fragestellungen näher bekannt geworden sein wird, als man es jetzt ist. Es ist ernsthaft zu hoffen, daß allem Glanz moderner Induktion gegenüber der Satz des Buddha „Ein Anfang der von

Nichtwissen umfangenen Wesen ist nicht zu finden" jene Geltung behalten wird, welche die Wirklichkeit ihm gibt und stets geben wird.

Doch fahren wir in unserer Beschreibung fort. Mittlerweile ist es etwa $^1/_2$11 Uhr geworden. Der Unterricht ist beendet. Es ist nunmehr Zeit zum Bade. Fließendes Wasser ist selten; meist badet man aus Brunnen.

Es ist interessant, zu beobachten, wie Klima und veränderte Lebensbedingungen die notwendigen Änderungen in den vom Buddha niedergelegten Verordnungen vollzogen haben. Im Patimokkha, dem Teil des Kanons, welcher die verschiedenen Verstöße zusammenfaßt, lautet die entsprechende Vorschrift: „Wenn ein Bhikkhu in Zwischenräumen von weniger als einem halben Monat badet, so ist das ein Verstoß — ausgenommen bei gewissen Gelegenheiten" (die dann aufgeführt werden). Diese Vorschrift ist gegeben von nord-indischen Verhältnissen aus. Hier in Ceylon dürfte es kaum einen Mönch geben, der nicht sein tägliches Bad nimmt. Aber schon dem Buddha selber wurde von Mönchen aus dem Süden Indiens die Bitte um Erlaubnis des tägliches Bades vorgetragen (Mahavagga V, 13).

Man verfährt beim Bade in der Weise, daß man das Obergewand abnimmt und nur das die Hüften bis über die Knie deckende Untergewand anbehält. Dann läßt man ein Tongefäß von etwa vier bis fünf Liter Inhalt an einem Strick hinab, zieht es hoch und gießt es sich von oben her über den Kopf. Das wird dreißig-, vierzigmal und öfter wiederholt. Seife wird meist nicht verwandt. Ob der Grund hierfür das Verbot alles Parfüms ist, kann ich nicht sagen.

Das Füllen des Tonkruges besorgen bei den älteren Mönchen meist die jüngeren Kräfte.

Nach dem Baden gehen die Mönche, wenigstens soweit sie alter Vorschrift folgen, auf den Almosengang. Die gelbe Toga, die wie ein weiter Mantel den Körper umhüllt, wird schicklich geordnet, so daß sie beide Schultern bedeckt, während man im Hause eine Schulter entblößt trägt, im Sitzen auch wohl den ganzen Oberkörper frei läßt. Man muß bedenken, daß die Mönchsgewandung durchaus keine leichte und luftige Bekleidung ist. Dann wird die Almosenschale, ein halbkugelförmiger dunkler Napf von der Größe eines tüchtigen Suppennapfes, unter die Gewandung genommen, und der Mönch tritt seinen Almosengang an.

Auch über sein Benehmen während dieses Ganges bestehen die genauesten Vorschriften. Er muß gesenkten Auges gehen, sich maßvoller Bewegungen befleißigen, er darf nicht mit den Armen schlenkern, nicht laut sprechen, nicht lachen, nicht den, der ihm das Almosen in die Schale tut, ansehen, besonders, wenn es eine Geberin ist. Er hat sich schweigend vor die betreffende Tür, aus der er Almosen erwartet, hinzustellen. Geht alles nach Wunsch, so spielt der Vorgang sich folgendermaßen ab: Es erscheint nach kurzem Warten jemand der Hausbewohner, meist eine weibliche Person, und schüttet ihre Gabe dem Mönch in den hingehaltenen Napf. Während dieser seinen Napf wieder unter das Gewand tut, kniet der oder die Betreffende vor ihm nieder in der bekannten anbetenden Stellung. Der Mönch wartet schweigend, bis der vor ihm Kniende sich erhoben hat, dann geht er ebenso stillschweigend weiter, der nächsten Hütte zu, wo dasselbe Spiel sich wiederholt.

Diese Zeremonie des Almosengebens und -nehmens macht einen würdigen, unter Umständen rührenden Eindruck. Ich entsinne mich aus meinem Aufenthalt in Kambodja einer kleinen Episode, die tiefen Eindruck auf mich gemacht hat. Als ich eines Tages in Pnom-Phen in einer der Straßen der Vorstadt spazieren ging, sah ich einen Mönch vor mir, der seinen Bettelgang von Haus zu Haus machte. Plötzlich tauchte aus einem der kleinen Seitenpfade, wie sie zu einzelstehenden Hütten führen, ein altes und, wie mir schien, ärmliches Mütterchen auf, mit einem Schälchen Reis in der Hand. Fast laufend, um den Mönch nicht zu verfehlen, kam sie auf der Straße an, tat ihre Gabe in den großen Mönchsnapf und verrichtete dann mit Inbrunst die Anbetungszeremonie.

Umgekehrtes sieht man heute nicht selten in Kandy, dem buddhistischen Rom. Die Mönche werden hier oft auf ihrem Almosengang mit auffallendem Mangel an Achtung behandelt. Ich habe verschiedentlich gesehen, daß man die Gabe in ihren Napf tat, ohne nachher niederzuknien, ja, daß man wohl gar irgendein überflüssiges Scherzwort sprach. Das macht den Almosengang des Mönches zum gemeinen Bettelgang. An solchen Orten fühlt man, daß die Pfeiler, auf welchen dieses ganze merkwürdige Religionssystem ruht, morsch geworden sind und Einsturz drohen.

Ist die Schale zur Genüge gefüllt, so kehrt der Mönch zum Kloster zurück.

Leider wird diese Ordnung heute durchaus nicht mehr streng befolgt. Bei weitem nicht alle Mönche machen diesen täglichen Bettelgang, wie ihn doch, wenn man sich auf die Suttas verlassen darf, der Buddha selber bis in sein hohes Alter ausgeführt hat. Sehr häufig trifft man in den Suttas den einleitenden Passus: „Da nun begab sich der Erhabene, frühzeitig am Morgen, nachdem er sich angekleidet und Almosenschale und Obergewand genommen hatte, nach ..... um Almosen." Er würde heute in Ceylon einen großen Teil seiner Nachfolger finden, die diese echte Mönchssitte nicht befolgen. Viele machen überhaupt keinen Almosengang. Die Laienanhänger schicken ihnen das Mittagsmahl ins Kloster, oder es wird im Küchenraum des Klosters zubereitet. Besonders in berühmten Klöstern ist dieses der Fall. An meinem Aufenthaltsort war der Almosengang die Ausnahme. Meist wurde das Mittagsmahl aus dem Dorf geschickt, und schon gegen 11 Uhr sah man verschiedene Knaben, mit Gefäßen voll Reis oder sonstigen Nahrungsmitteln auf dem Kopfe, im Klosterhof erscheinen. Als Illustration hierzu ein Passus aus dem Vinaya:

Eines Tages litt der Buddha an Magenbeschwerden, und sein Leibjünger Ananda bringt ihm eine Reisschleimsuppe, die er von eigenen Vorräten im Kloster selber zubereitet hat. Der Buddha fragt ihn nach dem Ursprung der Suppe und tadelt ihn dann: „Das ist nicht in der Ordnung, ist ungehörig, unschicklich, unziemlich, unstatthaft, verboten. Wie kannst du nur, Ananda, auf solche Üppigkeit verfallen! Was im Hause gehalten wird, das ist unstatthaft. Was im Hause gekocht wird, ist unstatthaft. Was vom Mönch selber gekocht wird, ist unstatthaft."

Um $1/_2 12$ Uhr ertönt die Mittagsglocke. Sofort versammelt sich alles, was von Mönchen anwesend ist, im Eßsaal. Denn bis 12 Uhr muß die Mahlzeit beendet sein. Das ist eine der Vorschriften, die am pünktlichsten befolgt werden. Und doch glaube ich nicht, daß dieses ein Punkt ist, auf den der Buddha sonderliches Gewicht gelegt hätte. Er empfiehlt seinen Jüngern einsames Mahl. Er warnt häufig vor einem Essen zur Unzeit. Aber er erlaubt z. B. einem Mönch, der aus Gesundheitsrücksichten behauptet, mit dem einen Mahl am Vormittag nicht auskommen zu können, sich seine Portion zu teilen und den Rest abends zu essen. Erst später scheint diese Vorschrift die Bedeutung angenommen zu haben, die sie heute noch besitzt. Im Konzil von Vesali, das etwa 100 Jahre nach dem Tode des Buddha stattfand, war es einer der streitigen Punkte, ob Essen noch erlaubt sei, wenn die Sonne bereits zwei Zoll jenseits des Mittagsstandes sich befände. Der damals älteste der Mönche, Sabbakami, der im hundertundzwanzigsten Lebensjahre stand, wird über diesen Punkt befragt und bestreitet rundweg, daß derartiges erlaubt sei.

Doch braucht der Mönch von 12 Uhr ab bis zum nächsten Morgen nicht ganz nüchtern zu bleiben. Er kann Flüssiges nehmen. Heute wird meist nachmittags gegen 3 Uhr und abends vor dem Schlafengehen Tee gereicht. Das aber, was vor allem die lange Pause ausfüllen hilft, ist das Betelkauen. Hier leisten die Mönche vielleicht noch mehr als die Laien. Der Betelspucknapf, eine etwa einen halben Meter hohe, schmale, messingene Vase mit sich erweiterndem Mundstück, fehlt in keinem Kloster. Er ist stets in verschiedenen Exemplaren vorhanden. Wo ein Mönch sich niederläßt, da steht auch meist der Betelnapf neben ihm. Das Kauen regt die Speichelsekretion stark an, und der rotgefärbte Speichel wird immer wieder im Strahl in die Vase gespuckt.

Nach der Mittagsmahlzeit folgt eine Zeit allgemeiner Ruhe, nur hin und wieder unterbrochen von den Übungen eines kleinen Abc-Schützen, der mit löblicher Ausdauer immer wieder seine kurze Lektion laut wiederholt. Schlafen bei Tage gilt als unschicklich für den Mönch. Immer wieder wird vor Übermaß im Schlaf gewarnt. Für den Buddha und seine Jünger war die Zeit nach der Mahlzeit die Zeit einsamen Nachdenkens, eines Ruhenlassens der Gedanken auf jenem höchsten Ziel, das keinen neuen, wirren Gedankenflug mehr anregt — kurz: Sammlung im eigentlichsten Sinne, aus der man sich erst gegen Abend erhob, um andere Mönche zu besuchen und sonstige Obliegenheiten zu erfüllen. Im heutigen Ceylon wird die Zeit nach der Mahlzeit viel öfter zu körperlicher Ruhe, d. h.

zum Schlafen verwandt, als zu jener bewußten, innigen Geistesruhe, welche dem wirklichen Denker Bedürfnis sowohl, wie Labsal ist. Es ist wahr, das Klima macht geneigt zur Ruhe; aber man ist nicht Mönch, um weltlichem Behagen zu leben. Mönch sein heißt Kämpfer sein. Und dieser letztere Charakter des Mönchtums ist leider im heutigen Buddhismus stark verloren gegangen.

Eine anmutige Episode wird im Cullavagga erzählt, welche die ursprüngliche straffe Zucht, die bezüglich dieses Punktes im Orden herrschte, zeigt: Ein bejahrter Thera, namens Revata, kommt zu dem eben erwähnten hundertzwanzigjährigen Sabbakami. Als es zur Schlafenszeit geht, bleibt letzterer wach. Revata denkt: „Dieser Greis, so hoch in Jahren, übt Wachheit" und bleibt gleichfalls wach. Sabbakami seinerseits aber denkt: „Dieser Mönch, obgleich von der Reise ermüdet, übt Wachheit". So bringen beide die Nacht zu in stiller Nachdenklichkeit, die schließlich in ein lehrreiches Gespräch sich auflöst.

Nachmittags gegen 3 Uhr setzt wieder die Lehrtätigkeit ein, die einige Stunden in Anspruch nimmt. Und nach Sonnenuntergang erfolgt der Hauptdienst im Vihara, zu dem meist alle anwesenden Mönche sich versammeln. Doch scheint bezüglich dieser Andachtsübungen kein Zwang zu bestehen. Ich habe nie gesehen, daß der Abt einen Befehl erteilt hätte. Jeder handelt aus eigenem guten Willen. Überhaupt muß der Geist der Ruhe und Versöhnlichkeit gelobt werden, der offensichtlich überall herrscht. Zank und Hader, ja selbst barsches Befehlen der Älteren den Jüngeren gegenüber habe ich nie gehört. Jeder kennt die wenigen Pflichten, die ihm obliegen, und tut sie freiwillig und still. Bleiben morgens zum Fegen des Klosterhofes die Hilfskräfte aus, wie es wohl hin und wieder mal vorkommt, so greift der Abt stillschweigend selber zum Besen. Einen Anlaß zum Erteilen von Kommandos gibt derartiges nicht. Allerdings habe ich auch nie den Eindruck gehabt, als ob durch ein solches opferwilliges Einspringen ihres Oberhauptes auf den Häuptern der Jüngeren feurige Kohlen gesammelt worden wären. Man ist in der Beziehung bei weitem nicht so empfindlich, als bei uns. Der Ehrbegriff treibt noch nicht diese Blüten wie innerhalb unseres westlichen

Kulturkreises. Der Mensch tut hier das, was er seinen natürlichen Kräften nach glaubt tun zu können, und nicht das, was ein Ehrbegriff ihm vorschreibt.

Zur Abendandacht versammelt sich, wie bereits gesagt, der Regel nach die ganze Mönchschaft im Vihara. Da es dunkel ist, so werden Lichtchen vor dem Buddhabilde aufgestellt. Die Mönche knien in einer Reihe nieder, jeder auf einer Art lederner Schürze, machen die Anbetungs-Zeremonie und dann beginnt das Hersagen der Gebete nach Art einer monotonen Litanei, halb gesprochen, halb gesungen. Es sind Gesänge zum Lobe des Buddha, Gesänge zum Schutze des Hauses und der Gemeinde gegen Krankheit und sonstige üble Einflüsse.

Auch von Laien wird die Mönchschaft des öfteren eingeladen, um diese Gesänge (Parittas) herzusagen oder das Buddhawort (Bana) zu predigen, besonders bei Festlichkeiten, zur Einweihung neuer Wohnräume usw. Bisweilen dauert die Zeremonie zwei volle Nächte und den dazwischen liegenden Tag. Trotzdem die Mönche einander ablösen, ist die damit verbundene Anstrengung doch eine sehr große. Aber es ist die Sitte so, und niemand wagt dagegen zu sprechen. Überhaupt scheint dem Singhalesen das besonders schätzenswert, was ihn ein oder mehrere Nächte kostet. Auch bei Leichenfeierlichkeiten spielt die Mönchschaft ihre Rolle durch Hersagen bestimmter Verse. Bei Reichen werden sie dann später in bestimmten Zwischenräumen zu einer festlichen Almosengabe eingeladen als eine Erinnerungsfeier für den Verstorbenen.

Die allabendlichen Rezitationen dauern etwa eine Stunde lang. Sie machen einen eigenartigen Eindruck — die Reihe der knienden Mönche, die helldunkle Mischung der summenden Stimmen, die flackernden Lichtchen, die dem Buddha einen ständig wechselnden Ausdruck zu geben scheinen. Am hübschesten ist der Schluß. Plötzlich bricht alles ab, aber für einen Augenblick geht es noch wie ein Summen von den geschlossenen Lippen. Es klingt, als ob die vom Klöpfel getroffene Glocke nachtönt.

Ist die Abendandacht beendet, so folgt entweder stilles, mehr oder weniger gedankenvolles Nichtstun von seiten der älteren Mönche, oder eifriges Hersagen der Tages-Lektionen von seiten der jüngeren Mönche und Klosterschüler. Der dunkle Klosterhof tönt wider von den lauten Stimmen unsichtbar auf und ab Wandelnder. Oder man läßt sich in einer Gruppe irgendwo unter den Bäumen nieder und übt dort im Chor. Selbst bei den Küchenarbeiten, die jetzt in den nötigen Vorbereitungen für die Frühmahlzeit bestehen, werden diese Übungen fortgesetzt. Gegen 9 Uhr tritt allseitige Ruhe ein. Hier und da zeigt der Schein eines Lämpchens, daß ein Mönch in seiner Zelle über einem Buch oder Palmblatt-Manuskript sitzt.

In dieser Weise spielt das Leben sich hier Tag für Tag, Jahr für Jahr ab, einfach, still, anspruchslos. Das biblische Wort „Wenn ihr Nahrung und Kleidung habt, so laßt euch genügen", gilt auch hier, und ich fürchte, in höherem Maße, als recht ist. Landarbeit, für unsere Auffassung die natürlichste Beschäftigung des Klosterbruders, ist verboten, zum Teil wohl, weil sie ohne Vernichtung tierischen Lebens nicht möglich ist. Die einzige körperliche Arbeit, welche den Mönchen außer dem Fegen obliegt, dürfte das Waschen resp. Färben der Kleidung sein, was aber nicht oft stattfindet. Man verwendet Farben pflanzlicher Natur, besonders die Wurzel des Jack-Baumes, die ein schönes Gelb gibt. In eigenen großen Kesseln wird das nötige Quantum Farbenbrühe hergestellt. Der Prozeß ist weniger anstrengend, als zeitraubend.

Ursprünglicher Vorschrift nach soll das Mönchsgewand aus Fetzen bestehen, die aus Kehrichthaufen zusammengesucht sind. Indessen stellt der Buddha selber es dem Mönche anheim, ob er diese Fetzen-Kleidung oder ihm etwa von Laien geschenkte Gewänder tragen will. Diese letzteren suchen indessen den ursprünglichen Charakter des Mönchskleides nachzuahmen, indem sie gleichfalls Zusammensetzung aus verschiedenen Stücken zeigen. In Birma sind mir Gewänder gezeigt worden, die in Bezug auf Kleinheit der verwandten Stückchen und Feinheit der Näharbeit Kunstwerke waren. So arbeitet des Menschen Geist im Osten wie im Westen: Überall statt des Seins der Schein.

Der Mahavagga berichtet, daß der Buddha durch den Anblick der in kleine Stücken geteilten Reisfelder Magadhas auf den Gedanken dieser zusammengestückten Fetzenrobe gekommen sei und seinen Jünger Ananda beauftragt habe, eine entsprechende Kleidung für die Mönche ausfindig zu machen, ein Auftrag, dessen sich Ananda zur großen Zufriedenheit des Meisters entledigte. Darauf erfolgte die Vorschrift, daß die drei zur Kleidung des Mönches gehörigen Stücke aus zerrissenen Fetzen bestehen sollten.

Im übrigen stand des Buddha Anschauung über schickliche Bekleidung in lebhaftem Widerspruch zur allgemein üblichen Anschauung. Askese und Nacktheit sind in Indien ziemlich gleichbedeutend. Im Orden des Buddha galt Nacktheit als durchaus unschicklich. Die reiche Laien-Anhängerin Visakha erbittet es sich als eine Gunst, die Mönche sowohl, wie die Nonnen mit Badegewändern versehen zu dürfen. Denn „abscheulich, unrein ist Nacktheit".

Auch in anderen Punkten unterschieden die „Sakyaputtiya-Samanas" sich erheblich von anderen Asketen. Bei den letzteren gewalttätige Selbstkasteiungen, bei den Sakya-Söhnen ein vernunftgemäßes sich Anpassen an die Notwendigkeiten des Lebens; keine aktive Askese, sondern lediglich ein Fortfallenlassen dessen, was auf den geistigen Fortschritt störend wirken könnte. Bei den anderen Asketen rätselhafte Kürze der Lehrsprüche, im Kreise des Samana Gotama behagliche, unseren Begriffen nach oft ermüdende Breite. Bei den anderen Asketen Schweigen als Lehrmittel, bei den Jüngern Gotamas eine gewisse Redseligkeit. Als einige Mönche, die meinten, ihre Sache besonders gut gemacht zu haben, ihm berichten, daß sie die ganze Regenzeit (Vassa) schweigend verbracht hätten, tadelt er sie und schließt die Vorschrift an: „Niemand soll das Gelübde des Schweigens auf sich nehmen wie die Titthiyas (fremde Asketen)."

Noch einmal: Die Höhe buddhistischer Askese bestand im vorsichtigen, achtsamen Meiden alles dessen, was schädlich auf das reine Leben (brahmacariya), das der Mönch sich zum Ziel gesetzt hatte, einwirken konnte. Es galt als Regel, daß während der Regenzeit die Mönche sich an einem Orte niederließen, den sie ohne stichhaltige Gründe nicht wieder verlassen sollten. Einer dieser Gründe war naturgemäß der Mangel an Nahrung. Aber auch wenn ein Mönch sich hier in Abhängigkeit von einer Geberin wußte, deren Reinheit der Gesinnung ihm zweifelhaft erschien, durfte er sein Vassa unterbrechen: „Es ist vom Erhabenen verkündet worden, daß das Denken wankelmütig ist. Es könnte da eine Gefahr für mein Reinheits-Leben entstehen; es ist nötig, mich zu entfernen." In diesem Falle ist der Bhikkhu eines Vassa-Bruches nicht schuldig.

Askese, lediglich der Askese wegen, wird abgewiesen. Devadatta, der Intrigant im Orden, fordert vom Buddha, daß die Mönche andauernd im Walde leben sollen, nur von Almosenbissen leben sollen, nur Kleider aus zusammengesuchten Fetzen tragen sollen, nur das Dach eines Baumes als Wohnung haben sollen, nie Fisch (resp. Fleisch) essen sollen. Der Buddha weist ihn ab. Wer will, mag im Walde wohnen, wer aber will, der mag in der Nähe eines Ortes wohnen. Wer will, mag nur von Almosenbissen leben, wer aber will, mag Einladungen annehmen. Wer will, mag sich in Lumpen kleiden, wer aber will, mag Kleider von Laien annehmen. Wer will, mag unter einem Baume schlafen; es ist für acht Monate im Jahr erlaubt, und Fisch darf er essen, wenn nicht gesehen, nicht gehört, nicht vermutet" (daß er für ihn getötet worden ist).

Mit diesem Meiden jeder positiven Askese mußte natürlich das Mönchsleben in Gefahr kommen, in ein Leben der Behaglichkeit auszuarten. Schon die Vorschriften des Vinaya, die immer von Fall zu Fall entstanden, atmen den Geist der Nachgiebigkeit mehr, als man erwarten sollte. Es gibt da wenige Erleichterungen im Kampfe gegen äußere Schwierigkeiten, die der Mönch sich nicht zuteil werden lassen durfte. Sandalen zum Schutz für die Füße, Decken zum Schutz gegen die Kälte werden erlaubt, wo die Notwendigkeit dazu sich ergibt. Irgendwelche Vorschriften werden gegeben; ein Krankheitsfall in der Mönchsgemeinde veranlaßt sogleich eine Ausnahmebestimmung. Sonnenschirme werden verboten. Ein kranker Mönch fühlt die Notwendigkeit eines Sonnenschirms. Es erfolgt die Vorschrift: „Ich erlaube einen Sonnenschirm im Falle von Krankheit." Es ist die Vorschrift gegeben „Hohe Betten sind verboten". Ein Mönch wird auf seinem niedrigen Bett von einer Schlange gebissen. Daraufhin erfolgt die Vorschrift: „Ich erlaube euch den Gebrauch von Bett-Untersätzen." Einem Mönch fällt vom Gebälk des Daches eine

Schlange auf den Rücken. Er schreit erschreckt auf. Der Fall wird dem Buddha berichtet. Daraufhin erfolgt die Vorschrift: „Ich erlaube euch ein Schutztuch." Die Mönche werden, wenn sie ihr Mahl draußen im Freien nehmen, von Hitze und Kälte belästigt. Sie klagen das dem Buddha. Eine Halle wird erlaubt. Aber alles dieses sind, wie schon an anderer Stelle erwähnt, rein schematische Fälle, künstlich konstruiert, und haben mit dem wahren Buddhawort wohl kaum etwas zu tun, verraten auch ihren reinen Schematismus des öfteren in einer geradezu kindlich naiven Weise.

Welchen Eindruck diese verhältnismäßige Behaglichkeit auf das Volk machte, kommt in drolliger Weise in manchen Episoden zum Ausdruck. Ein Elternpaar hat einen einzigen Sohn Upali, für dessen Wohlsein nach ihrem Tode beide sehr besorgt sind. Sie überlegen folgendermaßen: „Wenn Upali Schreiber lernte, so könnte er nach unserem Hinscheiden in Wohlbefinden leben und ohne Beschwerden." Dann aber überlegen beide weiter: „Wenn Upali Schreiber lernt, wird er schlimme Finger bekommen. Wenn er aber das Rechnen erlernte, dann könnte er nach unserem Hinscheiden in Wohlbefinden leben, ohne Beschwerden." Indessen, überlegen sie weiter: „Wenn Upali das Rechnen lernt, wird seine Brust leiden. Wenn er aber das Geldgeschäft lernte, dann könnte er nach unserem Hinscheiden in Wohlbefinden leben, ohne Beschwerden." Aber auch in diesem ehrsamen Gewerbe wird ein Haar gefunden: „Wenn Upali das Geldgeschäft lernt, so wird er an den Augen leiden. Aber diese Sakyaputtiya-Samanas haben angenehme Vorschriften, führen ein angenehmes Leben, genießen angenehme Mahlzeiten und ruhen auf windgeschütztem Lager. Wenn Upali unter die Sakyaputtiya-Samanas ginge, so könnte er nach unserem Hinscheiden in Wohlbefinden leben, ohne Beschwerden."

Verboten sind dem Mönch zehn Dinge: 1. Töten, 2. Nehmen von Nichtgegebenem, 3. Unkeuschheit, 4. Lüge, 5. Trinken berauschender Getränke, 6. Essen zu verbotener Zeit, 7. Tanz, Gesang, Schaustellungen, 8. Der Gebrauch von Blumen, Salben, Wohlgerüchen, 9. Der Gebrauch hoher und breiter Betten, 10. Die Annahme von Gold und Silber.

Um gleich mit dem letzten Punkte zu beginnen, so macht

unsere Zeit und ihre sozialen Verhältnisse die Befolgung dieses Verbotes immer schwieriger. Das sich Beschränken auf Naturalien allein, unter Umgehung des Geldes ist heutzutage fast unmöglich, besonders bei Mönchs-Gemeinden, deren Baulichkeiten im Bereiche einer größeren Stadt liegen, die an den städtischen Bequemlichkeiten teilnehmen und dementsprechend auch die städtischen Lasten mit tragen müssen. Ein zweiter Punkt ist die Benutzung moderner Verkehrsmittel, welche das Geben und Zurückerhalten von Geld notwendig macht. Ältere Mönche weichen dem aus, indem sie stets auf Reisen einen Klosterschüler mitnehmen, der alles „Weltliche" für sie besorgt, aber erstens hat diese Praxis etwas gekünsteltes, und zweitens läßt sie sich nicht immer befolgen. Die Annahme von Gold und Silber war einer der zehn strittigen Punkte, welche zum zweiten Konzil (von Vesali) führten. Die Mönche in Vesali nahmen, so berichtet der Cullavagga (XII, 1) von den Laienanhängern am Uposatha-Tage Geldgaben. Ein fremder Mönch, der sie besucht, warnt sie und führt, um seiner Warnung mehr Nachdruck zu geben, folgende Predigt des Buddha an: „Wie die Sonne auf vier Arten verfinstert wird, nämlich durch Wolken, Nebel, Staub und Sonnenfinsternis, so sind es vier Dinge, durch welche die Askese Licht und Wärme verliert: 1. Das Trinken berauschender Getränke, 2. Unkeuschheit, 3. Lebensunterhalt durch Ausübung niedriger Künste, 4. Das Nehmen von Gold und Silber." Und weiter: „Wenn Gold und Silber erlaubt sind, so sind auch die fünf Sinnesgenüsse erlaubt. Ich habe wohl gesagt: ‚Wer Gras braucht, mag sich Gras besorgen. Wer Holz braucht, mag sich Holz besorgen. Wer ein Fuhrwerk braucht, mag es sich besorgen. Wer einen Diener braucht, mag ihn sich besorgen. Aber ich habe nie und nimmer gesagt, daß Gold und Silber gefordert oder angenommen werden dürfen'".

Die Verbote Nr. 5 bis 9 werden, soweit ich es sagen kann, nach Vorschrift befolgt. Kommt es wirklich vor, daß ein Mönch trinkt oder abends ißt, so gehört das sicher zu den großen Ausnahmen, und die Missetäter gehen aller Achtung von seiten der anderen Mönche verloren. Die eigentümliche Organisation der Mönchschaft bringt es mit sich, daß eine Zentralgewalt mit richterlichen Funktionen fehlt. Ein reudiges Schaf kann wohl erst erinnert werden, dann ermahnt werden, dann vor den Sangha, die Gemeinde, zitiert werden. Weigert es sich, die ihm zuerkannte Strafe abzubüßen, so gibt es ihm gegenüber nur ein Verfahren, das darin besteht, daß alles sich von ihm zurückzieht, und die Laien ihm kein Almosen verabfolgen. „Er (der Bestrafte), so lautet die Strafformel, mag zu den Mönchen sagen, was er will, aber diese sollen nicht zu ihm sprechen, ihm keine religiöse Unterweisung zuteil werden lassen." Das wird in den meisten Fällen genügen, um den Schuldigen entweder zur Buße zu bringen, oder zum Austritt zu veranlassen. Handelt es sich aber um Mönche, denen die Einnahmen gewisser reicher Klöster zur Verfügung stehen, die also von den milden Gaben der Laien unabhängig sind, so ist man diesen gegenüber machtlos. Tatsache ist, daß heute die Mönchschaft in Ceylon manche faulen Elemente mitschleppen muß, weil ihr bei den zur Zeit bestehenden Verhältnissen einfach die Machtmittel fehlen, sie auszumerzen.

Die vier ersten Verbote sind die schweren Verbote, welche die Ausstoßung aus dem Orden nach sich ziehen. Ich habe nie gehört, daß ein Mönch aus dem Orden ausgestoßen worden ist — ich spreche in erster Linie von Ceylon — und ich bin überzeugt, daß diese vier Gebote wirklich befolgt werden. Verliebt sich ein Mönch in ein Mädchen, so wird er meist freiwillig austreten, um die Betreffende zu heiraten. Derartige Fälle sind mir zwei bekannt. Das Töten wird nach Kräften vermieden. Verirren sich giftige Tiere in das Kloster, so werden sie lebend gefangen und nach unbewohnten Örtlichkeiten gebracht. Zum Stehlen liegt kaum ein Grund vor, weil der Mönch selten unter unerfüllten Wünschen leidet. So bleibt als letztes das Lügen. Bewußte Lüge wird vom Buddha als hauptsächlichstes Hindernis geistigen Fortschrittes angegeben. Aber liest man die alten Schriften, so kommt man unwillkürlich auf den Gedanken, als ob Lüge diesen Menschen ferner gelegen habe als uns. In den, unserem Gefühl nach, peinlichsten Lagen wird auf Befragen rückhaltlos die Wahrheit bekannt. Indessen ist die Lüge, welche Ausstoßung aus dem Orden bedingt, eine besondere Form des Lügens, nämlich das sich Rühmen höherer geistiger Fähigkeiten.

Ich bin fest überzeugt, daß ein Verstoß gerade gegen dieses Gebot im modernen Buddhismus zu den allergrößten Seltenheiten gehört. Jeder ist sich seiner eigenen Minderwertigkeit in dieser Hinsicht wohl bewußt und macht kein Hehl daraus. Bei meinem Aufenthalt im Kloster habe ich überall den Eindruck bekommen: „Das sind gute Menschen! Aber es fehlt an Begeisterung und Ernsthaftigkeit des Strebens." Man weiß wohl, daß Nibbana erarbeitet werden muß, Schritt für Schritt in zähem, innigem Ringen. Man weiß wohl, daß die Sprossen da sind, von der ersten bis zur letzten, lückenlos, aber das Ende ist so ungeheuer, so schwindelnd hoch, daß der rechte Mut zum Beginnen fehlt. Als ich einst meinen Pali-Lehrer fragte, wie es käme, daß man heute nirgends Arahats, Vollendete fände, meinte er: „Jedes Ding hat die ihm eigene Zeit zur Reife (season). Es ist jetzt nicht die Zeit für solche geistigen Entwickelungsprozesse." Als ich ein anderes Mal einen älteren Mönch fragte, ob es jetzt unter ihnen wohl solche gäbe, welche im Besitz der Jhanas, der gedanklichen Einigungszustände wären, antwortete er ohne Besinnen: „Nein, die gibt es nicht." Auf meine weitere Frage „Warum nicht?" meinte er: „Es ist keine Kraft da." Man begnügt sich mit den Bhavanas, inneren Entwickelungszuständen, die weniger auf gedanklichem, als vielmehr gefühlsmäßigem Gebiet liegen. Man meditiert über allgemeine Menschenliebe, über Mitleid, über das Ekelhafte alles Körperlichen, über den Tod usw.

Trotz dieser wenig befriedigenden Ergebnisse sind Austritte aus dem Orden in Ceylon selten, und ich fürchte, die Motive für dieses Verbleiben bei einer Beschäftigung, welche nicht die Früchte trägt, die sie tragen sollte, sind oft genug nicht von solcher Art, daß sie ihren Trägern zur Ehre gereichten.

Der Eintritt in den Orden unterliegt bestimmten Bedingungen. Der Betreffende muß das zwanzigste Lebensjahr überschritten haben, muß von bestimmten Krankheiten frei sein, darf kein gemeiner Verbrecher und nicht in Schulden sein, d. h. er darf nicht Aufnahme in den Orden suchen, um dem bürgerlichen Gesetze zu entgehen. Der Austritt dagegen steht jederzeit ohne alle Beschränkung frei. Es genügt die einfache Erklärung einem anderen Mönche gegenüber.

Während meines Aufenthaltes im Kloster erlebte ich den

seltenen Fall des freiwilligen Austrittes ohne irgendwelche äußeren Gründe. Bei diesem jungen Manne, der als Mensch auf mich stets einen sehr günstigen Eindruck gemacht hatte, scheint es lediglich das Gefühl innerer Unbefriedigung gewesen zu sein, das ihn hinaustrieb. Es war die einzige Gelegenheit, bei der ich das Kloster in Aufregung sah. Der hiesige Abt sowohl, wie die Äbte auswärtiger Schwester-Klöster bemühten sich in eindringlichen, aber ruhigen Vorhaltungen, ihn von dem Törichten seines Schrittes zu überzeugen. Es war vergeblich. Immerhin ist das Wagnis kein sehr großes. Denn eine spätere Wiederaufnahme ist gestattet, vorausgesetzt, daß keine Ausstoßung auf Grund eines der vier schweren Vergehen (Parajikas) erfolgt ist. In diesem Falle ist der Betreffende für immer ausgestoßen.

Die Ceylon-Mönchschaft zerfällt in drei Sekten: eine, die sich aus Siam herleitet, eine, die sich aus Birma (Amarapura) herleitet, und eine dritte, die vor noch nicht gar so langer Zeit (ich dächte um die Mitte des vorigen Jahrhunderts) im Lande selber entstanden ist. Die erstere ist die älteste, angesehenste und reichste, allerdings auch diejenige, in welcher die meisten Verstöße stattfinden sollen. Die letztgenannte, als die jüngste, ist auch die eifrigste und strengste. Wesenhafte Unterschiede, wie etwa zwischen Katholizismus und Protestantismus, bestehen zwischen den dreien nicht. Es sind Äußerlichkeiten, in denen sie sich unterscheiden. Doch muß ich, um vollständig zu sein, hier auf ein neues Moment innerhalb des buddhistischen Mönchslebens aufmerksam machen — es ist das Auftreten des Westländers innerhalb des Sangha. In Birma leben zur Zeit zwei Engländer als buddhistische Mönche: die Bhikkhus Ananda Metteyya und Silacara. In Ceylon hat sich eine Art kleiner Kolonie deutscher Mönche gebildet unter Leitung des Bhikkhu Nyanatiloka. Durch die Hochherzigkeit eines Gebers sind sie in den Besitz einer kleinen, dem Festlande dicht vorgelagerten Insel gekommen — Dodanduwa in der Nähe von Point de Galle — und leben hier jeder in einer Hütte für sich. Ich glaube von allen diesen europäischen Mönchen sagen zu können, daß es ideale Motive sind, welche sie zum Verlassen der Welt und zur Vertatlichung der Buddhalehre geführt haben. Zu ihrer Ehre muß es gesagt werden, daß sie die Vorschriften strenger befolgen, als der Regel nach die eingeborenen Mönche es tun. Außerdem sind einige von ihnen in aufopfernder Weise tätig, durch Veröffentlichung von Broschüren, Herausgabe von Zeitschriften, Übersetzungen der Originalschriften, Vorträge usw. der Verbreitung des Buddha-Wortes zu dienen. Alle erfreuen sich hoher Achtung bei den Eingeborenen.

Zum Schluß will ich nun versuchen, in kurzen Zügen das Bild des Mönches zu geben, wie der Buddha ihn will, und wie er fraglos zu des Buddha Zeiten auch dagewesen.

Der erste, welcher die Lehre begreift, ist, wie im Vorhergehenden schon berichtet wurde, einer der fünf Einsiedler, welche den Buddha während der Zeit seiner asketischen Übungen unterstützt hatten. Kondanna ist sein Name, und als erster Versteher erhält er den Namen Annata-Kondanna (Kondanna der Versteher). An ihm vollzieht der Buddha die Aufnahmezeremonie (upasampada) mit den einfachen Worten: „Komm', o Mönch! Wohl verkündet ist die Lehre. Führe ein heiliges Leben zur vollständigen Vernichtung des Leidens." Diese Formel ist geblieben. Heute noch ertönt sie bei der Aufnahme-Zeremonie der Novizen wie damals, als die Lehre zum ersten Male in eines anderen Menschen Gehirn aufgeflammt war. Und was bedeutet hier „heiliges Leben (brahmacariya)"? Es bedeutet ein Leben, heil von allem Unreinen, heil von allen Süchten und Begierden. Eine andere Heiligkeit als dieses „Heilsein" gibt es hier nicht. Es ist ein leuchtendes Leben, hell bis in jeden Winkel, in dem nichts Gemeines, Tierisches sich mehr versteckt, Keuschheit in Taten, Keuschheit in Worten, Keuschheit in Gedanken. Aus diesem Brahmacariya, in welchem alle metaphysischen Hoffnungen einer Gott suchenden Zeit als Obertöne mitklingen, wurde jene reine, heilige Armut, die rein, die heil ist vom Hängen an all und jedem, mag es menschlicher, mag es göttlicher Natur sein. So verstanden, war der „Mönch" eine Neuschaffung buddhistischen Denkens. Nie vorher hatte dieses Ideal gelebt. Der Vergleich des echten Mönches mit einem Schwan, der den Sumpf verläßt, hat hier mehr, als bloß allegorische Bedeutung. Gewand und Almosenschale, das ist alles, dessen dieser Mönch zur äußeren Stütze bedarf. „Wie der be-

schwingte Vogel, wohin er auch gehen mag, mit nichts als
der Last seiner Flügel geht, ebenso ist der Mönch zufrieden
mit dem Gewande, das ihm die Blöße seines Leibes deckt,
und mit der Almosenspeise." „Und unabhängig lebt er, und
an nichts in der Welt hängt er." Nie ist Bedürfnislosigkeit
schöner geschildert worden.

Man liebt es in Europa, dem Buddhismus Passivität, Schlaffheit, Weichlichkeit vorzuwerfen. Aber diese Vorstellung ist
so falsch wie nur möglich. Es ist freilich wahr, daß der Buddhist alles Tun nach außen unterbindet, aber nur, um die
ganze Glut seines Wirkens gegen und in sich selber zu sammeln. Man sehe die Mönchszellen aus der ältesten buddhistischen Zeit. Ein Kämmerlein in das Felsgestein gehauen, gerade groß genug, um einen Menschen zu beherbergen; der
schmale, niedrige Eingang, Tür und Fenster zugleich; auf
der einen Wand ein Felsbett ausgespart, dazu eine Nische zur
Aufnahme der Almosenschale. Man bedenke, daß es Söhne
edler Häuser, reiche Erben, in Wohlleben aufgewachsen,
waren, welche alles gelassen und dieses Leben reiner Armut
ergriffen hatten. Was für Kämpfe, was für ein Ringen mit
sich selber und seinem Anhang mag der Ausführung eines
solchen Entschlusses vorhergegangen sein! Daß der Buddhismus kein nationales und fanatisierendes Moment enthält, das
liegt in seinem Charakter als Wirklichkeitslehre und Religion
des Denkens. Aber das berechtigt nicht, ihm selber Passivität
und Schlaffheit vorzuwerfen. Wo er einsetzt, da zwingt er
den Menschen zur allerhöchsten Anspannung aller Kräfte.
Daß diese Kräfte verwandt werden, nicht zu einem wuchtigen
Vorwärtsstürmen und -rollen, sondern zur Stillung aller Bewegung, das tut der Gewalt des Vorganges keinen Abbruch.
Im Gegenteil: Das Schwerste beim Laufen ist das Stillstehen.
So gleicht der echte Mönch der Glut unter der Asche. Und
wie die Flamme wohl hier und da die tote Decke durchbricht,
so bricht im Buddhawort hier und da aus der Last schleppender Wiederholungen die innere Glut hervor, die den wahren
Charakter dieses einzigartigen Vorganges der Ablösung zeigt.

Am Schluß des gleichsam tändelnden Mahagosingasutta
heißt es folgendermaßen: „Da ist der Mönch, nach dem
Mahle, vom Almosengang zurückgekehrt und setzt sich kreuz-

beinig nieder, den Körper gerade aufgerichtet, die Überlegung sich klar vor Augen haltend: Nicht eher werde ich diese Stellung unterbrechen, bis mein Geist restlos von den Trieben erlöst ist." Und weiter im Kitagirisutta: „Mag auch Haut und Sehnen und Knochen wegschwinden, am Leibe gänzlich vertrocknen Fleisch und Blut — was durch mannhafte Festigkeit, durch mannhafte Kraft, durch mannhafte Anstrengung erreichbar ist: nicht, ehe ich das erreicht habe, wird meine Kraft versagen."

Die Mönchslieder berichten, wie mit der Wahrheit vergeblich Ringende die Mordwaffe ergreifen, um ihrem nutzlosen Leben ein Ende zu machen. Da — der gezückte Stahl wird zum Lösungsmittel, das den widerstrebenden Geist in den großen Vergänglichkeitsgedanken einschnellen läßt, und alles ist getan. Der Kommentar gibt eine Erzählung, die trotz ihres echt indischen Überschwanges doch schön die damals herrschende Tendenz zeigt:

Ein armes Ehepaar ist nicht imstande, den Mönchen des Klosters, zu dessen Laien-Anhängerschaft sie gehören, den feinen Milchreis zu kochen, wie reiche Laien-Anhänger ihn liefern. Da beschließen sie, ihre einzige Tochter zu verkaufen und eine Milchkuh dafür anzuschaffen.

Nach einiger Zeit wandert dann der Mann von Tissamaharama, seinem Wohnort, nach außerhalb, um dort die Summe Geldes zu erwerben, die nötig ist, um seine Tochter wieder einzulösen. Sein Bemühen wird von Erfolg gekrönt, und freudig kehrt er zurück, die 100 Kahapanas, die zum Loskauf nötig sind, in der Tasche. Aber der Weg ist weit und führt durch Wüste. Um die Mittagszeit trifft er auf einen Mönch und fühlt sofort das Bedürfnis, denselben mit Speise zu versehen. Er selber hat aber nichts, so wendet er sich an den einzigen in der Nähe befindlichen Menschen, gleichfalls ein Reisender, der mit Speise wohl versehen ist. Der aber ist ein Kerl mit einem Wucherer-Herzen. Sobald er den frommen Eifer des anderen merkt, geht er mit dem Preise für seine Nahrungsmittel höher und höher, bis er schließlich die ganze Summe von 100 Kahapanas fordert, die der andere ihm auch gibt, weil er sein Gelübde, dem Mönch das Mittagsmahl zu bereiten, nicht brechen will. Nachdem er den Mönch bewirtet und gesättigt hat, zieht er mit ihm zurück in der Richtung, aus der er gekommen ist, um seine Lohnarbeit aufs neue zu beginnen. Zufällig fragt der Mönch, wie es ihm möglich gewesen sei, hier in der Wüste ein so reichliches Mahl zu beschaffen. Der andere erzählt ohne Umstände alles. Da denkt der Mönch: „Das war ein gar kostbares Mahl, was ich da genossen habe. Elend wäre ich, wenn ich mir das nicht dazu dienen ließe, Nibbana zu erreichen." Am selbigen Ort läßt er sich nieder zum Denken, zum letzten Ringen mit sich selber, und tut das Gelübde, sich nicht eher zu erheben, als bis die Wahrheit erkannt ist, Leiden vernichtet ist, die Triebe gehoben sind, alles getan ist. Sechs Tage und Nächte dauert der Kampf, dann hat er vollendet, aber der totmatte Leib versagt — wo er gekämpft und gesiegt hat, da stirbt er, verlöschend für immer.

Das ist der echte Mönch. Daß es freilich auch damals schon faule Bäuche gegeben hat, zeigt der warnende Ruf, den der Buddha in einer seiner Lehrreden an seine Mönche ergehen läßt: „Seid mir Erben der Wahrheit wegen, nicht Erben weltlichen Behagens wegen."

Wer den Mönch, den echten Jünger des Buddha sich recht vorstellen will, der muß ihn sich als Kämpfer vorstellen, als rücksichtslosen Ringer um höchste Wahrheit, als ein Bild hohen Ernstes und erhabener Bedürfnislosigkeit. Wohl der Zeit, der es vergönnt wäre, wieder einen Hauch dieses Geistes zu spüren!

Ich will nicht derjenige sein, der von der heutigen Mönchschaft sagt, daß jeder Hauch dieses Geistes ihr verloren gegangen sei; daß das stolze Wort des Buddha, das er von seiner Mönchschaft braucht: „Für die Welt das unvergleichliche Feld des Verdiensterwerbens" heute nichtig geworden wäre. Auch heute noch mag manches still-ergebene, vertrauensfreudige Gemüt im Geben an die Mönchschaft Befriedigung und hohen Lohn finden, weil an würdige Stelle gegeben wird. Aber der Mönch sollte ernsthafter bedenken, daß der Geber höchsten Lohn erntet, mit dessen Gewand bekleidet er, der Mönch, das Höchste erreicht; daß der Geber höchsten Lohn erntet, von dessen Almosenbissen lebend, dessen Lagerstatt genießend, der Mönch das Höchste erreicht.

Ein träger Mönch zieht sich und den Geber abwärts und arbeitet damit an der Zerstörung der Lehre, deren Hüter er ist, eindringlicher als je ein Feind es tun könnte.

Wenn das, was ich hier schreibe, hin und wieder von Mönchen gelesen wird, so sollte es mir eine hohe Genugtuung sein, wenn es einem oder dem anderen von ihnen einen Anstoß gäbe, sich wieder jener alten, maßvollen Strenge zu befleißigen, die langsam, aber mit Naturnotwendigkeit jenem Ziele zuführt, um dessen willen „die Söhne edler Geschlechter aus dem Heim in die Heimlosigkeit ziehen".

Damit komme ich auf die eigentliche Bedeutung, den eigentlichen Sinn, den der Mönchsstand im Buddhismus hat oder haben sollte. Er erfüllt hier eine hohe Funktion, die sich ganz in dem eben zitierten Buddhawort widerspiegelt: die Mönchschaft, „für diese Welt das unvergleichliche Feld für Verdiensterwerben".

Der tiefste Sinn des Mönchtums, soweit es den Mönch selber betrifft, ist oben schon gekennzeichnet: der Stand des Alleinseins, der Armut, der Loslösung von der Welt, von sich selber. Aber mit diesem seinem Stande erfüllt das Mönchtum der Menschheit gegenüber eine Funktion von der allerhöchsten Bedeutung: Es wird zum Opferaltar des denkenden Menschen.

Daß „Opfer" im jüdisch-christlichen Sinne sowohl, wie im heidnisch-antiken Sinne beim Buddhismus ganz wegfällt, braucht wohl kaum erwähnt zu werden. Im heidnisch-antiken Sinne war das Opfer ein wohlgemeinter Bestechungsakt den Göttern gegenüber und beruhte als solcher auf einem rein menschlichen und wohl verständlichen gedanklichen Vorgang. Der Göttervater Zeus riecht den süßen Duft des Fettes und wird wohlgelaunt — was ist natürlicher als solch eine Vorstellung. Im jüdischen Gedankenleben dagegen hat das Opfer von vornherein etwas Unnatürliches. Die sanften Zeiten, als Abel noch seinem Gott von den Früchten des Feldes opferte, scheinen bei diesem Volke jenem goldenen Zeitalter angehört zu haben, das jedes Volk nur in der Erinnerung erlebt. Die wirkliche Reihe eröffnet sich mit jenem schrecklichen Vorgang, in welchem ein Gott sozusagen mutwillig die Probe auf den bedingungslos blinden Glauben seiner Kreatur macht.

Was für eine geistige Verfinsterung und Beschränkung gehört dazu, um in solche gedanklichen Regionen zu geraten! Was für eine Mißleitung gehört dazu, um sich einen solchen Akt im Licht des Idealismus verklären zu lassen!

Aber schon hier, beim Opfer Abrahams, schiebt sich jener andere Zug ein, der das Opfer im jüdischen Kult vor allem kennzeichnet: der Gedanke der Ersatzmannschaft; ein Gedanke, welcher die reinste Nichtwirklichkeit im Denken darstellt. Wirklichkeit erlaubt keine Ersatzmannschaft. Hier gilt kein Loskaufen, kein „einer für den anderen". Wirklichkeit ist der Esser, und beim Essen heißt es: „Selber ist der Mann" im guten wie im bösen, in Lohn wie in Strafe.

Dieser Gedanke der Ersatzmannschaft, beim Opfer Abrahams im Widder dargestellt, arbeitet sich in den Propheten immer mehr durch, klingt in den Worten Christi, wie die Synoptiker sie geben, an („So ist ja auch der Menschensohn ... gekommen ... anstatt vieler sein Leben zum Pfande zu lassen", Matth. 20 und ebenso Mark. 10), bis er in völliger Reinheit dasteht im Evangelium Johannis: „Seht, das ist das Lamm Gottes, das die Sünde der Welt wegnimmt." Der gedankliche Prozeß hat sein Wachstum beendet, ist zur Frucht gekommen.

Die Idee der Ersatzmannschaft konnte im rein jüdischen Gedankenkreise bei weitem nicht diese verderblichen Folgen haben, die sich später im Christentum ergaben, weil der Realitätssinn dieses Volkes ein viel zu großer war. Sie hatten durchaus nicht die Neigung, sich mit leeren Abstraktionen abspeisen zu lassen. Was sie hofften und erwarteten, das mußte alles Fleisch und Blut haben und erhielt schon allein damit jene wohltätige Beschränkung, die nun mal Dingen aus Fleisch und Blut eigen ist. Jesu Stellung gegenüber dem Judentum könnte man kurz dahin kennzeichnen: Er leitete einen Vergeistigungs- oder besser: einen Abstraktionsprozeß der alttestamentlichen Werte ein, änderte aber an diesen Werten selber durchaus nichts. Wie nur irgend ein Jude, so stand er unter der gedanklichen Zwangsvorstellung der Prophetie; ja sein ganzes Leben erlebte er als sich bewahrheitende Prophetie. Sein Leben im tiefsten Grunde hat dieses als Hauptzweck: Erfüllung der alttestamentlichen Prophezeiung vom Messias. Das ist der primäre Gedankenwert, von dem die ganze Jesus-Gestalt beherrscht wird. Der Gedanke von der Erlösung ist diesem gegenüber erst sekundärer Natur.

Die Last der Messiade liegt drohend über dem Leben Jesu wie das fahl gelbe Licht des Gewitterabends in der Wüste. Zu Häupten und ringsum nichts als bleischweres Gewölk; aber da, ganz fern im Westen, ein einziger greller Streifen, aus dem es wie giftiges Schwefellicht hervorschießt. So ist im Leben Jesu wie im Leben dieses ganzen merkwürdigen Volkes alles dunkel, bleischwer. Scherz und Anmut sind ihnen verloren gegangen vor der Schwere ihres Schicksals. Aber aus einem Punkt am fernsten, tiefsten Horizont, da bricht es hervor wie die Sonne — die Messiade. Das Ganze hat etwas widernatürliches. Es ist, als ob die Wirkung (in Form der göttlichen Prophezeiung) von Urbeginn an festgelegt ist, und als ob das Weltgeschehen sich nun von ihr aus zur Ursache zurückwälze. Es ist, als ob der Schatten sich gegen seine eigene Lichtquelle wende. Kurz: Der Fluch der Prophetie, unter dem dieser Mann und mit ihm sein ganzes Volk leidet, hat für den geraden Denker etwas grausiges, um so mehr, als er das lebenswarme Bild der Persönlichkeit Jesu entstellt und ihm einen starr-unmenschlichen Zug verleiht. Er, der gekommen ist als der Geist der Liebe, der bestimmt ist, die Menschen zu erretten, er stößt einen einzelnen hinunter, oder läßt ihn zum mindesten hinuntergleiten, der Prophezeiung zur Liebe. Wie abstoßend ist dieses langsame Spiel mit der Verräter-Idee! Wie lechzt man danach, diesen offenbar ungewöhnlichen Menschenkenner, als er schlechte Gedanken in Judas' Herzen sich regen sieht, ein linderndes, Spannung lösendes Wort sprechen zu hören. Wie wartet man auf einen Ausbruch reiner Menschlichkeit! Aber statt dessen nur hin und wieder dunkel-finstere Andeutungen, die den, dessen Denken nicht ganz licht und frei ist, in ihren geheimnisvollen Bann nehmen mußten. Und warum das alles? Um die Prophezeiung wahr zu machen und Gottes Größe rückläufig zu offenbaren. Wahrhaftig! Ein Gott, der ein derartiges Opfer um seiner Verherrlichung willen verlangt, den sollte man anklagen, anklagen vor dem höchsten Tribunal, dem Tribunal der Menschlichkeit.

Und war denn Judas ein schlechter Mensch? Gibt es viele, in denen die Reue so heftig wirkt, wie sie in ihm gewirkt hat? Aber komm, du Armer! Fasse Mut! Es gibt ein höheres Gesetz als das, dem du hier geopfert werden sollst — das Gesetz der Wirklichkeit, das dieser paradoxen Phantastereien spottet.

Der Gläubige wirft ein: „Tatsache ist, daß zahllose Prophezeiungen sich bis ins einzelste erfüllt haben. Das ist Wirklichkeit, und der kannst selbst du, Buddhist, nicht widersprechen."

Antwort: Das Weltall ist ein unbegrenztes. In einem unbegrenzten System gibt es unbegrenzte Möglichkeiten. Daß in solchem System ein Prophezeiungstopf seinen Deckel nicht finden sollte, das ist unmöglich. Man muß nur lange genug warten. Es geht hier wie mit einer stehengebliebenen Uhr. Daß die nicht einmal im Laufe von 24 Stunden die richtige Zeit zeigen sollte, das ist unmöglich. Man muß nur lange genug warten.

Man versteht schließlich bei einem Volk wie dem jüdischen, dem der Absonderungstrieb angeboren war, und das infolgedessen geistige Inzucht trieb, wie derartige Ideen auftauchen, Fuß fassen und alles überwältigen konnten. Freilich muß ein solches Volk an seiner geistigen Inzucht zugrunde gehen, wie irgendein Volk auf einer Südsee-Insel zugrunde gehen mußte an geschlechtlicher Inzucht. Wie gesagt: Man versteht das. Man sieht die Möglichkeit. Aber wie dieser Gedanke der Prophetie sich mit dem jungen Christentum über Völker verbreiten konnte, denen dieser Absonderungstrieb nicht innewohnt — das versteht man nicht. Das ist eine der Tatsachen des geistigen Wachstums, denen gegenüber man nichts tun kann, als einfach anerkennen: Es ist so. Wie man ja auch bei einem Baum, der widernatürlich zur Erde hinwächst, oder bei der Wimper, die widernatürlich gegen das Auge selber sich kehrt, das sie schützen sollte, im letzten Grunde nichts weiter kann als anerkennen: Es ist so. Einer derartigen Tatsache gegenüber bleibt nichts übrig als zu zeigen, geduldig immer wieder zu zeigen. Schließlich wird die Sonne wirklichen Denkens doch einmal diese grauen Nebel religiöser Wahngebilde durchbrechen, und dann ist es geschehen um Dunkelheit und Finsternis. Strahlend und mild wird die Sonne reinen Menschtums aufgehen, und spätere Geschlechter werden lächeln über diesen Spuk, der wirkliche Kultur solange vergewaltigt hatte.

Aber gehen wir nun zu unserer eigentlichen Aufgabe zurück.

Im indischen Kulturkreis nahm das Opfer auch eine Stellung ein, die in ihrer Art ebenso einzigartig war wie im Judentum. Das Opfer war hier das Mittel, in geheimnisvolle, sympathetische Beziehungen zum Göttlichen zu treten. Jeder Akt, jede Bewegung, jedes Wort beim Opfer hatten ihre eigene symbolische Bedeutung. Alles das mußte genau verstanden werden, sollte das Opfer nicht nichtig sein. Die Götter verstanden eben nur ihre eigene Sprache. Diese Sprache kannte der Priester. Kraft seines Priesteramtes hatte er sie gelernt. Es war das Opfer-Zeremoniell. Dieses Zeremoniell verstehen, hieß, mit den Göttern sprechen können. So bildete der Priester hier den Mittelsmann zwischen Gott und Mensch nicht, wie im Christentum, als der Spender göttlicher Gnadenmittel (Leib und Blut Christi), sondern ganz einfach auf Grund eines Wissens, ja man kann sagen, auf Grund einer Technik.

Es leuchtet ohne weiteres ein, daß dem Priesterstande nicht gerade daran gelegen sein konnte, das Zeremoniell zu vereinfachen. Im Gegenteil! Je verwickelter, um so notwendiger der Vermittler. So hatte sich im Laufe der Jahrhunderte dieses Opfer-Zeremoniell zu einer ungeheuerlichen Kompliziertheit ausgewachsen. Um einen scherzhaften Vergleich zu brauchen: Es war für den Laien ebenso unmöglich geworden, seine Sache vor den Göttern selber zu führen, als es ihm heute unmöglich geworden ist, seine Sache vor den Gerichten selber zu führen. In beiden Fällen ist der Grund die übermäßige Kompliziertheit des Verfahrens.

Wie überall wirkte auch hier der Buddhismus als eine Evolution, deren einzelne Stadien in dem schönen Kutadanta Sutta dargestellt werden (Digha-Nikaya 5).

Der Brahmane Kutadanta will das große Opfer ausrichten und hat von jeder Art der Opfertiere 700 Stück schlachtbereit.

Aber er fühlt sich nicht sicher über den dreifachen Gang des Opfers und die sechzehn einzelnen Umstände. So beschließt er, den Samana Gotama um Rat zu fragen.

Der Buddha antwortet mit der Legende vom König Mahavijita. Dieser wollte einst das große Opfer darbringen und wandte sich deswegen an seinen Oberpriester und Reichskanzler. Der aber ermahnt ihn, erst gewisse Übelstände im Lande abzustellen. Das geschieht. Und wieder wendet sich der König mit seiner Absicht an den Oberpriester. Dieser ermahnt ihn, das Opfer nicht allein zu verrichten, sondern in Einigkeit mit dem Lande, indem er die vier Stände daran teilnehmen läßt. Auch das geschieht. Nachdem der Oberpriester den König noch ausgiebig ermahnt hat, sich einer des Opfers angemessenen Gemütsverfassung zu befleißigen, wird dasselbe endlich vollzogen, aber nicht als blutiges Opfer. Butter, Milch und Honig werden geopfert.

Der Brahmane Kutadanta und seine Begleiter hören diese Ausführungen mit Beifall an. Dann fragt Kutadanta, ob es wohl ein Opfer gäbe, weniger umständlich als dieses, aber reicher an Lohn? Der Buddha antwortet: „Es gibt, o Brahmane, ein solches Opfer. Es ist ein häusliches Opfer: unaufhörliches Geben an solche, die in reiner Zucht das Pilgerleben führen. Das ist ein Opfer, weniger umständlich und reicher an Lohn, als jenes Opfer mit seinem dreifachen Gang und seinen sechzehn einzelnen Umständen."

„Gibt es ein anderes derartiges Opfer?" — „Ja! für die Gemeinde solcher Pilger Behausungen errichten, das ist auch ein Opfer, weniger umständlich und reicher an Lohn. Und noch ein anderes Opfer gibt es, weniger umständlich und reicher an Lohn: Wenn man gestillten Herzens beim Buddha seine Zuflucht nimmt, bei der Lehre seine Zuflucht nimmt, bei der Gemeinde seine Zuflucht nimmt. Und ein anderes Opfer: Wenn man ernsthaft kämpfend Schritt für Schritt sich müht. Und endlich ein letztes, höchstes Opfer: Wenn man jenes Ziel erreicht, hinter dem es ein weiteres Ziel nicht mehr gibt. Wenn man klar erkennt: Getan ist, was zu tun war. Versiegt sind alle Triebe für immer. Ein Weiterleben gibt es nicht mehr."

Damit ist Wert und Wesen des Opfers im Buddhismus erschöpft — ein Opfer, wie es reinem Menschtum und reiner Menschlichkeit entspricht. Es ist das Opfer: die Aufopferung der Selbstsucht. An diesem Opfer verbleibt alles im Menschtum und kommt rückläufig wieder dem Menschtum zugut, dem Menschtum und den Lebewesen allen.

Wie angeweht von diesem Hauch reiner Menschlichkeit, der vom Buddha ausgeht, ruft der Brahmane Kutadanta aus:

„Die siebenhundert Stiere, die siebenhundert Rinder, die siebenhundert Kühe, die siebenhundert Ziegen, die siebenhundert Schafe: ich gebe sie frei, ich schenke ihnen das Leben. Grüne Gräser sollen sie essen, kühle Wässer sollen sie trinken, und kühl soll sie der Wind umwehen." So mag auch die moderne Menschheit recht bald von diesem Hauch reiner Menschlichkeit angeweht werden, der vom Buddha ausgeht. So mag recht bald jene finstere Opferidee, in den Wüsten Judäas ausgebrütet, vor diesem Hauche weichen. Denn mag diese Idee im Christentum auch noch so erhabene Formen angenommen haben: sie ist finster, sag' ich. Und weshalb ist sie finster? Weil sie menschliches Denken verfinstert.

Buddhismus als Moral

Ich gehe nunmehr zum zweiten Teil dieser Arbeit über, den Wert des Buddha-Gedankens für eine Moral zu zeigen.

Wie im Anfang gesagt, kann die Frage „Wie muß ich mich verhalten?" ihre wirkliche Beantwortung nur finden aus der Beantwortung der Frage „Was bin ich?" Moral muß, soll sie wirklich sein, ebenso wie Religion eine Funktion des Erkennens sein. Anders ausgedrückt: Daß die Frage „Was bin ich?" in einer wirklichen Weltanschauung sich gelöst hat, beweist sich daraus, daß sie eine wirkliche Religion einerseits, eine wirkliche Moral anderseits auswirft.

So ist unsere erste Aufgabe, uns darüber klar zu werden: Was ist Moral?

Es liegt im Charakter der Glaubensreligionen, in dem positiven Lebensziel, welches sie setzen, daß auch ihre Moral positive Werte darstellt. Moral hat hier im letzten Grunde immer aktiven Sinn: das Tun des Guten.

Dabei steht man sofort vor der Frage: Was ist denn nun das Gute?

Der Gläubige kann hierauf eine Antwort geben, die ihn völlig befriedigt, die aber für den Nicht-Gläubigen durchaus wertlos, weil nichtssagend ist. Er sagt: „Das Gute ist der Wille Gottes. Gutes tun heißt den Willen Gottes tun." Wirft man ihm nun ein: „Woher kennst du denn den Willen Gottes? Anderseits gestehst du doch auch wieder zu, daß Gottes Wege und Ratschlüsse und Absichten usw. dir völlig unbekannt sind," so wird er darauf antworten: „Der Wille Gottes lebt in mir als ein natürliches Gesetz. Wie ich Gott selber erlebe, so erlebe ich auch seinen Willen."

Darauf läßt sich durchaus nichts erwidern. Dieser Standpunkt ist für jedes Argument unzugänglich. Denn wollte man auch auf die historischen Tatsachen hinweisen, auf den unendlichen Jammer, den der Mensch dem Menschen zugefügt hat in der durchaus ehrlichen Ansicht und Absicht, den Willen Gottes zu erfüllen, so werden ihm diese Tatsachen seinen Glauben durchaus nicht erschüttern. Denn der Glaube kann sich ja in seiner Natur als Glaube gar nicht anders beweisen, als eben durch diese seine Unerschütterlichkeit logischen Einwänden gegenüber.

Das ist der erste Mangel einer Glaubensmoral. Sie ist nicht imstande, sich selber zu bestimmen, weil sie sich auf ein Transzendentes zurückbezieht. Der zweite Mangel betrifft das Motiv der Moral.

Wie gesagt, ist eine Moral nur dann wirklich, wenn sie Funktion des Erkennens ist. Sie ist Funktion des Erkennens, wenn sie als notwendige Folgerung sich aus dem Motiv gibt. In diesem Sinne wird Moral zu einem gedanklichen Wachstumsprozeß. Man wird moralisch im Begreifen.

Die reine Nichtwirklichkeit der christlichen Moral ergibt sich daraus, daß hier das Motiv der Moral in ein Transzendentes, Gott, zu liegen kommt. Das Motiv der Moral ist hier ein Glaubensakt, und jede Möglichkeit für eine wirkliche Moral ist genommen. Jeder geistige Wachstumsprozeß, wie er sich aus der letzteren ergibt, ist unmöglich geworden. Man kann hier nur moralisch sein, im Glauben an Gott; aber man kann es nicht werden, im Begreifen. Denn: Glaube kann wechseln, aber er kann nicht gelernt werden.

Bei jeder Glaubensreligion fällt das Motiv der Moral und sie selber in den Gottbegriff, und Moral wird damit anstatt einer Funktion des Erkennens zu einer Funktion des Glaubens, das heißt zum Gegensatz dessen, was sie sein sollte. Die Ausnahme, welche hier der indische Pantheismus, der Vedanta macht, ist nur eine scheinbare. Er argumentiert folgendermaßen:

Damit, daß ich mein wahres Selbst (atman) als identisch mit der Weltseele (brahman) erkenne, begreife ich mich in Bezug auf das Wesenhafte an mir als identisch mit meinem Nächsten. Denn dessen „Selbst" ist ja gleichfalls identisch mit der Weltseele. Sehe ich ihn also leiden, so weiß ich, daß im tiefsten Grunde ich selber leide. Das Tat tvam asi (Das bist du) ist das Motiv dieser und jeder pantheistischen Moral. Aus Rücksicht auf mich selber muß ich dem anderen Gutes tun. So kommt hier scheinbar freilich das Motiv der Moral dahin zu liegen, wohin es gehört: in das Individuum selber. In Wahrheit bleibt es aber auch hier im Transzendenten liegen. Denn dieses wahre Selbst, diese Ich-Identität, auf deren Identität mit der Weltseele das ganze Moral-System sich aufbaut, bleibt stets ein dem Erkennen Unzugängliches, und der ganze moralische Entwickelungsprozeß, der hier zu bestehen scheint, ist ein bloß scheinbarer, ein Hin- und Zurückschwingen um den Begriff eines Absoluten, der Wirksamkeit nur haben kann da, wo er als solcher geglaubt wird.

Aus dieser Tatsache, daß bei den Glaubensreligionen Motiv der Moral wie diese selber in ein Transzendentes zu liegen kommen, ergibt sich jene Zweischneidigkeit und Zweideutigkeit, welche von jeher die Moral der Glaubensreligionen gekennzeichnet hat. Man tut Gutes nicht so sehr um des Menschen willen, sondern um Gottes willen. Die Interessen beider mögen sich ja in vielen Fällen decken, wie etwa im Musterfall des Barmherzigen Samariters. Immerhin zeigt die Weltgeschichte in nur zu betrübender Weise, daß diese Interessen auch nicht selten erheblich auseinander fallen, und daß es dann der Mensch gewesen ist, der unter diesem Zwiespalt hat leiden müssen. Es gibt nur zu zahlreiche moralische Akte, im Dienst Gottes begangen, über welche Menschtum erröten muß. Das Gute, wenn es Sinn und Bedeutung nicht aus der Wirklichkeit, sondern aus einem Transzendenten heraus erhält, ist jeder, auch der ungeheuerlichsten Verzerrung fähig. Es ist die Nichtwirklichkeit des Einsatzpunktes, die sich hier rächt. Es sind Gedankensünden, aus denen diese Sünden an der Menschheit hervorwachsen. Ist einmal ein Transzendentes anerkannt, so will es auch Nahrung haben, und von jeher haben ja die Götter Blut geliebt, von jeher hat der Mensch seine Vertragsurkunde mit dem Gott in Blut geschrieben; und geschieht es heute nicht mehr, so ist der Grund nicht der, daß der Gott menschlicher oder der Mensch göttlicher geworden ist, sondern daß der Mensch menschlicher geworden ist, indem er den Wert und die Befriedigung des Daseins, die er sonst im Transzendenten suchte, jetzt in der Wirklichkeit selber findet.

Zweifelsohne hielten die Inquisitoren ihr Tun für höchst moralisch, weil sie damit den Willen ihres Gottes zu erfüllen meinten, ebenso wie die Thags, jene merkwürdige indische

Sekte, welche im Dienste ihres Gottes resp. ihrer Göttin Morden als Handwerk trieben. Solange Moral eine Funktion des Glaubens ist, sind eben derartige Entgleisungen möglich, ja notwendig, und werden sie korrigiert, so geschieht es nicht von sich aus, sondern durch den korrigierenden Einfluß, den der Mensch auf den Menschen ausübt. Glaube ist seinem innersten Wesen nach Fanatismus, und es kommt einerseits auf die äußeren Reibungen, anderseits auf das Menschenmaterial an, ob diese wesentliche Eigenschaft zutage treten wird oder nicht.

So paradox es klingt: Eine Glaubensreligion verlangt ein von Natur gutes Menschenmaterial. In solchem mag sie segensreich wirken. Andernfalls aber behält sie stets etwas Unheimliches, Bedrohendes, was sich urplötzlich gegen das Menschtum selber kehren kann. Ich sage es mit voller Überlegung: Solange Glaubensreligionen herrschen, kann die Menschheit sich nie vor Inquisition und Scheiterhaufen sicher sein. Nicht Bosheit oder Blutdurst werden dahin treiben, sondern irgendein moralischer Instinkt, welcher der unberechenbaren Größe Glauben entspringt, jener schrecklichen Kraft, die, Vishnu und Shiva in einem, schafft und zerstört, rücksichtslos um Wohl und Weh des Einzelnen. Man frage doch einen Strenggläubigen, ob er selbst heute bei den modernen Ideen von Fortschritt und Menschenwürde die schreckliche Vergewaltigung an Leben und Leib des anderen für Sünde schlechthin erklärt? Ist er ehrlich, so darf er das gar nicht, zum mindesten nicht schlechthin. Denn es ist ja geschehen, um Gottes Thron auf Erden sichern zu helfen. Und was den Zwecken Gottes dient, das darf dem Gläubigen nicht bedingungslos schlecht sein. Er sieht ja den Zweck des Menschen nicht in reinem, freiem Menschtum, sondern in der Verherrlichung Gottes. Ihm kann der Scheiterhaufen mit dem elenden Opfer darauf im schlimmsten Falle nur ein etwas verunglücktes Kompliment gegenüber seinem Gott sein.

Der Gläubige wirft natürlich ein: „Das ist Christentum des Mittelalters! Unser Christentum paßt sich den Forderungen der Menschlichkeit an." Ich bezweifele und bestreite durchaus nicht, daß dies tatsächlich nach Kräften versucht wird; es fragt sich nur: Ist bei solchem Anpassungsprozeß dann überhaupt noch Christentum zu retten? Es gibt Anpassungsprozesse, z. B. den der Dunkelheit an das Licht, bei dem der Vorgang der Anpassung auch der Vorgang der Aufhebung ist. Will das Christentum wirklich sich den Forderungen modernen Menschtums und moderner Menschlichkeit anpassen, so muß es die Lehre von Erbsünde und Verdammnis fallen lassen. Fällt aber Erbsünde und Verdammnis, so fällt auch die Idee der Erlösung. Mit ihr fällt die Christusgestalt, und sie ist nicht Attribut des Christentums, sondern Christentum selber. Man sage mir, was dann noch vom Ganzen bleiben würde, wenn man wirklich Ernst machte und das Gebäude der Dogmen vom Luftzug gesunder Menschlichkeit durchwehen ließe?

Die Tatsache, daß christliche Moral keine Funktion des Erkennens ist, bringt es mit sich, daß in ihr selber nichts liegt, was die Entscheidung darüber geben könnte, ob sie ein genereller oder ein individueller Wert ist. Und an diesem Durcheinander von individueller und genereller, von persönlicher und Staats-Moral krankt unsere ganze Zeit. Da christliche Moral als Funktion des Glaubens beides ist, so läßt sie sich auch in beiderlei Sinn verwerten, und das muß notwendig die unglücklichsten Folgen nach sich ziehen. Es gibt unserem ganzen moralischen Leben jenen Zug von Halbheit, der von Verlogenheit und Heuchelei kaum zu unterscheiden ist. Im christlichen Staat will man beide, persönliche und Staatsmoral, über einen Leisten schlagen und verdirbt damit beide; denn beide widersprechen nun mal einander.

Jedes Gemeinwesen, mag es klein, mag es groß sein, ist ein Gebilde, das ausnahmslos einem bestimmten Zwecke dient: dem der Selbsterhaltung. Dementsprechend ist einem Gemeinwesen gegenüber der Begriff von „gut" und „schlecht" festgelegt. Gut ist alles, was der Selbsterhaltung dient; schlecht ist alles, was ihr nicht dient oder gar widerspricht. Schon ein klein wenig Überlegung wird zeigen, daß nur in verhältnismäßig wenigen Fällen die Interessen der persönlichen und der Staats-Moral zusammenfallen werden. In bei weitem zahlreicheren Fällen werden sie sich widersprechen, und dann ist sofort das Dilemma da: Soll der Mensch seiner, ihm doch zunächst stehenden, persönlichen Moral folgen — das Töten, das Stehlen, das Lügen, das Heucheln, das Überreden zu selbstsüchtigen Zwecken usw. lassen, oder es tun, weil es im Interesse des Staates liegt?

Man wirft ein: „Leben ist immer und überall ein Kompromiß, auch auf dem Gebiet der Moral. Es hat keinen Wert, Verhältnisse in einem künstlich zugespitzten Zustande zu zeigen. Das tägliche Leben zeigt ja doch, daß beide Arten der Moral sich miteinander vereinigen lassen." Leider zeigt das tägliche Leben nur zu deutlich, daß beide Moralen, wenn auch nicht sich miteinander vereinigen lassen, so doch miteinander sich vereinigen lassen müssen, bisweilen auf Kosten der Staatsmoral, meist aber auf Kosten der persönlichen Moral. Um hier Abhilfe zu schaffen, müßte das Verhältnis zwischen Staat und Individuum klarer abgegrenzt und besser verbeweglicht werden.

Diesen Gedanken weiter auszuführen, ist hier nicht der Platz. Er sollte nur so weit angedeutet werden, wie nötig ist, um den nicht-wirklichen Charakter der christlichen Moral zu zeigen.

Unser Thema würde es mit sich bringen, daß wir nun auch über die Wissenschaft und ihr Verhältnis zur Moral uns äußern müßten. Aber tatsächlich nimmt die Wissenschaft der Moral gegenüber überhaupt keinen Standpunkt ein. Sie ist (als mechanisch-materialistische) a-moralisch im strengsten Sinne. Sie ist sich dessen selber so völlig bewußt, daß sie, wenigstens meines Wissens, nie selbst nur den Versuch gemacht hat, auf ihrer Gedankenbasis ein Moral-Gebäude aufzuführen. Ich muß da an eine Bemerkung denken, die ein Mann der Wissenschaft einst im Laufe der Unterhaltung fallen ließ: „Ach, die Moral wollen wir in unserer Weltanschauung gar nicht haben. Die kommt dann schon von selber." Die Wissenschaft weiß eben mit dem ganzen Ding nichts anzufangen, und die einzige Beachtung, die sie ihr zuteil werden läßt, ist die rein zahlenmäßige in Form der Statistik, die jedes persönliche Moment, worauf Moral doch stets hinausläuft, gänzlich ausschließt.

Diesen bedenklichen Mangel hat der moderne Mensch, der gewohnt ist, seine geistigen Bedürfnisse aus den Fonds der Wissenschaft zu bestreiten, dadurch auszugleichen versucht, daß er sich selber eine Moral geschaffen hat, die, wenn auch nicht gerade wissenschaftlicher Natur, doch ihre Grundlage in den Ergebnissen der modernen Wissenschaft hat, erkenntnis-theoretischen wie praktischen. Diese Ergebnisse laufen kurzgesagt darauf hinaus, daß sie ein gewisses Solidaritätsgefühl zwischen allem, was da ist, wecken und nähren. Die aus diesem Vorstellungskreise hervorgegangene Moral ist der moderne Altruismus, der ebensoviel Bestechendes einerseits, ebensoviel Absurdes anderseits hat, wie die moderne Wissenschaft auch. Seinen inneren Zusammenhang mit letzterer beweist er dadurch, daß er durchaus der Gegensatz zur Moral des Glaubens ist.

Kommt beim Glauben das Motiv der Moral sowohl, als sie selber ganz ins Transzendente zu liegen, so kommt beim modernen Altruismus beides ganz in das Diesseits, das Menschtum, zu liegen. Hier gibt es kein anderes Motiv der Moral, als nur das Leiden des anderen. Und Moral selber hat hier keinen anderen Sinn als das Gute, was ich dem anderen antue. Der Begriff des Guten, der beim Glauben den Umweg über das Transzendente machen muß, und bei dieser weiten und unsicheren Reise sich tausend Möglichkeiten aussetzt, ergibt sich hier ohne weiteres aus den Tatsachen und geht stracks auf sein Ziel. Moral wird hier zu einem ausgesprochen Generellen, das voll im Menschtum ruht.

So sympathisch das alles klingt, so viele Einwände erheben sich für den wirklichen Denker. Das Motiv der Moral ist hier freilich kein Glaubensakt, aber es ist auch kein Erkennungsvorgang, sondern ein Gefühl. Erfahrung zeigt aber, daß Gefühle in geradezu unbegrenzter Weise wechseln können, womit die Unsicherheit einer solchen Moral sich von selbst ergibt.

Ferner ist klar, daß man hier einer universellen Moral zustrebt, die, solange die Staatsidee nicht durch die reinere und weitere Idee der Menschheit ersetzt ist, stets auf eine Staatsmoral hinauslaufen muß. In einer solchen aber würde der natürliche Individualismus, mit welchem doch nun einmal Leben einsetzt, sich die schwersten Beschränkungen gefallen lassen müssen. Gut würde hier das sein, was durch Stimmenmehrheit dazu gemacht worden wäre. Ein solcher Zustand verlangte erstens ein vollständiges Übereinstimmen der Einzelnen im Staatsgedanken und zweitens ein hohes Maß natürlicher Toleranz. Da die moderne Zeit beides nicht besitzt, so würde hier die Vergewaltigung des Individuums unter Umständen noch schlimmer werden, als unter Glaubensregime, welches letztere geistige Reservationen deswegen vielleicht eher verstehen würde, weil der Glaube selber sie oft genug übt.

Drittens aber leidet auch diese Moral unter jenem Mangel der Glaubensmoral: sie kann sich selber, das heißt das Gute, als Positives nicht mit genügender Sicherheit bestimmen. Der Unterschied ist nur der, daß die Unsicherheit hier nicht so sehr im Erkenntnistheoretischen liegt, als vielmehr im Praktischen. Die Frage „Was ist denn nun das Gute, was ich dem anderen antun könnte?" wird nie eine einsinnige Antwort ermöglichen. Denn im letzten Grunde ist ja jeder eine Welt für sich und in Bezug auf das wesentliche Moment, die bewegende Kraft, nur sich selber zugänglich. Ich muß mich selber begriffen haben, um die Unsicherheit, ja die Gefahren zu begreifen, die im Tun des Guten überall lauern. Wenn ich einem anderen Gutes tue, so schaffe ich mir selber freilich immer eine Befriedigung, ob aber auch für den anderen eine wirkliche Befriedigung sich ergibt, das bleibt zum mindesten zweifelhaft. Gebe ich, so gebe ich ganz gewiß mir selber (eben durch diese Befriedigung, die ich mir durch Geben verschaffe). Ob ich aber auch dem Beschenkten wirklich gegeben habe, das ist eine andere Frage, die sich oft in höchst überraschender Weise beantwortet. Je mehr man sehen und denken lernt, ein um so fragwürdigeres Ding wird das Geben. Für den Denkenden bleibt schließlich nur noch eine Stätte verdienstvollen Gebens: der echte Mönch. Für alle anderen Formen des Gebens tut man schon am besten, den Rat zu befolgen, den Goethe im west-östlichen Diwan gibt:

„Tu niemals untersuchen,
Wohin die Milde fließt.
Ins Wasser wirf deine Kuchen,
Wer weiß, wer sie genießt."

Damit sind die beiden Gegensätze im Bereich der Moral gekennzeichnet, zwischen und oberhalb welcher, wie überall, so auch hier, der Buddha seine hohe Bahn zieht. Wir haben kurz auf seine Kraftlehre zurückzugehen.

Jedes Lebewesen ist auf Grund einer individuellen Kraft da. Kraft ist Wirken. Wirken heißt: in jeden Daseinsmoment einen neuen Wert darstellen. Wie die Flamme in jedem Moment einen neuen Wärmewert darstellt, ebenso stellt das Ich in jedem Moment einen neuen Wirkungswert, einen neuen psychophysischen Spannungszustand dar, der dem Einzelnen unmittelbar sich darstellt in seinem Denken. Ich habe Denken nicht als Funktion, sondern ich bin es, wie ich meine Form, mein Fühlen, mein Wahrnehmen, mein Unterscheidungsvermögen nicht habe, sondern bin.

Je nach dem Wirkungswert, den ein Ich-Prozeß in irgendeinem Moment darstellt, wird die Stätte beschaffen sein, auf welche die Ich-Kraft im Zerfall der Form sich abstimmen würde. Ein Mensch mit gutem Wirken in Taten, Worten, Gedanken wird einen anderen Ort des Neuerscheinens fassen, auf anderes Zeugungsmaterial sich abstimmen, als ein Mensch mit schlechtem Wirken in Taten, Worten, Gedanken, weil er im ersteren Falle einen anderen Wirkungswert darstellt, als im letzteren. Dieser Wirkungswert läßt sich nicht in Schwingungszahlen darstellen. Er ist er selber und weiter nichts und beweist sich als solcher unmittelbar im Bewußtsein. Tendenz stimmt sich auf Tendenz, Charakter auf Charakter. Denn wo das Wesen durch und durch nichts ist als Wirken, da ist auch das von ihm ausgestoßene Zeugungsmaterial der Ausdruck seiner Tendenzen, die in dem Material wirksam sind als Nachschwingung.

An anderer Stelle wurde gesagt, daß Buddhismus Umdenken sei. Hier ist ein gutes Beispiel dafür. Hat in gewöhnlicher Denkweise ein Mensch einen bestimmten Charakter, weil er von bestimmten Eltern geboren ist, so heißt es hier in dieser Wirklichkeitslehre: Er wird von bestimmten Eltern geboren, weil er einen bestimmten Charakter hat, eben den, der ihn da fassen ließ, wo er auf Grund der Ähnlichkeit der Tendenzen fassen mußte. Die Kinder sind den Eltern ähnlich, nicht weil sie von ihnen geboren sind, sondern sie werden von ihnen geboren, weil sie ihnen ähnlich sind. Tendenz stimmt sich auf Tendenz.

Das ist die Lehre von der „Wiedergeburt nach den Taten", richtiger: von der „Wiedergeburt nach dem Wirken"; denn Wirken ist dreifach: Wirken in Taten, in Worten, in Gedanken. Je nachdem, was der Mensch wirkt, wird er neu. Da ich mein Wirken nicht als Funktion habe, sondern es selber bin, so brauche ich hier nicht nach der „höheren Macht", nach dem Richter umherzusuchen, der die Folgen meines Wirkens mir zukommen läßt, sei es als Lohn, sei es als Strafe. Lohnen und Strafen vollzieht sich hier selbsttätig. Je nachdem mein Wirken in diesem Moment beschaffen ist, wird das nächste beschaffen sein, mag es diese Daseinsform, mag es den Übergangsmoment zur nächsten betreffen. Ein Moment wird hier zum nächsten, blüht auf zum nächsten. Mögen die Folgen dessen, was ich tue, rede, denke, keinen anderen treffen: mich treffen sie so gewiß wie die Folgen dessen, was ich als Nahrung aufnehme, mich treffen. Weil ich das, was ich tue, rede, denke, nicht habe, sondern bin, so werde ich dementsprechend, was ich jetzt eben tue, rede, denke. Das Wirken des Jetzt ist der Same, aus dem der nächste Moment aufblüht mit der gleichen Naturgesetzlichkeit, wie aus dem physischen Samen der Baum aufblüht.

In einer Lehrrede (Majjhima-Nikaya 57) heißt es: „So kommt durch das Wesen (hier sowohl im persönlichen, wie sachlichen Sinne des Wortes zu fassen) des Wesens Wiederdasein zustande. Was es wirkt, dementsprechend entsteht es wieder." Und: „So sage ich denn: Erben ihres Wirkens sind die Wesen."

In einem anderen Sutta (Majjhima-Nikaya 135) fragt der Brahmane Subha den Buddha, worauf wohl die Verschiedenheit in der Charakteranlage der Wesen beruhe? Der Buddha antwortet: „Eigner ihres Wirkens sind die Wesen, Erben ihres Wirkens, Mutterschößler ihres Wirkens (kammayoni), Knechte ihres Wirkens, Diener ihres Wirkens. Das Wirken sondert die Wesen in gemeine und feine."

Man könnte Buddhismus auch die Lehre vom Sterben nennen. Der Einzelne muß begriffen haben, was er ist — Ergebnis einer anfangslosen Selbstgesetzlichkeit — um zu begreifen, daß er mit dem Wirken dieses Lebens sich das nächste schmiedet. Für den, der versteht, ist ja der Tod der größte

Moralprediger und Erzieher. Der, welcher versteht, der weiß, daß Sterben das Wichtigste am Leben ist, jener Moment, in welchem das Wirken eines ganzen Daseins sich selber das Urteil spricht. Brauchten wir nicht zu sterben, so brauchten wir auch nicht moralisch zu sein. Moral bliebe stets freier Wille. Weil wir aber sterben müssen, deswegen ist die Notwendigkeit gegeben. Sterben ist dieses „sich selber Richten", das Wort in seinem vollen Doppelsinn genommen.

So hat der Mensch damit, daß er sich selber begreift als das, was er ist, in sich selber das Motiv zur Moral gewonnen. Er erkennt: Gutes Wirken läßt gut werden; schlechtes Wirken läßt schlecht werden. Folglich: Gut sein ist besser, als schlecht sein in natürlicher Rücksicht auf mein eigenes Wohlergehen. Es lohnt besser.

Wir haben hier das erste Ergebnis einer wirklichen Moral: Das Motiv kommt dahin zu liegen, wohin es naturgemäß gehört: in das eigene Ich. Es besteht in einem Erkennensakt, der mich selber, mein eigenes Wesen betrifft. Auf Grund dieser Erkenntnis habe ich begriffen, daß ich gut sein muß, will ich mir nicht selber schaden. Hat auch niemand anders unter den Folgen schlechten Wirkens zu leiden, so habe doch stets ich selber darunter zu leiden; denn ich bin ja dieses schlechte Wirken selber, und ich werde zu dessen Folgen, wie der Same zum Baum wird. Als die Königin Mallika begriffen hat, daß je nach dem Wirken das Wiederdasein erfolgt, zieht sie sofort die Nutzanwendung: „Von heute ab will ich sanftmütig und duldsam sein. Von heute ab freigebig. Von heute ab ohne Neid, ohne Gehässigkeit, ohne Eifersucht." So muß jedes unverkümmerte Denken auf diese Einsicht antworten.

So ist hier das Motiv der Moral aus dem Transzendenten einerseits, aus dem Allgemeinbegriff „Menschtum" anderseits gerettet und in jenes Etwas geborgen worden, das allein mir unmittelbar zugänglich ist: Mein Denken. Damit wird Moral etwas, wofür das Verdienst nicht einem Gott oder der Menschheit, sondern dem Individuum selber zukommt, den belehrenden Anstoß von seiten des Buddha vorausgesetzt. Und zum Beweis dafür, daß es sich hier um eine wirkliche Moral handelt, ist mit dieser Verlegung des Motivs auch gleichzeitig die Frage „Was ist gut?" in einer Weise beantwortet, die irgendwelche Zweideutigkeit nicht mehr erlaubt.

Wie der Buddhismus kein positives Lebensziel hat, so verliert in ihm der Begriff des Guten jeden positiven Sinn. Für „Gut" bleibt hier durchaus nichts mehr übrig als Lassen des Schlechten. Und damit stehen wir sofort auf dem sicheren Boden der Wirklichkeit.

Was dem anderen gut ist, das bleibt stets zweideutig. Ich kenne ja nur sein Äußeres, nicht die Kraft, auf Grund deren er da ist. Denn mögen sich zwei Menschen noch so nahe stehen: das Denken des einen wird dem andern stets nur mittelbar, aus Symptomen zugänglich, und jedes Symptom ist vieldeutig. Dahingegen: Was an mir schlecht ist, das ist nicht zweideutig. Das erlebe ich unmittelbar in mir selber.

Und weil ich das unmittelbar in mir erlebe, so ist es durchaus keine unmögliche und vergebliche Arbeit, in sorgfältiger Inschau mir das alles klar zu machen, was an mir schlecht ist. Die Lehrreden geben oft so eine Art Musterschema, das erfahrungsgemäß für die meisten Menschen paßt. Ja man kann sagen, daß, alles in allem genommen, die Lehrreden vielleicht ebenso stark die rein moralische Seite hervorkehren, wie die erkenntnistheoretische. Der Buddha predigt nicht nur von oben herunter: „Seid gut!", sondern er ist in der Lage, das, was schlecht ist, im einzelnen anzuführen. Er hält es auch nicht für unter seiner Würde, immer wieder zu sagen: „Dieses sind schlechte Eigenschaften; von denen habt ihr euch durch wachsames Denken zu befreien, sie auszuglühen. Anders könnt ihr bei mir nicht vorwärts kommen, und selbst, wenn ihr noch so große Philosophen und Meditatoren wäret." Im Sallekha-Sutta (Majjhima-Nikaya 8) wird ausdrücklich gesagt: Über die Lehren anderer grübeln, ja sie verwerfen; die vier Rupa-jhanas erreichen, das heißt nur gegenwärtiges Glück genießen. Die vier Arupa-jhanas erreichen, das heißt nur ein heiliges Weilen. Aber das alles braucht noch keinen wirklichen Fortschritt zum Ziel zu bedeuten, der setzt erst ein, wenn die wirkliche Arbeit beginnt, wenn in zähem Ringen Faden für Faden sich löst, eine schlechte Neigung nach der anderen dahinschmilzt. „Die anderen werden gewalttätig sein, wir werden milde sein. Die anderen werden töten, wir werden uns des Tötens enthalten. Die anderen werden Nicht-Gegebenes nehmen, wir werden uns des Nehmens von Nicht-Gegebenem enthalten. Die anderen werden unkeusch leben, wir werden keusch leben. Die anderen werden falsche Rede —, verleumderische Rede —, harsche Rede — nichtiges Geschwätz führen. Wir werden uns aller dieser Sachen enthalten. Die anderen werden gierig sein; wir werden nicht gierig sein. Die anderen werden übelwollend sein; wir werden nicht übelwollend sein. Die anderen werden zornig, uneinig, heuchlerisch, neidisch, heftig, geizig, hinterlistig, trügerisch, aufgeblasen sein. Wir werden das alles nicht sein. Die anderen werden in schlechter Gesellschaft verkehren, werden träge sein, werden ohne Scham, ohne Scheu sein. Wir werden das alles nicht sein."

Im Sammaditthisutta heißt es: „Was ist das Schlechte, und was ist die Wurzel des Schlechten? Was ist das Gute, und was ist die Wurzel des Guten?" Die Antwort lautet: Töten, Nichtgegebenes nehmen, unkeusches Leben, falsche Rede, verleumderische Rede, harsche Rede, leeres Geschwätz, Gier, Übelwollen, falsche Ansichten, das ist das Schlechte. Lust, Haß und Wahn sind seine Wurzeln. Das Lassen von allem diesem ist das Gute. Und das Fehlen von Lust, Haß und Wahn sind seine Wurzeln.

Hier wie überall das einsatzlose In-sich-geschlossen-Sein. Die Wurzel des Bösen kein erstes oder letztes Prinzip, sondern ein Vorstadium des eigenen Wachstumsprozesses, soweit er sich als moralischer Wert darstellt.

Im Großen Vacchagotta-Sutta heißt es: „Lust, o Vaccha, ist das Schlechte, Freisein von Lust ist das Gute. Haß ist das Schlechte, Freisein von Haß ist das Gute. Wahn ist das Schlechte, Freisein von Wahn ist das Gute. Töten ist das Schlechte, das Sich-Enthalten des Tötens ist das Gute. Es folgt dann die oben aufgeführte Reihe. Also nirgends ein Versuch, ein Gutes als Positives aufzustellen.

Der Christ wirft ein: „Das ist ein niedriger Standpunkt der Moral." Ich erwidere: Es ist der Standpunkt, wie er der Wirklichkeit entspricht, und bei dem die Beziehungen zwischen Mensch und Mensch am besten sich regeln.

Wenn ein Volk fortgeschrittener Zivilisation einem Naturvolk seine Sitten und Anschauungen aufdrängen will in der Überzeugung, diesem Naturvolk damit gutes zu erweisen, so wird unter Umständen letzteres durchaus nicht dieser Ansicht sein und oft auch durchaus nicht gut dabei fahren. Oder um ein noch gröberes Beispiel zu gebrauchen:

In der Bergpredigt sagt Jesus zu den Aposteln: „Die euch abweisen, denen wird es am jüngsten Gericht schlimmer ergehen, als Sodom und Gomorrha." Ein Strenggläubiger, der Moral im Gutestun sieht, muß es auf solchen Ausspruch hin für höchste Pflicht der Nächstenliebe halten, einen ungläubigen Nächsten zum Glauben zu bekehren, weil er weiß, daß er ihn damit vor dem ewigen Höllenfeuer rettet. Und die Wahl der Mittel wird der vermeintlichen Dringlichkeit des Falles entsprechen.

Aber wir brauchen uns gar nicht in ein Gebiet zu begeben, welches unter den augenblicklichen Verhältnissen kaum eine praktische Bedeutung hat — glücklicherweise. Die alltäglichen sozialen Beziehungen zwischen Mensch und Mensch zeigen überall die „Zweideutigkeit" des Gutes-Tun, das Wort „Zweideutigkeit" in seinem eigentlichsten Sinne genommen. Denn Gutes-Tun als Positives ist eben zweideutig, weil ein ich und ein du dabei in Betracht kommen, unter Umständen sogar vieldeutig. Es stände ja wirklich manches besser mit uns, wenn der Mensch es nicht für seine Pflicht hielte, dem Menschen Gutes zu tun. Und ich behaupte mit voller Überlegung, daß unsere sozialen Mißstände zu einem nicht kleinen Teil auf dieser Neigung beruhen. Wenn Jesus in der Bergpredigt sagt: „Was ihr wollt, daß euch die Menschen Gutes tun, das tut ihr ihnen an", so ist das ein Standpunkt, den die nüchterne Wirklichkeit nicht befürworten kann. Für diese letztere paßt und genügt völlig jener andere Spruch, den das menschliche Empfinden instinktiv aus sich selber geschaffen hat: „Was du nicht willst, daß man dir tu', das füge keinem andern zu."

Der Gläubige wirft ein: „Das mag ja wohl genügen. Aber fraglos ist der christliche Standpunkt doch der höhere. Und deswegen haben wir ihm zum mindesten nachzueifern. Wenn euer Buddha sagt: ‚Ertragt Beleidigungen, Schläge usw. geduldig ohne Zorn und Übelwollen', so ist das ja sehr schön.

Aber die christliche Vorschrift: ‚Wenn dir jemand einen Streich auf einen Backen gibt, so biete ihm auch den anderen dar' ist eben höher, und deswegen vorzuziehen." Dieser Einwurf hat ähnlichen Sinn, als wenn jemand von zwei Photographien sagte: „Diese hier ist freilich gut getroffen, aber diese andere ist noch besser als getroffen, weil sie das Original schöner zeigt, als es in Wirklichkeit ist."

Und das ist das, was die christliche Moral trifft: Sie gibt unübertrefflich hohe Lehren, aber diesen Lehren fehlt der Wirklichkeitsgehalt. Eine Wirklichkeit, welche das Darbieten des zweiten Backens nötig machte, die gibt es gar nicht. Leben ist nüchtern. Man darf ihm nicht Regeln vorschreiben von jenen seltenen Augenblicken aus, in welchen im Aneinanderstoßen kristallener Ideale alles mit Klang sich zu füllen scheint. Die ganze Jesus-Gestalt von ihrem ersten Auftreten bis zu ihrem Verschwinden ist solch ein idealer Spannungszustand, der auf die Wirklichkeit nur mit größter Vorsicht übertragbar ist.

Alle Wirklichkeit wirkt nach dem Gesetz der kleinsten Wirkung. Der Wirklichkeitsgehalt jedes Systems ist danach zu bemessen. Wie das Christentum erkenntnistheoretisch ungeheuer verschwenderisch arbeitet, so arbeitet es auch moralisch. Wie der Buddhismus erkenntnistheoretisch nach dem Gesetz der kleinsten Wirkung arbeitet, so tut er es auch moralisch. Das Schlechte lassen genügt völlig, um die Beziehungen zwischen Mensch und Mensch gut zu gestalten. Also weshalb in Regionen steigen, die sich der Berechenbarkeit entziehen. Die Temperatur der gesamten Erdkugel liegt nicht in molligen Höhen, sondern nur wenige Grade höher als nötig ist, um eine Vereisung zu verhindern. Auf diese Temperatur hat das physische Weltgeschehen sich selber eingestellt als die zweckmäßigste. Sie genügt und somit — genügt es. Schlechtes lassen scheint nur sehr, sehr wenig über dem moralischen Nullpunkt zu stehen. Aber auf diesen Wert stellt das moralische Weltgeschehen als den zweckmäßigsten sich überall da ein, wo es, sich selbst überlassen, von idealen Tendenzen nicht durchkreuzt wird. Das genügt und somit — genügt es.

So haben wir als zweites Kennzeichen wirklicher Moral dieses, daß nicht nur das Motiv, sondern auch die Ausführung innerhalb des Individuums zu liegen kommt. Das Individuum wird sich selber Gegenstand der Moral, und Moral wird zu dem, was sie instinktiv für den Menschen immer gewesen ist: Selbstlosigkeit, das Wort in seiner eigentlichen Bedeutung genommen: das Lassen aller selbstischen Regungen. Denn über eines sind alle sich klar: daß Moral nicht mit Egoisums vereinbar ist. Egoismus aber kann mit Sicherheit ausgeschlossen werden nur da, wo Selbstlosigkeit nicht die Form der Tat annimmt, und zur Selbstaufopferung wird. Der Mensch hat nicht Egoismus, er ist Egoismus, Ichsucht, und für Moral bleibt durchaus nichts übrig als diese Selbstlosigkeit in ihrem reinen Sinn als Lassen. Als Tun mag sie stets versteckte Selbstsucht sein. Taten des Lassens, der Selbstüberwindung haben von jeher bei den Menschen am höchsten im Wert gestanden, höher als das erhabenste Tun. Wo man selbstsüchtig sein wollte, Selbstlosigkeit zu üben, das ist wahre und höchste Moral. Instinktiv vom Menschen stets als solche gefühlt, ergibt sie sich als Funktion des Erkennens im Buddhismus. Hier muß ich selbstlos sein, weil ich mich selber als selbst-los, d. h. als einen individuellen Verbrennungsprozeß erkannt habe, der das, was er tut, redet, denkt, nicht als Funktionen hat, sondern selber ist und damit zu den Folgen alles dessen wird, was er tut, redet, denkt.

Als die Nonne Mahapajapati, seine Pflegemutter, den Buddha bittet, ihr die Lehre in Kürze so zu zeigen, daß sie allein und abgesondert ernsthaft, eifrig und entschlossen ihr nachfolgen könne, gibt er ihr jene Antwort, die wohl verdiente, daß sie den Eingang zum Tempel der Menschheit zierte:

„Von welchen Lehren, o Gotami, du gewahr wirst, daß sie zum Eifern und nicht zum Frieden führen, zum Stolz und nicht zur Beugung, zum viel Wünschen und nicht zum wenig Wünschen, zur Geselligkeitsliebe und nicht zur Einsamkeitsliebe, zur Trägheit und nicht zu ernsthaftem Eifer, zum Beanspruchen und nicht zum Sich-Genügenlassen -- von solchen Lehren, wisse wohl, daß sie nicht das Gesetz, daß sie nicht die Ordnung, daß sie nicht die Lehre des Meisters sind."

Da, wo der einzelne sich selber Gegenstand der Moral wird, d. h. wo Moral lediglich ein Lassen der Ichsucht ist, da wird sie auch Gegenstand der Übung, eines Lehrganges. Es hat sich im Buddhismus sozusagen eine Technik der Moral ausgebildet, die rührend wirkt durch den Hauch lauterer Menschlichkeit, der sie durchweht. Keine andere Religion der Welt hat Ähnliches zu bieten. Denn sie alle geben Lehren, aber keine Erlebnisse.

Im Sutta von den „Zweierlei Erwägungen" heißt es:

„Vor meiner vollen Erwachung, als noch nicht ganz Erwachter, als Bodhisatta kam mir der folgende Gedanke: ‚Wie, wenn ich nun die Erwägungen Stück für Stück in zwei Teile sonderte!' Und ich machte nun, was da an Erwägungen des Begehrens, an Erwägungen des Übelwollens, an Erwägungen des Vergewaltigens war, aus diesen den einen Teil; und was da an Erwägungen des Entsagens, an Erwägungen des Wohlwollens, an Erwägungen der Sanftmut war, aus diesen machte ich den anderen Teil. Wenn mir nun, während ich so unermüdlich, eifrig, gefestigt weilte, eine Erwägung des Begehrens aufstieg, so erkannte ich: ‚Aufgestiegen ist mir da diese Erwägung des Begehrens, und dieselbe führt zur Schädigung meiner selbst, führt zur Schädigung anderer, führt zu beider Schädigung, zerstört Weisheit, vertreibt sie, führt nicht zur Erlöschung.' ‚Führt zur Schädigung meiner selbst,' während ich mir so überlegte, kam diese Erwägung zum Schwinden. ‚Führt zur Schädigung anderer,' während ich so mir überlegte, kam diese Erwägung zum Schwinden. ‚Führt zu beider Schädigung,' während ich so mir überlegte, kam diese Erwägung zum Schwinden. ‚Zerstört Weisheit, vertreibt sie, führt nicht zur Erlöschung,' während ich so mir überlegte, kam diese Erwägung zum Schwinden. Und alle Erwägungen des Begehrens, die mir da nacheinander aufstiegen, die brachte ich zum Schwinden, zur Austreibung, zur Tilgung." Und weiter: „Das, was ein Mönch in Gedanken und Überlegungen hegt, dahin zieht sich allmählich sein Sinn. Wenn er in Gedanken und Überlegungen eine Erwägung des Begehrens hegt, so hat er die Erwägung des Entsagens verlassen, hat die Erwägung des Begehrens wachsen lassen, und sein Geist neigt sich dann zur Erwägung des Begehrens."

Im Sutta vom „Einstellen der Erwägungen" heißt es:

„Ein Mönch, dessen Sinn auf Hohes gerichtet ist, der soll sich immer wieder fünf Vorstellungen klar machen. ‚Welche fünf?' Da ist ein Mönch zu irgendeiner Vorstellung gekommen, und macht sie sich klar. Dabei steigen ihm böse und schlechte Erwägungen auf, mit Gier verbunden, mit Haß verbunden, mit Verblendung verbunden. Dieser Mönch soll aus einer solchen Vorstellung heraus eine andere Vorstellung sich klar machen, eine, die mit Gutem verbunden ist. Hat er nun aus dieser Vorstellung heraus eine andere Vorstellung sich klar gemacht, eine mit Gutem verbundene, so kommen alle die bösen, schlechten Erwägungen, die mit Gier und Haß und Verblendung verbundenen, zum Schwinden, sie gehen ein. Und durch ihr Schwinden festigt sich innerlich der Sinn, kommt zur Ruhe, zur Einheit, zur Vertiefung." Gelingt es ihm auf diese Weise nicht, der schlechten Erwägungen Herr zu werden, so soll er sich das Elend derartiger Erwägungen gegenwärtig halten: da sind nun diese schlechten Erwägungen, diese fehlerhaften Erwägungen, diese Leiden gebärenden Erwägungen. Wenn er sich so das Elend dieser Erwägungen gegenwärtig hält, so schwinden sie, sie gehen ein. Und durch ihr Schwinden festigt sich innerlich der Sinn, kommt zur Ruhe, zur Einheit, zur Vertiefung." Gelingt es ihm aber so auch noch nicht, der bösen Erwägungen Herr zu werden, „so soll er zu erreichen suchen, daß er diesen bösen Erwägungen überhaupt keine Überlegung, kein Nachdenken schenkt." Genügt das auch nicht, „so hat er bei diesen Erwägungen die Einstellung dieser ganzen Erwägungsart sich klar zu machen... Gleichwie, als wenn ein Mensch schnell ginge; dem käme der Gedanke: Warum gehe ich eigentlich schnell? Wie wenn ich nun langsam ginge? Und er ginge langsam, und dabei käme ihm der Gedanke: Warum gehe ich eigentlich langsam? Wie wenn ich still stände? Und er stände still, und dabei käme ihm der Gedanke: Warum stehe ich eigentlich? Wie wenn ich mich setzte? Und er setzte sich, und ihm käme der Gedanke: Warum sitze ich eigentlich? Wie wenn ich mich niederlegte? Und er legte sich nieder. Ebenso würde dieser Mann die groben Formen eine nach der anderen abweisen und dafür eine immer feinere Form ergreifen." Genügt auch das nicht, „so soll er die Zähne aufeinander gepreßt, die Zunge gegen den Gaumen gehalten, durch Denken den Geist fassen, bewältigen, zur Ordnung bringen."

Diesem Ringen gegenüber wirft der christliche Gläubige ein: „Der Mensch ist nicht immer imstande, aus sich selber heraus sich selber zu überwinden. Er bedarf dazu höherer Unterstützung, der Hilfe von oben her."

Das ist eine Vorstellung, der im Interesse wahrer Menschenwürde widersprochen werden muß. Der Mensch wird imstande sein, das Schlechte zu lassen, wenn er nur die Motive dafür mit genügender Klarheit erkennt. Gelingt es ihm zur Zeit noch nicht, im Ringen mit sich selber Herr zu bleiben, so muß er um immer größere Klärung dieser Motive kämpfen. Vorbedingung hierfür ist, daß er sich selber als ein in jedem Moment Änderungsfähiges begreift. Begreift man den Ichprozeß als reines Wirken, so begreift man, daß er in jedem Augenblick als das neue Ergebnis innerer Vorbedingungen und äußerer Umstände dasteht — das Ich durch und durch ein Ernährungsvorgang. Damit begreift man, daß hier jeder Moment der Ansatzpunkt einer neuen, in ihren Folgen völlig unberechenbaren Richtungslinie sein kann. Die Richtungsänderung im Wachstum eines Ichprozesses kann von den äußeren Umständen ausgehen, z. B. als Dressur, als gewisse Notlagen usw., oder sie kann von den inneren Vorbedingungen ausgehen.

Kraft beweist sich durch sich selber als solche, eben durch diese Fähigkeit, sich aus sich selber heraus eine Richtungsänderung zu geben. Wie das möglich ist? Es ist die Wirklichkeit so. Sie ist keine bloße Möglichkeit, sondern ein Vermögen. Wie ich sehen, hören, denken, mich sammeln, mich erinnern kann, so kann ich auch im Denken mich selber beugen, mir selber eine Richtungsänderung geben. Ich kann, wo ich zornig sein wollte, sanft sein; wo ich lüstern sein wollte, keusch sein; wo ich heuchlerisch sein wollte, ehrlich sein; wo ich roh sein wollte, milde sein; wo ich gierig sein wollte, entsagend sein. Ich kann im Laufen still stehen. Ich kann im Reiben an der Außenwelt, im Um-mich-fressen ein wenig haltmachen. Kraft ist sie selber und weiter nichts, und als solche ihrem Vermögen nach nicht logisch, sondern nur empirisch zu begreifen; nicht zu beweisen, sondern nur zu erleben. Ich kann das alles, wie mein Erleben es mir selber immer wieder zeigt. Und ich kann es, weil Denken Kraft selber ist.

Dem Drängen der äußeren Umstände gegenüber wird dieses Vermögen aber sich nur betätigen können, wenn die Motive das nötige Gegengewicht halten, wenn ich begreife, warum ich Selbstlosigkeit üben muß. Ich kann mit meinem Arm ein Gewicht heben, aber ich werde es nur tun, wenn Motive dazu vorliegen. Ebenso: Ich kann moralisch mich selber heben; aber ich werde es nur tun, wenn Motive dazu vorliegen. Und diese Motive werden dauernde, selbsttätige nur da sein, wo sie im Ich selber liegen als Erkennensvorgang. Denn in diesem Falle braucht das Erkennen nicht erst die Richtungsänderung als Folge herbeizuführen, sondern ist schon der Ansatz zu dieser Richtungsänderung selber und unterhält sie andauernd nach Art eines Fermentes. Nur dieses Motiv, das Denkmotiv ist wirklich, weil es selbsttätig aus sich selber heraus wirkt. Jedes andere Motiv, etwa das Glaubens-Motiv, kann da sein und doch als toter Begriff außerhalb meiner selbst stehen. Nur das Denk-Motiv gibt allein mit seinem Dasein auch den Reiz zur Verwirklichung. Ist es da, so wirkt es auch, mag dieses Wirken oft auch so schwach sein, daß es von den äußeren Umständen vernichtet wird. Gelingt also die Selbstüberwindung zur Zeit noch nicht, nun, so ist dieser geistig-fermentative Prozeß noch nicht weit genug entwickelt. Man muß ihn sorgfältig weiter entwickeln, vor allem dadurch, daß man alles Störende ausfallen läßt, und man wird schließlich zu jener Höhe der Einsicht gelangen, auf welcher die Motive stark genug wirken, und das Ich die Herrschaft über sich selber behält.

„Laßt das Schlechte, ihr Mönche! Es ist möglich, das Schlechte zu lassen. Wenn es nicht möglich wäre, das Schlechte zu lassen, so würde ich nicht sagen ‚Laßt das Schlechte‘. Da es aber möglich ist, das Schlechte zu lassen, so sage ich ‚Laßt das Schlechte!‘ (Anguttara-Nikaya II, 2.)

Und:
„Dunkle Artung sich versagend,
Lichtes bilde sich der Weise."
(Dhammapada 87.)

Und das stolze Wort:
„Das Selbst nur ist des Selbstes Herr,
Wer anders sollte Herr denn sein?"
(Dhammapada 160.)

Der Wirklichkeitsgehalt buddhistischer Moral beweist sich praktisch dadurch, daß hier ein Zweifel, ob Moral ein individuelles oder generelles Phänomen ist, nicht wohl aufkommen kann. Moral, die eine Funktion des Erkennens ist, muß notwendig ein rein Individuelles sein. Alle Wirklichkeit ist individuell und beweist sich unmittelbar als solche im Denken.

Man wirft ein: „Ist solche Moral nicht nur ein verkehrter Egoismus?" Ich antworte: Von Egoismus kann nicht gut da die Rede sein, wo Moral ihr Motiv in der Einsicht hat, daß überhaupt kein Ego als ein mit sich selber Identisches da ist. Es ist sehr wohl denkbar, daß jemand selbstlos ist aus Selbstsucht, aber jede Möglichkeit zu einem derartigen Paradoxen fällt fort gegenüber der buddhistischen Erkennenshöhe. Selbstlosigkeit dient hier nicht einem Zweck, sondern ist nichts als sie selber: das Fahrenlassen aller selbstischen Regungen. Man läßt sie fahren, weil sie entwertet sind. Sie sind entwertet durch die neue Einsicht.

Indessen diesem strengen, moralischen Individualismus gegenüber erhebt sich ein Einwurf, der unser ganzes System über den Haufen zu werfen droht: das Mitleid.

Mitleid ist eine Grundtatsache des moralischen Lebens. Das ist nicht bestreitbar. Mit gewissem Recht nennt Schopenhauer sie das Urphänomen der Ethik. Und Mitleid erscheint durchaus als ein generelles Moment innerhalb des moralischen Lebens. Selbstlosigkeit, die im buddhistischen Denken streng im Individuum selber ruhen bleibt, scheint im Mitleid über die individuellen Grenzen gewaltsam hinausgedrängt zu werden und die Lehre vom Individuellen als Moral illusorisch zu machen. Die Tatsache Mitleid scheint die natürliche Bestätigung für den Altruismus zu sein, wohingegen doch aus dem buddhistischen Erkennensvorgange nichts weiter sich ergibt, als ein möglichst restloses Aufgeben alles Egoismus.

Auch die Geburtsgeschichten des Buddha, die Jatakas scheinen dem zu widersprechen und einen bis zur Spitze getriebenen Altruismus zu lehren. Aber es wäre nicht richtig, wollte man die Entsagungstaten des Buddha, wie sie aus seinen früheren Daseinsformen berichtet werden, in diesem Sinne auffassen. Sie mögen den altruistischen Charakter angenommen haben im Mahayana. Im ursprünglichen Buddhismus sind sie nichts als das restlose, rücksichtslose Fahrenlassen aller egoistischen Regungen. Nicht mit dem Mitleid, einem Gefühlswert, sondern mit dem Verlangen nach Leidensfreiheit, hier ein Erkennenswert, setzt der ganze Buddhismus ein. Alle Moral im ursprünglichen Buddhismus beschränkt sich durchaus auf Fahrenlassen des Egoismus. Wie läßt aber diese Richtung nach innen zu sich mit der Tatsache Mitleid in Einklang bringen?

Was ist Mitleid? Schopenhauers Ausspruch, demnach es „das große Mysterium der Ethik" ist, hat heute noch seine volle Gültigkeit, und wird sie haben, solange man sich nicht entschließt, von Grund auf umzudenken und Leben als das zu nehmen, was es ist.

Die alten brahmanischen Weisen, ja jeder Pantheismus kann Mitleid mühelos aus seinem Tat tvam asi, aus der wesenhaften Identität zwischen Ich und Du herleiten, aber unglücklicherweise macht die Wirklichkeit jede Identität unmöglich. Sie zeigt sich selber restlos als ein flammenartiges Werden, in welchem jeder Moment einen neuen Wirkungswert darstellt. Das Lebewesen ist ganz und gar Wirken, Kraftform.

In dieser Einsicht ergibt sich eine ungezwungene Deutung für diese, bei der egoistischen Natur des Menschen unbegreifliche Tatsache. Das ganze Phänomen Mitleid läuft, kurz gesagt, auf ein psychisches Gegenstück zur physischen Grundtatsache der Konsonanz hinaus.

Ich bin Kraftform, das „Du" ist Kraftform. Kräfte wirken aufeinander unmittelbar auf Grund gegenseitiger Abgestimmtheit, physikalisch gesprochen: indem eine die andere in Mitschwingung versetzt, genau wie eine schwingende Stimmgabel eine andere auf sie abgestimmte in Mitschwingungen versetzt. Mit dem Stein verbindet mich kein Mitleid; mit der Blume nur ausnahmsweise, und dann meist in Fällen, denen etwas Pathologisches anhaftet. Erst mit der höheren Tierwelt, insonderheit mit unseren Haustieren, setzt Mitleid ein, zum Beweis, daß, wie jede Kraft, so auch die Ich-Kraft, eine gewisse Amplitude der Abgestimmtheit hat. Eine Stimmgabel braucht nicht immer absolut genau auf die andere abgestimmt zu sein, um sie zum Mitschwingen zu veranlassen. Sie wird mitschwingen auch bei einem gewissen Unterschied in der Schwingungszahl, nach oben oder nach unten, wenn dieser Unterschied nur nicht eine gewisse Grenze überschreitet. Genau das gleiche gilt für die moralische Konsonanz, das Mitleid. Die Möglichkeit für Mitleid geht ein gewisses Stück die Stufenleiter der Wesen hinunter; nur darf es eine gewisse Grenze der Verschiedenartigkeit nicht überschreiten. Wo diese Grenze liegt? Das läßt sich nicht sagen, so wenig wie es sich bei irgendeinem dynamischen Phänomen sagen läßt. Der Schein der brennenden Kerze hat eine Grenze, aber diese läßt sich nicht zahlenmäßig bestimmen. Als einzige Grenzbestimmung bleibt das, was im letzten Grunde allein für die Werte der Wirklichkeit geltend bleibt: Sie reichen so weit, wie sie wirken. Und das läßt sich nicht messen und vorherbestimmen, sondern nur immer wieder neu erfahren, erleben.

So gestaltet sich das Mysterium des Mitleids, von der Höhe des Buddha-Gedankens aus.

Ich kann nicht verlangen, daß diese Erklärung als „die Wahrheit" genommen wird. Ich will nichts als zeigen, daß die Buddha-Lehre das ermöglicht, was andere Lehren nicht ermöglichen: Mitleid zu deuten, sozusagen zu lesen, als eine Form der aus der Physik her wohlbekannten Mitschwingung auf Grund eigenartiger Abgestimmtheit.

Nun sagt mancher freilich: „So deute ich das Mitleid auch." Aber seine Deutung ist eine bloß gefühlsmäßige. Verstandesmäßig wird sie erst da, wo Kraft als etwas begriffen wird, das mitschwingen kann. Das aber ist verständlich nicht bei einer Kraft an sich — wie sollte die das Vermögen des Mitschwingens haben —, auch nicht bei rein mechanischer Lebensauffassung, sondern nur bei einer wirklichen Kraft, d. h. einer Kraft, die immer wieder neu aus ihren Vorbedingungen aufspringt und als solche ein Schwingungs- und Spannungszustand selber ist. Die Tatsache Mitleid wird begreifbar nur aus der Kraftlehre des Buddha heraus.

Im geistigen Leben gilt ausnahmslos der Satz: Je wirklicher ein Gedanke, um so mehr Einzelerscheinungen muß er umfassen und begreifen lehren. Der Buddha-Gedanke ist jenes Einzigartige, in welchem Physisches und Psychisches einheitlich sich begreifen lassen, und beweist er dadurch auch dem

Denker nichts weiter, so beweist er doch seinen höchsten Wirklichkeitsgehalt.

Ich fasse abschließend zusammen:

Moral ist wirklich nur, wo sie eine Funktion des Erkennens ist, d. h. wo ihr Motiv weder ein Glaubensakt (der Wille Gottes) noch ein Gefühlswert, sondern ein wirklicher Erkennensvorgang ist. Nur in diesem Falle wird Motiv zu dem, was der Name sagt: ein Beweggrund, ein Bewegendes. Ein Motiv ist wirklich nur, wo es einen Erkennensvorgang darstellt und als solches ganz in das Individuum zu liegen kommt, wo es dann die Richtungsänderung nicht erst als eine Folge herbeizuführen braucht, sondern schon der immer wieder neue Einsatz zu einer solchen ist, der nichts bedarf als der nötigen Pflege, um zur Frucht auszuwachsen.

Solch ein Motiv gibt allein der Buddha-Gedanke. Er lehrt mich, mich so zu begreifen, daß dieser Erkennensakt selber Motiv der Moral wird, welche letztere hier in jener Selbstzucht besteht, die zur gedeihlichen Regelung des Verkehrs zwischen Mensch und Mensch allein genügt. Nicht „Gutes tun", sondern „Schlechtes lassen" ist das Leitmotiv aller künftigen Moral. Würde das letztere befolgt, läge zum ersteren kaum noch ein Grund vor.

So sage ich es denn mit voller Überlegung:

Eine wirkliche Moral wird der Menschheit nicht eher zuteil werden, ehe nicht die Lehre von der Wiedergeburt nach dem Wirken, das heißt, die Kraftlehre des Buddha, Allgemeingut geworden ist. Alle anderen Versuche der Moralisierung der Menschen bleiben ein Flicken an Symptomen. Man schöpft das Wasser aus dem sinkenden Boot und stopft das Leck nicht. Der Anruf an Gefühle und Ideale ist nutzlos. Grundwert des Menschtums ist das Denken, und jede wirkliche Änderung kann nur vom Denken ausgehen. Man klagt über den ständig fortschreitenden Verfall der Moral, ich glaube mit Recht. Aber lernt begreifen, was Wirklichkeit ist! Wagt es, umzudenken von Grund aus, rücksichtslos gegen alte Ideale, und aus den im Denken beweglich gewordenen Lebenswerten wird sich eine Weltanschauung erheben, in welcher Moral kein überzähliger und lästiger Gast mehr ist, sondern ein notwendiges Glied, das vom Ganzen abhängt, wie das Ganze von ihm.

Einige Vorzüge buddhistischer Moral

Der erste Vorzug gegenüber der christlichen Moral ist der, daß nicht nur der dogmatische Begriff der Erbsünde, sondern der Begriff der Sünde überhaupt, fortfällt. Er geht auf in dem alles umfassenden Begriff des Nichtwissens, der Torheit. Ein Pali-Wort, was unseren christlichen Begriff der Sünde wiedergibt, existiert meines Wissens überhaupt nicht. Das gebräuchliche Pali-Wort für Sünde bedeutet wörtlich nichts als „das, was gemieden werden muß". Das ist alles. Der ganze Begriff bleibt im Subjekt liegen und streckt seine Fäden nicht in irgendeinen Allgemeinbegriff sozialer oder transzendenter Art.

Statt der Erbsünde steht hier die mit der Tatsache „Dasein" gegebene Tendenz da. Im Großen Malunkya-Sutta (Majjhima-Nikaya 64) gibt der Schüler Malunkyaputta auf die Frage des Buddha nach den fünf Grundfesseln des Menschen die Antwort: „Der Glaube an eine eigene Persönlichkeit, der Zweifel, das Vertrauen auf Zeremonien und asketische Übungen, die Lustbegier und das Übelwollen, das sind die fünf Grundfesseln." Der Buddha erwidert: „Woher hast du denn das, Malunkyaputta, daß die fünf Grundfesseln von mir so gezeigt worden wären? Könnten dich da nicht die Pilger und Asketen anderer Schulen mit dem bekannten Gleichnis vom Säugling schlagen. Ein junges Kind ist sich selber nicht einmal Persönlichkeit; woher sollte denn dem der Glaube an eigene Persönlichkeit kommen? Für ein junges Kind sind die Dinge überhaupt nicht da; woher sollte ihm denn der Zweifel an den Dingen kommen? Für ihn sind Zeremonien überhaupt nicht da; woher sollte ihm denn bei den Zeremonien das Vertrauen in sie kommen? Für ihn sind Begierden überhaupt nicht da; woher sollte ihn denn bei den Begierden die Lustgier überkommen? Aber er hat die Tendenz zum Glauben an eigene Persönlichkeit. Er hat die Tendenz zum Zweifel, zum Vertrauen auf Zeremonien, zur Lustgier, zum Übelwollen." Seine üblen Neigungen sind sein eigenes Erbtum.

Man wirft ein: „Kommt denn das nicht praktisch auf das

gleiche hinaus wie eine Erbsünde? Ob üble Neigungen von Adam herstammen, ob sie vom Individuum selber stammen, das dürfte in der Praxis kaum einen Unterschied machen."
Aber das wäre ein sehr irriger Einwurf. Erbsünde, von Adam stammend, ist Sünde an sich, ein Ding, was so viel Sinn hat, wie etwa für den Physiker der Begriff „Wärme" als ein an sich Bestehendes, als Dauerform haben würde. Wie Wärme nur da sein kann, wo sie immer wieder frisch aufspringt, so kann Sünde nur sein, wo gesündigt wird. Das aber ist stets ein rein persönlicher Vorgang, am Individuum hängend. Sündigen ist ja auch nur eine Form des Essens. Das, was der Buddha in der oben angeführten Lehrrede die „Tendenz" des Individuums nennt, das ist ein aus seinen individuellen Vorbedingungen beständig neu Aufspringendes, und als solches etwas, das in jedem Augenblick eine Richtungsänderung erfahren kann, sobald das Motiv einsetzt. Die tiefsinnige Frage „Ist der Mensch gut oder schlecht?" beantwortet sich somit dahin: Er ist überhaupt nicht, sondern er wird in jedem Moment, und zwar entweder besser oder schlechter oder dasselbe, welches letztere nicht einem Stillstand, sondern einer Fortbewegung in gerader Linie entsprechen würde. Charakter ist keine konstante Größe, sondern das immer wieder neue Ergebnis aus inneren Vorbedingungen und äußeren Umständen — ein Ergebnis, das praktisch wohl mal eine gewisse Konstanz zeigen kann, bei dem man aber immer auf plötzliche Schwankungen gefaßt sein muß. Wo bleibt der Charakter bei einer Katastrophe! Die scheinbare Konstanz wird hier gewaltsam unterbrochen durch die äußeren Umstände.

Hier eröffnet sich der zweite Vorzug und eine der schönsten und anziehendsten Seiten buddhistischer Auffassung: Potentiell ist jedes Wesen in jedem Moment beeinflußbar, und völlig beeinflußbar bis zur Willenswendung. Verderbtheit an sich gibt es hier nicht. Güte an sich gibt es hier nicht. Nichts ist da, als ein beständiges Werden, als ein unterbrechungsloses Neu-Ansetzen. Der Schlechteste kann plötzlich ein Motiv erfahren, und der nächste „Ansatz" zeigt schon eine unendlich kleine Änderung zum Besseren. Der Beste kann plötzlich ein Motiv erfahren, und der nächste „Ansatz" zeigt schon eine unendlich kleine Abschwenkung zum Schlechteren! Du Guter! Sei wachsam! Du bist nicht gut, sondern du bist es nur, wenn du es bleibst. Gut sein will in jedem Augenblick neu erworben werden, sonst entgleitet es vielleicht. Was du ererbt von dir selber hast, erwirb es täglich, stündlich, um es zu besitzen. Und du Schlechter! Verzweifle nie! Du bist nicht schlecht! Du bist es nur, solange du es bleibst. Du bleibst es nur, solange du es willst, und du willst es nur, solange du die Motive zum Besserwerden nicht erkennst, solange du nicht eingesehen hast „Gut sein ist besser als schlecht sein! Es lohnt besser!"

Im Anguttara-Nikaya (II, 8) heißt es: „Unter gewissen Anzeichen, o Mönche, kommen böse und schlechte Dinge zustande, nicht anzeichenlos. Und damit, daß man diese Anzeichen zum Schwinden bringt, macht man, daß diese bösen und schlechten Dinge nicht mehr da sind."

Das Wort unseres großen Dichters und Denkers „Der Mensch allein vermag das Unmögliche", das als bloße Poesie gleich einem leeren Paradoxon über der Wirklichkeit schwebt — hier füllt es sich, füllt sich bis zum Überlaufen: Es ist diese Meisterung des Wollens durch das Denken. Denn was ist schließlich das Größte, was der Mensch, das Denk-Wesen, erleben kann? Ich sage, es ist das Erlebnis der eigenen Meisterung; das Erlebnis der Willenswendung. Das ist das größte Schauspiel hier. Das ist es, was der Denkende Welteroberung nennt. „Wodurch, Herr, leitet sich die Welt?" fragt ein Mönch. — „Durch das Denken, Mönch, leitet sich die Welt", antwortet der Buddha (Anguttara-Nikaya IV, 186).

„Wer wird diese Erde erobern sich,
Todeswelt auch mit samt der Götterwelt?"

so setzt das „Blütenkapitel" des Dhammapada ein, und zurück tönt die stolze Antwort:

„Ernsthaft Übender wird sie erobern sich,
Todeswelt auch mit samt der Götterwelt."

Im Sallekhasutta heißt es schön und einfach: „Gleichwie, o Cunda, wenn da ein unebener Weg wäre, und da wäre ein anderer, ebener Weg, um darum herumzukommen; gleichwie wenn da ein unebener Steg wäre, und da wäre ein anderer ebener Steg, um darum herumzukommen, ebenso ist für den gewalttätigen Menschen die Milde da zum Darumherumkommen; für den Menschen, der Leben nimmt, ist das Enthalten da zum Darumherumkommen. Für den, der Nichtgegebenes nimmt, der unkeusch lebt, der falsche Rede führt (usw., folgt die oben bereits aufgeführte Reihe der schlechten Eigenschaften), ist das Gegenteil von allem diesem da, um darum herumzukommen." Das, was wir bei der Kraftlehre des Buddha die Verbeweglichung aller Werte nannten, ist hier ins Moralische übertragen, und zeigt die Vorzüge und Nachteile dieser inneren Beweglichkeit. Weil der menschliche Geist unbegrenzt beeinflußbar ist, deswegen tut der ernsthaft Kämpfende besser, Versuchungen zu meiden, statt ihnen in seinem Kraftgefühl zu trotzen. „Der Erhabene hat gelehrt: Der Geist ist wankelmütig."

Im Anguttara-Nikaya I, 1 heißt es: „Der Geist, wenn recht entwickelt, ist hämmerbar". Er ist hämmerbarer als das feinste Gold und daher das Gefäß aller Möglichkeiten und Hoffnungen. Freilich, wie die Hämmerbarkeit des Goldes ihre Grenze hat, so hat auch wohl die Hämmerarbeit des Menschen-Geistes ihre Grenze.

Kesi, der Rossebändiger, kommt zum Buddha. Der fragt ihn:

„Du bist wohl bekannt als Rossebändiger. Wie ist es nun, Kesi, daß du ein Roß bändigst?" — „Ich bändige es, Herr, sowohl mit Milde, als mit Strenge, als mit Milde und Strenge."
— „Wenn nun das Roß mit Milde deiner Zucht nicht folgt, mit Strenge deiner Zucht nicht folgt und auch mit Milde und Strenge deiner Zucht nicht folgt, was machst du dann?" — „Wenn, o Herr, das Roß auf alle drei Weisen der Zucht nicht folgt, dann töte ich es. Warum? Damit nicht die Meisterschaft in schlechten Ruf kommt. Der Erhabene aber ist der unübertreffliche Menschenbändiger. Wie nun bändigt der Erhabene das Menschenwesen?" — „Ich bändige es durch Milde, ich bändige es durch Strenge, ich bändige es durch Milde und Strenge. Und so ist es, daß ich in Milde bändige: ‚So ist ein guter Wandel in Taten und so seine Frucht. So ist ein guter Wandel in Worten und so seine Frucht. So ist ein guter Wandel in Gedanken und so seine Frucht. So sind da Götter. So sind da Menschen.' Und so ist es, daß ich in Strenge bändige:

‚So ist ein schlechter Wandel in Taten und so seine Frucht. So ist ein schlechter Wandel in Worten und so seine Frucht. So ist ein schlechter Wandel in Gedanken und so seine Frucht. So ist da Hölle, so ist da tierischer Schoß, so ist da Gespensterreich.' So ist es, daß ich in Milde und Strenge bändige: So ist guter Wandel in Taten (Worten, Gedanken) und so seine Frucht, so schlechter Wandel in Taten (Worten, Gedanken) und so seine Frucht. So sind da Götter, so sind da Menschen, so ist da Hölle, so ist da tierischer Schoß, so ist da Gespensterreich." — „Wenn nun aber das Menschenwesen mit Milde der Zucht nicht folgt, mit Strenge, mit Milde und Strenge der Zucht nicht folgt, was macht dann der Erhabene?" — „Dann töte ich es!" — „Sicherlich nicht wird sich der Erhabene zum Töten entschließen und doch sagt jetzt der Erhabene: ‚Ich töte es!'" — „Es ist wahr, Kesi, der Erhabene entschließt sich freilich nicht zum Töten. Wenn aber dieses Menschenwesen der Bändigung in Milde, in Strenge, in Milde und Strenge nicht folgt, so hält der Tathagata dafür, daß es nicht weiter anzureden und zu unterweisen ist. Und auch einsichtsvolle Ordensbrüder halten dafür, daß es nicht weiter anzureden und zu unterweisen ist. Tot aber, Kesi, ist in der Zucht der Edlen der, von welchem der Tathagata sowohl, wie einsichtsvolle Ordensbrüder dafür halten, daß er nicht weiter anzureden und zu unterweisen sei."

Er ist tot, nicht weil schlecht an sich, sondern weil er geistig nicht genügend entwickelt ist, um den Gedanken der eigenen, wahren Wohlfahrt zu verstehen. Ebenso wie man bei geistig unentwickelten Menschen sich vergeblich bemühen wird, sie dahin zu bringen, den eigenen beschränkten Vorteil aufzugeben, um ihn im Vorteil des Ganzen um so sicherer wiederzufinden, ebenso wird man bei geistig unentwickelten Menschen sich vergeblich bemühen, sie dahin zu bringen, den beschränkten Vorteil dieses einen Lebens, dieses infinitesimalen Ausschnittchens der Reihe, aufzugeben, um ihn in der neuen Richtungslinie der ganzen Reihe wiederzufinden. In solchem Falle kann man eben nichts weiter tun als schweigen und warten.

Wir werden auf diesen Gegenstand im „Problem der Willensfreiheit" zurückzukommen haben.

Der buddhistische Standpunkt hat aber noch einen weiteren Vorzug: Es ist die ungemilderte Selbstverantwortlichkeit. Man könnte den Buddhismus mit vollem Recht die Religion der Selbstverantwortlichkeit nennen. In jenem feinsten Züngtein, dem Gewissen, das, wenn es durch unzweckmäßige Behandlung nicht verrostet und verroht ist, feiner arbeitet als das Zünglein an der feinsten Wage, gibt das Wesen sich selber den Beweis, daß es ein selbstverantwortliches ist. So soll es auch den Mut haben, diese Selbstverantwortlichkeit von sich selber anzunehmen und nicht aus den Händen einer höheren Macht, die den ganzen Begriff für immer illusorisch macht. Ein einziger Ausspruch wie der Jesu in Matthäus 25: „Gehet hin, ihr Gesegneten meines Vaters, erbet das Reich, das für euch bereit ist seit der Schöpfung der Welt", oder gar das Wort im Evangelium Johannis (Kap. 9), wo es von dem Blindgeborenen heißt: „Weder er hat gesündigt, noch seine Eltern, sondern (er ist blind geboren), damit die Worte Gottes an ihm offenbar werden", muß das Vertrauen in eine reine, ehrliche Selbstverantwortlichkeit aufs Ernsthafteste erschüttern. Schließlich bleibt ja der Christ seinem Gott gegenüber stets in der bekannten Lage des etwas leichtlebigen Sohnes eines reichen Vaters. Drohen die Schulden gefährlich zu werden, so weiß er, der Vater springt zu. Dieser Sohn wird nie zu jenem self-made man, der da von vornherein weiß: „Was ich bin, bin ich aus mir selber. Was ich werde, muß ich aus mir selber werden."

Vier Dinge, lehrt der Buddha, sind unmöglich: Daß, was dem Altern unterworfen ist, nicht altere. Daß, was der Krankheit unterworfen ist, nicht kranke. Daß, was dem Sterben unterworfen ist, nicht sterbe. Und endlich, daß die Frucht böser Taten nicht reife." So etwas gibt es eben nicht, weil es nicht wirklich ist. Was kann die Wirklichkeit dafür, daß sie so ist, wie sie ist; daß sie durchaus nichts ist als dieses erbarmungslose, gesetzmäßige Werden von Moment zu Moment?

Im „Schuldkapitel" des Dhammapada heißt es:

„Nicht in des Äthers Weiten, nicht in Meeres-Mitten,
Nicht in der Berge Höhlen dich verkriechend,

Nicht gibt es einen Fußpunkt auf der Erde,
Wo fußend man entrönne üblem Wirken."

und als Erläuterung für den, der den Tod kennt, und was er bedeutet, die nächste Strophe:

„Nicht in des Äthers Weiten, nicht in Meeres-Mitten,
Nicht in der Berge Höhlen dich verkriechend,
Nicht gibt es einen Fußpunkt auf der Erde,
Wo fußend nicht der Tod dich überwältigt."

Sterben müssen, das heißt für den Versteher Selbstverantwortlichkeit. Tod ist ja der große Moment, wo das Wirken eines ganzen Lebens sich selber „richtet". Gäbe es keinen Tod, so gäbe es keine Selbstverantwortlichkeit. Da es aber kein Leben ohne Tod gibt — denn Leben muß ja durch Sterben erst erkauft werden — so gibt es eben Selbstverantwortlichkeit. Und weil es sie gibt, so muß der Verständige ihr folgen. Wie der Adler im Käfig nicht fliegen kann — er muß ausholen können, ebenso kann Moral nicht walten, solange sie im Käfig dieses einen Lebens gefangen wird. Sie muß ausholen können weit über dieses Leben hinaus, um zu dem zu werden, was sie in Wahrheit ist: Die Wissenschaft vom Sterben in angewandter Form. Wer da weiß, was Sterben ist, der weiß, was Selbstverantwortlichkeit ist. Wer da weiß, was Selbstverantwortlichkeit ist, der fügt sich still.

„Andere freilich, die wissen nicht:
Wir auch müssen ja sterben einst.
Wenn sie es aber wissen so,
Dann beruhigt sich aller Groll."

(Dhammapada 6.)

Auf die Frage: „Was ist das Kennzeichen des Toren?" erfolgt stets die Antwort: „Schlechter Wandel in Taten, schlechter Wandel in Worten, schlechter Wandel in Gedanken." „Wer hat sich selber lieb? Wer hat sich selber nicht lieb?" wird gefragt, und die Antwort lautet: „Die in Taten, Worten, Gedanken schlecht wirken, die haben sich selber nicht lieb. Und die in Taten, Worten, Gedanken gut wirken, die haben sich selber lieb." Im Balapanditasutta (Sutta vom Toren und Weisen) werden die Worte Tor und Schlechter Mensch als gleichbedeutend gesetzt. Im gleichen Sutta wird der leichtfertige Wurf des Würfelspielers, mit dem er Weib und Kind und sich selber verspielt, als unbedeutend angesehen gegenüber der Leichtfertigkeit schlechten Wandels. Denn hat man seinen jetzigen hohen Zustand klaren Bewußtseins sich verscherzt, ist man in Lebensformen neu aufgetaucht, in denen Bewußtsein nur dämmerig wirkt, so mag es schwer und schwerer werden, zum klaren Entschluß einer Richtungsänderung, zum Lassen des Schlechten zu kommen. Was jetzt in diesem einzigartigen Zustand vollen Bewußtseins in des Menschen Macht steht, sich immer höher zu heben, immer selbstloser zu werden — das ist in niederem Zustand dahin. Dort verfällt man den dumpfen Trieben drängender Natur. Dort ist man kein Schwimmer mehr, der rüstig die Wogen durchschneidet dem Ufer zu, sondern ein Block, der warten muß, bis eine Welle ihn ans Land spült.

Daher heißt es, seine Zeit ausnutzen, weil es hell ist, weil Bewußtsein leuchtet und mir das ganze Dunkel des Getriebes erleuchtet.

Im Devadutasutta, dem Götterboten-Sutta, fragt der Totenwächter den Menschen: „Lieber Mensch, hast du nicht die Götterboten gesehen? Den Säugling, der in seinem eigenen Unrat daliegt? Den Greis, am Stab einherschleichend? Den Schwerkranken, der von anderen bedient werden muß? Den Übeltäter, den seine Strafe von der Obrigkeit trifft? Den Leichnam in Verwesungszustand? Hast du dabei nicht bedacht: ‚Auch ich bin dem allem unterworfen. Auch ich habe das noch nicht hinter mich gebracht. So will ich doch wahrlich das Gute wirken in Taten, Worten, Gedanken!' Aus Lässigkeit, guter Mann, hast du das Gute nicht getan. Und wahrlich, wie es deiner Lässigkeit entspricht, so wird dir geschehen. Dieses dein böses Wirken hat ja nicht die Mutter getan, hat nicht der Vater getan, hat nicht Bruder oder Schwester, haben nicht Freunde oder Verwandte getan, haben nicht die Priester und nicht die Götter getan. Dein eigenes ist dieses böse Wirken, und du selber wirst die Frucht davon empfinden."

Im Dhammapada (v. 165) heißt es:

„Durch das Selbst wird die Schuld getan,
Durch das Selbst sie gebüßet wird,
Durch das Selbst bleibt sie ungetan,
Durch das Selbst kommt die Reinigung.
Rein, unrein, ich bin's nur durch mich.
Nicht reinigt einer anderen."

„Ist dieses, wird jenes — ist dieses nicht, wird jenes nicht", dieser Satz, der den Buddhismus erkenntnistheoretisch kennzeichnet, kennzeichnet ihn auch moralisch. Geschieht die Tat, ergibt sich die Folge; unterbleibt die Tat, unterbleibt die Folge. Das ist eben so das Gesetz der Wirklichkeit.

Man stelle derartige Anschauungen der Lehre von der Vergebung der Sünden in Jesu Christo gegenüber, und man kann nicht zweifelhaft sein, welche Moral hier die menschlichere ist, weil mit den Tatsachen der Wirklichkeit und somit der menschlichen Fassungskraft übereinstimmend: Nicht an luftigen Idealen hängen Menschtum und Menschenwürde, sondern an Wahrheit und Wirklichkeit. Und so behaupte ich denn, daß eine wahre Menschenmoral ohne das Bewußtsein ungemilderter Selbstverantwortlichkeit nicht möglich ist. Meiner Überzeugung nach liegt die Gefahr christlicher Moral darin, daß sie der Selbstverantwortlichkeit die Spitze abbricht, gerade dadurch, daß man diese Selbstverantwortlichkeit durch Mittel der Logik zu beweisen sucht, nachdem man sie durch den gedanklichen Einsatzpunkt unmöglich gemacht hat. Und wenn schon durch nichts anderes, so würde der Buddhismus allein durch dieses Bewußtsein nüchterner, klarer Selbstverantwortlichkeit, das er ausbildet, sich als die wahre Menschenreligion beweisen. Der gesunde Erwachsene erträgt nicht nur Selbstverantwortlichkeit — er verlangt sie. Wäre der Mensch als Gläubiger nicht so sehr am christlichen Sühnedogma interessiert, als Mann würde er aus mehr als einem Grunde geneigt sein, es abzuweisen.

Außerdem aber behaupte ich, daß die Verantwortlichkeit vor Gott wohl nicht die moralischen Garantien bietet wie die Einsicht in die Selbstverantwortlichkeit. Mir scheint, daß hier mit dem Christentum ein starker Kulturrückschritt eingesetzt hat. Die Tendenz der alten Philosophen war es, den Menschen geistig frei zu machen. Die Tendenz des Christentums war und ist es, ihn immer abhängiger zu machen. Das abschließende Gedankenglied war hier die Auffassung des Todes als einer Strafe. Damit, daß nicht einmal mehr das Sterben ein Akt der Naturgesetzlichkeit blieb, war der Mensch sozusagen mit Haut und Haar der höheren Macht verfallen, und alle seine Verantwortlichkeit ging einzig auf diese Macht. Nun ist aber die Verlegung der Verantwortlichkeit an einen transzendenten Ort ein gewagtes Ding. Es kompliziert die Frage ungeheuer. Man arbeitet nicht mehr nach dem Gesetz der kleinsten Wirkung. Man macht Umwege, und damit eröffnen sich Deutungsmöglichkeiten, Auswege, welche die Frage nach der moralischen Schuld mehr zu einem juristischen, als zu einem unmittelbaren Gewissensfall machen. Die Geschichte gibt hier Beispiele, die ebenso merkwürdig wie betrübend sind. Das alles fällt im Buddhismus fort. Die Verantwortlichkeit bleibt im Subjekt liegen, man arbeitet nach dem Gesetz der kleinsten Wirkung und genießt die Vorzüge dieses Verfahrens.

Der christliche Gläubige wirft ein: „Dieser Vorzug ist jedenfalls schwer erkauft; denn er kostet euch jene Liebe, die alles zu verzeihen imstande ist. Es bleibt nichts als ein kühles Spiel von Erwägungen, bei dem der Einzelne vor allem sorgfältig darauf achtet, daß sein eigenes Gleichgewicht nicht ins Wanken gerät."

Darauf wäre zu erwidern:

Die vergebende Liebe Gottes dem Menschen gegenüber bleibt da, wo sie wirkt, im letzten Grunde doch ein Vorgang, der sich gänzlich innerhalb des Individuums abspielt. Es hat jemand etwas getan, wovon sein Gewissen ihm sagt, daß es böse ist, und in einer Art innerer Erregung, in einer Art beschleunigten, sozusagen explosiven moralischen Wachstums wächst er aus dieser Stimmung heraus, im Gebet. Daß die Gott-Idee dabei als Entlader dient, das soll gewiß nicht abgesprochen werden, und insofern erfüllt sie eine wichtige Funktion. Es fragt sich nur, ist dieser Weg der Entladung der dem Menschen zuträglichste? Historische Beispiele lassen das bezweifeln. Daß König David nach seinen diversen Sündenfällen immer wieder die Gott-Idee hatte, die ihm erlaubte, im Gebet die seinem Gewissen geschlagene Kerbe schneller auszuwachsen, war für ihn persönlich sicher von höchster Annehmlichkeit. Aber meines Bedünkens wäre es von wesentlich höherem Wert für ihn gewesen, wenn er die volle Selbstverantwortlichkeit des Menschen eingesehen hätte. Er hätte dann wohl seinen Uriasbrief nicht geschrieben, und die betreffenden Bußlieder nicht zu singen brauchen, und er hätte der Nachwelt ein wenig weniger Poesie und ein gut Teil mehr Moral hinterlassen. Und ohne Poesie kann die Welt wohl leben, sie kann aber nicht leben ohne Moral.

Was anderseits die vergebende Liebe zwischen Mensch und Mensch betrifft, so ist sie nirgends so groß wie im Buddhismus. Nur darf man in ihr nicht die aktive, in Taten sich äußernde Liebe erwarten, die der Christ so hochschätzt.

Im Paare-Kapitel des Dhammapada heißt es:

„Wahrlich, nicht durch Haß kommt Hassen,
Hier zur Stillung irgend je.
Durch Nicht-Hassen stillt der Haß sich,
Das ist ewiges Gesetz."

Es ist hier wieder das Gesetz der kleinsten Wirkung. Nicht-Haß genügt, um alles zu erreichen, was dem anderen gegenüber erreicht werden kann. Wenn das nun freilich auch wie ein bloßes Negativum aussieht, so ist doch gerade dieses die reine, selbstlose Liebe. Wie der blaue Himmel nicht dadurch zu schaffen ist, daß man ihm eine Farbe antut, sondern einfach dadurch, daß die Wolken schwinden, ebenso ist wahre Liebe nicht dadurch zu schaffen, daß man dem anderen etwas Gutes antut, sondern einfach dadurch, daß alles Übelwollen, aller Haß schwindet. Erst dann ist jene Liebe da, die frei ist von allem Eigensüchtigen, frei von jeder Neigung, den Gegenstand der Liebe zu besitzen, ja ihn zu vergewaltigen.

Dieses milde Wohlwollen allem Menschlichen, ja allem Lebenden gegenüber hat, wie alles im Buddhismus, seine stereotype Formel erhalten in den sog. Brahmaviharas.

Auch sie zeigen die unbarmherzige Verarbeitung, welche die brahmanischen Ideale in der Wirklichkeitslehre des Buddha sich gefallen lassen mußten.

Dem Gott- und Ruhe-süchtigen Denken des Brahmanismus

hatte das Brahma, das Leuchtende, Lichte, Helle, Heilige sich niedergeschlagen zum göttlichen Prinzip. Aber wie es überall geht, wenn das Denken die Wirklichkeit überschritten hat: Die Not ist da! wie nun zur Verbindung mit diesem transzendenten Prinzip kommen? Nach allem, was sich aus den Lehrreden ersehen läßt, scheint das der springende Punkt brahmanischen Denkens zur Zeit des Buddha gewesen zu sein. Manchen Brahmanen, manchen aufrichtigen Forscher und Sucher trieb diese Hoffnung hinaus in die Einsiedeleien des Buddha. „Herr Gotama! Ich habe gehört, der Samana Gotama kennt den Weg, der zur Gemeinschaft mit Brahma führt." Worauf dann der Buddha wohl erwidert: „Wie du den Weg zu deinem Heimatdorf kennst, so kenne ich den Weg zur Gemeinschaft mit Brahma." Und nun setzt es in erhabener Ruhe, gleich der aufgehenden Sonne ein: „Da erscheint der Tathagata in der Welt, der Vollendete, der vollkommen Erwachte, der mit Wissen und Wandel Begabte, der Willkommene" usw. Der zeigt die Lehre, die im Beginn gut ist, im Fortgang gut ist, am Ende gut ist..... Diese Lehre hört ein Mensch in weltlichem Stande, faßt Vertrauen und begeht die erste große Lassenstat — wird Pilger! Der geht nun jenen Weg der Zucht, der an anderer Stelle schon im einzelnen beschrieben ist. Und eines der Ergebnisse dieser Zucht sind die vier Brahmaviharas, die vier heiligen Wohnstätten: Da faßt ein Mönch mit Liebe-erfülltem Gemüt die ganze Welt, indem er die Überfülle seiner Liebe sozusagen nach allen vier Himmelsrichtungen, nach oben und unten, ausstrahlen läßt, alles Lebende im Denken segnet. Er faßt sie mit Mitleid-erfülltem Gemüt; er faßt sie mit Freude-erfülltem Gemüt; er faßt sie mit Gleichmut-erfülltem Gemüt. Ein Mönch, der so weilt, der ist in Verbindung mit Brahma, mit dem Lichten, dem Heiligen, weil er heil ist von Süchten, heil von Leidenschaften.

Das für „Liebe" hier gebrauchte Pali-Wort ist „metta", jenes gleichmäßig stille, aber starke Wohlwollen für alles Lebende, das wie mildes Mondenlicht sich über die Härten der Dinge legt. Jede sinnliche Beimischung, alles Brünstige ist hier ausgeglüht. Erbarmende Liebe für alles, aber kein Hängen am Einzelnen. Dieses Weilen in Brahma (brahmavihara) entspricht dem Wandel zu Brahma (brahma-cariya), wie er in buddhistischem Gedankengange sich gestaltet hatte. Auf die oben angeführte Stanze vom Hassen und Nicht-Hassen bezieht sich eine Erzählung des Buddha, die er bei Gelegenheit eines Streites in der Mönchschaft den Mönchen als Lehre gibt. Es ist die in buddhistischen Ländern wohlbekannte Geschichte vom jungen Dighavu.

Er war der Sohn König Dighitis von Kosala. Dieser wurde vom mächtigen König Brahmadatta von Kasi (Benares) mutwillig mit Krieg überzogen und aus seinem Reiche vertrieben, so daß er mit Frau und Sohn ein unstetes Wanderleben führen mußte. Schließlich versteckt er sich in der Stadt seines Feindes selber, in Benares, und lebt dort als Asket mit seinem Weibe. Seinen Sohn läßt er vorsichtshalber außerhalb wohnen. Durch einen Zufall wird er entdeckt und samt seinem Weibe zu einem grausamen Tode verurteilt.

Am gleichen Tage geht der junge Dighavu in die Stadt, um seine Eltern zu besuchen. Er trifft sie gerade, wie sie gefesselt, in jammervollem Aufzuge nach dem Richtplatz gebracht werden. Sein Vater sieht ihn von weitem herankommen und ruft ihm zu: „Lieber Dighavu, blick' nicht lang und blick' nicht kurz! Nicht durch Haß kommt Haß zur Ruhe. Durch Nicht-Haß kommt Haß zur Ruhe."

Die Schergen und das umherstehende Volk wissen nicht, zu wem er spricht, weil niemand den Sohn kennt. Aber dieser versteht die Rätselworte des Vaters.

Nachdem sein erster Schmerz über die hingemordeten Eltern gestillt ist, vermietet er sich beim Elefantenwärter des Königs Brahmadatta. Durch seine schöne Stimme und sein Lautenspiel fällt er dem König auf, kommt zu dessen persönlicher Bedienung und wird schließlich der Vertraute seines Herzens. Auf einem Jagdausflug führt er ihn abseits im Walde irre, so daß er sich schließlich ermüdet niederlegt und einschläft, das Haupt in Dighavus Schoß. Da denkt dieser: „Hier, dieser König Brahmadatta hat uns viel Unheil zugefügt, uns alles genommen, mir die Eltern getötet. Der Augenblick der Rache ist da." Als er aber das Schwert lockert, denkt er an seines Vaters Worte und steckt es zurück in die Scheide. Aber wieder schwillt die Rachlust hoch, und wieder erscheint das Schwert. Aber wieder üben seines Vaters Worte ihre Wirkung. Und so zum dritten Mal. Da erwacht Brahmadatta aus bösem Traum, verängstigt: „Mir hat geträumt, jung Dighavu stände über mir mit dem Schwert." Da faßt der mit der Linken des Königs Haupt, mit der Rechten sein Schwert und spricht: „Ich bin der junge Dighavu! Viel Unheil hast du uns zugefügt. Uns alles genommen, mir Vater und Mutter getötet. Die Zeit der Rache ist da!" Da fiel König Brahmadatta ihm zu Füßen und bat um Gnade. Dighavu aber sprach: „Was bittest du um Gnade! An mir ist es, um Gnade zu bitten." So versöhnten sie sich gegenseitig und für immer.

Später aber fragte der König den jungen Dighavu, was denn der Rätselspruch seines Vaters bedeutet habe? Worauf ihm der erwiderte:

„Das ‚Nicht lang' bedeutet: Laß deinen Haß nicht lange währen. Das ‚Nicht kurz' bedeutet: Sei nicht kurz im Bruch mit deinen Freunden. Und daß er sagte: ‚Nicht durch Haß kommt Haß zur Ruhe, durch Nicht-Haß kommt Haß zur Ruhe', das bedeutet dieses: Wenn ich dich, o König, des Lebens berauben würde, dann würden deine Anhänger mich des Lebens berauben. Meine Anhänger wiederum würden diese des Lebens berauben, und so würde Haß durch Haß nie zur Ruhe kommen. Aber nun, wo du, König, mir das Leben geschenkt hast, und ich dir das Leben geschenkt habe, ist Haß durch Nicht-Haß zur Ruhe gekommen."

Es werden hier nicht gerade Gefühlswerte verschwendet und nicht gerade übermäßig viel der bekannten „feurigen Kohlen" gesammelt. Der ganze Vorgang spielt sich verstandesmäßig ab nach dem Gesetz der kleinsten Wirkung. Es geschieht das, was nötig ist, um fernerhin die Beziehungen dieser beiden Menschengruppen gut zu gestalten. Das genügt. Ja, es könnte sein, daß das, was darüber hinausgeht, vom Übel ist.

Nun wirft man ein: „Was nutzen schließlich alle diese Vorzüge. Das, woran es allen Morallehren fehlt, das fehlt ja auch der Buddha-Lehre: nämlich die offenbaren Ungerechtigkeiten innerhalb des Weltgeschehens zu erklären. Weshalb leidet der Tugendhafte, während der Schurke wohllebt? Das kann euer Buddhismus ebensowenig erklären wie irgendeine andere

Lehre. Und solange das so ist, wird es mit der Moral immer schlecht bestellt sein. Denn ein Mensch, der sich bewußt ist, vom Schicksal ungerecht behandelt zu sein, ist nicht geneigt, Moral zu üben, sich in Akten der Selbstlosigkeit zu gefallen. Der Hunger mag für Tiere ein guter Lehrmeister sein, für den Menschen ist er es nicht."

Dieser Einwurf beruht auf einem Mißverständnis. Die Buddha-Lehre gibt ein Gesetz des Lebens. Ein Gesetz aber antwortet nicht auf die Frage „Warum?" sondern nur auf die Frage „Wie?" Das Fallgesetz der Mechanik antwortet nur auf die Frage, wie ein Stein unter gewissen Umständen fallen wird; aber es antwortet nicht auf die Frage, warum der Stein nun gerade sich in diesen Umständen befindet. So antwortet die Buddha-Lehre nur auf die Frage, wie die Vorgänge im Weltgeschehen, auf physischem ebenso wie auf psychisch-moralischem Gebiet, sich abspielen: nämlich nach dem Gesetz von Ursache und Wirkung, Grund und Folge. Aber sie antwortet nicht auf die Frage, warum im einzelnen Falle gerade das geschieht, was geschieht. Dadurch, daß sie nicht erklärt, was der müßige Verstand erklärt haben möchte, wird diese Lehre aber durchaus nicht wertlos. Im Gegenteil! Sie erklärt nicht, aber sie tut mehr als erklären: sie hilft!

Und inwiefern hilft sie?

Sie hilft in zweierlei Weise. Erstens lehrt sie den Einzelnen, von der rein symptomatischen, erscheinungsmäßigen Seite des Lebens zu seiner wirklichen, ursprünglichen Seite sich zu wenden. Denken ist Grundwert des Menschtums. Der Gehalt und Wert eines Lebens bestimmt sich nach dem Denken. Das Denken ist es, was den Symptomen des Lebens erst Sinn und Bedeutung gibt. Daß ich zu Fuß wandere, und der andere im Automobil an mir vorbeisaust, mir nichts als Staub und Gestank hinterlassend, das sagt noch nicht, daß er etwas ist, das berechtigt wäre, mich zur Unzufriedenheit und zu Erwägungen über die moralische Ungerechtigkeit des Weltspiels anzuregen. Es kommt alles darauf an, wie ich im Denken dieser Tatsache gerecht werde. Ein Automobil, eine schöne Frau, ein üppiges Haus, ein blanker Orden, ein Sack voll Taler oder (da das heute nicht mehr genügt) eine Tasche voll Coupons, das sind alles Dinge, die ich habe, was ich aber denke, das bin ich. Denken ist der Nenner der Lebenssumme; die Erscheinungen, unter welchen Leben verläuft, sind nur die Zähler. Es könnte sein, daß der Nenner eines höchst imposanten Zählers den Nullwert hat, und dann ist der Zähler, mag er noch so groß sein, nichts als ein leerer Name, ein Spott oder ein Gegenstand des Mitleides für den Verstehenden.

Das ist das eine, daß der Buddhismus uns lehrt den Wert des Lebens aus den Erscheinungen in das Denken zurückzuverlegen. Denken bestimmt Gehalt und Wert des Lebens. Der Mensch ist, was er denkt, und der Wert des Denkens wiederum bestimmt sich nach seinem Wirklichkeitsgehalt. Das andere aber, das er lehrt, ist folgendes:

Begreife ich mich, jedes Wesen, das ganze wirkliche Weltgeschehen als durch und durch Wirken, so begreife ich auch, daß ich nie und nirgend ganz und allein Wirkung der Verhältnisse sein kann, sondern in gewissem Sinne und bis zu gewissem Grade auch Ursache sein muß. Denn jedes Wirken ist die Einheit von Ursache und Wirkung. Soweit ich aber Ursache bin, habe ich es in meiner Hand, Wirkungen zu formen. „Ist dieses, wird jenes. Ist dieses nicht, wird jenes nicht." Für das, was später in Form meiner Tat mich gesetzlicher Notwendigkeit unterwirft, hat es immer einen Moment gegeben, wo es als freier Entschluß in mir selber geruht hat. Von diesem wichtigsten Moment kann ich vollen Gebrauch machen nur, wenn ich weiß, daß es so ist, und wenn ich mich steter Achtsamkeit befleißige, um diesen Moment nicht ungenutzt vorübergleiten zu lassen. Ich muß sozusagen mir selber gegenüber beständig auf der Lauer liegen, um dieses mein höchstes Vermögen wirklich ausnutzen zu können. Diese Achtsamkeit gegen sich selber hin ist es, welche der Buddhismus in immer neuen Wendungen immer wieder lehrt. Und er lehrt sie, weil er den einzig hohen Wert des Lebens begriffen hat; weil er begriffen hat, daß Leben nicht nur Geschöpf, sondern sich selber gegenüber auch Schöpfer ist. Gnadengaben gibt es hier nicht, braucht es hier nicht zu geben. Stets wache Achtsamkeit, ein ständig gleicher Ernst sind hier die Flügel, die nach oben führen. Menschtum hat alle Gnade, deren es bedarf, in sich selber. Der Mensch muß sie nur da suchen, wo allein er sie finden kann: im eigenen Denken.

Nur hier ist es, wo er jene Freiheit findet, die ihm alles gibt, weil sie ihn alles lassen lehrt.

Ich fasse abschließend zusammen: Was buddhistische Moral von allen anderen Moralen unterscheidet, das ist nicht ihre symptomatische Höhe. Die ist wohl ebenso hoch in der Morallehre des Konfutse, oder im Stoizismus. Die Grundsätze eines Epiktet, eines Mark Aurel können symptomatisch nicht wohl übertroffen werden. Ja, das Christentum geht in Bezug auf Astwerk der Moral, d. h. die Symptome, über den Buddhismus hinaus. Nirgends befiehlt der Buddha, nach dem ersten Backenstreich auch den zweiten Backen hinzuhalten. Also in den Symptomen liegt nicht das, was buddhistische Moral auszeichnet. Es liegt in der Tatsache, daß hier, als einzigster unter allen Morallehren, Moral eine Funktion des Erkennens geworden ist. In der Konfutse-Lehre ist sie Nützlichkeitsmaßregel. Im Stoizismus ist sie dem ganzen System aufgesetzt als schmückende Kuppel. Im Christentum ist sie Ausdruck eines sich selbst überspannenden Gefühls, das als solches wohl in gewissen Momenten möglich und berechtigt ist, aber auf die Dauer in seinem idealen Spannungszustande unerträglich wird. Mit der Nüchternheit des Lebens sind solche Moralvorschriften nicht vereinbar aus dem einfachen Grunde, weil sie nicht notwendig sind, weil sie mutwillig oder doch unbedacht das Gesetz von der kleinsten Wirkung übertreten. Dieses Gesetz im moralischen Leben besagt, daß es genügt, wenn ich dem Hasser keinen Haß zurückgebe, dem Beleidiger keine Beleidigung zurückschleudere. Daß ich ihm für seinen Haß aktive Liebe gebe, ist nicht nötig. Daß ich ihm für seinen Fluch Segen gebe, ist nicht nötig. Mit beidem ergeben sich neue biologische Möglichkeiten, die für den Lieber und Segner unberechenbar sind. Was ist es, was den Buddhisten scheinbar instinktiv nach diesem Gesetz der kleinsten Wirkung arbeiten läßt? Es ist eben diese Eigenschaft seiner Moral, daß sie rein Funktion des Erkennens ist. Damit erhält sie jenen strengen Charakter des Notwendigen, der ihr allein eigen ist. Hier bleibt nichts mehr von Konvenienz, hier bleibt nichts von Sport, nichts von überströmender Liebe — hier bleibt nichts als die naturgesetzliche Notwendigkeit. **Moral als Notwendigkeit**, das ist Stichwort des Buddhismus. Ich muß moralisch handeln, Selbstlosigkeit üben, nicht, weil es mir befohlen wird von einem Gott, nicht weil ich es so für das Ganze für nützlich halte, nicht weil ich stolz darauf bin, weil ich in einer Art edlen Affektes es will — nein! ich muß moralisch sein, einfach, weil mein Erkennen mich selber dazu zwingt. Ich weiß, die Stacheln des Hasses, die ich zücke, bohren sich mir ins eigene Fleisch; der Ball des Zornes, den ich gegen den anderen werfe, schnellt zu mir zurück; der Staub der Verleumdung, mit dem ich den anderen beschmutzen will, fliegt mir ins eigene Antlitz. Moral verlangt nun einmal Zwang. Es liegt so im Wesen der Wirklichkeit. Wie der wachsende Baum einen Zwang haben muß, daß er sich nicht der Sonne zukehrt, so muß der Mensch einen Zwang haben, daß er sich nicht der Ichsucht zukehrt. Dieser Zwang mag der Befehl eines Gottes sein, der verhüllten Antlitzes verhüllte Worte spricht durch verhüllte Mittler. Dieser Zwang mag aber auch der Zwang sein, den der Mensch auf sich selber ausübt eben auf Grund eigener, klarer Erkenntnis. Und abgesehen davon, daß dieses Sich-selber-zwingen der Menschenwürde sehr viel besser entspricht als das Gezwungenwerden, ist es auch sehr viel zweckmäßiger als das Gezwungenwerden. Der Befehl, mag er göttlicher, mag er menschlicher sein, entspricht stets dem Stoß in der Mechanik. Ein Stoß wirkt nur so lange, wie seine unmittelbare Nachwirkung anhält. Mit letzterer verlöscht die Wirkung und muß wiederholt werden. Ein Motiv als Erkennensvorgang dagegen wirkt selbsttätig im Menschen weiter. Schon allein vom Standpunkt der kleinsten Wirkung aus ist eine Moral, die auf Denk-Motiven beruht, einer solchen, die auf Befehlsstößen beruht, durchaus vorzuziehen.

Wenn die moderne christliche Richtung diesen Charakter der christlichen Moral zurückdrängen will gegenüber einer Moral, die ihre Motive zum Gutestun in sich selber findet, so folgt sie da wohl mehr einem Bedürfnis der modernen Menschheit und ihrer ethischen Ideen als den Worten Jesu, wie die Evangelien sie geben. Hier wird in naiv-menschlicher Weise, wie sie dem Bildungszustande dieser aufrichtigen Eiferer durchaus entspricht, Gutestun zurückgeführt auf Furcht vor Strafe und auf Lohn im Jenseits. Petrus spricht: „Siehe, wir haben alles verlassen und sind dir nachgefolgt. Was wird uns dafür werden?" Jesus spricht zu ihnen: „Wahrlich, ich sage euch, ihr, meine Jünger, sollt in der neuen Welt, wenn der Menschensohn auf dem Thron seiner Herrlichkeit sitzt, gleichfalls auf zwölf Thronen sitzen und die zwölf Stämme Israels richten. Und jeder, der Haus oder Bruder oder Schwester oder Vater oder Mutter oder Kind oder Acker um meines Namens willen verlassen hat, der soll es vielfach zurückbekommen und ewiges Leben erben." (Matthäus 19.) „Diese (die Missetäter) werden hingehen zur ewigen Strafe, die Gerechten aber zu ewigem Leben" (Matth. 25). Selbst wenn die praktischen Früchte beider Religionen, des Christentums und des Buddhismus, die gleichen wären, so wäre doch allein schon aus dem Grunde der Buddhismus vorzuziehen, weil bei ihm das Individuum aus sich selber zieht, was es im Christentum aus einem Transzendenten beziehen muß. „Sei gut!" das lehrt jede Religion, und keine hat es herzlicher und eifriger gelehrt als das Christentum. Aber das allein tut es nicht. Ob sie dieses „Sei gut!" erstens, als etwas wirklich Mögliches zeigt, ob sie, zweitens, einen gangbaren Weg zeigt zu seiner Erreichung, und ob sie, drittens, die Motive zeigt, die zur Beschreitung dieses Weges veranlassen, zwingen — darauf kommt es an. Das alles tut das Christentum nicht. Das alles tut der Buddhismus. Er faßt den Menschen da, wo allein eine Änderung in ihm einsetzen kann: beim Denken. Und schon aus diesem Grunde sollte kein Denkender achtlos an ihm vorbeigehen. Eine Religion, die moralische Resultate von solcher Klarheit und Nüchternheit auswirft, verdient immer Beachtung, mögen ihre erkenntnis-theoretischen Voraussetzungen auch vorläufig noch fremd und abstoßend erscheinen.

Einzelne Kapitel aus der buddhistischen Moral

Bei der Fremdartigkeit des buddhistischen Gedankenganges wird es für den westlichen Leser von Interesse sein, zu erfahren, wie gewisse wichtige Fragen der Moral auf diesen Gedanken reagieren.

Da ist in erster Linie das Verhältnis zwischen Eltern und Kindern, welches hier ernsthaft bedroht erscheint. Man hat sich an den so völlig fremdartigen Gedanken zu gewöhnen, daß die Eltern nicht Erzeuger sind, das Wort im vulgären Sinne genommen, sondern daß sie nur das Material zur neuen Daseinsform liefern. Das Wesentliche bei dem ganzen Akt, die Kraft, welche die im Material liegenden biologischen Möglichkeiten entwickelt, stammt nicht von den Eltern, sondern aus der eigenen vergangenen Daseinsform. Damit erscheint die Stellung der Eltern entwürdigt, oder doch entwertet. Aber sie erscheint es nur, solange man in unserer Denkart verharrt, welche verlangt, daß die Kinder den Eltern Dankbarkeit bezeugen dafür, daß sie überhaupt da sind — ein Verlangen, das Sinn hätte nur, wenn der geschlechtliche Akt das künftige Dasein der Kinder als Motiv hätte. Da man ein derartiges Motiv vernünftigerweise aber bei niemandem voraussetzen kann, so ist auch dieser Anspruch auf Dankbarkeit der Kinder den Eltern gegenüber ein ungerechtfertigter. Der geschlechtliche Akt hat eben kein anderes Motiv als sich selber, das heißt die Stillung einer sinnlichen Lust. Und als solchen soll man ihn ehrlicherweise festhalten. Im Gegenteil stellt das Verhältnis zwischen Eltern und Kindern sich würdiger und naturgemäßer dar, wenn nicht die Tatsache, daß die Kinder da sind, den Eltern als „Eltern-Verdienst" zugerechnet wird, sondern die Tatsache, wie sie da sind. Ein Prozeß, der ganz Wirken ist, dem nicht in einer „Seele" eine feste Richtungslinie von oben her vorgezeichnet ist, der ist in jedem Augenblick beeinflußbar, ist hämmerbar. Und wie er beeinflußt, wie er verhämmert wird, darauf kommt alles an. Und hier ist es, wo die Pflicht und das Pflichtgefühl der Eltern einsetzt und auch sicherlich bewußter einsetzen wird, sobald rechte Einsicht in diesen ganzen Vorgang erworben ist. Würden die Eltern ihre Ansprüche weniger in der Tatsache suchen, daß die Kinder da sind, so würden sie sie wohl mehr in der Tatsache suchen, wie dieselben da sind. Es gibt viele unreife Eltern, die offenbar an ihr Elternamt nicht heranreichen. Reife kommt erst mit dem Pflichtgefühl, und Pflichtgefühl kommt erst mit dem Verständnis. Es ist ja wohl ein anderes, wenn man sich seinem Kinde gegenüber in seiner „Elternwürde an sich" fühlt, und ein anderes, wenn man weiß: „Dieses Wesen hier, es wandert im Samsara wie ich. Mein Akt der Lust war das Instrument seiner Anleitung, wie der metallene Draht den Blitz anleitet. Damit habe ich die Verpflichtung übernommen, dieses Wesen bis zur Entwickelung aller seiner Fähigkeiten zu leiten, zu unterweisen; denn ich bin zurzeit in jener Entwickelungsphase, die mir solches erlaubt. Es mag die Zeit kommen, wo die Verhältnisse sich umkehren."

In diesem Sinne erst, von diesem ihrem Amt aus ist es, daß sie Verehrung von ihren Kindern zu erwarten und zu beanspruchen haben. Und vielleicht keine Religion stellt da so hohe Anforderungen wie der Buddhismus, weil eben keine Religion die Wirklichkeit so kennt wie er.

„Brahma wohnt in den Häusern, in welchen die Eltern von den Kindern verehrt werden" heißt es. Und an anderer Stelle (Anguttara-Nikaya II, 4):

„Zweien, o ihr Mönche, kann man nicht wohl zu viel vergelten. Welchen zweien? Der Mutter und dem Vater." Wenn man auf eine Schulter die Mutter, auf die andere den Vater nähme und sie trüge bis hundert Jahre, so wäre das, was sie für uns getan haben, noch nicht zu viel vergolten. Und warum? „Schaffner der Kinder sind Mutter und Vater, Erhalter, Ernährer, sind ihnen Zeiger dieser Welt."

Daß es sich nicht um eine „Elternwürde an sich" handelt, das zeigt sofort der folgende Satz:

„Wer aber, ihr Mönche, Vater und Mutter, wenn sie kein Vertrauen haben, zum Vertrauen bringt; wenn sie üblen Wandel haben, zu gutem Wandel bringt; wenn sie geizig sind, zum Aufgeben bringt; wenn sie unweise sind, zur Weisheit bringt, der hat insofern, was die Eltern an ihm getan haben, vergolten und übervergolten."

Diese buddhistische Anschauung paßt freilich ebenso schlecht in die rohe antike Anschauung des Pater familias, wie in die göttliche Würde christlichen Elterntums. Sie verbeweglicht und vermenschlicht das ganze Verhältnis, weil sie es vom Standpunkt der Wirklichkeit aus faßt. Mensch spielt sich aus gegen Mensch, nur die Phasen, innerhalb deren sie sich treffen, sind verschieden.

Wie überall, so ist diese Auffassung aber auch Arbeitshypothese, eben auf Grund ihres Wirklichkeitsgehaltes. Keine andere Auffassung des kind-elterlichen Verhältnisses erklärt die Tatsache, daß ein künstliches Verhältnis derart ebenso innig und fest werden kann wie das natürliche des „Blutes", wie wir sagen. Kennt man den Buddha-Gedanken, hat man begriffen, so weiß man, daß beide Formen der Kindschaft, die natürliche wie die angenommene, nichts sind als ein sich Schneiden von Lebenspfaden, Treffpunkte, weiter nichts. Läge in der Elternschaft etwas spezifisch Elternhaftes in dem Sinne, wie der Christ und Westländer es sich vorstellt, so ständen wir vor der Tatsache, daß ein angenommenes Kind lieber werden kann als ein natürliches, als vor einem unlösbaren Rätsel, einer Widernatürlichkeit. Wo aber die Idee einer „Elternschaft an sich" ganz wegfällt und durch die weitere Idee der Anziehung und Abgestimmtheit ersetzt wird, da begreifen sich alle solche Tatsachen leicht in und unter dieser weiteren Idee. Mag diese Idee vorläufig schmecken wie sie will, auf jeden Fall zeigt sie durch diese größere Aufnahmefähigkeit für die Tatsachen ihren größeren Wirklichkeitsgehalt. Die Eltern nicht Schaffer der Kinder, sondern ihre Schaffner. Man sollte sich unvoreingenommen fragen, welcher der beiden Vorstellungskreise von rein sozialem Standpunkt aus die bessere Arbeitshypothese ist?

Bei der buddhistischen Auffassung ergibt sich aber noch ein Moment, welches von nicht zu unterschätzender Bedeutung ist.

In christlicher, man kann sagen allgemein westlicher Auffassung ist das verwandtschaftliche Verhältnis, die „Blutsverwandtschaft" zu einem Wert an sich erstarrt. Jede Beweglichkeit fehlt, und jeder Lockerungsversuch gilt als Ruchlosigkeit. Blutsverwandte sind wie mit Ketten aneinander geschmiedet. Ketten aber reiben und hindern. Daher die sonst völlig unerklärliche Lieblosigkeit, deren man sich oft gerade gegen die, denen man am nächsten steht, schuldig macht, ganz wider seinen eigenen Willen. Es ist das Gefühl der Unfreiheit, der fehlenden Beweglichkeit. Solange die Blutsverwandtschaft als eine Art gegenseitigen Verwachsenseins gilt, muß jede Mißstimmigkeit zur Unerträglichkeit werden. Begreife ich Verwandtschaft als ein bloßes Zusammentreffen von Lebenswegen, so werde ich Mißstimmigkeiten verstehen; ich weiß, daß im Grunde jeder doch seinen einsamen Weg geht; daß Eltern- und Geschwisterschaft nicht Blutsverwandtschaft ist, sondern daß es einzelne Tendenzen sind, die am gleichen Ort sich eingestellt haben, weil sie innerer Gesetzlichkeit nach sich dort einstellen mußten. Diese Einsicht wird mir die nötige innere Unabhängigkeit geben, die für ein aufrichtiges Wohlwollen so unerläßlich ist. Die blinde Liebe wird fehlen, aber es wird auch der blinde Haß fehlen. Das verstandesmäßige Moment hat seinen Einzug gehalten in das Bereich der Gefühle, und fortan regelt sich alles nach dem Gesetz der kleinsten Wirkung. Aufrichtiges Wohlwollen genügt.

Soviel über dieses Verhältnis. Widmen wir nun ein paar Worte dem Verhältnis der Geschlechter.

Man kann sagen, daß der Begriff des Brahmacariya, des Reinheits-Lebens, erst vom Buddha in der Bedeutung, in welcher er heute im Buddhismus lebt, geschaffen wurde. Das Wort freilich bestand, wie die meisten anderen Schlagworte, deren der Buddhismus sich bediente, im Brahmanismus auch, aber es bedeutete hier ein Leben, das sich jenes höchste, positive Endziel, die Gemeinschaft mit dem Lichten, dem Brahma, gesetzt hatte. Im Buddhismus erhielt das Wort jenen reinen Wirklichkeitssinn, indem es sich hier auf ein Lassen aller Unreinlichkeiten, aller Heimlichkeiten beschränkte. Leidenschaft, Sinnlichkeit in jeder Form ist Unreinlichkeit und Beschmutzung. So ist klar, daß das Hauptstück am buddhistischen Brahmacariya die strenge Enthaltsamkeit von jedem geschlechtlichen Verkehr war.

Der moderne Mensch wird sich gegen eine solche Auffassung sträuben und sie der Unnatürlichkeit beschuldigen, aber es wird ihm schwer werden, sich gegen die historischen Tatsachen zu wehren. Denn es ist doch historische Tatsache, daß nicht nur im buddhistischen, sondern auch in den meisten anderen Kulturkreisen das Zölibat stets als etwas Ehrwürdiges gegolten hat und zum Teil noch gilt.

In den Glaubensreligionen freilich ist diese Tatsache, wie so viele andere auch, etwas Unverständliches. Man sieht nicht recht ein, was in einer Welt, die ein Gott in die Welt gesetzt hat mit dem Geleitspruch: „Seid fruchtbar und mehret euch!" Mönchtum und Zölibat für Sinn und Wert haben soll. Und doch ist diese Neigung von jeher so unbezwingbar dagewesen wie die Neigung zur Askese, wenn sie auch in unserem Zeitalter stark im Schwinden begriffen ist.

Alles dieses bekommt seine Deutung erst im Buddhagedanken. Man muß begriffen haben, daß Leben etwas ist, was in sich selber gar keine Daseinsberechtigung hat; daß es diese Berechtigung nur dadurch hat, daß es sich sie nimmt und immer, immer wieder nimmt, um die tiefe Ehrwürdigkeit zu verstehen, die allen Bestrebungen des Menschen, soweit sie Leben-verneinend sind, anhaften. Der moderne Mensch hat sich freilich vor dieser instinktiven Verehrung aller solcher Bestrebungen selber geschützt, oder versucht doch sich zu schützen, durch die „Arbeit", das heißt durch den Begriff, den er sich von der „Würde der Arbeit" zurechtgelegt hat. Aber die Anzeichen mehren sich, daß dieser Begriff ebenso wie der der Nationalität sich jenem Höhepunkt nähert, in welchem er wie die Welle sich selber überschlagen muß, und dann wäre vielleicht Aussicht, daß auch der moderne Mensch wieder das Gefühl für die Ehrwürdigkeit des Brahmacariya empfinden lernte.

Mit dem Verhältnis der Geschlechter in engstem Zusammenhang steht die moralische Grundtatsache „Scham", die im letzten Grunde immer geschlechtliche Scham bleibt. Diese Tatsache wäre unbegreiflich, ja widersinnig, wenn Leben das wäre, wofür der gewöhnliche Mensch es hält: Wert an sich, der bedingungslos zu bejahen ist. Die Tatsache Scham wird begreiflich, ja naturgemäß, wenn man weiß, was Leben in Wahrheit ist. Erst dann versteht man den tiefsten Sinn dieser Tatsache. Es ist eben nicht das Höchste für den Menschen, dem Leben zu dienen und seiner Fortpflanzung. Um das zu tun, bedürfte es keines Bewußtseins. Das tun auch die Tiere. Hier heißt es wahrlich noblesse oblige. Die Noblesse des Menschen ist sein Bewußtsein. Dieses verpflichtet ihn zum Reflektieren, zum sich gegen sich selber Wenden. Bewußtsein, anders angewandt, hat seine höchste Fähigkeit und seine höchste Funktion noch nicht begriffen, es arbeitet noch in gemeiner, das heißt in einer allem Tierischen gemeinen Weise. Es ist dieses instinktive Gefühl, die höchste menschlicher Funktionen, die Funktion des Bewußtsein nicht zu erfüllen, aus dem die Scham sich erklärt oder doch sich deuten läßt. Ich wüßte keine andere Lehre, die überhaupt eine Deutungsmöglichkeit erlaubte gegenüber dieser merkwürdigsten Tatsache, daß der Mensch sich gerade des Aktes am meisten schämt, dem er sein Dasein verdankt. Im tiefsten Grunde bedeutet die Tatsache meines Daseins, daß ich von Anfangslosigkeit her der Lust gefrönt habe und mich daher immer wieder an den Orten der Lust eingestellt habe. Grund genug zur Scham vor sich selber.

Von diesem Standpunkt aus ist das Verhältnis der Geschlechter wohl charakterisiert. Es bleibt hier, kurz gesagt, kein anderes Verhältnis als, paradox gesprochen, das Verhältnis der Verhältnislosigkeit. Der Mann leidet am Weibe, ebenso wie das Weib am Manne. Beide sättigen sie die Kräfte, die sonst der Einzelne gegen sich selber kehren könnte, durch gegenseitige Bindung und neutralisieren sie damit für immer.

Es ist vielleicht kein Zufall, daß das allererste Sutta des großen Anguttara-Nikaya gerade mit diesen Beziehungen zwischen Mann und Weib einsetzt.

„So habe ich gehört. Einstmals weilte der Erhabene zu Savatthi, im Jeta-Haine, im Garten Anathapindikas.

„Da nun redete der Erhabene die Mönche an: ‚Ihr Mönche!‘ ‚Herr!‘ antworteten da jene Mönche dem Erhabenen. Der Erhabene sprach so: ‚Nicht kenne ich, ihr Mönche, irgendeine Form, die so den Geist des Mannes gefangen nimmt wie die Form des Weibes. Die Form des Weibes nimmt den Geist des Mannes gefangen.‘ Und dann geht in echt buddhistischer Gründlichkeit die Lehrrede weiter: ‚Nicht kenne ich irgendeinen Ton (Stimme), irgendeinen Duft, irgendeinen Geschmack, irgendeine Berührung, die den Geist des Mannes so gefangen nehmen wie die Stimme ...., die Berührung des Weibes." Es folgt dann die Umkehrung, in welcher auch der anderen Partei ihr Recht wird: „Nicht kenne ich, ihr Mönche, irgendeine Form, welche den Geist des Weibes so gefangen nimmt wie die Form des Mannes usw."

Weil ein Geschlecht dem anderen seine edelste Funktion stiehlt, deswegen sollten beide einander meiden, um jene höchste Blüte treiben zu können, deren Menschtum fähig ist: die Blüte des Entsagens. Es ist in erster Linie das Verhältnis der Geschlechter, die Heimlichkeit des Ehelagers, die den Buddha bestimmt, die Häuslichkeit einen Ort des Gebundenseins und des Schmutzes zu nennen, dem die Pilgerschaft frei und rein und offen wie der Himmelsraum gegenübersteht. Das gilt für das Weib wie für den Mann.

„Verlassen das Haus um Pilgerschaft,
Verlassen den Sohn, mein Gut so lieb,
Verlassen Lust auch und Haß auch
Und den Wahn auch — entsüchtet ganz.
Die Wurzel grub ich ab dem Durst,
Wohl gestillt bin ich, wohl verlöscht",

so singt die Nonne Sangha. Es ist der Ton jenes völligen Entsagens, in dem Mann und Weib gleich werden.

Nun mischt sich aber ein anderes Moment in diese Frage, das sich mit der gleichen Verteilung von Licht und Schatten beiderseits nicht mehr recht zu vereinigen scheint: Eine Reihe von Aussprüchen lassen darüber keinen Zweifel, daß der Frau ein minderwertiger Zustand an sich dem Manne gegenüber zugeschrieben wird. Am klarsten kommt diese Vorstellung in dem Ausspruch des Buddha zum Ausdruck, daß eine Frau nie die Buddhaschaft erreichen kann.

Vielleicht kein Religionsstifter hat sich gegen die Aufnahme der Frauen so gesträubt wie der Buddha. Das Verlangen dazu ging, wie der Vinaya berichtet (Cullavagga X), von Maha-pajapati, seiner Pflegemutter aus. Bei Gelegenheit eines Aufenthaltes in Kapilavatthu tritt sie an den Buddha mit der Bitte heran: „Gut wäre es, o Herr, wenn auch Frauen ihr

Heim verlassen dürften, in die Heimatlosigkeit gehen und
Lehre und Ordnung des Erhabenen befolgen dürften." Der
Buddha aber weist sie kurzerhand ab. Erst der lebhaften
Vermittelung Anandas gelingt es, ihn umzustimmen. Anfangs
wird auch er abgewiesen. Dann aber kommt er sozusagen
auf einem Umweg zum Ziel. Er fragt: „Sind Frauen, wenn
sie das Asketenleben ergreifen, überhaupt fähig, das höchste
Ziel, die Arahatschaft, zu verwirklichen?" Hierauf ist der
Buddha genötigt, mit „ja" zu antworten. Und damit entfällt
ihm sein Widerstand. Er gibt die Erlaubnis zur Aufnahme,
aber unter Bedingungen, welche die Nonne in jeder Hinsicht
unter den Mönch stellen. Und er gibt sie außerdem mit einem
trüben Ausblick in die Zukunft. Die reine Lehre, die sonst
tausend Jahre bestanden haben würde, wird jetzt nicht länger
als fünfhundert Jahre dauern. Wie Häuser, in denen viele
Weiber, aber wenig Männer sind, den Angriffspunkt für Räuber bilden, so geht es mit einer Lehre und Zucht, die Weiber
in ihre Reihen aufnimmt.

Wie der Buddha selber zugestehen muß, ist es nicht der
Mangel an Verstand, der das Bedenken bildet. Das Weib
kann im Verstehen das Höchste erreichen wie der Mann, und
tatsächlich treten in den Lehrreden Nonnen auf, die der Buddha selber als vollendet erklärt.

In den Theri-Gatha (Nonnenlieder, 60) sowohl wie im Bhikkhuni-Samyutta (Samyutta-Nikaya I, 5) streitet die Nonne
Soma sich mit Mara, dem Bösen, darüber, ob das Weib fähig
ist, das höchste Ziel zu erreichen oder nicht.

Mara sagt: „Was immer auch Weisen erreichbar sein mag,
der höchst schwer zu treffende Ort (Zustand) — Weibern
mit ihrer zwei Finger breiten Weisheit ist das unerreichbar."

Soma aber läßt sich nicht einschüchtern. Sie erwidert scharf
und treffend:

„Was wird denn wohl für eine, die das wahre Gesetz sieht,
Weibschaft ausmachen! Wenn nur der Geist wohl gefestigt
ist, wenn nur Erkenntnis vollendet ist. Wer freilich so denkt:
„Ich bin Weib, oder: Ich bin Mann, oder: Ich bin irgend
etwas (begrifflich Festgelegtes), den mag Mara sich wohl erlauben so anzureden."

Das ist eine der schneidigsten Abführungen, die Mara, der

Böse, irgendwo in den Suttas erleidet. Man denkt dabei an das berühmte Wort der Frau von Staël: „Das Genie ist ohne Geschlecht.", Aber man denkt nur daran, um sich immer wieder zu wundern, wie gleichlautende Worte so ganz verschiedenen Sinn und Tendenz ausdrücken können.

Es ist nicht der Mangel an Verstand, der das Weib minderwertig macht, es ist, wie aus einer anderen Stelle hervorgeht, der Mangel an Aufrichtigkeit.

Drei Dingen, heißt es, ist Heimlichkeit eigen: den Weibern, den Priestern, der falschen Lehre. Drei Dingen ist Offenheit eigen: dem Monde, der Sonne, der echten Lehre.

Von vornherein wird man wenig geneigt sein, dieses anzuerkennen. Man wird das für ungerecht und parteiisch ansehen. Aber man vergesse nicht, daß über zweitausend Jahre vergangen sind, seit der Buddha geredet hat, und daß seitdem viel gelebt worden ist. Zu des Buddha Zeiten und auch heute noch in Indien ist das Weib nichts als Weib. Ihr ganzes Dasein erschöpft sich völlig in ihrem Verhältnis zum Manne. Was ist da natürlicher, als daß der ganze Zweck ihres Lebens sich auf eines zuspitzt: den Mann zu fangen und zu halten? Sie fängt nicht so, daß sie mit Haken und Schlinge ausgeht, sondern so, daß sie still ihr Netz spannt und in jener den Mann oft so verwirrenden und erregenden Gleichmütigkeit wartet, bis das Ereignis eintritt. Das ist ihre Sanftheit. Und kein Weib der Welt ist so sanft wie das indische. Es liegt nun mal im Wesen des Weibes etwas, ich möchte sagen, basisches, etwas mutterhaft-erdartiges, dessen Wesen in der anziehenden Kraft liegt. Diesem höchsten Daseinszweck des Weibes unterliegt alles, auch die Wahrheit, wie der anziehenden Kraft der Erde alle anderen aktiven Kräfte unterliegen.

So wird sie dem Manne zum Sinnbild für die böse Natur, die den Wahrheit suchenden Geist mit Polypenarmen greift, hält und zu sich hinunterzieht. „Das ewig Weibliche zieht mich hinab" ist der Schlußvers der buddhistischen Faustiade, und wohlverständlich bei einem Lebensdrama, das bewußt auf Zerreißung aller Bande hinzielt, in erster Linie also auf Zerreißung der stärksten Bande: der Bande der Geschlechtlichkeit. Das Verlassen seines Weibes war das Handgeld, das der Buddha auf seine Buddhaschaft zahlte.

Unaufrichtigkeit ist beim Weib nicht Abfall von sich selber. Die Natur hat ihr an sich jene Art physischer Aufrichtigkeit versagt, die sie dem Manne gegeben hat. Ein Weib, das ihren Weib-Instinkten zuliebe die Aufrichtigkeit opfert, bleibt deswegen noch immer echtes Weib. Ja manche Völker (Kulturvölker) sind geneigt, von dieser Eigenschaft echte Weiblichkeit abhängig zu machen. Dahingegen ist beim Manne Unaufrichtigkeit ein Abfall von sich selber. Ein Mann, dem die Aufrichtigkeit fehlt, ist kein Mann und wird auch von seinesgleichen nicht als solcher geschätzt. Vielleicht hat nie ein Mann ein Weib ganz begriffen. Solange er sie erkennt (im alttestamentlichen Sinn), kann er sie nicht erkennen im wirklichen Sinne. Nur ein Weib kann mit voller Aufrichtigkeit gegen sich selber sagen: „Ich will nichts", wenn sie alles will. Nur das Weib kann aus dem Entsagen selber ein Netz spinnen, und nur der Mann selber kann in diesem Netze sich fangen lassen. Schwerlich wird je ein Weib von einem Weibe sich betrügen lassen.

Die ganze basische Natur des Weibes bringt es mit sich, daß sie vielmehr den Mann sich assimiliert, als daß umgekehrt der Mann sich das Weib assimilierte. Die Geschichte vom Sündenfall gibt den Beleg. Das Weib verleitet hier den Mann nicht zum Abfall von Gott, sondern zum Abfall von sich selber. Es ist lediglich ein Assimilierungsversuch des Weiblichen dem Männlichen gegenüber.

Als diese dem Manne feindliche Naturkraft wird das Weib in indischen Fabeln und Erzählungen dargestellt; als ein Wesen, dessen Sucht nach Ausgleich, nach Neutralisierung, d. h. nach dem Manne, sich nie erschöpft. Die buddhistischen Kommentare sind voll von solchen „Liedern von der Weibertreue". Die Farben werden oft mit einer Stärke aufgetragen, die an Roheit grenzt.

Das Instinktartige, Indifferenzierte des Weibes zeigt sich in der Tatsache, daß sie der Regel nach am meisten das liebt, was sie nicht versteht, während der Mann viel eher geneigt sein wird, das, was er nicht versteht, bei Seite zu werfen. Das ist mit ein Grund, warum es um eine Lehre, in welcher viele Frauen sind, schlecht bestellt sein mag. Das ist anderseits aber auch ein Grund, warum bei jeder neuen Lehre Frauen meist zu den ersten gehören, die in ihrem alles verstehenden Nichtverstehen dem Neuen sich zuwenden und ihm Opfer zu bringen bereit sind.

Indessen in wirklicher Weltauffassung gibt es keine Gegensätze, es gibt nur Unterschiede. Wie es in der Chemie weder Basen an sich, noch Säuren an sich gibt, wie hier unter Umständen die Rollen wechseln können, so geht es auch im biologischen Weltgeschehen. Es gibt kein ein für allemal festgelegtes „Weibliches an sich", „Männliches an sich". Die Verhältnisse mögen sich verschieben, und die moderne Zeit scheint einen neuen weiblichen Typus züchten zu wollen, insofern als sie ein Weib züchtet, für welches auch dann noch das Leben voller Werte ist, wenn ihr Verhältnis zum Manne ganz ausgeschaltet wird. Auch bei uns ist es immer noch eine Art Axiom, daß das Weib in ihren Funktionen als Gattin und Mutter aufgeht, während man doch vom Manne durchaus nicht erwartet, daß er in seinen Funktionen als Gatte und Vater aufgeht. Er ist außerdem noch etwas. So ist zu hoffen, daß der neue weibliche Typus, der in unserer Zeit sich züchtet, eine Weiblichkeit hervorbringt, die nicht mehr im Verhältnis zum Manne aufgeht, sondern außerdem noch selber etwas ist. Dieses Etwas freilich wird sie kaum in beschränkten nationalen und politischen Begriffen finden, sondern lediglich im weitesten und höchsten aller Begriffe: dem eines reinen Menschtums, welches letztere wiederum im letzten Grunde nur in einem wirklichen, unvoreingenommenen, unabhängigen Denken besteht.

Vielleicht hat die Zukunft gerade der Weiblichkeit eine große Rolle aufgespart. Der moderne Mann denkt logisch einerseits, materiell anderseits. Das Hineinschnellen in die reine Wirklichkeit, welche alle Logik nur als Kompromiß ansieht und materielles Streben als Vernachlässigung höherer Interessen bewertet, scheint ihm ungeheuer schwer zu werden. Vielleicht wird ihm hier das Weib als Lehrmeister dienen.

Solange freilich noch ein weiblicher Typus sich nicht gezüchtet hat, wird der Rat, den der Buddha seinem Jünger Ananda bezüglich der Frauen gibt, für den Wahrheitsuchenden stets gültig bleiben:

„Wessen, o Herr, haben wir uns der Weiblichkeit gegenüber zu befleißigen?" — „Des Nichtsehens." — „Wenn aber das Sehen stattfindet, wessen haben wir uns dann zu befleißigen?" — „Des Nichtsprechens." — „Wenn aber Sprechen stattfindet, wessen haben wir uns dann zu befleißigen?" — „Einer stets gegenwärtig gehaltenen Einsicht, Ananda." Ja, ich fürchte fast, daß vorläufig selbst jener wenig schmeichelhafte Vergleich seine Gültigkeit behalten wird, in welchem die Gefahr des Weibes für den wahrheitsuchenden Mann der Gefahr des Haies für den Schwimmenden gleichgestellt wird.

Gehen wir jetzt auf das Verhältnis zu den Tieren über.

Dieses Verhältnis ist gegeben mit der Lehre von den Wiedergeburten. Was Empedokles in seinem Lehrgedicht in roher Weise orakelt, wenn er davor warnt, Ochsen und Rinder zu töten, das begreift sich hier klar nach dem Gesetz von Geburt und Sterben. Schonung der Tiere, Verbot des Tötens bleibt hier nicht mehr ein Akt des Wohlwollens und gesteigerter Menschlichkeit, sondern ist ganz einfach Sache der Notwendigkeit. Man hat begriffen, weshalb man nicht quälen und töten darf. Hinfort hindert nicht mehr das Gefühl, sondern der Verstand. Und damit ist Sicherheit in das ganze Verhältnis eingezogen. In dem Welthaushalt, den die Buddhalehre gibt, begreift sich, daß die Schranken, welche die Wissenschaft durch ihre Artenlehre zwischen Mensch und Tier aufgerichtet hat, der Wirklichkeit nicht standhalten; daß sie auf einem Prinzip errichtet sind, welches sich lediglich an das Materielle hält und das bei jedem Wesen Entscheidende, die Kraft, außer acht läßt. In buddhistischer Erkenntnis ist das Tier nichts als der minder glückliche Kamerad im Samsara. Aber das Glück rollt, die Umstände wechseln in unabsehbaren Möglichkeiten. Der Ichprozeß, der jetzt Menschenform hat, mag durch schlechtes Wirken in seinem moralischen Wert tiefer und tiefer sinken, so daß beim Zerfall der Form die Ichkraft mit ihren spezifischen Affinitäten außerhalb alles menschlichen Zeugungsmateriales zu liegen kommt — sie faßt in tierischem Schoß. Kraft kümmert sich nicht um Arten und Unterarten. Sie faßt da, wo sie fassen kann, weil sie da faßt, wo sie fassen muß. Unter der groben Hülle des Materials geht das schnelle Spiel der Kräfte zwischen hüben und drüben, zwischen Mensch und Tier. Wie oben, so wirft man natürlich auch hier ein: „Das sind ja alles Glaubenssachen." Wie oben, so erwidere ich auch hier: Das ist keine Glaubenssache, sondern eine intuitive Einsicht in das Weltgeschehen, die sich rückläufig als wahr beweist dadurch, daß sie keiner Tatsache der Wirklichkeit widerspricht und vor jedem Glaubenszwang rettet.

Man darf nicht denken, daß man mit der modernen Evolutionstheorie dem Glaubenmüssen entronnen sei. An allen Ecken und Enden kollidiert sie mit den Tatsachen der Wirklichkeit. Sie darf daher durchaus keinen höheren Anspruch erheben als den, nur eine Lesart des Weltgeschehens zu sein, und nicht ein Bildungsgesetz an sich, als welches der moderne Biologe und noch mehr vielleicht der gebildete Laie sie anzusehen geneigt ist. Alles in allem halte ich es nicht für unmöglich, daß Überschätzung der Wissenschaft und ihrer Ergebnisse wahrer Bildung mehr Schaden tut als ihre Verachtung.

Daß mit der Einsicht in das Spiel des Wirkens, wie der Buddha es begreifen lehrt, Töten sich von selber verbietet, ist klar — wenigstens theoretisch. Weniger klar aber ist, wie diese Vorschrift praktisch befolgt werden kann.

Wie Buddhismus überall ein Mitschwingen mit der Wirklichkeit ist, so ist es auch hier. Das Weltall ist ein unbegrenztes System, aus dem auszuscheiden man wohl die Macht hat, dessen Daseinsäußerungen man aber nicht ändern kann, eben weil es unbegrenzt ist. Der Buddhist, das heißt der Mönch, ist nicht da, um die Welt besser zu machen; das wäre einem Unbegrenzten gegenüber ein Unding. Er hat nur eine Aufgabe: Sich selber von ihr zu lösen. Daß er hierbei auf seine Umgebung im höchsten Maße bildend und bessernd einwirken wird, ist sicher, ist aber nicht der Zweck, den er verfolgt. Verfolgte er diesen Zweck, er würde nur sich selber verlieren. Bezüglich der zur Ablösung nötigen Mittel muß er, wie jeder andere Mensch zur Erreichung seiner Aufgaben auch, einen Kompromiß mit der Wirklichkeit schließen. Aus solchem Gedankengange heraus mag man das Verbot des Tötens einerseits, die Erlaubnis des Fleischessens anderseits beurteilen.

Im übrigen wird auch dem flüchtigen Reisenden in buddhistischen Ländern die Schonung auffallen, welche alles Lebende genießt. Es ist ja freilich ein anderes, wenn man Menschtum für eine vorübergehende Phase innerhalb einer anfangslosen Entwickelungsreihe ansieht, die potentiell alle Lebensformen umgreift; ein anderes, wenn man an ein von einem Gott eingesetztes „Menschtum" glaubt, das seinem Inhaber die Gewalt über alles Tierische gibt. Die Sitten, wie sie bei uns in dieser Hinsicht herrschen, haben für den, der das Geheimnis begriffen, gewittert hat, etwas unerhört Rohes, ja man kann ohne Übertreibung sagen, etwas kannibalisches. Und die satte Behaglichkeit, mit welcher man das ganze Tierreich, soweit es eben zusagend ist, als die lebende Speisekammer des Menschen ansieht, ist im höchsten Maße widerwärtig. Der Doktor Martin Luther spricht: „Alle Meere und Wasser sind unsere Trinkkeller; alle Wälder und Hölzer sind unsere Jägerei... Denn es ist alles um unser, der Menschen, willen geschaffen" (Tischgespräche). Brav! Das nenne ich einen Standpunkt, der dem Menschen gefallen kann, bei dem es sich noch lohnt, Mensch zu sein. Eitel Rechte und als einzige Pflicht demgegenüber die Pflicht, an Gott zu glauben. Kein übler Handel! Derselbe Dr. Martinus spricht: „Mord, Ehebruch, Dieberei, Lügen, Trügen und was wider die andere Tafel der zehn Gebote geschieht, das wird Gott leichtlich vergeben denen, die es erkennen und bekennen. Aber dem Heiligen Geist widerstehen und Gott zum Lügner machen wollen, das kann er nicht leiden" (Tischgespräche).

Zum Lügner macht der Mensch Gott aber, wenn er sich als das erkennt, was er wirklich ist. Hat er das erkannt, so weiß er, daß seine Rechte in Pflichten bestehen.

Für den mit Verstand Fühlenden erregt es einen wahrhaften Schauder, wenn er erfährt, daß bei gewissen Jagden das Wild sozusagen schlachtfertig den Jägern zugetrieben wird, so daß bei dem Ganzen nichts bleibt als der plumpe Reiz des Mordens. Es ist erstaunlich, wie wenig der Mensch von seiner eigensten Funktion, dem Denken, Gebrauch machen kann. Setzt Denken ein, so zeigen sich andere Früchte. Man höre eine der Felsen-Inschriften Asokas, des indischen Weltbeherrschers, der sich selber König Piyadasi nannte:

„Früher sind für den Tisch des Königs Piyadasi Hunderttausende lebender Tiere geopfert. Jetzt nur drei Tiere: zwei Pfauen und eine Gazelle, und diese letztere auch nicht regelmäßig. In Zukunft sollen auch diese drei Tiere nicht mehr geopfert werden" (nach Senarts Übersetzung).

Damit kommen wir zurück auf die Frage, ob das Verbot des Tötens praktisch durchführbar ist? Es wird praktisch nie ganz durchführbar sein. Aber immer wieder sei es gesagt: Denken ist Grundwert des Menschtums. Es macht einen grundlegenden Unterschied, ob ich ein Tier töte als mein selbstverständliches Recht als Mensch, oder ob ich es töte sozusagen mit bösem Gewissen, aus Notbehelf. Allein schon diese Änderung in der Auffassung ergibt einen neuen Ansatz, der sich zu den größten praktischen Ergebnissen auswachsen kann.

Daß der Buddhist die Vivisektion aufs strengste verwerfen muß, ist ohne weiteres klar. Ich spreche hier nicht nur als Buddhist, sondern auch als Arzt, wenn ich behaupte, daß die wissenschaftliche Tierfolter ungemein winzige Resultate ergeben hat und in Bezug auf das Heilgeschäft, worauf im letzten Grunde es doch ankommt, vielleicht überhaupt nichts, was auf anderem Wege nicht auch hätte erreicht werden können.

Die vierte zu erwähnende Einzelheit ist der Alkohol.

Die Stellung des Buddhismus zum Alkohol schließt für diese Religion weniger ein Lob ein, als vielmehr die Stellung des Christentums zum Alkohol einen Tadel einschließt. Die Gleichgültigkeit gegenüber dieser Frage ist bei einer Religion, die sich selber frühzeitig als Weltreligion begriff, kaum zu verstehen. Es ist einer der Punkte, an denen man zu fühlen meint, wie jung Jesus war, als er starb, und wie eng sein Bildungsgang war. Er war eine viel zu einfache Natur, um in dem, was er rings um sich als uralte Gewohnheit sah, Keime zu wittern, die, auf größere Verhältnisse übertragen, verderblich werden konnten. Ja, mehr als das: Im Ostermahl heiligte er den Wein-Genuß, und tatsächlich sind jahrhundertelang die Klöster in Griechenland und Kleinasien die Quelle der Weinbereitung gewesen, bis diejenige Weltreligion, welche in dieser Hinsicht ebenso streng ist wie der Buddhismus, der Islam, diesem Geschäftszweig ein Ende machte.

Trotzdem ist offenbar auch zu Jesu Zeiten und in seinem Volk Enthaltsamkeit von geistigen Getränken Ideal gewesen, wie erstens aus den Gebräuchen mancher Sekten, und ferner aus Stellen, wie der in Lukas 1, hervorgeht, wo es bei der. Geburtsverheißung des Johannes heißt: „Wein und berauschende Getränke wird er nicht trinken." Alles ist eben hinieden Wachstum. Mit dreißig Jahren kann man die Dinge und ihre gedanklichen wie sozialen Folgen nicht so durchdacht haben wie etwa mit fünfzig oder sechzig Jahren. Das muß man bei der ganzen Lehre Jesu berücksichtigen.

Was Mohammed zu seinem strengen Verbot veranlaßte, ist mir, offen gestanden, nicht klar. Der einzig verständliche Grund könnte ein sozialer sein, und gerade das dürfte es nicht gewesen sein. Im Buddhismus verbietet sich der Genuß geistiger Getränke von selber. Denn ein Mensch, der all und jedes, was er erreicht, durch stets wache Achtsamkeit, durch nie ermüdende Nachdenklichkeit erreichen muß, der darf naturgemäß keine berauschenden Getränke trinken. Es würde ein Widerspruch in sich sein. Alkohol macht Energie-los und schafft, wie jedes andere Reizmittel auch, durch Genuß ein nur immer gesteigertes Verlangen. Von drei Dingen sagt der Buddha, daß man das Verlangen nach ihnen nie dadurch stillen könne, daß man ihnen nachgebe. Diese drei Dinge sind der Schlaf, berauschende Getränke und Geschlechtsgenuß.

Das Verbot des Genusses berauschender Getränke gehört zu den fünf Grundverboten, denen Mönch wie Laie sich unterwerfen müssen, wollen sie sich Buddhist nennen. Wenn dieses Verbot heute in den Ländern des südlichen Buddhismus auch nicht mit jener Strenge beobachtet wird, die wünschenswert wäre, so ist seine Beobachtung doch noch immer ausgesprochen genug, um in Bezug auf in der Trunkenheit begangene Vergehungen einen Unterschied zwischen den christlichen und buddhistischen Teilen, z. B. Ceylons, machen zu können. Aus eigener Erfahrung früherer Jahre weiß ich, daß die Südwest-Küste der Insel, grob gerechnet, zwischen Colombo und Point de Galle, die zu erheblichem Teil christlich ist, keinen guten moralischen Ruf hat und ihn auch nicht verdient. Es ist mir von sachverständiger Seite versichert worden, daß die Verhältnisse in den zentralen Teilen der Insel, die fast noch rein buddhistisch sind, erheblich besser liegen. Doch könnte es sein, daß die neuen gesetzlichen Maßnahmen der Regierung auch hier bald unliebsame Änderungen schaffen.

Als letzten und in gewisser Hinsicht wichtigsten Punkt wollen wir den Selbstmord betrachten.

Da, wo der Leib der Tempel Gottes ist, ist mit dem Selbstmord auch der Begriff der Sünde da, in jenem spezifisch christlichen Sinne, wie er mit dem Gottglauben gegeben ist. Da, wo der Leib nichts ist als der sinnliche Ausdruck anfangsloser Lebenslust, wird Selbstmord zur Torheit, solange nicht „das, was zu tun war," getan ist. Denn der Wechsel der Bühne könnte die Daseins-Verhältnisse in ungeahnter Weise verschlechtern, so daß im neuen Leben ein Weiterarbeiten an sich selber überhaupt nicht möglich ist. Solange man also weiß: „Das Werk ist nicht getan," heißt es arbeiten an sich selber bis zum letzten Augenblick. Und nimmt die Natur einen Teil der Kräfte weg, nun so soll man den Rest um so sorgfältiger in Dienst stellen. Hier heißt es, die Zeit ausnutzen, solange es hell ist, solange Bewußtsein leuchtet und mich mir selber zeigt.

Ganz anders liegen die Verhältnisse, wenn das Ziel erreicht, wenn alles, was zu tun war, getan ist. Tritt dann Krankheit ein, die unerträglich wird, so mag man in Ruhe diesen „letzten Leib" ein wenig früher zerfallen lassen. Man mag „zur Waffe greifen", das heißt sich die Ader öffnen. Das ist das einzige Motiv zum Selbstmord. Aber es tritt in den Suttas nicht selten auf.

Im Channovadasutta (Majjhima Nikaya 144) wird berichtet, daß der Mönch Sariputta den schwer kranken Channa von seinen Selbstmordgedanken abbringen will, indem er ihm vorhält, daß dieser Leib und sein Wirken gar nicht Wesenheit genug besitzt, um solchen Akt zu rechtfertigen. Der aber läßt sich nicht abhalten, und Sariputta berichtet darüber dem Buddha und fragt: „Was ist sein Weg? Welches sein (jetziger) Zustand?" Worauf der Buddha erwidert: „Hat dir denn nicht der Mönch Channa selber ein tadelloses (Abscheiden) bekannt?" Als Sariputta erwidert, daß die Freunde des Verstorbenen Anstoß daran nehmen, erwidert der Buddha: „Nicht sage ich, daß jemand, insofern (als er von Freunden getadelt wird) Tadel verdient. Wer da, o Sariputta, diesen Leib verläßt und einen neuen anzieht, der, sage ich, verdient Tadel. Das ist beim Mönche Channa nicht der Fall. Als ein Untadeliger hat Channa, der Mönch, die Waffe ergriffen." Das heißt, er war ein Vollendeter, ein Arahat, und das Aufhören ist ihm nicht das Ergreifen einer neuen Form, sondern das Verlöschen für immer. Das ist sein untadeliges Abscheiden.

Ja, der Buddha geht sogar so weit, daß er einem schwerkranken Mönche, von dessen unheilbarem Zustand er sich durch eigenen Besuch überführt hat, wenigstens indirekt den Rat gibt, zur Waffe zu greifen. Er weiß auch, daß dieser Geist wohl abgelöst ist, an nichts mehr hängt. Gottheiten haben erkannt: „Auf Loslösung sinnt Vakkali." Und sie kommen zu dem Buddha und fragen: „Wird er auch wohl als wirklich Losgelöster sich loslösen?" Darauf schickt der Buddha ihm durch Mönche die Botschaft: „Sei ohne Furcht, Vakkali, sei ohne Furcht. Nicht böse wird dein Sterben sein, nicht böse dein Abscheiden." Und nach der erfolgten Selbsttötung verkündet er den Mönchen: „Mit nirgends anhaftendem (wörtlich: mit widerstandsfreiem) Bewußtsein ist Vakkali vollständig erloschen."

Im übrigen gilt von dem, der vollendet hat, das stolze Wort, das quaderartig hier und da in den Suttas auftaucht:

„Weder des Sterbens freu' ich mich,
Weder des Lebens freu' ich mich.
Die Zeit nur will ich warten ab,
Wohl verstehend, klarer Einsicht."

Das Problem der Willensfreiheit

Schopenhauer in seiner Abhandlung über die „Freiheit des Willens" sagt, wo er zum historischen Überblick kommt: „Die Alten sind hier nicht ernsthaft in Betracht zu ziehen, da ihre Philosophie ... die zwei tiefsten und bedenklichsten Probleme der neueren Philosophie noch nicht zum deutlichen Bewußtsein gebracht hatte, die Frage nach der Freiheit des Willens und die nach der Realität der Außenwelt." Aus eben diesem Grunde aber könnte man auch gerade das umgekehrte behaupten, nämlich, daß die Philosophie der Alten die einzige ernst zu nehmende sei, weil sie sich jenen natürlichen Wirklichkeitssinn bewahrt hat, der sie vor Aufwerfung derartig künstlicher Probleme bewahrte. Wenn kurz darauf in der gleichen Abhandlung Schopenhauer es dem Aristoteles zum Vorwurf macht, daß er den Charakter aus den Taten ableite, statt (wie Schopenhauer es tut) die Taten aus dem Charakter abzuleiten, so zeigt sich in diesem Fall einmal Aristoteles als der wirkliche Denker, während Schopenhauer als Abstraktionskünstler dasteht, der seiner Theorie vom Willen zu Liebe sich einen Charakter als etwas an sich Bestehendes konstruiert und von ihm aus nun die Puppe „Lebewesen" tanzen lassen will.

Bei diesen endlosen gelehrten Abhandlungen und Streitigkeiten über die Frage, ob der Wille frei oder unfrei ist, ist der unverbildete Kopf geneigt zu sagen: „Gute Leute, laßt doch eure Streitereien. So wie es in Wahrheit ist, bleibt es ja doch." Aber das würde nicht richtig sein. Grundwert des Menschtums ist das Denken, und es ist praktisch durchaus nicht gleichgültig, ob der Mensch sich für ein mit Willensfreiheit begabtes Wesen hält oder nicht. Im einzelnen Falle wird seine Anschauung hierüber sein Tun beeinflussen. Ist daher das menschliche Denken im Laufe selbsttätiger Entwickelung überhaupt dahin gekommen, die Frage nach der Willensfreiheit aufzuwerfen, so muß sie auch eine Beantwortung finden.

Eine Frage kann in dreierlei Weise beantwortet werden: erstens bejahend, zweitens verneinend und drittens in der Art,

301

daß man die Fragestellung überhaupt als falsch zeigt, wie wir es z. B. bei der Frage: „Ist die Welt anfangslos?" gefunden hatten. Wie alle unlösbaren Probleme, so findet auch das Problem der Willensfreiheit seine Beantwortung im dritten und letzten Sinne.

Es ist nicht unsere Aufgabe, hier gegen Irrtümer zu kämpfen und am Augias-Stall der Philosophie herumzumisten, sondern Wirklichkeit zu zeigen, und so ist die erste Frage, mit der wir an die Sache herantreten, die: Was sagt die Wirklichkeit?

Mit dieser Frage werden wir gleichzeitig die Frage „Was sagt der Buddha?" beantworten. Ehe wir aber darauf eingehen, will ich kurz die Gegensätze kennzeichnen, in welche hier wie überall das menschliche Denken sich verirrt hat.

Hier wie überall stellen diese Gegensätze sich dar in den beiden Schlagworten „Glaube" und „Wissenschaft".

Wie schon an anderer Stelle („Glaube und Religion") erwähnt, ist der Glaube in die Notlage versetzt, gegenüber dem Problem der Willensfreiheit eine der stärksten Paradoxien zu begehen. „Der Mensch ist ein Geschöpf Gottes" bedeutet naturgemäß, daß alles an ihm, auch sein Wille, ja sein Glaube selber Geschöpf Gottes ist. Damit würde aber die ganze Gott-Idee, dieses ganze Auseinanderziehen der Wirklichkeit in ein Diesseits und in ein Jenseits, ihren Sinn verlieren. Denn es hat Sinn nur solange, als die Möglichkeit besteht, daß die durch die Idee des Diesseits und Jenseits gesetzte gedankliche Spannung sich löst in einer freiwilligen Rückwendung des Menschen zu Gott. Das aber wird von vornherein unmöglich, wenn alles am Menschen, auch sein Wille und sein Glaube, Geschöpf ist.

Wie in vielen anderen Punkten, so haben auch hier innerhalb der Kirche lange und hartnäckige Kämpfe stattgefunden. Die eine Partei, indem sie bei gewissen Aussprüchen der Evangelien und vor allem bei den bekannten Worten im Römerbrief einsetzte, mußte notwendig zum Dogma der Willensunfreiheit kommen — der Mensch ganz und gar Geschöpf Gottes, auch in seinen Willensregungen, und diesem Gott gegenüber nichts notwendig als reine, bedingungslose Hingabe — Islam! Dahingegen hielt die andere Partei, zu deren Führer späterhin der Jesuitismus wurde, in feiner Witterung für die wirklichen Bedürfnisse des Menschen, hartnäckig an einer gewissen bedingten Willensfreiheit fest. Man fühlte, daß es hier nicht darauf ankäme, die in den Evangelien und Briefen gegebenen Gedankenansätze logisch zu verarbeiten, sondern vielmehr darauf, dem Menschen die Frucht eines religiösen Lebens, das heißt religiöses Leben überhaupt zu ermöglichen und zu sichern, was nur dann der Fall sein konnte, wenn die Hinwendung der Menschen zu Gott ein freier Entschluß blieb.

Diese Anschauung hat schließlich auf der ganzen Linie gesiegt, weil sie siegen mußte. Katholizismus wie Protestantismus erklären den Menschen für ein Geschöpf, das von Gott mit dem Vermögen des freien Willens begabt ist, zum mindesten in Bezug auf jenen Hauptakt: den Entschluß, sich Gott zuzuwenden. Wäre der Glaubensakt kein Akt des freien Willens, so würde für den Gläubigen etwas an Gottes Allmacht fehlen. Erst darin triumphiert ja die Allmacht dieses Gottes, daß er Wesen schaffen kann, die reine Geschöpfe und doch frei sind. Damit ist die Idee freilich gerettet, aber wie bei jedem Dogma auf Kosten des Verstandes. Immerhin nimmt diese dogmatische Blüte innerhalb des Dogmen-Kranzes eine besondere Stellung ein, indem ihr Ergebnis mit dem, was das gesunde Denken beständig in sich selber erlebt, zusammenfällt. Die Möglichkeit eines freien Entschlusses erlebt eben jeder in sich selber. Ich kann, wo ich zornig sein wollte, sanft sein; wo ich gehässig sein wollte, milde sein; wo ich lüstern sein wollte, keusch sein; wo ich gierig sein wollte, entsagen. Der Mensch kann das. Es ist mit seinem Dasein als Vermögen gegeben. Er erlebt dieses Vermögen immer wieder an sich selber. Es ist das moralische Grundphänomen, und es kommt nur darauf an, die gedanklichen Vorbedingungen entsprechend dieser Tatsache zu gestalten, wobei dann freilich die Vorstellung des Menschen als eines Geschöpfes Gottes sich als die schwerste Paradoxie erweist. Denn hat er das Vermögen eines freien Entschlusses, so kann er nicht Geschöpf sein. Geschöpf (Produkt) und Freiheit schließen sich aus.

Mit seiner Lehre vom freien Willen tritt der Glaube aus der Naturgesetzlichkeit heraus. Ein Wesen, das die Fähigkeit hätte, sich in dieser Weise seinem Gott zuzuwenden, wie die Glaubensreligionen es lehren, das würde nicht mehr innerhalb der Naturgesetzlichkeit stehen. Die Wirklichkeit zeigt uns, daß jedes Moment innerhalb des Weltgeschehens gesetzmäßig bedingt ist durch das vorhergehende. Daß aber die Wirklichkeit irgendein Moment enthalten sollte, das ein Heraustreten aus ihr in ein Jenseits derselben bedingen könnte, das ist undenkbar. Die gläubige Hingabe an Gott kann also durchaus nicht ihre Vorbedingungen innerhalb der Wirklichkeit haben, kann also nicht gesetzmäßig sein, sondern wäre entweder ein völlig unbegreiflicher Akt reiner Willkür, oder ein ebenso unbegreiflicher Akt göttlicher Vorsehung.

Was der Glaube dem Willen zu viel gibt, das gibt ihm die Wissenschaft (immer als mechanisch-materialistische Weltanschauung verstanden) zu wenig. Tritt der Glaube mit seiner Lehre von der Willensfreiheit eigenmächtig aus aller Gesetzmäßigkeit des Weltgeschehens heraus, so schmiedet die Wissenschaft den Willen in das gleiche starre System der Notwendigkeit, das sie dem rückwirklichen Weltgeschehen abgelauscht hat. Der Wille ist für sie unfrei wie der Fall. Eine Willensregung soll sich aus der anderen mit der gleichen Notwendigkeit ergeben, wie ein Fallmoment aus dem anderen.

Es ist klar, daß die Tendenz der Wissenschaft, das wirkliche Weltgeschehen nach den Formeln des rückwirklichen zu lesen, hier im Willensproblem seine Höhe erreicht hat. Darüber hinaus geht es nicht mehr. Und doch, fast scherzhaft zu sagen, scheint der Standpunkt der modernen Wissenschaft in den Tatsachen der Wirklichkeit ebensoviel Unterstützung zu finden wie der Standpunkt des Glaubens. Das, was ich jetzt eben will, hat fraglos seine Wurzel und Vorbedingung im vorhergehenden Daseinsmoment, womit die strenge Notwendigkeit der Willensregungen sich ebensosehr zu ergeben scheint, wie das umgekehrte aus der Tatsache des freien Entschlusses sich ergibt.

Wer hat hier nun recht?

Zur Lösung dieser Frage bedarf es, fast noch mehr als anderswo, des Wirklichkeitslehrers. So fragen wir wieder: Was sagt die Wirklichkeit?

Das erste, was sie uns lehrt, ist dieses, daß es ein Etwas, „der Wille", überhaupt nicht gibt. Es gibt nichts als immer wieder neue Willensregungen, ebenso wie es kein Bewußtsein im vulgär-wissenschaftlichen Sinne gibt, sondern nur ein ständig neues Bewußtwerden. Es ist überhaupt nichts am Menschen, sondern alles an ihm wird. „Wille" ist etwas, das, um überhaupt da zu sein, erst immer wieder neu aufspringen muß.

Somit ist das erste, was aus einer wirklichen Auffassung des Lebens sich ergibt, eine Berichtigung der Fragestellung. Es hat keinen Sinn, zu fragen: „Ist der Wille frei?" Denn der Wille setzt Körperlichkeit in ihrer fünffachen Daseinsform voraus, ebenso wie letztere Wollen voraussetzt. Beide voneinander zu trennen, ist so unmöglich, wie die immer wieder neuen Entzündungsmomente einer Flamme von der Flamme selber zu trennen. Die berichtigte Fragestellung lautet: „Ist der Mensch frei?"

Man darf hier keine wohl formulierte und definierte Antwort vom Buddha erwarten. Nie lehrte er seine Intuition als System, sondern immer nur als Erlebnis. Aber wenn er das Problem der menschlichen Freiheit auch nicht direkt behandelt, so reagiert er doch indirekt darauf in seinem Urteil über die Theorien anderer Lehrer, die seine Laufbahn kreuzten. Und es scheint, als ob Makkhali, der Hauptvertreter von der Lehre der menschlichen Unfreiheit, derjenige war, den der Buddha am schärfsten verurteilte. Er vergleicht ihn einem Fischnetz, das an der Mündung eines Flusses aufgestellt ist und nun der ganzen Schar der stromabwärts kommenden Fische zum Verderben wird. „Makkhali, dieser leere Mensch, spricht so, verkündet so: ‚Es gibt kein Wirken, es gibt kein Tun, es gibt keine Tatkraft.' Was da aber auch in vergangenen Zeiten für Buddhas waren, Vollendete, vollkommen Erwachte, sie alle lehrten Wirken, lehrten Tun, lehrten Tatkraft ... Und was da auch in zukünftigen Zeiten für Buddhas sein werden, Vollendete, vollkommen Erwachte, sie alle werden Wirken lehren, werden Tun, werden Tatkraft lehren ... Und ich jetzt, ihr Mönche, der Vollendete, der vollkommen Erwachte, ich lehre Wirken, ich lehre Tun, ich lehre Tatkraft." (Anguttara-Nikaya III, 135.) Ich führe ferner den häufig wiederkehrenden Ausdruck an: „Er läßt in sich den Willen entstehen." Ich erinnere auch an die im Kapitel „Vorzüge buddhistischer Moral" zitierte Stelle aus dem Sallekhasutta.

Nach diesen Aussprüchen könnte man geneigt sein zu folgern, daß der Buddha Freiheit des Menschen lehrt. Aber das wäre ein voreiliger Schluß. Denn diesem Ausspruch stehen andere entgegen, welche eben so deutlich Notwendigkeit zu lehren scheinen. Man nehme z. B. solche Stelle, wie den ersten und zweiten Vers des Dhammapada:

„Wenn einer unreinen Sinnes spricht oder handelt, so folgt ihm daraus Leiden (so notwendig) wie das Rad des Zugtiers Fuß. Wenn einer reinen Sinnes spricht oder handelt, so folgt ihm daraus Freude (so notwendig) wie der nie weichende Schatten."

In Wahrheit lehrt der Buddha weder Freiheit, noch Notwendigkeit. Wie überall, so geht auch hier hoch über beiden Extremen seine Bahn.

Der Mensch ist nicht, sondern wird. Sein ganzes Dasein ist ein Werden, das restlos aufgeht in den fünf Formen des Anhaftens. Der ganze Ichprozeß sagt nichts als: Es wirkt, es brennt. Damit wird er zum Ausdruck einer anfangslosen Selbstgesetzlichkeit, und es fragt sich nun: Ist Gesetz Freiheit oder Notwendigkeit?

Darauf lautet die Antwort: Beides! Gesetz ist jener weiteste Begriff, in welchem die Gegensätze sich begreifen. Wie „Gesetz" das ist, in welchem Physisches und Psychisches sich begreifen, so ist es auch das, in welchem Freiheit und Notwendigkeit sich begreifen.

Um das zu verstehen, müssen wir uns darüber klar werden, was Freiheit und was Notwendigkeit ist. Darauf antworte ich:

Notwendig ist ein Vorgang, der von außen her gesetzmäßig bestimmt wird. Frei ist ein Vorgang, der aus sich selber heraus gesetzmäßig bestimmt wird, oder, was dasselbe ist, sich bestimmt. Wir stehen hier vor dem Wunder des Reflexivums, wo die Sprache ihren vulgären Sinn verliert.

Dementsprechend ist hier zu unterscheiden zwischen Ursachen und Motiven.

Unter Ursache verstehe ich eine Einwirkung, welche nur durch Berührung, das heißt stoffhaft und mittelbar wirkt.

Unter Motiv verstehe ich eine Einwirkung, welche nicht durch Berührung, sondern unmittelbar und kraftgemäß wirkt. Im rückwirklichen Weltgeschehen herrschen ausnahmslos Ursachen. Damit hier überhaupt etwas geschieht, muß Berührung stattfinden, sei es in mechanischem, oder thermischem, chemischem usw. Sinne. Auch der Magnet mit seiner Fernwirkung ist hier nur eine scheinbare Ausnahme. Motive dagegen herrschen lediglich im wirklichen Weltgeschehen und zwar da, wo dieses wirkliche Weltgeschehen im Laufe selbsttätiger Entwickelung für sich selber als solches da ist, das heißt, wo Selbstbewußtsein da ist. Freilich herrschen im wirklichen Weltgeschehen auch Ursachen, aber sie betreffen das Lebewesen, soweit es sich stoffhaft darstellt, während die Motive es betreffen, soweit es Kraft ist. Körperliche Veränderungen (Verletzungen, Verbrennungen usw.) verlangen Ursachen. Affekte irgendwelcher Art (Mitleid, Zorn, Furcht usw.) verlangen Motive. Um mir den Finger zu verbrennen, bedarf es der Berührung mit einer Wärmestrahlung irgendwelcher Art. Letztere ist die Ursache und wirkt mittelbar. Um Mitleid, Furcht, Zorn usw. zu empfinden, bedarf es keiner Berührung. Es handelt sich hier um eine Einwirkung, die rein kraftgemäß, unmittelbar, ohne Berührung wirkt — ein Motiv. Durch Ursachen wird ein Prozeß bestimmt. Durch Motive bestimmte er sich selber.

Man fragt: „Wo ist denn hier der Unterschied? Denn das Motiv tritt ja gerade so gut an den Einzelnen von außen heran wie die Ursache, nur daß die Wirkung im ersteren Falle eine unmittelbare, im letzteren eine mittelbare ist. In beiden Fällen aber tritt sie mit Notwendigkeit ein, so daß ein wirklicher Unterschied zwischen Ursache und Motiv nicht zu erkennen ist."

Darauf erwidere ich, daß diese Auffassung das Ergebnis einer Logik ist, aber mit den Tatsachen der Wirklichkeit nicht in Einklang steht. Diese Tatsachen zeigen das Vermögen der eigen-sinnigen Richtungsänderung. An dieser Tatsache müssen wir festhalten. Sie ist unmittelbares Erlebnis und verlangt als solches, nicht seiner Möglichkeit nach bewiesen zu werden, sondern einfach als das genommen zu werden, was es ist: Es selber.

Wo die Ichkraft für sich selber als solche, das heißt als Bewußtsein da ist, da ist auch das Vermögen, auf Motive eigensinnig, frei zu reagieren, mitgegeben. Wie das möglich ist? Ich antworte: Das liegt im Wesen der wirklichen Kraft. Ein Motiv ist eine Einwirkung, die auf ein Wesen wirkt, soweit es Kraft ist, und Kraft beweist sich selber als Kraft eben durch dieses Vermögen, Anstöße, welche sie selber treffen, eigensinnig zu verarbeiten. Dieses Vermögen ist eben der praktische Beweis dafür, daß ein Lebewesen auf Grund einer streng individuellen Kraft da ist. Gäbe es dieses Vermögen nicht, so läge ja gar kein Grund vor, sich gegen die mechanisch-materialistische Auffassung des psychischen Lebens zu sträuben. Jeder unverbildete Kopf fühlt aber, daß sie nicht genügt, und sie genügt nicht, weil sie dieser eigen-sinnigen Richtungsänderung auf Motive nicht Rechnung trägt. Freilich hat das Verständnis für dieses moralische Grundphänomen gerade beim wissenschaftlich Gebildeten stark gelitten. Dem modernen Menschen ist durch den langen und nachdrücklichen Einfluß der Naturwissenschaft, die mit ihrer Methode sich an alles wagt, das Gefühl für Leben als ein Vermögen verloren gegangen. Er sieht in allem nur Möglichkeiten, welche des indirekten Beweises bedürfen, um überhaupt erst Daseinsberechtigung zu erlangen. Das nenne ich eine falsche Vorstellung. Leben ist selber etwas, braucht seine Pässe nicht erst von der Wissenschaft ausgestellt zu bekommen, und je eher der moderne Mensch sich in diese Einsicht einlebt, um so besser wird es für ihn sein. Nur aus dieser Einsicht heraus, daß Leben ein Vermögen ist, kann er in die Einsicht der individuellen Anfangslosigkeit hineinwachsen, und nur von ihr aus kann eine Umwertung der Lebenswerte vor sich gehen.

So fasse ich kurz zusammen:

Die Tatsache, daß ich da bin und mich in meiner Eigenart der Außenwelt gegenüber unterhalte, beweist, daß ich auf Grund einer streng individuellen Kraft da bin. Diese Kraft wird mir unmittelbar zugänglich als Denkkraft, und diese beweist sich in dieser Eigenschaft als Kraft, wie Kraft allein sich beweisen kann: durch sich selber, indem sie auf Anstöße, welche sie betreffen, das heißt auf Motive, eigen-sinnig antwortet; der Bewegungsanstoß erfolgt von außen, die Verarbeitung ist eigen-sinnig.

Nun erfolgt ein Einwurf, der dem obigen entgegengesetzt ist: „Ist denn das nicht das Heraustreten aus aller Natur-Gesetzlichkeit in ein Reich der gesetzlosen Willkür, dem die Wirklichkeit ebenso widerspricht, wie der Vorstellung eines freien Willens im Sinne des Glaubens?"

Darauf antworte ich:

Damit, daß ein Mensch ein Motiv eigen-sinnig verarbeitet, ist durchaus kein Heraustritt aus der Gesetzlichkeit des Weltgeschehens gegeben. Die eigen-sinnige Verarbeitung eines Motivs ist ein ebenso gesetzmäßiger Vorgang, wie das Verarbeitetwerden einer Ursache. Der Unterschied ist nur der, daß Gesetzlichkeit sich beim Motiv ganz in mir selber abspielt. In der Verarbeitung eines Motivs wird der Mensch sich selber Gesetz. Sich selber Gesetz sein aber heißt frei sein, ebenso wie „sich selber Knecht sein" auch heißt: „sich selber Herr sein."

Alle Wirren des Problems der Willensfreiheit beruhen darauf, daß man Gesetz und Notwendigkeit identifiziert. Man muß das tun, solange man sich nicht zum Begriff der Selbstgesetzlichkeit durchgearbeitet hat, und man kann es tun, weil tatsächlich auch dieser Vorgang der freien Gesetzlichkeit als eine Form der Notwendigkeit „gelesen" werden kann. Die moderne Psychologie tut das einem einheitlichen Weltbilde zuliebe, etwa wie der Physiker einem einheitlichen Weltbilde zuliebe die Ruhe als einen Spezialfall der Bewegung ansieht. Das ist möglich, weil Notwendigkeit und Freiheit einander gar nicht als Gegensätze gegenüberstehen, sondern aus einander hervorgehen als Entwickelungsphasen. Gesetz als Freiheit ist der Grenzwert gegenüber Gesetz als Notwendigkeit, ebenso wie der Begriff der Ruhe im physikalischen Sinne Grenzwert ist gegenüber dem Begriff der Bewegung. Wie Ruhe im physikalischen Sinne nichts ist als „nicht mehr Bewegung", ebenso ist „Gesetz als Freiheit" nichts als „nicht mehr Notwendigkeit".

Der Mensch ist nicht, sondern wird. Dieses sein Werden ist eine selbsttätige Entwickelung. Diese letztere vollzieht sich auf Grund anfangsloser Tendenzen. Sie lassen das Wesen aus dem Bereich der Ursachen in das Bereich der Motive hineinwachsen und damit aus dem Reich der Notwendigkeit in das Reich der Freiheit.

Noch einmal: Diese Freiheit ist es nicht an sich, sondern als Selbstgesetzlichkeit. Selbstgesetzlichkeit bin ich nur, soweit ich Kraft bin. Kraft bin ich als Denkkraft. Im Denken stellt Selbstgesetzlichkeit sich mir unmittelbar dar. Nur in diesem Sinne ist es zu verstehen, wenn ich sage: „Freiheit liegt im Denken." Solange ich in mir selber ruhe im Denken, unterliege ich der Selbstgesetzlichkeit und bin insofern frei. Mit jeder Betätigung verfalle ich immer wieder der Notwendigkeit. Ob ich in einem bestimmten Fall rede oder schweige, das ist mein Entschluß. Wie immer er auch ausfallen mag, er spielt sich streng gesetzmäßig ab, aber frei, weil ganz an mir selber sich abspielend. Entschließe ich mich aber zum Reden, so unterliegt das Wort schon notwendiger Gesetzlichkeit. Die Rede ist im letzten Grunde ja auch nur eine Form der Tat, und ein freies Tun gibt es nicht.

Die Philosophen, welche dem Menschen Unfreiheit des Willens unterschieben wollen, begehen immer wieder den Fehler, daß sie das Moment des Entschlusses und die Ausführung verwechseln. Man sagt: „Wenn jemand z. B. in die Kirche gehen wollte und geht statt dessen ins Theater; wenn jemand lesen wollte und schreibt statt dessen einen Brief usw. usw., so hat das alles nur den Schein der Freiheit. In Wahrheit gibt es da nichts als ein Spiel von Notwendigkeiten." Das ist zweifellos richtig, soweit es die Tatsachen, das Tun selber betrifft. Aber es ist durchaus irrig, soweit es den rein gedanklichen Einsatzpunkt dieser Vorgänge, das rein dynamische Moment betrifft, währenddessen der Betreffende in sich selber schwingt. Hier, im Eingehen des Denkens in sich selber, setzt immer wieder Freiheit ein, als innere Gesetzlichkeit; im Tun verfällt man immer wieder der Notwendigkeit als äußerer Gesetzlichkeit. Wer sich im Vergleichen gefällt, könnte es die Wirklichkeits-Variante des mythischen Sündenfalls nennen. Ob der Mensch vom Baume essen will, das ist sein freier Entschluß. Ißt er aber, so verfällt er ganz der Notwendigkeit.

Damit erhält die Gesetzmäßigkeit des Weltgeschehens eine Beleuchtung, welche die Beschränktheit der wissenschaftlichen Auffassung von Gesetz erkennen läßt.

Wissenschaftlicher Auffassung nach soll das ganze Weltgeschehen ausnahmslos, physisches wie psychisches, etwas sein, das Gesetz hat und folglich auch nach diesem Gesetz begriffen werden kann. In der Wirklichkeitslehre des Buddha aber wird das Weltgeschehen zu etwas, das in jeder Regung Gesetz ist, und als solches nicht begriffen werden kann, sondern nur sich selber begreifen kann in einem Prozeß, der auf Grund selbsttätiger Entwickelung unter Bewußtsein verläuft. Daß hiermit das Weltgeschehen auch zu etwas wird, von dem man bis zu einem gewissen Grade Gesetze abziehen kann, ist klar. Wie die Flamme Licht und Wärme hat, weil sie Licht und Wärme ist, so hat das Weltgeschehen Gesetz, weil es Gesetz ist, nicht als ein universelles Gesetz, sondern als eine jedem Prozeß eigene Gesetzlichkeit. Letztere ist in jedem Augenblick das Ergebnis äußerer Umstände und innerer Vorbedingungen, etwa wie die Erdbahn in jedem Augenblick das Ergebnis der von außen her wirkenden Anziehungskraft der Sonne und einer ihr eigenen Schwungkraft ist.

Je mehr die äußeren Umstände zurücktreten, um so mehr tritt die Selbstgesetzlichkeit hervor, bis die letztere rein da zutage tritt, wo das Spiel der äußeren Umstände, die ewig wechselnden Einwirkungen der Außenwelt ganz aufgehört haben, und das denkende Wesen ganz in sich selber ruht. Das ist möglich nur da, wo das Motiv nicht ein Motiv zum Tun, sondern zum Lassen ist. Dieses Motiv gibt allein der Buddha-Gedanke. Er lehrt mich begreifen, daß es nur ein Tun gibt auf der Welt: das Lassen. Denn alles Lassen ist ja nur ein Tun mir selber gegenüber.

Dieses Tun sich selber gegenüber ist jene Form innersten Wirkens, welches der Buddha „Wirken, das zur Wirkensversiegung führt", nennt.

„Vier Arten des Wirkens, ihr Mönche, sind von mir verkündet worden. Welche vier? Es gibt ein Wirken, das übel ist mit übler Frucht. Es gibt ein Wirken, das gut ist mit guter Frucht. Es gibt ein Wirken, das übel und gut ist mit übler und guter Frucht. Es gibt ein Wirken, das weder übel noch gut ist mit weder übler noch guter Frucht — Wirken, das zur Wirkungsversiegung führt" (Anguttara Nikaya IV, 232).

Diese letzte Art des Wirkens ergibt sich daraus, daß die drei anderen aufgegeben werden. Sie alle lassen den Wirker immer wieder aufs neue gesetzlicher Notwendigkeit verfallen. Hier ist der Punkt, wo die schreiendste Diskrepanz mit der vulgären Anschauung sich ergibt, gleichfalls als notwendige Funktion der neuen Erkenntnishöhe: Wer ernsthaft danach strebt, aus dem Reich der Notwendigkeit in das Reich der Freiheit zu kommen, in reiner Selbstgesetzlichkeit zu schwingen, der muß jedes Wirken, auch das Wirken des Guten einstellen, wie es in den Lehrreden auch ausdrücklich gefordert wird. Wo es kein positives Lebensziel mehr gibt, da gibt es auch kein positiv Gutes mehr. Einziges Gutes bleibt das Lassen des Schlechten.

Das Motiv hierfür ist der Buddhagedanke. Als solches ist er das einzig reine Motiv. Denn rein kann ein Motiv nur sein, das frei ist von allem Gegenständlichen. Das ist bei einem Motiv, das zum Tun anregt, mag dieses Tun wie auch immer beschaffen sein, nie möglich. Ein Tun muß stets etwas Gegenständliches haben, mag es ein Ding, mag es ein Begriff sein, mag es ein Diesseitiges, mag es ein Jenseitiges sein.

Als dieses Motiv des Lassens ist er das, bei welchem das Motiv der Moral und diese selber nicht mehr als Ursache und Wirkung einander gegenüber stehen und einander folgen, sondern wo das Motiv schon Form der Moral selber ist, wie der Same schon Form des Baumes ist. Denn Denken, das zum Lassen anregt, ist ja schon selber Form des Lassens. Und hier ist das von den Philosophen vergeblich gesuchte Gebiet, in welchem Denken und Sein gleich werden. Wie im reinen Entsagen alle dinglichen Wünsche sich befriedigen, so befriedigen sich in ihm auch alle begrifflichen Wünsche.

Der Buddhagedanke, als Motiv des Lassens, betrifft nichts Gegenständliches und ist insofern reines Motiv. Als solches kann er nicht aus Gegenständlichem, das heißt aus der sinnlich sich darstellenden Außenwelt abgeleitet sein, sondern kann nur aus einem entsprechenden Lehranstoß sich ergeben. Die Außenwelt mag als auslösender Reiz wirken, aber sie kann nicht als Motiv wirken.

Es erhebt sich natürlich die Frage: „Woher hat dann aber der Buddha selber seine Einsicht? Hat er sie ohne Lehranstoß erreicht, so wäre das das Wunder innerhalb dieser Religion des Denkens, und der Buddhist dem Gläubigen gegenüber um nichts gebessert, indem er an den Erkennensakt des Buddha glauben müßte."

Dieser Einwurf scheint völlig gerechtfertigt. Er beantwortet sich aber dahin:

Auch die Einsicht des Buddha hat ihr Motiv. Es sind die Lehranstöße, die er in früheren Daseinsformen von früheren Wirklichkeitslehrern erhalten hat. Diese Anstöße haben in strenger Selbstgesetzlichkeit in den ungeheuren Reihen späterer Daseinsformen nachgewirkt, sich entwickelt, bis sie in dieser seiner jetzigen Daseinsform reif genug waren, um allein durch den Anblick eines Kranken, eines Greises, eines Leichnams, das heißt des Leidens, die Buddha-Intuition auszulösen. Und wenn der Buddha von sich selber sagt: „Ich habe keinen Lehrer", so ist das in dem Sinne zu verstehen, daß er in dieser seiner jetzigen Daseinsform ohne Lehranstoß zu seiner Einsicht gekommen ist. Als Buddha Gotama hat er freilich keinen Lehrer, wohl aber als von Anfangslosigkeit her im Samsara wanderndes Wesen. Um einen Vergleich im kleinen zu geben: Als Entdecker des Gravitationsgesetzes, das heißt als derjenige, bei welchem der fallende Apfel jene bestimmte Intuition auslöste, hatte Newton freilich keinen Lehrer. Aber um in diesen besonderen gedanklichen Zustand zu kommen, in welchem der fallende Apfel als auslösender Reiz genügte, dazu bedurfte es der Lehranstöße.

Hier nun ergibt sich ein Bild, das unter all' den mächtigen Bildern, die der Buddhismus auswirft, zu den allermächtigsten gehört. Plato gebraucht, ich dächte im „Staat", für die Fortpflanzung der Wahrheit den schönen Vergleich mit den Reitern beim Panathenäen-Fest, wo einer dem anderen die Fackel überreicht. Hier nun haben wir ein ähnliches Bild, ins Ungeheuerlich-erhabene übertragen: Ein Buddha, dem anderen die Wahrheits-Leuchte reichend, über ein Kappa (Kalpa) zum anderen hin, über ein Kappa zum anderen hin, aus einer Reihe her, von welcher ein Anfang nicht zu erkennen ist, in eine Reihe hin, von welcher ein Ende nicht zu erkennen ist. Anfangslos wie das Nichtwissen ist auch die Wahrheit. Während aber Nichtwissen nie neu entsteht, weil es immer wieder sich selber voraussetzt, entsteht Wahrheit nie neu, weil sie immer wieder den Lehrer voraussetzt.

So stellt in dieser Welt der Wirklichkeit Lehrtum das erlösende Moment dar. Lehrtum ist ein Bestandteil des anfangslosen Weltgeschehens, und in ihm begreift der Mensch sich selber als etwas, das alle seine Bedürfnisse aus diesem Weltgeschehen heraus stillen kann ohne Zuhilfenahme eines Transzendenten. Letzteres und höchstes Bedürfnis ist das Erlösungsbedürfnis. Erst wenn begriffen ist, daß auch dieses sich ohne den Gott stillen läßt; daß sein Organ die reinste aller menschlichen Funktionen, das Lehrtum ist; daß diese Funktion von Anfangslosigkeit her innerhalb des Menschtums ruht, erst dann ist Völligkeit des Menschtums da und volle Menschenwürde erreicht — Erlösung des Menschen durch den Menschen.

Auch hier beim Willensproblem kennzeichne ich zum Schluß kurz die Stellung, welche der Buddha zwischen und oberhalb von Glaube und Wissenschaft einnimmt:

Der freie Wille, wie der Glaube ihn dem Menschen zuschreibt, wäre Freiheit an sich und damit etwas, was aus aller natürlichen Gesetzlichkeit heraustreten würde. Etwas Derartiges wäre reine Rückwirklichkeit. Denn diese Notwendigkeit, wie sie sich in der Vorausberechenbarkeit zeigt, gehört nur dem rückwirklichen, physikalischen Teil des Weltgeschehens an. Wille ist nicht vorausberechenbar. Ich kann über ihn Vermutungen geben, aber keine Berechnungen. Beim Buddha hingegen ist der Wille weder frei noch unfrei, sondern er wird frei da, wo im Laufe selbsttätiger Entwickelung ein Lebewesen in der Phase des Bewußtseins selbstleuchtend wird und damit im Denken sich selber Gesetz wird. Dieses Freiwerden ist keine Freiheit an sich, welche letztere ein völlig Verhältnisloses wäre. Sondern der Mensch ist frei nur im Verhältnis zu seinem früheren Zustand der Notwendigkeit, womit Freiheit als reiner Beziehungswert sich ergibt: Nicht mehr Notwendigkeit, kein Gegensatz zu letzterer, sondern ihr Grenzwert.

Im freien Willen des Glaubens bestimmt der Wille sich eigenmächtig aus sich selber heraus. Das hat für den wirklichen Denker etwa ebensoviel Sinn wie für den Physiker ein in Bewegung befindliches System, das sich aus sich selber heraus eine Richtungsänderung erteilen soll.

Nun wird der Gläubige hier einen Einwurf erheben. Er wird sagen: „Auch unsere Willensfreiheit ist eine motivierte. Das Gute, das der Mensch aus freiem Willen tut, hat sein Motiv in der Gottesfurcht resp. in der Liebe zu Gott."

Darauf habe ich zu erwidern: Wenn der Gläubige Gutes tut, so hat er sicher ein Motiv dafür, nur liegt dasselbe nicht im Transzendenten, sondern beruht auf einer nichtwirklichen Auffassung der Wirklichkeit. Wenn jemand sich vor einem Strick auf dem Wege fürchtet, weil er ihn für eine Schlange hält, so hat er ein Motiv zur Furcht, nur beruht dieses Motiv auf einer nichtwirklichen Deutung der Wirklichkeit. Ebenso: Wenn jemand seine natürliche Selbstsucht bezwingt und dem anderen Gutes tut, weil er Gott fürchtet, so hat er sein Motiv, nur beruht dieses Motiv auf einer nichtwirklichen Deutung der Wirklichkeit. Diese Möglichkeit aber fällt bei jenem reinen Akt freien Willens, der von jedem Gläubigen verlangt wird — das freiwillige sich Hinwenden des Menschen zu Gott — fort. Für diesen Akt gibt es kein Motiv. Es ist ein Akt, der lediglich um seiner selbst willen geschehen soll, weil er anders keinen Wert hat. Der Wille würde hier sich selber aus sich selber heraus bestimmen, und darin hätten wir jene Willensfreiheit als Freiheit an sich, die ich soeben mit dem in Bewegung befindlichen System der Mechanik verglichen habe, das sich eigenmächtig eine Richtungsänderung erteilen soll.

Doch setzen wir unsere Gegenüberstellung fort:

Im unfreien Willen der Wissenschaft wird der Wille ganz von äußeren Umständen bestimmt. Das hat für den wirklichen Denker ebensoviel Sinn, als wenn man behaupten wollte, daß nicht nur die Richtung und Art, in welcher ich mich bewege, sondern mein Bewegungsvermögen überhaupt mir von der Außenwelt erteilt sein soll. Im Buddhismus verlangt jede Richtungsänderung des Menschen ein Motiv, wie sie in der Mechanik einen Anstoß verlangt. Ein wirkliches Motiv muß auch in der Wirklichkeit liegen. Insofern werde ich bestimmt durch die Außenwelt, und zwar zum Letzten und Höchsten bestimmt durch den Lehranstoß des Buddha. Auch dieser letzte und höchste Beweggrund bleibt innerhalb der Wirklichkeit liegen. Ist aber der Anstoß eingetreten, so erfolgt die Verarbeitung eigen-sinnig, eine Einsicht, die jedes Wunderbare verliert, weil ich im Ernährungsvorgange ihr genaues Gegenstück erlebe. Durch den Anstoß der Nahrung werde ich bestimmt, die Verarbeitung selber aber erfolgt eigen-sinnig. Den gleichen ernährenden Anstoß verarbeitet die Limone zu ihrer Schärfe, die Banane zu ihrer Süße, das heißt eigen-sinnig. Der gleiche Stoff ist für das eine Tier Nahrung, für das andere Gift. Für beide ist der Anstoß der gleiche, die Verarbeitung eigen-sinnig. Im übrigen vergesse man nicht, daß es sich hier nur um einen Vergleich handelt, und daß ein Vergleich hier noch mehr hinkt als gewöhnlich. Bewußtsein ist durchaus nur es selber und weiter nichts und seine Eigensinnigkeit durchaus nur sie selber und weiter nichts; eben das, als was jeder Einzelne sie erlebt, wenn die entsprechenden Motive ihn treffen. Um das zu erfahren und zu begreifen, bedarf es nicht der Syllogismen, sondern einer wachen Achtsamkeit nach innen zu. Was der Mensch kann, das kann ihm kein Wissenschaftler und Philosoph, kein Priester und kein Gott sagen; das kann nur er selber erleben, und vor diesem größten Erlebnis des Selbst-Erlebens soll er nicht zurückscheuen.

Damit schließe ich dieses Kapitel über die Willensfreiheit. Ich kann natürlich nicht erwarten, daß diese Lösung des Problems, wie der Buddha sie gibt, in Fachkreisen Beachtung findet. Das erforderte Umdenken von Grund aus, und steht ein Haus erst einmal da, so ist es viel bequemer, die immer neu sich zeigenden Risse zu verschmieren, als die Fundamente gerade zu richten. Wenn im Buddhismus der Wille, das heißt der Mensch als weder frei noch unfrei sich begreift, so bedeutet das ja weiter nichts, als daß das ganze Problem auf falscher Fragestellung beruht, indem es ein begrifflich festzulegendes Etwas „Mensch" überhaupt nicht gibt. In Wahrheit ist da nur ein Prozeß, von dem man nichts sagen kann als: Es wirkt, es brennt, es ernährt sich, womit dann die Einheit von Freiheit und Notwendigkeit sofort begreifbar wird. Um aber einer solchen Einsicht in Fachkreisen Anerkennung zu schaffen, müßte soviel Tiefsinn und Gelehrsamkeit über den Haufen geworfen werden, müßte eine so breite Heerstraße durch das Dschungel geistreicher Hypothesen gehauen werden, daß man mit einem solchen Ansinnen wenig Gegenliebe finden wird. Manche der geistreichsten Produkte auf diesem Gebiet, z. B. die Schopenhauersche Lehre von einem Weltwillen als „Ding an sich", das seine Wurzel in einem Metaphysischen hat, würden vor dieser Wirklichkeitslehre restlos schwinden wie die Schatten vor dem Licht. Und so etwas behagt dem Menschen nicht. Der Mensch ist seiner Natur nach Athlet. Er verlangt Widerstand. Es kommt ihm nicht so sehr auf Wahrheit an, als auf das Ringen um Wahrheit. Im letzten Grunde ist Wahrheit das insipideste Ding der Welt, weil sie durchaus nichts ist als sie selber, und alle Vergleiche und Zurückbeziehungen, mit welchen sich erst die Möglichkeit des gedanklichen Ringens und Geistreichelns ergibt, ausschließt. Wahrheit, wenn erkannt, erlaubt dem Menschen nichts mehr als Lassen, und das ist (Goethisch gesprochen)

„— — — ein wunderlich Wort.
Ich meine, da müßt ich gleich wieder fort."

So erlebt man es immer wieder, wenn man die Lehre darstellt: Solange man in Schlagworten und Symptomen bleibt, begeisterte Zustimmung; legt man aber die Wurzel bloß, deckt man die Tendenz auf, so werden die Gesichter lang und länger, der Beifall matt und matter, bis schließlich der Betreffende erkennt, daß bei der Geschichte doch nicht das liebe Leben herauskommt und das ganze als Absurdität beiseite wirft.

Trotzdem liegt kein Grund vor, die Hoffnung aufzugeben. Der Buddha-Gedanke ist ja nicht logisch zu beweisen; man muß hineinwachsen, und das erfordert Zeit. Immerhin halte ich gerade diese Lösung des Problems der Willensfreiheit, wie der Buddhismus sie gibt, für etwas, das die Beachtung jedes gebildeten resp. nachdenklichen Menschen erregen sollte. Denn jene Freiheit des Entschlusses, die er immer wieder in sich selber erlebt, welche der Glaube ihm als unbegreifbare Gabe Gottes anbietet, welche die Wissenschaft einer einigen Weltanschauung zuliebe ihm überhaupt abstreitet, die begreift er hier als Form wirklicher Gesetzlichkeit, als jene letzte, höchste, reinste Form, in welcher Denken sich selber Gesetz wird. Hinfort gibt es keine unlösbaren Probleme mehr. Wie durch den Blitz des Genius ist das Dunkel erhellt, und alles schwingt im Rhythmus dieser anfangslosen Selbstgesetzlichkeit.

Gebet und Wunder

Ich schließe mit diesem Kapitel nicht den religiösen, sondern den moralischen Teil des Buches ab, weil das Gebet und damit auch das Wunder mehr moralische als religiöse Erscheinungen sind. In welchem Sinne, wird das folgende zeigen. Wollte man die Stifter der beiden großen Religionen, des Christentums und des Buddhismus, als Persönlichkeiten einander gegenüberstellen und ihre grundverschiedenen Richtungen in Symptomen beleuchten, so würde wohl nichts dazu besser geeignet sein, als ihr Verhältnis zu Gebet und Wunder.

Gebet im gut christlichen Sinne ist stets eine Bitte, und zwar eine Bitte derart, daß sie notwendig einen Eingriff in das naturgesetzliche Weltgeschehen verlangt. Eine solche Bitte ist möglich nur da, wo und solange als der Mensch keinen klaren Einblick in die strenge Gesetzmäßigkeit alles Geschehens hat. Hat er diesen Einblick erlangt, so weiß er auch, daß er mit seiner Bitte ein Wunder verlangt. Tatsächlich gehören Gebet und Wunder untrennbar zusammen. Nicht nur das Wunder ist „des Glaubens liebstes Kind"; das Gebet ist es in ganz dem gleichen Maße.

Nun ist der gebildete Christ durch die Naturwissenschaft ganz mit der Vorstellung von der strengen Gesetzmäßigkeit alles Weltgeschehens vertraut geworden, und da in der Auffassung der Naturwissenschaft Gesetz und Notwendigkeit identisch sind, so sieht es mit der Möglichkeit eines Wunders böse aus; es ist, kurz gesagt, unmöglich geworden, und diese Anschauung hat naturgemäß auf das ganze Wesen des Gebets den allererheblichsten Einfluß ausgeübt. Man ist immer mehr geneigt, im Gebet nicht mehr die naive Bitte mit ihrem Wunderglauben zu sehen, sondern lediglich einen besonderen Sammlungszustand in einer stillen Zwiesprache mit seinem Gott. Man schämt sich eben, an die Möglichkeit eines Durchbrechens naturgesetzlicher Notwendigkeit zu glauben. Und tut man es, so tut man es mit jener Vorsicht und unter jenen wissenschaftlichen Kautelen, die dem Gegenstande seine Wirklichkeit nehmen und ihn zu einem Spiel kühler Hypothesen machen. Aber faßt man Gebet lediglich als einen besonderen Sammlungszustand auf, so vergißt man, daß es damit gänzlich seinen spezifischen Charakter verlieren würde. Denn ein Sammlungszustand ließe sich auch wohl durch andere Mittel erreichen, als durch göttliche Zwiesprache, die im letzten Grunde ja doch eine Zwiesprache des Individuums mit sich selber bleiben muß, solange eben nicht das Wunder beweist, daß diese gewünschte Zwiesprache wirklich stattgefunden hat. Da man aber den Glauben an die Möglichkeit eines Wunders mehr und mehr verliert, so wird in den Reihen der Christen die Frage „Hat denn das Gebet überhaupt noch Wert und Sinn?" immer ängstlicher und dringlicher. Ein Gebet aber, von dem man sich fragt „Kann es wirken?", das ist schon ein leerer Begriff geworden.

Gegenüber dieser schwankenden Unsicherheit des christlichen Gebets steht das Gebet im Buddhismus zwar nüchtern, aber klar da. Gebet bleibt hier nichts, als reine Danksagung an den Lehrer dafür, daß er jene Erkenntnismöglichkeit eröffnet hat, die ohne Belehrung eben nicht zu erreichen ist. Freilich bleibt ja das Menschenherz, solange es im wirklichen Denken nicht umgewandelt ist, überall das gleiche. Und auch auf den Plattformen der Dagobas mag wohl manch heißes Bittgebet aufsteigen, aber jeder gebildete Buddhist wird das irrige einer solchen Vorstellung ohne weiteres anerkennen. Denn das hat der Buddha ja selber verkündet, daß niemand in der Welt, kein Gott, kein Buddha bewirken kann, daß Alter, Krankheit, Sterben den Menschen nicht überfallen, und daß die Frucht seiner Taten nicht reife.

Wie die Naturwissenschaft, so ist auch der Buddhismus von der gesetzlichen Notwendigkeit des Weltgeschehens völlig durchdrungen. Beide unterscheiden sich nur darin, daß die Naturwissenschaft irrigerweise Gesetz und Notwendigkeit identifiziert, während in der vollendeten Einsicht des Buddhismus der Mensch aus dem Zustande gesetzlicher Notwendigkeit zum Zustande der Freiheit sich entwickelt da, wo Kraft als Denken sich selber Gesetz wird. Damit stellt sich ein Moment in das Weltgeschehen ein, das, wie wir bald sehen werden, das Wunder in der allereigenartigsten Beleuchtung zeigt.

Wunder in gut christlicher Auffassung ist eine Revolution im strengsten Sinne. Denn jedes Durchbrechen der Gesetze ist Revolution, mag es sich um Natur- oder Staatsgesetze handeln. Man sagt wohl kaum zu viel, wenn man behauptet, daß Jesus, rein gedanklich genommen, vielleicht der größte Revolutionär aller Zeiten gewesen ist. Das „Reich Gottes", welches er predigt und vorher verkündet, besteht in einer so vollkommenen Revolution, wie die Wirklichkeit sie nie erlebt hat, auch wohl nie erleben wird. Hier soll das Unterste zu oberst kommen. Die Ersten sollen die Letzten, die Letzten die Ersten werden. Es ist eine Vorstellung, die nur in der lebendigen Sprache der Evangelien und innerhalb des hier herrschenden idealen Spannungszustandes erträglich ist, die aber grob und abstoßend wirkt, wenn man sie sich in die Wirklichkeit übertragen denkt. Letzten Endes läuft die Revolution dieses religiösen Idealisten darauf hinaus, daß das ganze Weltgeschehen auf höheren Befehl sozusagen in einen Anfangszustand zurückgedreht werden soll. Derartiges gibt es aber nicht in der Wirklichkeit. Das Weltgeschehen, soweit es wirklich und nicht rückwirklich ist, ist ein Brennen. Eine Flamme aber kann nie, wie z. B. ein Pendel, in eine Anfangslage zurückversetzt werden. Kraft ist Wirken, und Wirken heißt in jedem Moment einen neuen biologischen Wert darstellen. Im biologischen Geschehen gibt es keine Anfangswerte. Es ist eben so! Und erstes Zeichen wirklichen Denkens ist es, daß man sich selber nach der Wirklichkeit richtet und nicht die Wirklichkeit nach seinen Idealen zu richten versucht.

Zeigt Jesus in seiner Lehre vom Jüngsten Gericht sich als gedanklicher Revolutionär, so zeigt er sich bei seinem ersten Auftreten im Tempel in Jerusalem als praktischer Revolutionär, dem offenbar die großzügige Langmut der römischen Regierung sehr zu statten kommt. Es ist auch nur eine notwendige Äußerungsform dieses seines revolutionären Wesens, daß ihm im Gebet nichts unmöglich erscheint. Er ist der unübertroffene Meister des Gebets. Kein Wunder ist ihm zu unerhört, als daß es nicht im Gebet ausführbar würde. „Wer glaubt, kann alles" heißt es mit wahrhaft suggestiver Kürze und Kraft (Markus 9) und: „Habt Glauben an Gott!

Wahrlich, ich sage euch, wenn einer zu diesem Berge sagt: ‚Hebe dich weg und stürze dich ins Meer' und nicht zweifelt, sondern glaubt, daß es geschieht, was er sagt, dann wird es geschehen" (Markus 11). Bedingungslos verlangt er dieses naive Bittgebet von seinen Anhängern, und mit Recht. Denn eine Glaubensreligion beweist sich ja überhaupt erst als solche durch dieses Bittgebet. Wer im Gebet nichts sucht als tiefsinnige Zwiesprache mit seinem Gott, der mag auch sicher sein, daß er wirklichen Glauben nicht kennt.

Man könnte die Wunder, welche die Evangelien von Jesus berichten, in zwei, allerdings sehr ungleich große Gruppen einteilen. Die kleine Gruppe umfaßt das, was ich kurz die nicht am Menschen ausgeführten Wunder nennen will: die Verfluchung des Feigenbaumes und das Bedrohen von Wind und Wellen bei der Kahnfahrt mit seinen Jüngern. Diese Gruppe entzieht sich jeder ernsthaften Diskussion und beweist nur, wie völlig der Mensch sich aus der Wirklichkeit entfernen kann, wenn er einseitig seinen Ideen lebt. Diese Vorstellung vom Menschen, der dem Naturgeschehen gebieten könne, hat von jeher in den Geistern gespukt. Die alten indischen Rishis galten als Meister dieser Kunst. Auch bei Naturvölkern lebt die gleiche Vorstellung. Von einem alten Maori-Häuptling wird berichtet, daß er einem Felssturz, um ihm durch Beschwörung Halt zu gebieten, entgegentrat und von demselben begraben wurde. Die Wirklichkeit leistet Derartigem Vorschub durch die unbegrenzten Möglichkeiten, welche sie in jedem Moment darbietet. Einmal hört ja schließlich jeder Wind auf; einmal verdorrt schließlich jeder Baum. Das mehr oder minder Plötzliche wird von Umständen und Vorbedingungen abhängen. Wenn ich der Sonne mit dem Stock drohe und tue es gerade in einem bestimmten Moment, das heißt dem des Unterganges, so wird sie gehorsam sofort sich unter den Horizont verkriechen. Wenn der Mond sich verfinstert, und man nur lange genug die Lärmtrommel schlägt, so kann man sicher sein, daß sie ihn vor dem Verschlungenwerden durch einen bösen Geist rettet, und daß er zur bestimmten Zeit strahlend am Himmel wieder auftaucht. Die Evangelien selber bieten die Handhabe für eine derartige Deutung dieser Wunder. Bei Matthäus verdorrt der Feigenbaum sofort. Bei Markus dauert es einen Tag, ehe die Wirkung zutage tritt. Und bei Lukas findet sich der nichtsnutzige Feigenbaum als bloßes Gleichnis.

Die andere, bei weitem größere Gruppe, besteht aus jenen Wundern, die von Jesus am Menschen oder an sich selber vollzogen werden. Aus diesen fallen wieder die Krankenheilungen, Teufelsaustreibungen von vornherein fort. Die heutige Medizin wird durchaus nicht mehr gewillt sein, derartige Tatsachen, die jedes Zeitalter aufweisen kann, als Wunder zu betrachten.

Weist die Wissenschaft heute schon diesen Tatsachen ihre Stellung innerhalb des gesetzmäßigen Weltgeschehens an, so wird sie das in vielleicht nicht zu langer Zeit auch anderen Tatsachen gegenüber tun können. Wenn heute jemand ohne Hilfsmittel über das Wasser wandert, so gilt das gemeinhin als Wunder und wird als solches auch im Leben Jesu aufgeführt. Aber schließlich läßt diese Tatsache sich rein naturwissenschaftlich umgreifen in der Frage: Inwieweit ist es möglich, daß der Mensch sein spezifisches Gewicht ändern kann? Manche Tiere besitzen organische Einrichtungen, die diesem Zweck dienen. Der Mensch hat nichts Derartiges, aber man kann nicht wissen, inwieweit da eine Trainierung, gedankliche und körperliche, einwirken könnte.

Von gewissen Glaubenshelden, z. B. dem heiligen Ignatius von Loyola wird berichtet, daß sie in der Verzückung des Gebets merklich sich in die Luft erhoben hätten. Ich möchte das nicht gerade als historisch gesicherte Tatsache anführen, immerhin bin ich überzeugt, daß derselbe Körper in gesundem, kräftigem Zustand spezifisch leichter ist, als in krankem oder gar totem Zustande. Aber sei dem nun wie ihm wolle; jedenfalls geht es dem Wunder vom Wandern über das Wasser wie es dem Wunder vom Feigenbaum geht: die Evangelisten selber leiten durch die Varianten in ihren Berichten auf die natürliche Erklärung hin. Während die Synoptiker von einem zweifellosen Wandeln über den See sprechen, heißt es bei Johannes: „Als sie nun etwa 25—30 Stadien gefahren waren, sahen sie Jesus auf dem See gehen und sich dem Kahne nähern. Und sie bekamen Furcht. Er aber sagte zu ihnen: ‚Ich bin es, fürchtet euch nicht.' Da wollten sie ihn in den

Kahn nehmen, aber schon war das Schiff am Lande, dem sie zugefahren waren."

Will man hier durchaus beim Wunder bleiben, so muß man statt eines gleich zwei annehmen: 1) das Wandeln auf dem Wasser, 2) die urplötzliche Versetzung ans Land aus der Entfernung von etwa 5000 Metern (was ungefähr dreißig Stadien entsprechen würde). Hat man aber kein Interesse daran, beim Wunder zu bleiben, so ist das nächstliegende folgende Mutmaßung: Die Jünger sind an reiner Weglänge freilich 25 bis 30 Stadien gefahren, aber in der Dunkelheit und bei dem gerade herrschenden schlechten Wetter haben sie keinen richtigen Kurs gehalten, sondern sind, ohne es selber zu wissen, wieder ganz in die Nähe des Ufers geraten — was beiläufig schon besseren Seeleuten als diesen hier passiert ist. Am Ufer stand oder ging Jesus, und sie, in ihrer festen Überzeugung, mitten auf dem See zu treiben, und in der Dunkelheit unfähig, das Land zu erkennen, hielten ihn für auf dem Wasser wandelnd. Der erste Versuch, ihn in den Kahn zu nehmen, setzte sie aufs Trockene.

Doch sind diese Sachen nicht wichtig genug, um sich länger dabei aufzuhalten. Es bleiben uns als letztes nun noch die Toten-Auferweckungen: des Jairus Töchterlein, der Jüngling zu Nain und Jesu Freund Lazarus.

In den beiden ersten Fällen wird es dem nüchternen Denker nicht schwer fallen, das, was Jesus selber beim Jairus sagt: „Sie ist nicht tot, sie schläft nur" als wirklich und nicht als bloß symbolisch zu fassen. Man braucht kaum Fachmann auf ärztlichem Gebiet zu sein, um derartige „Auferweckungen" durchaus als etwas im Bereich des wirklichen Weltgeschehens Liegendes zu begreifen. Schwieriger scheint die Sache im Falle des Lazarus zu stehen. Seine Schwester Martha sagt: „Herr, er ist schon in Verwesung; sind es doch schon vier Tage."

Ein Körper, an dem Fäulniserscheinungen sich zeigen, der ist freilich nicht mehr lebend. Die ganze Geschichte der Medizin hat kein Beispiel, was dem widerspräche oder es auch nur zweifelhaft machte. Aber aus dem ganzen Bericht geht hervor, daß dieses lediglich eine Meinung Marthas ist, aus der Tatsache gefolgert, daß er schon vier Tage in der Felsengruft liegt. Der Bericht sagt nichts davon, daß nach Freilegung des Einganges zur Gruft der Körper nun auch wirklich im Zustande der Verwesung befunden wurde. Auf Jesu Anrufung kommt der Verstorbene heraus, „Füße und Hände mit Binden umwunden, das Gesicht mit einem Schweißtuch verhüllt."

Daß ein Verstorbener wieder sollte zum Leben kommen, das würde allerdings die gewaltsamste Durchbrechung natürlicher Gesetzlichkeit sein, die überhaupt denkbar ist. Ehe der nüchterne Denker sich zu einer solchen Annahme entschließt, wird er wohl vorziehen, anzunehmen, daß überall da, wo es gelingt, einen für tot gehaltenen Menschen wieder ins Leben zurückzurufen, allein diese Tatsache der bedingungslose Beweis dafür ist, daß die Annahme, er sei tot, eben eine irrige war. Gelingt es, einen scheinbar toten Aschenhaufen wieder zur Flamme zu entfachen, so ist das eben der bedingungslose Beweis dafür, daß die Annahme, er sei erloschen, eine irrige war.

Diese kurzen Bemerkungen mögen genügen, um die Wunder der Evangelien vom Standpunkt des unvoreingenommenen Denkens aus zu beleuchten. Wir fassen das Ergebnis kurz dahin zusammen: Eine Tatsache, welche die Naturgesetzlichkeit des Weltgeschehens durchbricht, ist nie und nirgends beobachtet worden. Und wo sie berichtet wird, da hält sie einer nüchternen Kritik nicht Stand. Wunder, das Wort im vulgären Sinne gebraucht, gibt es nicht. Es gibt nur Gesetz. Und mögen manche Vorgänge anfangs noch so wunderbar sich ausnehmen, eine eingehende Betrachtung wird sie stets der reinen Gesetzmäßigkeit des Weltgeschehens einverleiben können.

Gehen wir nun zum Wunder im Buddhismus über.

Das, was zuerst auffällt, ist, daß im eigentlichen Buddhawort, den Lehrreden, das Wunder überhaupt fehlt mit der einen Ausnahme des „Großen Suttas vom Erlöschen" (Maha-Parinibbana-Sutta), welches vielleicht von allen Suttas am meisten den Eindruck des Apokryphen macht. Mag es auch, wie manche Fachgelehrten glauben, zu den am frühesten zur Fixierung gekommenen Suttas gehören, sein ganzer Charakter hat durchaus nicht das Ursprüngliche, was die anderen großen Suttas haben.

In diesem Sutta werden zwei Wunder berichtet: Erstens ein mirakulöses, unmittelbares Überschreiten des Ganges-Stromes, welches schon aus dem Zusammenhange selber als auf Mißverstehen beruhendes apokryphes Machwerk sich ergibt. Und zweitens beim Tode des Buddha das Blühen der Sala-Bäume außer ihrer Zeit. Wenn ich sage, daß dieses die einzigen Wunder im ganzen Sutta-Pitaka sind, so tue ich das zum Teil auf die Autorität von Prof. Rhys Davids hin, der in seiner Einleitung zu den „Buddhist Suttas" (Sacred books of the East) diese Bemerkung macht. Ich selber entsinne mich auch keiner anderen Wunder aus dem Sutta-Pitaka. Umsoweniger freilich wird in den im Vinaya eingeflochtenen Erzählungen gespart. Aber es bedarf sicherlich keiner tiefen Textkritik, um zu erkennen, daß alle diese Sachen nichts mit dem Buddha-Wort zu tun haben.

Nun scheint der eben zitierten Angabe von Prof. Rhys Davids ein in zweifellos echten Lehrreden häufig wiederkehrender Passus zu widersprechen, welcher allerhand magische Fähigkeiten — auf dem Wasser gehen wie auf dem festen Lande, mit gekreuzten Beinen durch die Luft fliegen wie ein Vogel, auf dem festen Lande untertauchen wie im Wasser usw. — anerkennt.

Das gebräuchlichste Pali-Wort für Wunderkraft, übernatürliche Fähigkeit ist das Wort iddhi. Aber dieses Wort greift viel weiter als das, was unser Wort Wunderkraft sagt. Es bezeichnet ganz allgemein eine Fähigkeit. Zum Beispiel die Fähigkeit, einen Brief zu schreiben, ist eine iddhi. Und tatsächlich fallen alle die Wunder, die magischen Kräfte, die ein Mensch zeigen kann, ganz nüchtern unter den Begriff Fähigkeiten, die sich durch eine bestimmte psycho-physische Disziplin erreichen lassen.

Im Akankheyya-Sutta (Majjhima-Nikaya 6) heißt es: „Wünscht ein Mönch vielfache magische Gewalt zu erlangen (durch feste Gegenstände hindurch zu gehen, auf der Erde unterzutauchen wie im Wasser, auf dem Wasser zu gehen wie auf der Erde, durch die Luft zu fahren wie ein Vogel), so soll er nur die Zucht erfüllen, sich innerer Einigung befleißigen, die Einsamkeit lieben." Das heißt: Alle diese Dinge sind nicht Wunder im christlichen Sinne, sondern einfach Ergebnisse eines Lehrganges, der, wie er den Geist wendet, so auch das Material ändern mag. Wie weit eine derartige Änderung möglich ist, ob sie, wie oben gesagt, bis zu einer Änderung des spezifischen Gewichtes gehen kann, worauf die angeführten Wunder hinauslaufen würden, das weiß ich nicht. Leistungen indischer Fakire, die wohl nicht alle auf Täuschung und Schwindel beruhen, zeigen, wie Außerordentliches sich durch Trainierung erreichen läßt. Das Erfreulichste bei diesem ganzen Punkte ist, daß er mit wirklichem Buddhismus gar nichts zu tun hat. Eine Christus-Gestalt ohne Wunder ist unmöglich. Durch Wunder allein mußte ja Jesus, der Zimmermannssohn, sich als Messias legitimieren. Der höhnische Appell an den am Kreuz Hängenden: „Jetzt zeig', daß du der Messias bist", war dieser ganzen, außerordentlichen Lebenslaufbahn gegenüber voll gerechtfertigt, wenn er für unsere Ohren auch noch so roh klingt. Dahingegen der Buddha Gotama braucht nicht das Wunder, um sich in seiner Eigenschaft als Buddha zu beweisen. Er ist nur Lehrer, nichts als Lehrer, Lehrer der Wirklichkeit, Zeiger der Wirklichkeit und ihres Wirkens nach dem Gesetz von Grund und Folge, das jedes Wunder im christlichen Sinne ausschließt — für immer.

Die Stellung des historischen Buddha dem Wunder gegenüber geht am besten aus dem schönen Kevaddha-Sutta hervor (Digha-Nikaya 11):

Kevaddha, ein Bürger der reichen Stadt Nalanda, in deren Nähe sich der Buddha gerade aufhält, kommt zu ihm und bittet ihn, einen Mönch zu veranlassen, auf übernatürliche Weise ein „Tat-Wunder" (ein Wunder auf Grund einer Iddhi) zu verrichten. Der Buddha erwidert: „Nicht zeige ich, o Kevaddha, den Mönchen die Lehre so: Kommt und verrichtet vor Weltleuten auf überirdische Weise ein Tat-Wunder." Kevaddha wiederholt dreimal seine Bitte. Dann sagt der Buddha: „Drei Wunder, o Kevaddha, sind von mir kund getan worden, nachdem ich sie selber erkannt und verwirklicht habe. Welche drei? Das Wunder der Tat, das Wunder der Klarsicht, das Wunder der Belehrung." Dann folgt die Definition des Wunders der Tat, der Hauptsache nach in dem bestehend, was oben bereits angeführt ist. Die Wunder Jesu fallen ausnahmslos unter diesen Begriff des tätlichen Wunders.

Aber, fährt der Buddha fort, dieses tätliche Wunder, so überraschend es wirken mag, beweist durchaus nichts für die

Güte der Sache, um derentwillen es entfaltet wird. Denn „Es gibt da eine Wissenschaft, genannt Gandhara; vermittelst deren kann dieser Mönch auf mannigfache Art solche Wunder herbeiführen ... Da ich diesen Mangel am Tat-Wunder erkannt habe, so ist mir das Tat-Wunder zuwider, ich weise es ab, bin seiner überdrüssig."

„Und was ist, o Kevaddha, das Wunder der Klarsicht? Da hat ein Mönch Klarsicht in das Gemüt anderer Personen, in ihr Denken, in ihr Erwägen, in ihr Überlegen." Die Wunder Jesu sind zum Teil dieser Art. Z. B. Matthäus 17 wird berichtet, daß die Jünger von den Tempelbeamten gefragt werden, ob ihr Meister denn nicht die übliche Tempelsteuer entrichte. Als sie nach Hause kommen, tritt Jesus ihnen mit einer Frage entgegen, die sich auf eben diese Tempelsteuer bezieht. Heute nennen wir diese „Wissenschaft aus dem Gandhara-Lande" gemeinhin „Gedankenlesen", und hin und wieder tritt jemand, der besondere Fähigkeit darin hat, öffentlich auf, um sich darin zu produzieren. Der Buddha selber war gleichfalls ein großer Künstler im Gedankenlesen, wenn anders wir den Texten trauen dürfen. Aber er erkennt auch an ihm das Mangelhafte. „Da ich diesen Mangel am Wunder der Klarsicht erkannt habe, so ist mir das Wunder der Klarsicht zuwider, ich weise es ab, bin seiner überdrüssig."

„Und was, o Kevaddha, ist das Wunder der Belehrung? Da belehrt ein Mönch folgendermaßen: ‚So habt ihr zu erwägen, nicht so habt ihr zu erwägen. So habt ihr zu bedenken, nicht so habt ihr zu bedenken. Das habt ihr zu lassen, und mit dem habt ihr euch zu beschäftigen.' Das nennt man das Wunder der Belehrung" (nämlich, daß der andere seinen Willen zwingt und dieses alles geduldig annimmt). Und nun setzt wieder, still und mächtig wie die aufgehende Sonne, die uns schon wohlbekannte Melodie ein:

„Da erscheint hier in der Welt der Tathagata, der Vollendete, der völlig Erwachte usw. Der zeigt die Lehre. Ein Weltmann hört sie, es schlägt ein, er läßt alles, wird Pilger und beginnt den Lehrgang zu befolgen Punkt für Punkt. Dem glückt es, die vier geistigen Einigungszustände zu erreichen. Es glückt ihm, aus ihnen in die drei Wissen hinüberzuschnellen. Er erkennt: ‚Versiegt ist Geburt, vollendet das Reinheitsleben,' getan ist, was zu tun war. Irgendein Weiteres gibt es hier nicht mehr.' Das, o Kevaddha, nennt man das Wunder der Belehrung." Und das ist das einzige Wunder, das dem Buddha nicht zuwider ist, das er nicht abweist, dessen er nicht überdrüssig ist. Es ist das Wunder, daß ein von Anfangslosigkeit her tätiges Wollen auf Grund von Belehrung sich wendet und in sich selber eingeht.

Oben sagte ich, daß in der Buddha-Lehre das Wunder sich in der allereigenartigsten Beleuchtung zeigt. Jetzt ist es Zeit, die Erklärung hierfür zu geben.

Dieses einzige Wunder, das der Buddha anerkennt, ist allerdings ein Heraustreten aus der Gesetzmäßigkeit des Weltgeschehens, aber nur soweit letztere Notwendigkeit ist. Es ist ein Heraustreten aus dem Gesetz als Notwendigkeit in das Gesetz als Freiheit. Und der Entschluß, diese Freiheit zum endgültigen Freiwerden zu benutzen, aus dem Tun in das Lassen zu treten, das ist das Wunder der Belehrung. Ein anderes Wunder duldet die Wirklichkeit nicht. Und so ist der Buddhismus die einzige Religion, welche ein Wunder anerkennt, und doch innerhalb der Wirklichkeit und ihres streng gesetzmäßigen Wirkens bleibt: das Wunder der eigenen Meisterung, das Wunder der Aufhebung aller Ichsucht, das Wunder reiner Selbstlosigkeit.

Die Zukunft des Buddhismus

Die Zukunft des Buddhismus scheint erledigt mit folgendem Einwurf:

„Der Buddhismus ist die einzigste aller Religionen, welcher ein positives Lebensziel fehlt. Eine solche Religion kann nie eine Zukunft haben, folglich auch nie eine Weltreligion werden."

Dieser Einwurf hat eine große Berechtigung und trifft schwer. Das unterliegt für mich keinem Zweifel. Und er trifft um so schwerer, weil die Tatsachen ihn zu bestätigen scheinen.

Der Zustand, in welchem der Buddhismus sich zurzeit im Osten befindet, ist, ich muß das nach eigenen Erfahrungen sagen, ein niedergehender. Ich spreche gar nicht mehr von China, Japan und den anderen nördlichen Ländern. Meine Anschauung über den hier herrschenden Buddhismus habe ich bereits an anderer Stelle gegeben (vgl. „Die ursprüngliche Buddha-Lehre"). Ich spreche nur von den südlichen Ländern. Und in Ceylon sowohl, wie Birma scheint die Basis, welche den Buddhismus trägt, immer mehr ins Wanken zu geraten. Birma habe ich seit 5—6 Jahren nicht mehr persönlich besucht, aber die Verhältnisse in Ceylon kenne ich aus eigener Anschauung seit etwa einem Dutzend Jahren. So will ich mich in erster Linie auf Ceylon beschränken, trotzdem mir nicht zweifelhaft ist, daß der Gang der Verhältnisse in Birma der gleiche ist oder sein wird wie dort.

Die lebendige Basis des Buddhismus überall da, wo er Volksreligion ist, ist sein Mönchtum. Dieses aber ist möglich nur, solange echte Geber da sind, das heißt Menschen von solcher Gesinnung, daß sie beim Geben an die Mönchschaft sich selber als die Beschenkten ansehen — die Mönchschaft als Opferaltar, „für diese Welt das unvergleichliche Feld des Verdiensterwerbens".

Dieses Verhältnis zwischen Geberschaft und Mönchschaft ist immer mehr im Schwinden begriffen. Der Grund liegt der

Hauptsache nach in den sozialen Umwälzungen der letzten Jahrzehnte. Ceylon wird immer reicher und wie überall, so ist dieses auch hier der Grund, daß es in Wahrheit immer ärmer wird. Vielleicht noch vor 3—4 Jahrzehnten herrschte ein glückliches Gleichgewicht. Nirgends übermäßiger Reichtum, nirgends empfindliche Armut. Jeder, auch der Ärmste, hatte sein Stückchen Land, auf dem er seinen Reis baute, und um seine Hütte eine Anzahl Kokus- und Arekapalmen, die ihn mit gewissen anderen, dem Singhalesen unentbehrlichen Dingen versahen.

Dieses Kleinbauerntum ist vor dem Plantagenbesitz immer mehr im Schwinden begriffen. Alles Hügelland wird zum Plantagenbau aufgekauft und mit Tee, Kautschuk, Kakao bepflanzt.

Die verarmende Wirkung, die sich hieraus für den kleinen Mann ergibt, vollzieht sich auf zwei Weisen: Einerseits wird der singhalesische Kleinbauer vom Großgrundbesitzer aufgekauft, verliert das Kaufgeld meist schnell im Versuche, auf leichte Weise mehr damit zu erwerben, und tritt dann in die Reihen des Proletariats, das heißt hier: Aus einem unabhängigen kleinen Besitzer wird er ein Kuli in irgendeiner der Plantagen.

Anderseits aber wird das naturgemäß tiefgelegene Reisland des Kleinbauers durch die Plantagen entwertet. Denn um Tee usw. bauen zu können, müssen die Hügel entholzt werden. Kommen nun die Monsungüsse, so schwemmen sie das Erdreich herunter und versanden die Reisfelder, so daß schon aus diesem Grunde mancher, der ewigen Klagen und Schadenersatz-Ansprüche müde, verkauft, der andernfalls nicht verkauft hätte.

Durch immer weiter fortschreitende Beschränkung der Reiskultur wird Reis hier immer mehr Einfuhr-Artikel und dadurch dem kleinen Manne immer mehr verteuert. Überhaupt hat er von dem großen Geldzufluß, den die Plantagenwirtschaft ins Leben bringt, wenig mehr als die Verteuerung aller Lebensmittel, die jetzt einen Grad erreicht hat, über den wir in unseren Ländern uns wundern würden.

Man wirft natürlich ein: „Dementsprechend müssen auch die Löhne steigen." Das mag bis zu einem gewissen Grade stimmen, aber man vergißt, daß, damit die steigenden Löhne dem Singhalesen zugute kommen können, er ja aus dem unabhängigen Kleinbauer vorher ein Kuli geworden sein muß. Und im übrigen setzt da der wundeste Punkt dieser ganzen Frage ein:

Um den ungeheuren Bedarf an Arbeitern in den mit pilzartiger Schnelligkeit wachsenden Plantagen zu decken, mußten, solange singhalesisches Proletariat nicht da war, Tamilen aus dem übervölkerten Südindien herbeigeholt werden. Jetzt ergießt sich alljährlich eine wahre Sturzwelle tamilischer Einwanderer über das unglückliche Ceylon, und macht so das an sich nicht sehr widerstandsfähige Singhalesentum zu einem Licht, das an zwei Enden brennt: An einem Ende europäische Zivilisation, am anderen Hinduismus in einer verhältnismäßig sehr rohen Form. Diese Leute spielen überdies dem singhalesischen Arbeiter gegenüber die Rolle des Italieners oder Polen dem deutschen Arbeiter gegenüber: Er kann mit ihrer Bedürfnislosigkeit nicht konkurrieren.

Es ließen sich hier noch mehrere Punkte anführen, welche die ständig wachsende Armut der großen Masse der Bevölkerung erklären helfen, vor allem das auffallende „Wüstland-Gesetz", welches dem Einfall eines pfiffigen Kopfes bei der Regierung sein Dasein verdankt, doch würde mich ein näheres Eingehen auf diese Einzelheiten zu weit abführen.

Das ist die eine Seite des Bildes: die zunehmende Armut. Die andere aber ist das Steigen der Bedürfnisse. Jung-Ceylon hat andere Bedürfnisse als seine Väter. Und den etwaigen Überfluß, den diese letzteren in glücklicher Anspruchslosigkeit dem Sangha opferten, um sich Verdienst für das nächste Leben zu erwerben, den ziehen die Söhne vor, in den Vergnügungen der Großstadt, ihrem Gefühl nach, nutzbringender anzulegen.

Dementsprechend schwindet auch die Ehrfurcht vor dem Sangha. Wo die Väter in Ehrfurcht niederknien und mit aneinandergelegten Händen den Erdboden berühren, da begnügen sich die Söhne nur zu oft mit einem „Guten Tag!"

Es ist ja freilich wahr, die Mönchschaft selber bietet leider nur zu vielfach Veranlassung zu diesem Schwinden der Ehrfurcht. Wie kann man Ehrfurcht bewahren, wenn die Mönche bei allerhand Gelegenheiten die würdige Stille des Klosters verlassen und sich unter die Menschen mischen. Das moderne Leben nivelliert alles und erkennt im letzten Grunde nur eine Würde an: die Würde des Reichtums. Es ist eben in das Leben der Menschheit ein neuer Faktor getreten, der das Wesen der neuen Zeit bestimmt: Die Arbeit und ihr Wert. In ihr glaubt der moderne Mensch alles zu finden, was er sucht. Wer sich diesem neuen Ideal nicht fügt, auf den glaubt er mit einem gewissen Argwohn herabblicken zu dürfen. Diese Anschauung dringt auch im beschaulichen Osten immer mehr ein und gibt dem Mönchsstande den Charakter eines Standes des Müßigganges, eine Anschauung, welche jede echte Geberschaft unmöglich macht.

So gräbt der Niedergang der sozialen Verhältnisse des singhalesischen Volkes dem Buddhismus die Wurzeln ab.

Auf diesen Ausspruch wartet der Christ und Westländer nur, um einzuwerfen:

„Da habt ihr's ja! Ein Volk, dem ein positives Lebensziel fehlt, dem seine Religion kein solches Ziel gibt, das muß vor anderen weichen und schließlich zugrunde gehen."

Dieser Einwurf ist völlig gerechtfertigt. Ein buddhistisches Volk kann im Kampf ums Dasein nie bestehen, vorausgesetzt, daß sein Buddhismus überhaupt noch Buddhismus ist und nicht, wie in Japan, sich den Lebensbedürfnissen angepaßt hat. Ein Volk, trotzdem es nichts ist als die Summe seiner Individuen, ist doch mehr als diese Summe. Damit diese Summe ein Volk ausmacht, muß ein positives Moment, ein Ideal hinzukommen, das diese Individuen zu einer Einheit zusammenschweißt. Mag dieses Ideal religiöser oder nationaler Art sein, das ist nicht das Wesentliche. Dem echten Buddhismuß fehlt jede Möglichkeit für eine derartige Entindividualisierung. Streng und abgeschlossen spielt das ganze ungeheuerliche Drama des Ausscheidens aus dem Weltgeschehen sich im Einzelnen ab. Der Einzelne ist es, der den ganzen Buddhismus in seiner weltfremden Erhabenheit erlebt und verwirklicht.

„Nun denn, wo bleiben da die Ansprüche auf eine Weltreligion? Ja, wo bleibt da überhaupt noch die Möglichkeit eines neuen Fußens?"

Ich antworte:

Nichts liegt dem echten Buddhismus ferner als Anspruch auf eine Weltreligion im christlich-modernen Sinne zu erheben. Der, welcher begriffen hat, kann über solche Utopien nur lächeln, und wenn gewisse Sprudelköpfe unter den heutigen Buddhisten sich mit solchen Utopien tragen, so fehlt es ihnen an nüchternem Denken. Schon für den Buddha galten als Buddhisten nicht das Volk rings um ihn, sondern seine Mönche. Das waren ihm seine wahren Anhänger. Nur der Geist, bei welchem jene einzige Intuition sozusagen eingeschlagen hatte, blitzartig die Wirklichkeit von ihrem Kern, dem Ich aus erhellend; nur der, welcher, übermächtig ergriffen von der Wahrheit, alles gelassen und nur eines ergriffen hatte: Reine Armut — nur der war ihm Buddhist; die übrigen, die „Anhänger" — die haben wohl die rechte Neigung, aber nicht die Kraft der Verwirklichung.

Von vornherein war der Buddhismus eine Religion der Auswahl. Vollendeter Christ ist man allein durch den Glaubensakt, der Laie ebensogut wie der Priester. Vollendeter Buddhist kann man nicht sein, ohne vorher alle sozialen Bande abgeschüttelt zu haben. Ein echtes Christentum ist ohne Mönchtum sehr wohl denkbar, ja man sieht, offen gestanden, hier gar nicht den Vorzug des Mönchtums vor dem Familienleben. Echter Buddhist kann nur der Mönch sein. Das aber ist immer Sache der Auswahl. Am klarsten zeigt das die oft gebrauchte Phrase: „Es gibt Wesen weniger erdiger (staubiger) Natur. Die würden zugrunde gehen, wenn sie die Lehre nicht hören. Versteher werden sich finden."

Nie ist der Buddhismus selbst von seinem Stifter als eine Religion angesehen worden, mit der man die Welt en bloc beglücken könnte, die wie ein Manna unterschiedslos niederregnet. Es ist wahr, der Buddha selber leitet die Missionstätigkeit ein. Er entsendet seine Mönche, seine Versteher, nach allen vier Himmelsrichtungen — naturgemäßerweise. Denn sollten jene seltenen, weniger erdigen Naturen gefunden werden, so mußte die Lehre überall gezeigt werden. Wo die innere Abgestimmtheit vorlag, da wird auch der Anschlag erfolgt sein. Diese Lehre hat nie ganze Massen wie eine Sucht überfallen. Wie Adler sich wohl hier und da auf einem hohen Baume niederlassen, so läßt sie hie und da sich nieder in einem edlen-Herzen, das durch stille, ernste Nachdenklichkeit bereit zum Entsagen geworden ist.

So kann Buddhismus, echter Buddhismus Weltreligion sein oder werden nur in dem Sinne, daß er als Religion der Denkenden über die ganze Welt geht — Religion des Individualismus und der Auswahl. Aber selbst hierfür ist vorläufig wenig Aussicht.

Unter echtem Buddhismus verstehe ich durchaus nichts weiter als jene klare, aber herbe Lehre, die erkenntnistheoretisch im Begreifen des Ich als eines streng individuellen, anfangslosen Verbrennungsprozesses besteht, religiös in der Lehre vom endgültigen Verlöschen, moralisch in der Lehre von der ungemilderten Selbstverantwortlichkeit. Wo irgend noch im Spiel des inneren Erlebens ein Metaphysisches sich zu bergen scheint, wo nicht alles restlos sich in dieses ewig zuckende, zündende, flammende Werden aufgelöst hat, wo noch ein Schimmer, ein leisester Hauch eines an sich Bestehenden im gedanklichen Fundament zurückbleibt, da trägt es den Denker nicht, da bricht es unter ihm zusammen, sobald er sich ihm anvertraut, da ist keine Weltanschauung, da ist kein Buddhismus.

Solch ein entmannter Buddhismus, der um irgendein Metaphysikum, mag es Dharma, mag es Parinirvana oder sonstwie heißen, herumorakelt, der mag nicht schwer in die westlichen Salons einzuführen sein. Jene herbe Wirklichkeitslehre aber, die der Buddha selber gibt, die hat stets einen schwierigen Weg gehabt — „Versteher sind schwer zu finden" — und wird ihn stets haben. Mir scheint aber, als ob die Verhältnisse der modernen Zeit der Aufnahme einer solchen Lehre ganz besonders ungünstig wären.

Was diese Wirklichkeitslehre, wie jede andere Wahrheit, vor allem verlangt, das ist ruhiges Nachdenken und Einsamkeit. An beidem aber fehlt es uns mehr als vielleicht irgendeiner Zeit vor uns, seitdem dieser Erdkörper sich aus seinen Vorbedingungen geballt hat. Was unsere Zeit durchaus von allen früheren unterscheidet, ist die Tatsache, daß der Mensch jetzt zum ersten Male, seit erst wenigen Jahrhunderten, dieses Ding, das er bewohnt, ganz umgriffen hat. Er weiß nun, was er unter den Händen hat, und macht sich mit erstaunlicher

Energie an die Arbeit, diese ganze Kugel zu meistern. In der Entdeckung der neuen Welt haben sich ihm Möglichkeiten mit einer Plötzlichkeit und in einer Fülle eröffnet, wie wohl nie zuvor. Wir leiden heute noch unter den Folgen dieser und anderer Entdeckungen, welche unserer Epoche ihren eminent hohen zivilisatorischen und ihren eminent geringen kulturellen Wert verleihen. Der moderne Mensch ist so voll von Ideen und Idealen, von Hoffnungen und Zukunftsträumen, daß er weder Lust, noch Muße hat, zu sich selber zu kommen. Und was das Schlimmste dabei ist, selbst der ernsthafte Denker wird mit dem allgemeinen Strome mitgerissen, weil er kaum noch irgendwo eine stille Insel findet, auf die er sich retten könnte.

Die alten Epochen, vor allem die antike und die indische, waren da in ganz anderer Lage. Die Weltanschauung der Griechen und Römer begrenzte sich selber, fast scheint es, freiwillig, auf den Kreis der Mittelmeerländer. Diese waren ihnen die Welt. Auf alles andere verzichteten sie gern, weshalb der platonische Vergleich, daß sie wie Frösche um ihren Sumpf säßen, nicht gerade unberechtigt war.

Solch eine umgrenzte Welt kommt schneller zur Reife, wird schneller alt, und damit stellen sich die zentripetalen Triebe der Kultur leichter ein als beim modernen Menschen mit seinem unbegrenzten Gebiet und seinem maßlosen Vorwärtsstreben.

Was vom antiken Kulturkreis gilt, gilt vom indischen, nur daß die äußeren Verhältnisse hier sozusagen umgekehrte waren. Wie ein massives Dreieck ragt Indien aus der Masse des asiatischen Kontinents nach Süden vor. Jambudipa hieß es bei den alten Indern, das Land von der Form der (herzförmigen) Jambu-Frucht. An den beiden Schenkeln des Dreiecks tobt ein wildes Meer gegen eine nahezu hafenlose Küste. Als Basis aber spannt sich das höchste und eines der unzugänglichsten Gebirge der Welt. So war Indien sozusagen prädestiniert, eine Welt für sich zu bilden. Auch in ihr mußte Reife und Altern sich verhältnismäßig schnell einstellen.

Ich möchte sagen, eine Lehre wie der Buddhismus ist überhaupt nur möglich und denkbar als das Reifestadium einer menschlichen Epoche; jenes Stadium, in welchem der Geist sich satt und doch unbefriedigt von einer Außenwelt abwendet, die man in allen ihren Möglichkeiten gedanklich erschöpft hat. Jean Paulisch gesprochen: Die Welt ist aus der Braut eine Frau geworden. Einem jugendfrischen Zeitalter die Notwendigkeit buddhistischer Gedanken zu predigen, hätte so viel Sinn und Werte, wie dem Gesunden die Notwendigkeit von Arzneien zu predigen. Unser Zeitalter ist jung, es strotzt von Tätigkeitstrieb. An Stelle der schwindenden transzendenten Götter hat es die Arbeit vergottet. Damit gibt es auch dem Denkenden eine Befriedigung, die es einer Lehre, welche reine Ruhe lehrt, ganz ungewöhnlich schwer macht, festen Fuß zu fassen.

Als erschwerendes Moment kommt ferner hinzu, daß keinem Gemeinwesen, mag es ein Glaubens-, mag es ein Nationalstaat sein, daran gelegen sein kann, solcher Lehre den Zutritt in seine Bildungsanstalten zu ermöglichen. Dieser reine Individualismus, der in seiner kühlen Erhabenheit den Staatsgedanken überhaupt nicht berührt, der über ihm schwebt wie der schimmernde Gletscher über den Wolken, die den Riesenleib des Berges umgeben, ich sage, dieser Individualismus ist für den Staatsgedanken verderblicher als der schlimmste Anarchismus, welcher letztere doch eine Reaktion gegen diesen Gedanken und damit in gewissem Sinne sein Trabant ist.

Hier erhebt sich natürlich der Einwurf: „Ist es denn durchaus nötig, daß die Menschheit des buddhistischen Gedankenganges teilhaftig wird? Sollte sie denn nicht mit jenen positiven Lebenswerten, die sie selber sich geschaffen hat, auskommen können? Ist es wirklich nötig, daß dieser Gedanke der Selbstaufhebung sich sozusagen als Null vor sie alle stellt und sie wertlos macht?"

Darauf erwidere ich: Ich weiß es nicht. Das kommt ganz auf den Stand des Erkennens an. Ist dem denkenden Menschen innerhalb des Weltgeschehens noch ein Unaufgelöstes, an sich Bestehendes, mag er es Gott, mag er es Seele oder sonstwie nennen, geblieben, nun so ist die Buddhalehre für ihn so wenig notwendig, wie die Arznei für einen Gesunden. Er sieht dann eben ein positives Lebensziel, und das genügt und wird genügen, solange dieser nichtanalysierte Rest sich ihm erhält. Wird aber dieser dunkle Rest irgendeinmal in der Regung eines Augenblickes von den Wellen der Wirklichkeit durchleuchtet, so ist es um ihn und seinen Halt in der Unendlichkeit geschehen. Tastend greift er um sich, und dann mag es sein, daß die Buddhalehre ihm zum höchsten Gut wird, indem sie ihm innerhalb dieses unendlich großen Systems die Richtung zeigt.

Mit dem geistigen Halt verliert der Mensch den moralischen. Aus einem unendlichen System, das seinem Denken keinen anderen Ruhepunkt bietet als den, welchen es sich selber in Form von Arbeitshypothesen setzt, können sich keine moralischen Werte ergeben. Immer dringender werden die Klagen über den fortschreitenden Niedergang der Moral. Der christliche Teil gibt das Schwinden des Gottglaubens als Grund an. Das will ich gerne, wenigstens in gewissem Sinne, zugestehen. Nur das vorgeschlagene Heilmittel — Wiederbelebung des Gottglaubens — ist unausführbar. Der Glaube gleicht darin der Täuschung und dem Irrtum, daß er, einmal genommen, nie wieder belebt werden kann. Und wird er künstlich wieder hergestellt, so wirkt er nicht mehr, ist nicht mehr echt. Echter Glaube ist Gottesfurcht. Ist die Furcht dahin, ist kein echter Glaube mehr, und errichtete man sich noch so kunstvolle und erhabene Gebäude. Habe ich einmal den dunklen Gegenstand auf dem Wege, den ich für eine Schlange gehalten hatte, für einen Strick erkannt, so kann ich wohl durch künstliche Mittel unter Umständen die physische Täuschung wiederherstellen, aber sie wirkt nicht mehr; die Furcht ist dahin. So geht es beim Gottglauben. Der echte Glaube, der eine echte, rechte Furcht war, ist dahin. Der moderne Mensch hat sich selber ein Weltall aufgebaut, von dem er mit einem gewissen Stolz sagt: „Und ein Gott ist auch darin." Aber dieser Gott versagt unglücklicherweise da, wo er am notwendigsten ist: da, wo es sich darum handelt, den Trieben der Selbstsucht Zügel anzulegen.

Der moderne Mensch verlangt ein anderes Zuchtmittel. Und ich sehe nur eines: das Begreifen der Wirklichkeit. Ich sage es noch einmal: Jede zukünftige Moral wird davon abhängen, wie weit die Menschheit imstande sein wird, den Gedanken der Wiedergeburt nach dem Wirken sich zu eigen zu machen.

So lange diese entsetzliche Seichtheit, ja Roheit der Auffassung von Geburt und Tod herrscht — Geburt, Anfang des Lebens, Tod, Ende des Lebens — solange kann von wirklicher Moral nicht die Rede sein. Was sollte mich unter solchen Umständen zwingen, moralisch zu sein? Der moderne Mensch in seinem Jugendstolz sagt: „Mein eigener, freier Entschluß." Herrlich! Aber es wird ihm gehen wie dem Hause im Evangelium, das auf Sand gebaut war, und als die Stürme und Wasserfluten kamen, da tat es einen großen Fall. Und so wird es jeder altruistischen Moral gehen, die nicht durch Motive fest verankert ist. Es gibt nur ein wirkliches Motiv zur Selbstlosigkeit, und das gibt die Buddhalehre. Es liegt in der Erkenntnis des eigenen Wesens. Habe ich erkannt, was ich bin, so muß ich moralisch sein. Es geht hier nicht mehr um freie, ideale Entschlüsse, es geht hier um nüchterne Notwendigkeit. Buddhismus ist Moral als Notwendigkeit.

Hierauf beruht die Bedeutung des Buddha-Gedankens für die Menschheit. Und jeder, der ihn in diesem seinem wahren Wesen begriffen hat, und dem das Wohl der Menschheit am Herzen liegt, muß sein Äußerstes tun, um diese reine Wirklichkeitslehre dem Denken des modernen Menschen näher zu bringen. Hier gilt es, zu zeigen, geduldig immer wieder zu zeigen. Was heute unmöglich ist, übers Jahr, über ein Jahrzehnt, über ein Menschenalter ist es möglich geworden. Man ist hineingewachsen.

Ebenso ist die moderne Menschheit aus dem ptolemäischen Weltsystem in das kopernikanische hineingewachsen. Nie hat ein Mensch gesehen oder gefühlt, daß die Erde sich um die Sonne dreht. Er sieht das Entgegengesetzte täglich. Und doch ist das menschliche Denken im Laufe weniger Jahrhunderte in das neue Weltbild hineingewachsen. So muß es auch mit der Buddhalehre gehen. Allmählich muß der moderne Mensch wieder mehr Fühlung mit der Wirklichkeit bekommen. Er muß eine wirkliche Weltanschauung, ein wirkliches Welthaushaltbild bekommen, welches nicht als ein zwar gelehrtes, aber ihn selber wenig angehendes Gebäude dasteht, sondern aus welchem ihm unmittelbar seine Pflichten und Rechte als Mensch, seine Moral und seine Religion zufließen.

Was den Menschen an einem Begreifen der Wirklichkeit

hindert, das sind vor allem drei Faktoren: die Idee des Transzendenten, die Überschätzung der Wissenschaft und die Ideale. Was den ersten Punkt betrifft, so schwächt die Gott-Idee in ihren praktischen Wirkungen auf das soziale Leben sich freilich immer mehr ab, aber die Tendenz des Menschen, im Prinzip ein Transzendentes anzuerkennen, bleibt bestehen und macht sich überall bemerkbar, indem sie dem Kampf gegen den Glauben und seine Religionen die Spitze abbricht. Diese Tendenz kann nicht eher überwunden werden, als bis Wirklichkeit begriffen ist, und der belehrte Geist erkennt, daß es ein Jenseits der Wirklichkeit nur gibt als jene gedankliche Ausfall-Erscheinung, welche physisch sich darstellt als Schatten.

Die Wertschätzung der Wissenschaft wird auf das richtige Maß zurückgeführt werden, sobald man wirkliches und rückwirkliches Weltgeschehen zu unterscheiden gelernt hat und sich klar darüber geworden ist, daß die Methoden der Wissenschaft nur auf das letztere anwendbar sind.

Vielleicht am aussichtslosesten in unserer Zeit erscheint der Kampf gegen die Ideale, die man kurz in zwei Gruppen sondern kann: die Menschheit-einenden, deren Hauptvertreter die Kunst ist, und die Menschheit-sondernden, deren Hauptvertreter der Staatsgedanke ist. Ganz allgemein nenne ich Ideal etwas, dessen Wesen nicht in der Wirklichkeit, sondern in einem Begriff liegt.

Ich will nicht so weit gehen, daß ich behaupte, eine Wirklichkeitslehre müsse Ideale an sich abweisen; sie muß nur verlangen, daß diese Ideale vom Denken geleitet werden, und nicht, wie es unglücklicherweise heute geschieht, das Denken von den Idealen. Das ist etwa ebenso, als wenn der Karren den Ochsen zieht, und muß notwendigerweise jene bösen Folgen nach sich ziehen, unter welchen wir heute alle leiden.

Ich muß es immer wieder sagen: Wahres Menschtum ist nur möglich, wenn der Mensch weiß, was er an sich hat, was er an anderen, was er an der ganzen Welt hat. Er muß die Wirklichkeit kennen, ehe er über sie disponiert, sich über sie ereifert, sich von ihr begeistern läßt, oder sie verachtet.

Wirklichkeit gibt es nur eine: Die, welche der Einzelne in sich selber als solche erlebt. Um sie zu begreifen, bedarf es des Schauens nach innen. Dazu wieder bedarf es der Ruhe und Einsamkeit. Und von ihnen geht schließlich jede Möglichkeit einer gründlichen Änderung aus. Wann und inwieweit es dem Buddhismus gelingen wird, im Geistesleben des Westens Fuß zu fassen, das wird zum guten Teil davon abhängen, wann und inwieweit der moderne Mensch, angeekelt von der Hast und Seichtheit des heutigen Lebens, sich wieder mehr der Verinnerlichung zuwendet.

Vom Standpunkt wahrer Kultur betrachtet, welche letztere stets auf Verinnerlichung hinausläuft, tut uns nichts so not wie Ruhe und Einsamkeit. Unsere Zeit gleicht einem geschäftlichen Unternehmen, das sich in immer neue Spekulationen verliert und dabei versäumt, den Bestand aufzunehmen. Zu dieser Bestandaufnahme ist es höchste Zeit, wenn wir nicht in der Hochflut unserer Ideale ertrinken und in der Dürrheit unseres Materialismus vertrocknen sollen. Weniger Ideale, weniger Materialismus, statt beider mehr Wirklichkeitssinn, und es wäre viel geholfen. Die Wut der Lebenstriebe, erhabene wie gemeine, muß sich abschwächen in der Einsicht in den wahren Wert und die wahre Bedeutung des ganzen Lebensspieles.

Hier scheint mir, setzt die höchste Pflicht jener Reichen ein, die an der Sättigungsgrenze angelangt sind. Immer wieder entstehen durch ihre Großmut neue Einrichtungen, welche der rastlosen Tätigkeit, dem Arbeiten, dem Vorwärtsdrängen um jeden Preis, den Menschheits-Idealen gewidmet sind. Möchten doch bald reiche Geber kommen, welche einsehen, daß es uns nicht so sehr an Einrichtungen fehlt, die der Schaffung immer neuer idealer und materieller Werte dienen, als vielmehr an Einrichtungen, die uns lehren, unsere idealen und materiellen Bedürfnisse am Maßstab der Wirklichkeit zu messen. Nicht nur für Orte der Arbeit sollten reiche Geber spenden. Wir bedürfen heutzutage nicht so sehr der Laboratorien als der — Klöster. Moderne Klöster, Orte der Einsamkeit, der Ruhe, der Nachdenklichkeit, strenger Selbstzucht, die sind es, welche dem modernen Menschen vor allem fehlen, welche allein das Gegengewicht gegen die Hast und Seichtheit der modernen Lebensführung geben könnten.

Daher behaupte ich ernsthaft, daß reiche Geber, denen am

Wohl — nicht dieses oder jenes Staates, nicht dieses oder jenes Wissenszweiges, sondern denen am Wohl der Menschheit und ihrer Kultur gelegen ist, ihre Gaben nicht besser verwenden könnten, als wenn sie sie für solche Orte der Ruhe und Nachdenklichkeit anwendeten. Ob es dann freilich die Buddhalehre sein würde, welche aus diesen Orten heraus ihren Einzug in die Welt halten würde, das ist eine zweite Frage, deren Beantwortung mir selber freilich keine Sorge macht. Gebt dem Samen nur ein geeignetes Feld zum Wachsen, und an Früchten soll es nicht fehlen. Gebt der Wahrheit nur die Möglichkeit, sich zu zeigen, beweisen wird sie sich durch sich selber.

Ich weiß wohl, daß Forderungen wie die eben von mir ausgesprochene, heute noch mit jenem bekannten milden Lächeln des Weltmannes beiseite gelegt werden. Aber das konnte mich nicht abhalten, sie hier zu stellen, und wird mich nicht abhalten, sie in Zukunft zu stellen. Bei allen technischen Fortschritten, bei allem äußern Glanz, geht die Menschheit einer immer steigenden geistigen Verflachung entgegen. Wir werden außen immer reicher, innen immer ärmer. Hoffentlich ist die Zeit nicht allzu fern, in welcher man anfängt, einzusehen, daß nicht derjenige größter Wohltäter der Menschheit ist, der den Einzelnen von sich selber abwendig macht, indem er ihn in den Strudel immer neuer Ideale und Bedürfnisse reißt, sondern derjenige, der ihm hilft, wieder zu sich selber zu kommen.

Namenregister

Amitabha: 60, 61
Ananda: 178 u. a.
Ananda Metteyya, Bhikkhu: 227
Anathapindika: 117
Aristoteles: 300
Asoka: 295
Assaji: 83
Assisi, Franz von: 155
Avalokiteçvara: 60

Brahma Baka: 186
Brahma Sahampati: 68, 185
Buddha-Gaya: 200
Buddhaghosa: 211

Channa: 298
Cunda: 265

Darwin: 141
Devadatta: 222
Dighavu: 275
Djelaleddin Rumi: 128

Empedokles: 293

Gaya: 59, 67
Goethe: 144, 246

Heraklit: 186

Isipatana: 67, 200

Jambudipa: 335
Jesus: 20, 320

Kakudha: 191
Kapilavatthu: 200
Kesi: 266
Kevaddha: 326
Kondañña: 71, 228
Kusinara: 200
Kutadanta: 236

Loyola, Ignatius von: 322
Luther: 32, 295

Mach: 163
Mahapajapati: 254

Mahmud: 128
Makkhali: 304
Mallika: 249
Mara: 149, 289

Naciketas: 84
Nandana: 186
Niganthas: 157
Nyanatiloka, Bhikkhu: 227

Plato: 312
Piyadasi: 295
Pokkharasati: 160
Pukkusati: 65
Punna: 152

Revata: 218
Rhys Davids: 325
Rohitassa: 133

Sabbakami: 217, 218
Saccaka: 83
Sakka: 185, 187
Sakyamuni: 59, 60
Sariputta: 117 u. a.
Sarnath: 200
Schleiermacher: 6
Schopenhauer: 153, 260, 300, 316
Silacara, Bhikkhu: 227
Soma: 289

Tathagata: 70 u. a.; Beiwort des Buddha
Tavatimsa-Engel: 186
Tyndale: 140

Upali: 223
Uruvela: 66, 149, 200

Vacchagotta: 126, 158, 177
Vakkali: 199, 299
Vesali: 217, 224
Visakha: 221

Yamaka: 124

Sachregister

Abhidhamma: 64, 212
Alkohol: 296
Altruismus: 245, 338
Anfang und Anfangslosigkeit: 47
Ariyasaccas s. Vier edle Wahrheiten
Askese: 68, 221
Atman: 84, 112
Avataras: 22

Bodhi-Baum: 201, 206
Bodhisatta: 22, 59, 178
Brahmacariya: 157
Brahmaviharas: 273
Buddhismus: 12, 60

Christentum: 29, 34, 43
„ seine Moral: 241 ff.

Dagoba: 200
Dhyani-Buddha: 59
Dogma: 15, 18
„ vom Abendmahl: 24
„ von der Dreieinigkeit: 23
„ von der Erbsünde: 23
„ von der Gnadenlehre: 24
„ von der Menschwerdung: 20, 29
Drei Wissen: 158 ff.

Eherne Palast: 207
Eltern und Kinder: 282 ff.
Erben des Wirkens: 248
Erbsünde im Buddhismus: 263
Erlösung: 151, 152, 313
Evolutionstheorie: 294

Frauen: 292

Geschlechter: 285
Gesetz: 305 ff., 310
Gesetz der kleinsten Wirkung: 15, 26, 253, 276

Glaube: 50
Gnostizismus: 195
Götterboten: 270
Gottesfurcht: 337
Griechisch-Katholische Kirche: 31
Heilige Orte im Buddhismus: 197
Iddhi: 325
Ideale: 339
Induktion: 56
Inquisition: 241
Intuition: 56, 78
Irrtum: 50
Islam: 16, 30, 42

Japan: 61
Jatakas: 259
Jhanas: 73, 171
Arupa-Jhanas: 190
Judentum: 16

Kamma-Lehre: 100
Kappa: 312
Kausalbedürfnis: 6
Kausalproblem: 13
Khandhas: 88
Klöster: 340
Kraftlehre: 89 ff.

Logik: 24
Lokas, die drei L.: 187

Mahayana: 59 ff., 195, 259
Manomaya: 191
Messiade: 234
Mitleid: 259
Moira: 42
Moral als Notwendigkeit: 279
Motiv: 306, 311
Mystizismus: 17

National-Gedanke: 35
Nibbana: 59, 112, 114
Nördlicher Buddhismus: 63

Opfer im Brahmanismus: 236
„   „ Judentum: 233
Pañña: 174
Paradox: 14
Parinibbana: 121
Paticcasamuppada: 80
Patimokkha: 214
Pfad der Mitte: 66, 70
Prajñaparamita: 59
Protestantismus: 31

Religion, ihr Wesen: 9
Römisch-Katholische Kirche: 31

Saddharma Pundarika: 60
Samadhi: 174
Samsara: 112
Satipatthana-Suttanta: 169
Sekten: 227
Selbstlosigkeit: 254
Selbstmord: 298
Selbstverantwortlichkeit: 268
Sila: 174
Südlicher Buddhismus: 63
Sufismus: 17

Täuschung: 50
Thags: 241
Thera (älterer Mönch): 191
Theri-Gatha: 289
Tiere: 293
Tipitaka: 64

Im Deutschen sind Teile der buddhistischen Bibel übersetzt: von Dr. Neumann (Majjhima-Nikaya, Digha-Nikaya, Dhammapada, Sutta - Nipata), vom Bhikkhu Nyanatiloka (Teile des Anguttara-Nikaya und von Dr. Seidenstücker (Pali-Buddhismus.). Im Englischen sind mehrere Suttas übersetzt in den Sacred books of the East. Die gleiche Sammlung enthält die Uebersetzung des ganzen Vinaya. Vom Bhikkhu Silacara ist der erste Teil des Majjhima-Nikaya ins Englische übersetzt. Außerdem plant der Verlag von W. Markgraf, Leipzig eine deutsche Uebersetzung des ganzen Tipitaka, wovon der erste Teil (Majjhima-Nikaya, übersetzt von Dr. Seidenstücker), demnächst erscheinen wird.

Transzendent, die Idee des: 50, 183, 184, 339
Tusita-Himmel: 178

Upanishads: 84
Ursache: 305

Vedanta: 12, 17, 240
Vier edle Wahrheiten: 66, 70
Vivisektion: 296

Welt als dynamisches Phänomen: 47, 184
Weltanschauung, mechanische und teleologische: 146
Weltreligion: 333
Wiedergeburt: 100 ff., 144 ff., 159, 247 ff., 293
Wirklichkeitsgehalt: 14, 26, 261
Wirklichkeitslehre: 86
Wissenschaft, ihr Wesen: 7, 339
„   ihre Moral: 244

Zahn, der heilige: 201
Zen-Sekte: 61
Zweckbegriff: 53, 139

Ebenfalls im SEVERUS Verlag in der *Reihe ReligioSus* erhältlich:

Paul Kalkoff
Ulrich von Hutten und die Reformation
Eine kritische Geschichte seiner wichtigsten Lebenszeit und der Entscheidungsjahre der Reformation (1517 - 1523)

Herausgegeben und mit einem Vorwort versehen von Christiane Beetz

Reihe ReligioSus, Band I

SEVERUS 2010 / 624 S. / 49,50 Euro
ISBN 978-3-942382-52-6

Ulrich von Hutten, Zeitgenosse Martin Luthers, hat die frühen Jahre der Reformation bedeutend mitgeprägt. Die von ihm geübte Kritik an der Kirche und an den Landesfürsten nahm die Mißstände der Zeit auf; sein politisches Engagement betrieb er ohne Rücksicht auf sein eigenes Schicksal. Bis heute ist die Einordnung seiner Schriften auf Grund seiner kontroversen Persönlichkeit umstritten.

Der Reformationshistoriker Paul Kalkoff zeigt mit dem vorliegenden Band den Einfluß Huttens auf zeitgenössische Theologen und Schriftsteller auf und setzt sich kritisch mit den Beurteilungen anderer Historiker auseinander. Auf diese Weise gelingt ihm ein wichtiges Zeitdokument zur Person Ulrich von Huttens.

www.severus-verlag.de

Ebenfalls im SEVERUS Verlag in der Reihe *ReligioSus* erhältlich:

Manfred Köhler
Melanchthon und der Islam
Ein Beitrag zur Klärung des Verhältnisses zwischen Christentum und Fremdreligionen in der Reformationszeit

Herausgegeben und mit einem Vorwort versehen von Christiane Beetz

Reihe ReligioSus, Band II

SEVERUS 2010 / 176 S. / 29,50 Euro
ISBN 978-3-942382-89-2

Philipp Melanchthon (1497-1569) war humanistischer Gelehrter, Theologe und wichtiger Weggefährte Luthers. Der vorliegenden Band der Reihe ReligioSus wendet sich diesem großen Reformator zu und richtet die Aufmerksamkeit dabei nicht auf seine Auseinandersetzung mit der eigenen Glaubenstradition, sondern auf sein Verhältnis zu einer anderen Religion, dem Islam.

Manfred Köhler vermittelt einen Einblick in Melanchthons Verständnis des muslimischen Glaubens und seine unversöhnliche Kritik an der fremden Religion. Zugleich versucht er, diese feindselige Haltung zu ergründen und Melanchthons aus bestimmten theologischen Traditionen, unzureichendem Fachwissen und nicht zuletzt auch aus patriotischen Motiven gewachsene Haltung zu erklären.. Die vorliegende Arbeit führt so erneut vor, dass auch große Gelehrte nicht vor politischen Verstrickungen gefeit sind.

www.severus-verlag.de

Ebenfalls im SEVERUS Verlag in der *Reihe ReligioSus* erhältlich:

Richard Zoozmann
Hans Sachs und die Reformation – in Gedichten und Prosastücken

Herausgegeben und mit einem Vorwort versehen von Christiane Beetz

Reihe ReligioSus, Band III

SEVERUS 2010 / 200 S. / 29,50 Euro
ISBN 978-3-942382-82-3

„Viel ist über ihn gesagt und geschrieben worden, und dennoch ist dieser merkwürdige Mann mehr genannt als gekannt."

Hans Sachs gilt als der beste Meistersänger seiner Zeit. Von manchen beneidet, von vielen verehrt, überdauerte sein Werk die Jahrhunderte und lässt auch heute noch seinen Ruhm ihm vorausgehen. Der große Einfluss seines Schaffens bemisst sich nicht allein an Reaktionen folgender Generationen, wo Größen wie Goethe, Lessing, Heine, Schlegel, Herder und viele andere sein Werk immer wieder besonders hervorheben.

In vorliegendem Werk, welches 1904 das erste Mal herausgegeben wurde, wirft Richard Zoozmann einen kompetenten und persönlichen Blick auf Leben und Wirken des großen Nürnbergers. Dabei interessiert Zoozmann vor allem der Einfluss von Sachs' lutherischer Grundeinstellung auf sein Schaffen, hatten doch schließlich allein 2000 der 4300 veröffentlichten Meisterlieder religiösen Inhalt. Das Ergebnis ist eine schöne Zusammenstellung aus Werken von Hans Sachs, die mit Hintergrundwissen und Anekdoten unterhaltsam und informativ aufbereitet ist.

www.severus-verlag.de

www.ingramcontent.com/pod-product-compliance
Lightning Source LLC
Chambersburg PA
CBHW070806300426
44111CB00014B/2444